幼・小・中・高の発達を視野に入れた国語単元学習の展開

―「主体的・対話的で深い学び」の実現を目指して―

鳴門教育大学名誉教授
四国大学名誉教授
世羅　博昭【編著】

溪水社

まえがき

戦後の国語教育の移り変わりを俯瞰すると、学習者が課題の解決を目指して主体的に活動することを重視した教育と指導者が国語学力を意図的系統的に習得させることを重視する教育との間で、振り子は大きく揺れ動くことを繰り返して、現在に至っている。学習者一人ひとりが、自らの課題意識にもとづいて、夢中になって学習にうち込むときにしか、真の学力は育たない。また、指導者が各教科等で習得させたい能力を意図的系統的に指導しなければ学力は育たない。この二つは、一見、対立するかのように見えるが、この二つを同時に成立させる教育の創造こそ、時代を超えた普遍的な教育の課題である。

学習者一人ひとりが、優劣をまったく意識することなく、夢中になって国語学習にうち込むなかで、学習者一人ひとりの能力と可能性が最大限に発揮される授業こそ、理想的な国語科授業である。このような国語科授業は、大村はま先生が戦前・戦後を通じて開拓されてきた「国語単元学習」でしか実現することはできないと私は考えている。平成元（一九八九）年告示の学習指導要領以降、「生きる力の育成」、「アクティブラーニング」「主体的・対話的で深い学び」を実現する教育が叫ばれているが、これらが目指す教育は、大村はま先生が開拓された「国語単元学習」の方向と基本的に変わるところはない。私たちは流行に惑わされないで、常に不易なるものを求めたい。

本書には、長崎・徳島・広島の「水脈の会」会員による国語科授業実践二七編を収めた。平成二（一九九〇）年度の実践から平成二九（二〇一七）年度の実践まで、二八年間の実践研究の成果を採録した。実に四八〇ページにも及ぶ大部な実践研究書となった。本書を刊行することができて、まことに感無量である。

私は、広島県立高等学校・広島大学附属中・高等学校に二一年間勤務した後、昭和五九（一九八四）年四月から長崎大学教育学部に五年一一か月、平成二(一九九〇)年三月から鳴門教育大学に一六年一か月、平成一八(二〇〇五)年四月から四国大学生活科学部児童学科に五年間勤めて退職した。この大学生活二七年の間、大学と実践の場にいる教員は実践と理論との統合を目指して、互いに学び合うことが必要であると感じて、月例研究会「水脈の会」や長崎・徳島「国語教育実践研究会」を組織し、活動を展開してきた。

長崎・徳島・広島の「水脈の会」は、「大村はま国語教室」を理想として掲げ、その理念と実践に学びつつ、私の「目標の二重構造化」論を基盤に据えて、国語科教育の実践研究に精力的に取り組んできだ。長崎では昭和六一(一九八六)年、徳島では平成六(一九九四)年、広島では平成二四(二〇一二)年に、それぞれ月例研究会「水脈の会」を立ち上げて、国語教育の研究会活動を展開してきた。実践と理論の統合、実践の交流と相互の批判・検討を図ることの繰り返しを通して、数々のすぐれた国語科教育実践の成果を挙げることができた。これらの実践研究は、今から二〇数年前の実践であっても、最近の実践であっても、今後の国語科教育の実践研究に対して大きな刺激と多くの示唆を与えるものであると確信している。

また、長崎と徳島の地では、保育所・幼稚園・小学校・中学校・高等学校・特別支援学校及び大学の国語教育にかかわる教師が一堂に会して、言語の発達段階を見通した「ことばの教育」のあり方を探ることを目指して、長崎国語教育実践研究会と徳島国語教育実践研究会を立ち上げ、年一回の国語教育実践研究大会を開催してきた。この研究大会は今も長崎・徳島で毎年開催されていて、今年度、長崎は第三二回大会、徳島は第一九回大会を終えている。学校種を超えた「ことばの教育」の実践を知ることは、自分の置かれている段階の「ことばの教育」を相対化し、それを改めて問い直すことを余儀なくされること。なかでも、特別支援学級・学校における「ことばの教育」の実際を知ることは、ことばは人間が人間として生きる基底に位置づく厳しい学びである、ということを否応なく認識させられることである。「ことばの教育」の本質を改めて見つめ直し、自らの実践を問い直していきたい。

本書は、第一部「理論編」と第二部「実践編」とからなる。第一部「理論編」では、国語科教育の目標論から説き起こし、学習者が主体的に学習活動を展開する過程で、国語学力が育つ授業を創造するためには、「目標の二重構造化」を図った授業が求められることを述べた上で、本格的な単元学習を実践するためには、単元の構想段階からまとめの段階に至るまで、どのような点に留意して、どのように学習を手引きすればよいかを、大村はま先生の実践例を挙げて具体的に述べた。第二部「実践編」では、第一章は幼稚園と小学校の連携・接続を図った実践例、第二章以下は、小学校・中学校・高等学校（特別支援学級・学校を含む）における授業実践例を二七編取り上げた。

本書の特色の第一は、「ことばの発達」を視野に入れて、幼・小・中・高の実践を学齢順・学年順に配列したことである。最近、幼小・小中・中高の連携が叫ばれているが、なかなか教科間の連携・接続は進んでいかない。国語科における幼小・小中・中高の連携を考えるために、本書は役立つに違いない。なかでも、幼小の連携・接続の実践例は、平成一〇（一九九八）年度の実践で、まだ、文部科学省が幼小の連携・接続の研究開発に取り組んでいなかった時期の先導的な実践研究である。幼小の連携・接続を図るには、両者に共通する教育方法原理として、「生活的な学び」「生活単元学習」の発想を導入して両者の連携・接続を図る必要があろう。

第二は、二七編いずれの実践も、学習者一人ひとりが、学習課題の解決を目指して、意欲的主体的に学習に取り組む過程で、読む・書く・話す・聞く（言語事項も含む）言語能力を育てるように工夫された実践であるということである。この二七編の実践例は、教材編成と学習指導法に着目すると、次の六種類に整理することができよう。

(1) 教科書教材を取り上げた課題解決型の授業実践…藤島（小6「わたしがつくる未来」）・福伊（高2「こころ」）・西村（高2「徒然草」）、渡邉（中2「走れメロス」・ディベート）・黒瀬（高3「鞄」・ワールドカフェ方式）

(2) 教科書教材を生かした教材編成のもとに単元的展開による授業実践…森（小4「ごんぎつね」）、岡田志麻（中2「走れメロス」）・野口（小6「ヒロシマの歌」他）、西原（中1「竹取物語」）・瀧川（中2「徒然草」）

(3)　自ら開発した教材編成のもとに単元学習を展開した実践…長谷（小2「生き物ことば」）・福島（中1「ことばの探検」）、森本（小5「伝記」）、齋藤（中2「読書会」）・岩永（高2「読書会」）、木村（中3「広島のガイドブック」）・川浪（高2「ふるさと五島の小冊子」）・草野（高2「（長崎）平和記念館」）

(4)　国語科と他教科・学校行事等との総合化を図った単元学習の実践…米田（小3「一二二年史」）・和田（中2「合唱コンクール」）・片桐（高2・3「私と世界と平和」）

(5)　一年間、帯単元を編成して実践した事例…生長（中3「古典に親しむ」）

(6)　その他の実践…①幼小の連携・接続を図った実践＝（幼）佐々木、（小1）横山・清水、②特別支援学級・学校における実践＝岡田美紀子他（小・あゆみ学級の実践）・中村（ろう学校高2「私の二十年の歴史」）、③ＩＣＴを活用した遠隔合同授業の実践＝野口（小6「戦争といのち」）、④ＮＩＥ教育の実践＝片桐（定時制高2・3「私と世界と平和」）

第三は、二七編の実践いずれも、学習者が課題の解決を目指して、読む・書く・話す・聞く言語活動を展開する過程で、学習の進め方の手引き、読む・書く・話す・聞く活動の手引き、心を耕す手引きなど、「学習の手引き」がさまざまに工夫されていることである。国語単元学習の実践には、参考になる点が多くあるに違いない。

本書は、会員二七名が、それぞれの時と場で、学習者が主体的に学習するなかで、国語学力を育てたいという熱い想いを抱いて全力投球をした実践ばかりであるが、課題も多く残されている。読者のみなさまに、忌憚のないご意見・ご批判をお寄せいただければまことに幸いである。

平成三一（二〇一九）年二月二五日

鳴門教育大学・四国大学名誉教授　世羅博昭

目次

第三章　中学校における国語科授業実践例

第四章　高等学校における国語科授業実践例

幼・小・中・高の発達を視野に入れた国語単元学習の展開

――「主体的・対話的で深い学び」の実現を目指して――

第Ⅰ部【理論編】

学習者が主体的に活動する過程で学力が育つ国語科授業の創造
―目標の二重構造化を図った授業づくりを目指して―

鳴門教育大学・四国大学名誉教授　世羅　博昭

一、国語科授業構築のための基本原理

1　国語科教育の目標

私たち国語科教師は、とかく、目の前の教材に心を奪われて、その教材のどこを、どのように教えるかに汲々としがちであるが、自らの国語科教育の目標観を確立し、常に、その目標に照らして、国語科の授業を構築するように心がけなければならない。

国語科教育の目標のとらえ方には、基本的に、対立する二つの立場がある。

> A．目標論Ⅰ＝①聞く・話す・読む・書く言語能力を育てる。〈→人間形成１〉
> B．目標論Ⅱ＝①聞く・話す・読む・書く言語能力を育てる。〈→人間形成１〉
> ②もの・ことに対する認識の深化・拡充を図る。〈→人間形成２〉

時枝誠記は、戦前教育の反省の上に立って、国語科教育は、教材の「内容」に「惚れさせる」教育をしてはならない、聞く・話す・読む・書く言語能力を育てることだけを目標とすべきであるとする。自分の表現することが、相手に理解されるように、適切に整えられているか、いたずらに相手を刺激することはないか、表現に虚偽や誇張はないかなどと自問し反省するところに、〈人間形成１〉の教育があるとする。したがって、文学教育を認める立場をとらない。

それに対して、西尾実は、聞く・話す・読む・書く言語能力を育てることを目標とする点は同じだが、教材のもつ「内容」を学ばせることを通して、学習者の認識の深化・拡充を図ることも目標として掲げる。文学を読むことを通して、もの・ことに対する認識の深化・拡充を図る、すなわち、ものの見方・感じ方・考え方を豊かにする文学教育を認める立場に立つ。

このように、国語科教育の目標論には、基本的に二つの立場があるが、わたくしは後者の立場をとる。すなわち、国語科教育の目標を、聞く・話す・読む・書く言語能力を育てることと、もの・ことに対する認識の深化・拡充を図ることとする立場である。

2 「読むこと」の授業の類型

国語科教育の目標のとらえ方の違いは、国語科授業の基本的なあり方の違いにも関係してくる。教材と授業との関係に着目して、「読むこと」の授業を類型化すると、次の三類型に整理することができる。

A. 教材を教える授業
B. 教材で教える授業
C. 教材を+で教える授業

A型の「教材を教える授業」は、書き手がどんなことを書いているか、教材の内容を学習者に読みとらせることを第一とする授業である。文学的文章の読みの指導によく見られる授業で、場面の様子や登場人物の心情、人間の生き方など、教材の内容を教えることが中心となる授業である。文学教材を読む過程で、文章を読解する能力を習得させることがねらわれていない。これでは、国語科の授業とは言えない。社会科的な内容を持つ教材の場合には社会科の授業と、また、理科的な内容を持つ教材の場合には理科の授業と、それぞれどこが違うのか、わからない授業となる。内容主義の授業と批判される授業である。

B型の「教材で教える授業」は、教材を教えるのではなく、教材を媒材として、文章を読解する能力を習得させることを第一とする授業である。教材は文章を読解する能力を習得させるための媒材として利用されるに過ぎない。したがって、教材の内容を読みとり、それについて認識の深化・拡充を図る授業にはなっていかない。説明的文章の読みの指導によく見られる授業である。時枝誠記は、このB型をよしとする立場である。C型をよしとする立場の人は、このB型の授業を、技能主義、言語操作主義の授業と言って批判する。

C型の「教材を＋で教える授業」は、A型とB型とを止揚した授業である。学習者が教材の内容を読みとっていく過程で、文章を読解する能力をも習得させる授業である。このC型の授業は、言語能力を育てることと、もの・ことに対する認識の深化・拡充を図ることを同時に達成する授業である。西尾実は、このC型をよしとする立場である。わたくしも、このC型の授業をよしとする立場である。

このC型の授業を実践するためには、学習者が教材の内容を読んで、もの・ことに対する認識の深化・拡充を図っていく過程に、文章を読解する能力を習得させる《必然の場》をどのようにつくるかが、実践上の大きな課題となる。

3　国語科単元学習の基本的な構造

学習者一人ひとりが優劣をまったく意識しないで、夢中になって国語学習にうち込むなかで、それぞれの能力と可能性を最大限に発揮することのできる授業こそ、理想的な国語科授業である。このような国語科授業を実践するためには、国語科単元学習を導入するしかないと、私は考えている。

国語科単元学習は、学習者の興味・関心や問題意識をふまえた学習課題を設定し、その学習課題の解決を目指して、学習者が主体的に聞く・話す・読む・書く学習活動（＝言語活動）を展開していく過程で、学習者の認識を深化・拡充させていくだけでなく、聞く・話す・読む・書く言語能力、及び自己学習力を総合的に身につけさせていく、という授業構造を基本的に持っている。この「目標の二重構造化」を図った授業の構造を図式化すると、上の図のようになる。

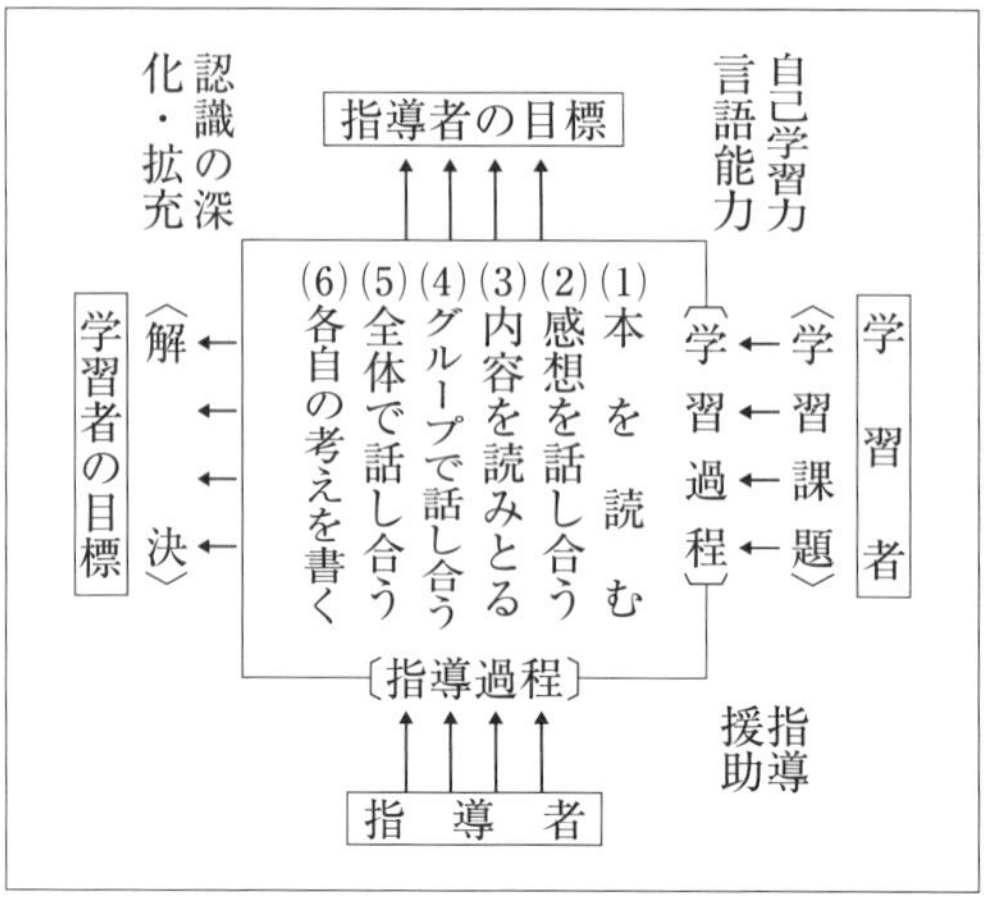

この場合、学習者の目標は、その学習課題の解決を図ることにあり、指導者の目標は、学習者が聞く・話す・読む・書く学習活動（＝言語活動）を展開する過程で、学習者の認識を深化・拡充させるだけでなく、国語科独自の目標である聞く・話す・読む・書く言語能力、及び自己学習力を身につけさせることにある。このように、学習者の目標と指導者の目標とを区別し、二重構造をもったものとして目標をとらえると、国語科単元学習は理解しやすくなる。

学習者が学習課題の解決を目指して、聞く・話す・読む・書く学習活動（＝言語活動）を展開していく過程は、学習者の課題に対する認識を深化・拡充させていく過程であり、また、学習者の言語能力を豊に育てていく過程でもあり、学習者に自己学習力を習得させていく過程でもある。　これら三つのねらいを達成するために、国語科単元学習では、その学習指導過程も、《同一教材による一斉学習→個別教材による個別あるいはグループ学習→全体の場での発表・話し合い学習→まとめの個別学習》といったように、多様な学習形態による、多様な言語活動を取り入れた授業展開が図られる。

このように、学習者の目標と指導者の目標を二重構造的にとらえて授業を展開すれば、国語科授業が極端な内容主義に傾いたり、また逆に、極端な技能主義に陥ったりすることはあり得ない。指導者としての実践力は求められるが、ぜひとも両者を止揚して、内容を豊かに読みとるとともに、その過程で、言語能力を身につけさせることのできる授業を創造したいものである。

ところで、この「目標の二重構造化論」に対しては、指導者の目標と学習者の目標は一致させるべきだとする批判がある。たとえば、指導者が「①語彙を豊かにさせる。②言語感覚を磨かせる。」という目標を掲げて、慣用句当てゲームをする授業の場合には、その指導者の目標を学習者の目標としても自覚させるべきであるという批判である。私の立場からすると、指導者の目標を学習者の目標と一致させなくても、学習者が夢中になって、慣用句当てゲームのためによりよい例文をつくろうと必死になって、その慣用句しか入れることのできない例文をつくる、また、多くの慣用句を当てるゲームをする過程で、指導者が掲げた目標に学習者が到達しておれば、それでよいのである。学習者が夢中になって、国語学習にうちこむ過程で、指導者が教えたいこと（目標）が、いつの間にか、自然に、学習者の身についていればよいのである。大村はま氏のいう、「～しなさいと指示や命令の形をとらないで、いつの間にか、自然にさせてしまう」授業を目指しているのである。

ただし、たとえば、課題の解決を図る一連の学習の流れのなかで、学習者がどのように発表資料を作成したらよいのか分からないので、教えてほしいというような場合には、当然、指導者は発表資料作成の仕方を学習者に教えればよいのである。この場合には、発表資料を作成する力をつけたいという指導者の目標と、学習者の目標とは一致したと言うことができる。国語科単元学習を展開する過程で、このような場面が生まれたら、指導者の教えたいことを、直接、学習者の目標として教えればよいのである。

二、「目標の二重構造化」を図った授業展開のあり方(1)

―読解の授業展開の基本モデル―

1 「目標の二重構造化」を図った授業展開の基本モデル

本格的な国語科単元学習は、すぐに実践できるものではない。国語科単元学習の基本原理である「目標の二重構造化」を図った国語科授業が実践できる基礎修練を積み重ねていくことが必要である。まず、広く実践されている「発問応答型の授業」を改善するところから出発したい。

次に挙げる授業展開モデルは、「目標の二重構造化」を図った授業展開になっている。一つの発問をしたときの授業展開モデルとして適用してもよいし、一時間単位の授業展開のモデルとして適用してもよい。

《ある学習課題（発問）に対して》

I．仮説を出し合う。

(1)［個別学習］各自の考え方（この段階では、学習者が気楽に自らの考え方を発表しやすくするために、「仮説」と呼ぶこととする。はやくできた者はその理由も）をノートに書かせる。

［評価活動1］

指導者は、机間指導を行うとともに、学習者一人ひとりの解答の出方を調べ解答の仕方を「座席表」に、この学習者はA説、この学習者はB説などと記号などを用いて書き込むことによって、一人ひとりの解答（説）の実態を把握し、次の発表のときの指名計画を立てる。この段階では、指導者は限られた人数の学習者しか把握できない。

学習者は、この段階では、自らの考えをノートにまとめるだけである。

(2)［一斉学習］各自の考え方（この段階では、結論だけ）を発表させ、分類整理する。A説・B説・C説などと記号を用いて、各説の要点を板書する。これによって、学習者それぞれの考え方は相対化される。（↓板書・ノート）

［評価活動2］

指導者は、この段階で新たに把握できた学習者の解答（説）を「座席表」に書き加え、より詳しくクラス全体の解答（説）の実態を把握（↓評価）する。

学習者は、この段階ではじめて、他者の説に出会って、自分とは違った説があることに気づき、自説と他説とを比較し始める。自己評価活動の第一歩である。

(3)［一斉学習］各説の支持者数を明らかにする。A説は○人、B説は○人、C説は○人と確認する。（どの説か決めかねている者は、態度保留のままでよいこととする。）このような学習では、多数決では正否は決定できない。支持者数の少ない説の学習者も、この後の討議のために、自説が主張できるように準備するよう激励する。

［評価活動3］

指導者は、この段階になると、学習者の大多数が、どのような理解の仕方をしているのか、その実態をほぼ把握（↓評価）することができる。

学習者一人ひとりは、自らの解答（説）がどのような解答（説）の中の一つであるか、他説と比較して、自説を相対化（↓評価）することができるようになる。


Ⅱ．検討する。

(4)［個別学習］各自の解答（説）の根拠・理由を、文中の表現を押さえながらノートに書かせる。なお、各自の考えを確かにさせるために、根拠・理由は　箇条書きにさせる。

［評価活動4］

指導者は、この間、机間指導して個別に助言するとともに、箇条書きに整理され解答を見て、根拠・理由づけの実態を調べ、それを「座席表」に記号化して書き込むことよって、学習者一人ひとりの根拠・理由づけの実態、つまずきの実態を把握（↓評価）

して、次の討議するときの指導計画を立てる。
学習者は、他説を意識して、自説の根拠・理由を考え、箇条書きにする。

(5)［一斉学習］各説ごとに結論、その根拠・理由を発表して、課題解決のために討議をさせる。
① 各説ごとに、まず「結論」を述べ、次に「理由・根拠」を箇条書きの形で発表するようにさせて、それぞれの共通点と相違点を浮き彫りにする。（↓板書・ノート）

［評価活動5］
指導者は、指名や板書の仕方を工夫して、各説が、本文中のどの表現に着目して、根拠・理由を挙げているか、とくに相違点に着目して、各説の相違点が浮き彫りになるようにする。
学習者は、自説と他説とを比較し、なぜそのような違いが生まれたのか、本文中の表現を押さえて、あらためて、自説の根拠・理由を吟味（↓自説の相対・評価）する。

② 本文中の表現を押さえて、各説の根拠・理由を発表させ、自説の強調及び他説の批判をさせる。

［評価活動6］
指導者は、本文中の表現を押さえて討議させる過程で、対立点を浮き彫りにし、どの説が誤答で、どの説が正答であるかが次第に明らかになるように授業展開を工夫しなければならない。誤答の者には、どの表現を読み違えたから、自分の説が誤答になったのかが分かるように授業を仕組むことが大切である。教師の司会力・授業展開力の問われるところである。
なお、国語科の授業として、この討議の過程で、読む力を中心に、話す・聞く・書く力を鍛えることが目指されなければならない。そのためには、事前に、どのような読む・聞く・話す・書くそれぞれの力を鍛える機会と場があるか、またそれぞれの力をどのように習得させるか、それをどのように評価するかを見通しておくことが肝要である。

Ⅲ．まとめる。

(6)［一斉学習］教師（あるいは学習者）が表現を押さえて、誤答の原因が何であったかを整理するとともに、正答の根拠・理由を明らかにしてまとめる。

［評価活動7］

Ⅳ．自己評価する。

［評価活動８］

(7)［個別学習］各自、ノートに、自分の考えの変容過程をたどらせ、誤答であった者は、その原因が何であったかを整理させる。また、正答であった者は考えの深化した過程を確認させる。（→自己評価カードや自己評価のための文型を示して自己評価させる配慮も必要である。）

これが、「目標の二重構造化」を図った読解の授業展開の基本モデルである。学習者の目標はその学習課題（発問）の解決を図ることにあり、指導者の目標はその課題解決を図ることと、課題の解決を図る過程で、読む力を中心に、話す力・聞く力・書く力を身に付けさせることにある。指導者は、指導計画を練る段階で、どのような学習活動の場を設定し、そこでどんな言語能力を育てるのか、また、その言語能力を身に付けさせるためには、どのように学習者を手引きすればよいのかを見通しておくことが肝要である。

この授業展開モデルを評価の視点からみると、指導者は、授業展開の各段階で、学習者一人ひとりの読みの実態を把握（→形成的評価）して、それにもとづいて、指名の仕方、対立した意見の出させ方、本文中のことばを押さえた討議のさせ方などを適宜変更していくことができる。また、学習者一人ひとりは、課題解決を図る一連の学習過程で、自らの読みとり方を対象化し、他者の考え方（説）及びその根拠・理由のあげ方と比較することを通して、自説の正しさや誤り、本文中のことばの押さえ方の適否などを授業展開の中で自己評価して、正しい読みとり方を習得していくことができる。「目標と指導と評価の一体化」が図られた「読み」の授業展開モデルである。

2 「目標の二重構造化」を図った発問応答型による読解の授業展開例

ここに示した授業展開の基本モデルを応用した授業は、実際には、どのように展開するのか。ここでは、小学校五年生の教材「大陸は動く」（大竹　正和）の第一一段落を取り上げて、発問応答型による読解の授業展開例を示すこととする。「大陸は動く」の第一一段落の文章は、次のとおりである。

> 大陸を動かす原動力は、何だったのだろうか。その前に、目を海底に向けてみよう。太平洋の真ん中には、ほぼ南北に海底山脈がえんえんと走っている。長さにして地球の一周の約三分の一、高さ三千メートルに達する大山脈である。そのいただきにそって、たくさんの地しんが起こっている。また、山脈の近くの海底の温度を調べてみると、他の場所よりもはるかに高いことが分かった。海底山脈の所では、何か大変な出来事が起こっているにちがいない。
>
> （→〈所収〉平成12年度版　小学校第五学年用国語教科書『国語五上』光村図書）

この段落の指導目標としては、「また」という接続詞の働きをとらえさせて、内容を的確に読みとる力をつけることを挙げることができる。

よく見られる授業では、「また」という接続詞に着目して、「また」の意味用法（＝前後の二つの内容を並列的につなぐ働き）を明らかにしたうえで、どのような内容が二つつながれているか、その内容を読みとっていく。すなわち、文中の「言語表現」に着目して、その語の働きを明らかにした後、その文章に書かれている「内容」を読みとるという授業である。

ところが、目標の二重構造化論にもとづく国語科授業では、まず書かれている「内容」を問う発問をして、「内容」を答えさせて、その「内容」が正しいかどうかを検討する過程で、語句や文法などの言語事項や、内容を的確に読みとる力を身に付けさせるように授業を仕組む。たとえば、次のような授業展開をとるのである。

T1（発問1）筆者は、段落の最後で、「海底山脈の所では、なにか大変な出来事が起こっているにちがいない」と述べていますが、海底山脈の所で、どんな事実が発見されたからですか。本文をふまえて、どんな事実かを発表してください。

(1) 仮説を出し合う。

P1（A説）たくさんの地しんが起こっている。（↓板書）

P2（B説）山脈の近くの海底の温度を調べてみると、他の場所よりもはるかに高いことが分かった。（↓板書）

P3（C説）たくさんの地しんが起こっていることと、山脈の近くの海底の温度が他の場所よりもはるかに高いことです。（↓板書）

T2（補助発問1）今、三つの意見が出てきました。どの説が正しいのでしょうか。検討する前に、それぞれの説の人数を数えておきます。A説の人は？…○人ですね。B説の人は？…○人ですね。C説の人は？…○人ですね。多数決では、○説ですが、どの説が正しいでしょうか。学問・研究は多数決では決まりません。

では、今から五分間、時間をあげます。まず、ノートに結論を書いて、次に、そのように考えた理由を文中のことばを押さえて、箇条書きにしてください。（↓個別学習と机間指導）

(2) 検討する。

T3（補助発問2）さきほど、三つの説が出ていましたが、今から、どの説が正しいかを検討していきます。発表するときには、まず、自分の説はどの説であるか、結論を先に言って、その後、文中のことばをふまえて、その理由を箇条書きの形で述べてください。

T4（A説とB説を一緒にしたのがC説だから、C説のP4に指名する。）P4さん、どうぞ。

P4 私は、C説です。教科書の54ページの10行目に「また」ということばがあるからです。「また」は二つのものをつなぐことばだから、発見した事実が二つ書かれていると考えました。

「また」の前には、たくさんの地しんがおこっていること、「また」の後には、海底山脈の近くの温度が他の場所よりもはるかに高いことが書かれています。

T5（補助発問3）なるほど。C説の人で何か、補うことはありませんか。（反応なし）A説、B説の人は、今のC説に対して、何か、反論はありませんか。

P5　私はB説でしたが、今のP4さんの意見を聞いていて、考えが変わりました。「また」ということばに気づきませんでした。

P6　私はA説でしたが、考えが変わりました。「また」の後に書いてあることを見落としていました。

T6（意見の勧誘）他のA説、B説の人は、何かありませんか。（反応なし）

T7（補助発問４）B説では、文末が「分かった」となっていますが、C説では、そのことばが入っていないですね。C説では、なぜ「分かった」を省いたのですか。その理由を言ってください。

P4　先生の質問が「海底山脈の所では、どんな事実が発見されたからですか。」でしたので、それで「分かった」を入れませんでした。「分かった」は、海底山脈の所で起こっている事実ではないので、入れませんでした。（「あっ、そうか」の声）

T7（説明・助言）なるほど。P4さんは、先生の質問をよく聞いていましたね。先生の問いは「海底山脈の所では、どんな事実が発見されたからですか。」と、海底で起こっている事実を問いました。事実を問うたのですから、答えは海底で起こっている事実を答えなければなりません。今後は、全員の人が先生の質問をよく聞いて、質問に忠実に答えてください。よろしくですか。（学習者、「はあーい」の声。）

⑶　**まとめる。**

（教師のまとめは省略する。）

⑷　**自己評価する。**

各自に、学習を振り返って、自己評価をノートに書くように指示する。

まず、「内容」を問う発問をして「仮説」を出させ、その仮説を検討する過程で、文中の「また」に着目させ、「また」の働きを押さえて、「内容」を正しく読みとらせるという授業展開を図っている。また、内容を正しく読みとる過程で、問いに正しく応える「応答力」を鍛えることも目指している。国語科の授業では、たとえ読みの授業であっても、読む力を鍛えるだけでなく、聞く・話す・読む力を育てることも忘れてはならない。学習者の目標は、「内容」を読みとることにあるが、指導者の目標は、「内容」を読みとっていく過程で、学習者の認識の深化・拡充を図るだけでなく、読む・書く・聞く・話す言語能力を鍛えることにある。

このように、学習者と指導者の目標を区別して、目標の二重構造化を図って、討議の過程で国語学力が身に付くように授業を仕組むと、学習者が意欲的に学習する過程で、国語学力を着実に身に付けさせることができる。

三、「目標の二重構造化」を図った授業展開のあり方(2)
―単元的展開による授業展開モデル―

1 「目標の二重構造化」を図った単元的展開による授業展開モデル

一斉学習形態による発問応答型の授業であっても、「目標の二重構造化」を図った国語科授業を展開することができるようになれば、次の段階では、教科書教材を生かした「単元的展開による授業」(=読む活動を中心にしながらも、聞く・話す・書く活動を有機的に位置づけ、それぞれの活動を展開する過程で、読む・聞く・話す・書くそれぞれの力を鍛えるようにした授業)による国語科授業の創造を目指したい。

学習者の実態や学習課題の解決に必要な教材、教師が習得させたいと考える指導目標などによって、単元的展開による国語科授業には、さまざまな授業展開が考えられるが、次に挙げるのは、その一般的な「単元的展開による授業展開モデル」である。


Ⅰ【導入段階の指導/一斉学習】単元全体の構想を理解させる。
(1) 単元の学習課題をつかむ。
(2) 単元の学習の進め方を知る。

Ⅱ［展開段階Ⅰの指導／個別・グループ学習］学習課題の解決を図らせる。
（1）個別あるいはグループごとに、学習課題の解決を図る。
①［個別学習］資料を読んだり、人の話を聞いたりして、課題解決に必要な情報をカードに整理する。（→聞く・書く）
②［グループ学習］各自の収集した情報を読み合い、発表し合って、学習課題の解決を図る。（→読む・書く）
（2）［グループ学習］グループごとに発表資料を作成するとともに、発表のための練習をする。（→書く・話す）
Ⅲ［展開段階Ⅱの指導／一斉学習］学習課題の解決を図らせる。
（1）個別あるいはグループごとに発表する。（→話す・聞く・読む・書く）
（2）発表をめぐって、話し合う。（→話す・聞く・書く）
Ⅳ［まとめの段階の指導／個別学習］
（1）自己評価させる。（→書く）

この授業展開モデルは、学習者の興味・関心や問題意識（→それは育てるものだが）をふまえた学習課題を設定し、課題の解決を目指して、読む・書く・話す・聞く学習活動（＝言語活動）を展開する過程で、学習者の学習課題に対する認識の深化・拡充を図るとともに、読む・書く・話す・聞く言語能力、及び自己学習力を育てることをねらっている。学習者の目標は、学習課題の解決を図ることにあり、指導者の目標は、学習者の学習課題に対する認識の深化・拡充を図ることとともに、読む・書く・話す・聞く言語能力、及び自己学習力を育てることにある。単元的展開の授業を構想し実践するときには、目標の二重構造化論にもとづいて単元を構想し実践すると取り組みやすい。

なお、実際に、単元を構想し実践するときには、学習者一人ひとりの学習速度や到達度の違い、興味・関心や学習スタイルの違いなどに応じた、また、それを生かした授業を展開することができるように留意する必要がある。

そのためには、学習者一人ひとりの到達する目標を異にすることや、学習者一人ひとりに応じた、また、それを生かした教材の複数化・個別化、及びそれに伴う学習指導過程の複線化（＝学習者個々に応じた複数の学習指導過程を並行する）を図ることが、必須の実践的課題となる。

学習者全員が同じ目標に到達することを目指した授業であっても、学習者一人ひとりの興味・関心や学力の違いに応じて、複数の教材を用意し、学習指導過程の複線化を図るといった工夫が必要である。また、学習者全員に同じ教材を用いた授業であっても、学習者一人ひとりの到達する目標を異にして、学習指導過程の複線化を図るといった工夫も必要である。教材の複数化や学習指導過程の複線化を図った授業を構想し展開するときには、学習者一人ひとりがさまざまな学習活動を展開する過程で、学習者一人ひとりに読む・書く・話す・聞く言語能力をどのように育てるかを見通しておくことが大切である。

2 「目標の二重構造化」を図った単元的展開による国語科授業の実際

平成一〇（一九九八）年度版学習指導要領の改訂以降、特に、教科書教材を取り上げて、教師主導による発問応答型の知識詰め込み教育が批判されて、学習者が自ら課題を発見し、その課題の解決を目指して主体的に学習する授業の創造が求められている。この実践課題に応えるために、教科書教材を取り上げながらも、それを生かして、単元的展開の授業を実践した、大村はま氏の単元「読書のしかた」の実践を取り上げたい。

大村はま氏は、昭和三六（一九六一）年頃に、中学校用国語教科書教材「読書の経験」（清水幾太郎・筑摩書房）を多くの中の一資料として活用して、中学一年生に、「読書のしかた」について考えさせる単元的展開の授業を行なっている。この単元的展開の授業は整理すると、次のような展開になっている。

Ⅰ〔**導入段階の指導**〕学習者一人ひとりに、読書に関する疑問を書いて提出させる。

(1)〔個別学習〕読書に関する疑問例を示した手引きプリントを参考にして、学習者一人ひとりが、読書に関する疑問を書いて提出する。

(2)〔個別学習〕学習者一人ひとりが提出した疑問を整理した「読書についての疑問集」（プリント）を読む。

Ⅱ〔**展開段階Ⅰの指導**〕学習者一人ひとりに、各自の疑問の解決を図るために必要な情報を読んだり、聞いたりして、その疑問について、他の人がどんな意見を持っているかを紹介する文章を書かせる。

(3)〔個別・一斉学習〕学習者一人ひとりの疑問の解決を図るために、教科書教材「読書のしかた」だけでなく、読書のしかたについて書かれた文章を読んだり、読書について語った話や録音を聞いたりして、なんらかの形で出ている答えを書く。

読書に関する教材として、次の資料が用いられている。

A．読ませたもの

清水幾太郎「読書の経験」（教科書教材）、西尾実「読書の方法」、望月久貴「読書の方法」

B．読んで聞かせたもの＝滑川道夫「漫画の読み方」、亀井勝一郎「読書の方法」、「読書ノート」（筑摩書房『国語』）

C．大意を話して聞かせたもの

坂田徳男「二十分読書法」、林髞「頭脳」の一節

(4)〔個別学習〕集めたカードをもとに各自の疑問に対して、どんな人がどんな意見を持っているかを紹介する文章を書く。

Ⅲ〔**展開段階Ⅱの指導**〕全体の場で、学習者一人ひとりの疑問に対するいろいろな人の意見を発表させる。

(5)〔一斉学習〕全体の場で、学習者一人ひとりの疑問に対するいろいろな人の意見を発表する。

Ⅳ［**まとめの段階の指導**］（記録にない。）

（注）読む・聞く・書く・話す言語活動の部分には、傍線が施してある。単元的展開の授業になるように、意図的に、読む・聞く・話す・書く活動が位置づけてある。

「今日から、教科書の『読書の経験』を学習します。それでは、本文を読んでください。」というような導入の仕

方では、学習者は、その学習に意欲的に取り組まない。教科書教材を取り上げて学習させる場合であっても、その学習の導入段階に、学習者がその教材と出会う必然性を創り出すことが、実践上の大きな課題となる。

大村はま氏の実践では、学習者一人ひとりが、日頃の読書生活の中で抱いている〈読書に関する疑問〉を出させて、その読書に関する各自の疑問（課題）を解決するために、教科書教材「読書の経験」をはじめ、読書のしかたについて書かれた文章を読んだり、読書について語った話や録音を聞いたりするように授業が仕組まれている。このようにすれば、学習者一人ひとりは、自らの課題を解決するためという目的意識・課題意識をもって、意欲的に、教科書教材などを読んだり、読書に関する録音や先生の話を聞いたりするようになる。教科書教材をはじめとする複数の教材を読む・聞く必然性がみごとに創り出されている。

また、この実践では、単元の最終の段階（＝展開段階Ⅱ）に、学習者一人ひとりの課題にもとづいて調べたことを発表する場が設定されているので、学習者が各自の調べたことを発表するという〈ゴール〉を目指して、目的的な学習を展開するように授業が仕組まれている。学習者が自らの課題の解決を目指して、情報を収集する学習を展開する過程に、大村はま氏は、国語科で身に付けさせるべき読みとる力・聞きとる力（→段落と段落の関係を読みとる力、主な段落を把握する力、要旨をとらえる力など）を学習者に身に付けさせる指導を意図的に位置づけている。

実際の授業では、学習者一人ひとりが自分の取り上げた〈読書に関する疑問〉について、どんな人が、どのような意見をもっているかを紹介する文章を書く過程で、大村はま氏は、学習者の誤読を見い出すと、「何々先生はそういうことをおっしゃっていない。」と揺さぶりをかけている。学習者が「どこで、その要旨を取り違えたのだろう。段落と段落との関係を読みまちがえたのだろうか、どこが主な段落だったのだろうか。」などと、文章の内容を的確に読みとろうとして、必死になって読み返す過程で、文章の内容を正しく読みとる力を鍛えるように授業を仕組んでいる。

このような授業を展開するためには、指導者は、前もって、学習者一人ひとりを頭に置きながら各教材を読んで、学習者一人ひとりのつまずきを予想したり、それに対する援助の仕方や手引きの仕方を考えたりしておくことが不可欠である。事前の教材研究が十分にされていないと、学習者一人ひとりに即した個別指導を行うことはできない。

学習者一人ひとりに優劣をまったく感じさせないようにするためには、学習者一人ひとりに応じた、①異なる教材を用意するか、②異なる学習目標（学習課題）を持たせるか、③異なる学習指導過程を設定するか、いずれかの方法をとることが必要である。単元「読書のしかた」の授業では、学習者一人ひとりの学習課題はそれぞれ異なるが、用いる教材と学習指導過程は同じである。学習課題が異なるので、学習一人ひとりは優劣をまったく意識しないで、自らの学習課題を解決するために意欲的に学習に取り組む。大村はま氏は、学習者が意欲的に学習に取り組む授業を組織しながら、その一方で、文章の内容を的確に読みとる力を学習者に身に付けさせることを忘れてはいないのである。「目標の二重構造化」を図った国語科授業を創造する場合には、学習者が意欲的に授業に取り組むことと、学習者に国語学力を身に付けさせることとを同時に成立させるよう、特に留意しなければならない。「活動はあるが、力がつかない」という批判を受けないためにも、国語学力を身に付けさせる機会と場をどのように組織するかに、指導者は意を用いる必要がある。

四、学習者が主体的に活動する過程で、学力が育つ国語科授業を創造するための留意点

1　単元構想段階における留意点

(1) 単元の指導目標の設定

まず、その単元で育てるべき言語能力・国語学力、すなわち指導目標を具体的に設定する。教材から出発するのではなく、この単元でどのような言語能力・国語学力を育てるのか、指導目標を明確化するところから出発したい。

これまでの学習指導を振り返って、その学級の全員を対象として、どのような言語能力（聞く・話す・読む・書く及び言語事項にかかわる能力）が不足しているかを分析して、本単元で育てるべき言語能力を具体的に指導目標として措定する。指導目標としては、関心・意欲・態度に関する目標、認識に関する目標、技能に関する目標などを、目標間の相互関係も考慮して設定したい。その際には、小学校六年間を見通した「国語能力表」を参考にし、学年の発達段階もふまえた上で、指導目標を設定することが必要である。

指導目標を実際に設定するにあたっては、「登場人物の心情を読みとらせる。」のように、評価する方向を漠然と示す「方向目標」の形ではなく、「登場人物の～（ここに、具体的な心情を書き入れる）の心情を読みとることができるようにする。」のように、学習者一人ひとりの到達状況を明確に評価することのできる「行動目標」の形で提示するようにしたい。

国語能力表は、個人で作成するのはなかなか困難である。昭和二六年度版学習者指導要領をはじめ、戦後五〇年

余の間に、さまざまな「国語能力表」が作成されている。それらの研究成果や現行学習指導要領の指導事項などもふまえて、学校や地域単位で共同研究を進めて、小学校六年間を見通した「国語能力表」をぜひとも作成したい。すでに地域単位で「国語能力表」が作成されている場合には、その国語能力表を下敷きにし、自分の学校の学習者の実態に照らして、各学校版「国語能力表」を作成することが望まれる。

(2) 学習課題の設定と学習指導過程の構想

学習者が興味・関心や問題意識を持って学習することができる学習課題を設定するとともに、設定した指導目標をいつの間にか自然に到達できるように学習指導過程を構想することが求められる。

ア．学習課題の設定について

学習者一人ひとりがその単元の学習に意欲的、主体的に取り組むようにするためには、学習者の興味・関心や問題意識をふまえた学習課題を設定し、その学習課題の解決を目指して学習活動を展開することができるように、単元を構想する必要がある。

学習課題の設定の仕方には、大きく、二つの仕方が考えられる。第一は、学習者の学校生活（学校行事や児童会活動、学級活動、学習者の書いた日記など）や学習生活の場において、指導者がこれは国語科の学習課題となると判断して設定するもの、第二は、現代社会の要求や国語科という教科の目標などに照らして、学習者にぜひとも興味・関心を持ってほしいと思うもの・ことに、学習者が興味・関心を持つように、事前に仕向けて学習課題を設定するもの、である。

第一の例としては、大村はま氏が昭和四七（一九七二）年二学期に実践した単元「どの本を買おうか」（中学一年対象）を挙げることができる。一〇月に後期生徒会が出発して、学級の各委員も新しくなった。学級会で、新図書委員から、学級文庫の本を増やしたいという提案があり、クラスで話し合った結果、みんなが小遣いを出し合って、新しい本を購入することになった。この学級会の決定をふまえて、大村はま氏は、国語科授業の中で、「どの本を買おうか」という学習課題のもとに単元を編成し、課題解決型の国語科授業を展開している。学習者は、自分たちの必要感から生まれた学習課題なので、意欲的に学習に取り組んでいる。指導者は、日頃から、国語科の学習課題となるものを発見する眼、学習課題の発見力を養い磨くようにしたいものである。(→『大村はま国語教室 第7巻』筑摩書房・一九八六年九月、一七九～一八〇頁)

第二の例としては、昭和四八(一九七三)年一一月に実践した単元「私たちの生まれた一年間」(二年対象)の事例がそうである。(→『大村はま国語教室 第1巻』筑摩書房・一九八二年、四一一～四七六頁)

「私の生まれた年」「私の生まれたころ」というテーマに以前から興味を持っていた大村はま氏が、伝記の学習をしていたある日、図書室の一隅で、七、八人の生徒と「環境と人」ということについて話し込んだとき、生まれたときの家庭環境がその人をつくるという話になり、さらに、社会環境と人、時代の風潮と人に話題が転じたのを受けて、「私は、かねて興味を持っていること、私の生まれたころを調べてみたいと思っていると話し出した。子どもは口々に私たちも調べてみたいと言った。」という。大村はま氏は、これから一年半、教材の準備などをした後、「私の生まれた一年間」の学習を展開するのである。教師がぜひとも学習させたいと思っていたことに、自然に、子どもたちの興味・関心を向けて言った典型的な事例である。学習者に興味・関心を持ってほしいと思うもの・ことに、学習者が興味・関心を持つことができるように、事前の段階で、興味・関心を育てること、種を播くことのできた実践例である。

このほかにも、大村はま氏は、次の単元で取り上げたいと思う資料や本は、自分の席のすぐ近くにさりげなく、しかし、目立つように置いておく。学習者の反応を見、また、学習者の興味・関心を育てながら、これらの資料(本)を用いた単元が組めるかどうかを判断し、これならば大丈夫だと見通しが立ったときに、単元を編成し、実践していくのである。

イ．学習指導過程の構想について

まず、学習者の興味・関心や問題意識をふまえた学習課題を設定したならば、その課題の解決を図ることを目指して、単元の最終段階の全体学習の場に、どのように発表し合う場を持つかを考える。単元を構想するにあたっては、まず、単元の「最終ゴール」を学習者に明確に意識させることが大切である。

次に、その「最終ゴール」を目指して、どのような学習活動を展開させていくかを考える。すでに述べたように、次のような学習指導過程をとるのが、一般的である。

Ⅰ **導入段階**（一斉学習）＝単元全体の構想を理解させる。
(1) 単元の学習課題をつかむ。
(2) 単元の学習の進め方を知る。

Ⅱ **展開段階Ⅰ**（個別・グループ学習）＝学習課題の解決を図らせる。
(3) 個別あるいはグループごとに、学習課題の解決を図る。
① ［個別学習］資料を読んだり、人の話を聞いたりして、課題解決に必要な情報をカードに整理する。（↓読む・聞く・書く）
② ［グループ学習］各自の収集した情報を読み合い、発表し合って、学習課題の解決を図る。（↓読む・話す・聞く・書く）
(4) ［グループ学習］グループごとに発表資料を作成するとともに、発表のための練習をする。（↓書く・話す）

Ⅲ **展開段階Ⅱ**（一斉学習）
(5) 全体の場で学習課題の解決を図らせる。
① 個別あるいはグループごとに発表する。（↓話す・聞く・読む）
② 発表をめぐって、話し合う。（↓話す・聞く）

Ⅳ　まとめの段階（個別学習）
(6)　自己評価する。（→書く）

ここで留意したいのは、学習者が学習課題の解決を目指して学習活動を展開していく過程に、読む・書く・話す・聞く言語活動を有機的に位置づけることである。また、学習指導過程を構想するときには、学習者が学習課題の解決を図ろうとして学習を進めていく過程における〈学習者の意識の流れ〉と、それぞれの学習の展開が学習者にとって〈学習の必然性〉があるかどうかを常に考えておくことが必要である。

(3)　構想段階における診断的評価と学習の手引きの作成

単元の指導目標（到達目標）を設定し、学習指導過程の構想案がある程度固まったら、そのまますぐに授業に入るのではなく、一度立ち止まって、その単元の各段階で、学習者一人ひとりがどのように対応・反応するか、事前にシュミレーションして、それぞれのつまずきを診断（→診断的評価）し、それぞれのつまずきをどのように克服させていくか、また、いわゆる「できる子」をどのように伸ばしていくかなど、学習者一人ひとりに対する指導・援助の仕方（→学習の手引き）を考えておかなければならない。単元の構想段階で、単元の各段階における「学習の手引き」は考えるべきだが、ここでは、各段階の指導上の留意点を述べるところで、その具体例を示すこととする。

3　単元の導入段階における留意点　——単元全体を見通す——

単元の導入段階の指導にあたっては、その単元の学習課題を把握させることは言うまでもなく、その学習課題をどのような手順・方法で解決を図っていくのか、また、その単元の最終段階には、どのような《発表の場》が設定されているのかなど、その単元全体の学習の進め方を学習者に理解させておくことが大切である。そうすれば、学習者は、その単元は、何のために、何を、どのように学習するのか、そして、最終段階では何をするのか、単元全体を見通して、目的的な学習を展開することができる。

そのためには、単元の導入段階で、単元の「学習の進め方の手引き」プリントなどを配布して、その手引きに従って、学習を展開させるのも、一つの方法である。

大村はま氏は、昭和五三（一九七八）年二月、一年生を対象に、単元「―という人」〈伝記を読む〉を実践している。『TN君の伝記』（なだ いなだ）、『白い大地』（吉田武三）など、伝記九冊を教材として、次のような「学習の進め方」の手引き作成している。

1　それぞれの本を読む。
2　その人をよくあらわす十の場面を考える。
3　十の場面のうち、一つか二つ、劇にする。そのほかの場面は、四百字から八百字くらいの文章にする。（どちらも題をつける。一編一編の文章の組み立てに変化をつけるくふう。）
4　ある場面で（十の場面以外も含めて）、情景なり気持ちなりをよくあらわしていることばを拾っておく。「適切な表現」「新しく知ったことば」として。」
その場面を説明して、他のグループの人に、ことばを考えさせるということを発表のときにつけ加える。十の場面の話のあいだに、休憩というような形で、軽く、たのしく扱う。

（↓『大村はま国語教室 第4巻』筑摩書房・一九八三年、二九三～三一八頁）

単元の導入段階で、このような「学習の進め方の手引き」が配布されると、学習者は、この単元で、何を、どのように学習していくのかを見通すことができる。そうすれば、それぞれの段階の学習をするときに、何のために、それぞれの段階の学習をするのか、目的をはっきり意識して学習を展開することができる。単元の導入段階では、ぜひとも、このような「学習の進め方の手引き」を作成して、学習者が単元全体を常に見通して、目的的な学習を展開することができるように工夫したい。

4　単元の「展開段階Ⅰ―(1)」における留意点　――情報収集・整理・産出の過程――

学習者一人ひとりが、各自の学習課題の解決を図るために、個別学習（あるいは、グループ学習）を展開する過程で、指導者は、学習者一人ひとりに、どのような個別指導を行うかを、事前の段階で考えておいて、それぞれの段階で、学習者一人ひとりに応じた援助・指導を展開する必要がある。

学習者一人ひとりの課題の解決のために、どのような資料・情報と出会わせる必要があるのか、その資料・情報と出会ったときに、どのように情報を収集させるのか（情報の読みとり方・カードの採り方など）、また、集めた情報をどのように整理して、その中から必要な情報をどのように選択させ、自らの課題の解決を図るのかなど、学習者一人ひとりに即した手引きをしなければならない。

大村はま氏は、教師が「～しなさい」と指示や命令の形をとるのではなく、教師のさせたいことを学習者がいつの間にか自然にしてしまうような授業を創造することを常に自らの実践上の課題としていた。「～しなさい」と指示や命令をして、それをやらせようとしても、できない、つまずく学習者がいる場合には、彼らが悲しくつらい思いをしないように、「心を耕すための手引き」や「方法を学ばせるための手引き」など、さまざまな「学習の手引き」を作成して、その課題の克服を図っている。

大村はま氏は、昭和五一（一九七六）年一〇月、二年生を対象に「枕草子」の実践をしたときに、「枕草子」を読んだ後の感想を書かせる「学習の手引き」を作成している。普通であれば、「読んでいるうちに気づいたこと、心に浮かんだことを書きなさい。」と指示や命令をするところであるが、大村はま氏は、次のような「学習の手引き」を作成している。

◇読んでいるうちに気づいたこと、心に浮かんだことを、次のようなとらえかたで整理してみる。

A.
○そうだ、ほんとに。
○まったく、そのとおり。
○そう、そんな感じ。
○それは、だれだって、そういう気がするにちがいない。
○それは、そうだったろう。
○私もそう思ったことがある。
○どんなにか（残念）だっただろう。
（　）の中は例。

B.
○それは意外な。
○それが、そんなに（うれしい）かなあ。
○そのとき、そんなに（感動する）かなあ。
○ええ？　そんなに（早く）？
○そんなことで（びっくりする）のか。
○これほどのことが、なんともないとは。

C.
○どういうことかな、ピンとこない。
○どうなっているのかな。

（↓『大村はま国語教室 第3巻』筑摩書房・一九八三年、一八三～一八四頁）

この「学習の手引き」について、大村はま氏は、次のように述べている。

「読んでいるうちに気づいたこと、心に浮かんだことを書きなさい。」では、自分の心にあるものがとらえにくい。「そうだ、ほんとに」と思ったことを考えてみると、心にあるものが拾いやすい。また、ほかの子どもは、同じことでも「まったく、そのとおり」ということばの方が親しめるというか、自分のことばのような気がして、よくとらえられたりする。

共感していることは同じでも、「それは、そうだろう」とか「私もそう思ったことがある」などが自分の共感のしかたにぴったりであったりする。

読みながら気づいたこと、心に浮かんだことなど、あったかなあというような、ないことはないが、とらえにくい気持ちでいるとき、この、いろいろな言い方は、発掘すること、とらえること、それは整理すること、まとめることに役立つ。

（→『大村はま国語教室 第3巻』筑摩書房・一九八三年、一八五頁）

Aには同感・共感したこと、Bには批判的なこと、Cには疑問を抱いたこと、それぞれの反応の仕方には、微妙な個人差がある。学習者一人ひとりがこの「学習の手引き」のいろいろな言い方に出会うことによって、いつの間にか、自然に、自らの感想を「発掘すること」「とらえること」「整理すること」「まとめること」ができるように工夫されているのである。「学習の手引き」のいろいろな言い方に触れている間に、自然に、学習者の心はさまざまに耕されていく。「読んでいるうちに気づいたこと、心に浮かんだことを書きなさい。」という、命令や指示の形をとらないで、教師のさせたいことをいつの間にか自然にさせる手引きになっているのである。学習者一人ひとりの内面、心理を深く洞察したうえで、学習者一人ひとりがその学習に困らないように、きめ細やかな配慮のある、まことに見事な「心を耕すための手引き」となっている。この事例は、中学校における古典学習における手引きであるが、小学校における読みの学習における手引きとしても活用できるのである。

このように、大村はま氏は、授業構想段階において、単元展開のさまざまな学習活動の場で、学習者一人ひとりがどのように対応できるかを事前に診断（→診断的評価）して、つまずきそうな学習者がいれば、そのつまずきをどのように克服させていくか、学習者一人ひとりに対する援助の仕方をさまざまに工夫して、授業に臨むのである。

学習課題の解決を図る過程の「展開段階Ⅰ—⑴—①」では、必要な情報を発見する力（＝読みとる力）や発見した情報をカードに書き出す力（＝書きとる力）、情報を書き出したカードを整理する力などがなければ、学習課題の解決に必要な情報を収集することはできない。学習課題の解決に必要な情報を発見するためには、資料を流し読みしながら、必要な情報とそうでない情報を見分ける力とカードを分類整理する力が必要である。これまでの学習者一人ひとりの実態を頭に思い浮かべて、これらの力があるかどうかを判断して、もしこれらの力が大多数の学習者に育っていないならば、この単元の個別学習に入る前の段階で、同じ学習課題の解決を目指して、必要な情報を発見し、それをカードに書き出す、また、カードを分類整理する練習学習を位置づけて、個別学習に入るように手引きしておくことが必要となる。

「展開段階Ⅰ―(1)―②」の「話し合う」場では、グループをどのように編成するのか、また、そのグループの中で、何を、どのように話し合わせるのかなど、学習者一人ひとりが困らないように手引きをどのようにするのかを、前もって考えておかなければならない。

大村はま氏は、中学一年生に、「グループごとに、朗読発表会の準備のための話し合いをしなさい」と指示しても、どのように話し合いを進めていけばよいのか、わからない。そこで、「話し合いの台本型手引き」を作成して、話し合いの進め方を次のように手引きしている。

1A（司会）　では始めます。よろしくお願いいします。	○あいさつ
2BCD　よろしくお願いします。	
3A　きょう、相談して決めなければならないことは、	○これから何について話し合うかを 言う。みんなが知っていても言う。
・みんなで読む「この新鮮な気持ち」の読み方のくふう	
・ルナールのことばの分担のしかた	
・一人で読む詩の担当	
・プログラムのプリントを書く人	
・朗読発表会での司会者	

・開会のことばの担当者
・閉会のことばの担当者
　こんなにあります。この順で話し合うことにしていいですか。
4C　しぜんな順序でいいと思いますが、一番になっている、みんなで読む詩の読み方のくふうは、時間がかかるでしょう。いくらでも時間のあるだけ、かけたいでしょう。ですから、これはあとまわしにして、話し合いのあとにつづいている練習の初めに、話し合ったらいいのではなかと思います。
5D　賛成です。それがいいと思います。
6B　ルナールのことばの分担も、あとまわしにしますか。
7C　さあ、それは……。
8B　ルナールのことばも詩の一部分ですから、あとまわしにしたほうがいいのではありませんか。
9D　分担は、やっぱり早く決めたほうがいいと思います。そのあと、つづいて話し合うことが、みんな、なんかの分担なのですから。
10B　でも、ルナールのことばのすぐ前のところを誰が読むのか、みんなで読むのか、それが決まってないでしょう。
11D　それは、そんなに関係がないと思います。（…しばらく、みんな、だまる。）
12A（司会）　どうでしょうか。いちばんのルナールのことばは、その前のところの読み方、読む人を決めてからでないと決められないでしょうか。それとも、そう関係ないでしょうか。
（以下、略）

○順序を相談する。
○意見をすぐ言う。
○賛成の時は黙っていない。賛成と言う。
○つかえているときは、考えがあれば出していい。出したほうがたすかる。
○別の考えがあればつづけて出す。
○出ている考えをまとめて、問題を出し直す。（司会の役目）

（→『新編教室をいきいきと2』ちくま学芸文庫・一九九四年、二六四～二六六頁）

最初、全体を読みながら、注意や、そのことばをそこで言う意味などを話す。ことばのひびき、間合い、呼吸までも体得させることはむずかしいので、一つ一つのことばに立ち止まりながら、教師が身をもって実演してみせる。学習者は、ここでどのようなことばを使い、どのようなことを述べ、どのように話し合いを進めていくのかを、自然に実感的に理解することができる。教師が身をもって教えることが手引きとなり、学習者は話し合いの仕方の呼吸を把握していくのである。後は、A・B・C・Dの役割を変えながら繰り返し練習し、話し合いの仕方を体で理解させるように仕向けている。

授業展開段階において、学習者一人ひとりの学力の形成過程を評価するには、基本的に、学習者の発言内容や、学習シート、学習記録などに書き入れられた内容を観察して評価するしかない。1時間単位で、目標（→評価規準・評価基準）に照らして、クラス四〇名すべてを評価することはきわめて困難である。そこで、次のような方法を用いて、毎時間、授業前に決めていた児童生徒（一時間に、五、六名が限度か）に焦点を絞って評価していくようにしたい。

［例1］授業の展開に即して、座席表や評価補助簿などに、その評価結果を記入していく。放課後などを使って、その評価結果を『評価ノート』の「個人ページ」に書き入れていくという方法である。なお、「個人ページ」には、その学年で習得させたい国語科の能力（話す・聞く・書く・読む及び言語事項に関する能力）一覧表を用意しておいて、それに書き入れていくと評価しやすくなる。

［例2］タテ二センチ、ヨコ三センチの「シール」の綴りを用意しておいて、授業の展開に即して、それに評価のことばをすばやく書き入れていくという方法である。放課後などを使って、その評価のことばを書いた「シール」を『評価ノート』の「個人ページ」に貼り付けていく。

これらの評価活動を一学期くらい積み重ねていくと、クラスの学習者一人ひとりの「話す・聞く・書く・読む及び言語事項に関する能力」の実態を、ほぼ把握（→評価）することができるであろう。この評価にもとづいて、学るであろう。

習者一人ひとりの個性や能力に応じた授業を構想すると、一人ひとりを即応した国語科授業を創造することができるであろう。

5　単元の「展開段階Ⅰ—(2)」における留意点　——発表会の準備（リハーサル）段階を重視する——

発表させる前の段階に、必ず、《発表の準備をする学習》を位置づけたい。そして、発表資料の作り方・発表の仕方の学習を行うとともに、実際にリハーサルなども行って、学習者一人ひとりが自信を持って発表の場に臨むことができるようにしておきたい。

発表者の発表内容は、聞き手の学習材である。よい発表がされなければ、発表は聞き手にとってよい学習材とはならない。わかりやすい発表ができるように、この準備の段階で鍛えておきたい。また、発表者の発表が聞き手から高く評価されると、それは発表者にとって大きな自信となる。発表に失敗させて、学習者の自信を失わせないように留意したい。

6　単元の「展開段階Ⅱ」における留意点　——どのような発表順で、どのような学習を成立させるか——

発表会など、発表の場においては、発表する側の指導だけでなく、その発表を聞く側の指導に心を向けなければならない。それぞれのグループが調べたことを発表させるときに、そのグループとは違ったことを調べた他のグループに、その発表をどのような問題意識を持って、どのように聞かせるかが、実践上の大きな課題となる。

各班が調べたことを次々と並列的に発表させるやり方は、聞き手にとって、有益な学習とはならない。どの班の発表とどの班の発表を組み合わせると、学習者の認識の深化・拡充を図るのに役立つか、それを見きわめた上で、発表順を決定したい。違ったテーマで調べたことをそれぞれが出し合うことによって、お互いの認識が拡充・深化されるように授業を仕組みたい。また、対立した内容や違った視点からまとめられた内容を持つグループ同士を発表させて、学習者の認識の深化・拡充を図るように授業を仕組むことも考えられる。

学習者を「活動」させる場合には、どんな活動をさせる場合でも、指導者はある意図をもって、その学習活動を位置づけることが大切である。

7　単元の「まとめの段階」における留意点　――自己評価力を育てる――

これまでに学習してきたことを振りかえって、自己評価させることが必要である。自分にとって学習の成果は何か、どのような課題が出てきたかなど、自らを反省し、今後の課題を発見するようにさせたい。

そのためには、大村はま氏が開発されたような「学習記録」や、「ポートフォリオ評価法」を導入して、学習者各自の単元における学習の跡を記録に残させておいて、単元が終了した段階で学習を振り返らせることによって、自らの学習を自己評価させさせるように仕向けたい。

五、不易なる国語科教育を求めて

いつの時代でも、学習者一人ひとりが本気になって、夢中になって学習にうち込むときにしか、真の学力は育たない。学習者が本気になって、夢中になって取り組む授業をどのように創造するか、また、そのときに、教科等で付けるべき学力をどのように身につけさせるか。一見、対立するかのように見える、この二つを同時に成立させる授業を創造することは、時代を超えた普遍的な教育の課題である。

この普遍的な課題を解決するためには、やはり、大村はま氏が生涯をかけて求め続けられた、「仏様の指」の精神に立つ国語科単元学習の実践しか道はないのではないか。その実践にあたって、私がここに述べてきた、過程重視の立場に立つ「目標の二重構造化」論が大いに役立つのではないか。我田引水の結論ではあるが、戦後六〇年あまりの国語科教育と実践の歴史を振り返って、このような考え方に間違いはないと信じている。しかし、このような教育実践を展開するためには、時代の流行に流されないで、常に歴史から学び、不易なる国語教育を求める教師の不断の努力が必要不可欠である。教師は誰しもよりよい授業をしたいと念じている。自分のできるところから一歩ずつ積み上げて、理想とするところに近づいていきたいと切に思う。

【謝辞】この拙論は、『六年間の国語能力表を生かした国語科の授業づくり』（日本標準・二〇〇五年一一月）に収録した論考を少し手直ししたものであることをお断りしておきたい。本誌に再録を快くお認めいただいた日本標準社に心より感謝とお礼を申し上げる次第である。

第二部　【実践編】

第一章　幼稚園と小学校の連携・接続を図った実践例

はじめに

鳴門教育大学附属小学校は、平成一〇（一九九八）年度より三年間、文部科学省の研究開発学校の指定を受け、小学校六か年間における「①既存の教科等の学習と総合的な学習との関係を明確にし、教科等の再編を探る、②生活に生きて働く学力を培うための単元構想や学習指導法のあり方を探る」研究を始めたが、第二年次から、当時、附属小学校長をしていた私の提言もふまえて、「A．幼小の連携を図った教育課程の開発」と「B．学校教育の全領域における指導方法原理として、学習者と指導者の目標を区別して目標の二重構造化を図った学習指導を行うこと」とを新たな研究内容として加えることになった。

「A」を加えたのは、私が長崎大学に勤めていた昭和六二（一九八七）年度以降、毎年度、「保育所・幼稚園・小学校・中学校・高等学校・特別支援学校及び大学の国語教育にかかわる教師が一堂に会して、言語の発達段階を見通した『ことばの教育』のあり方を考える」長崎国語教育実践研究大会を開催していた体験をふまえて、附属幼稚園と小学校との連携の必要性を強く感じていたからである。幼稚園では遊びを中心に生活的な学習を体験していた幼児に対して、何らの移行措置もとらないで、小学校入学後、すぐに教科中心の時間割のもとに、一時間机についたままの授業が展開する。それに順応できない児童は「小一プロブレム」を起こしてしまう。この問題を解決するためには、幼稚園から小学校に入学した児童には、入学後すぐに各教科に「分化」した授業を行うのではなく、入学後一定の期間は「未分化」のまま、幼稚園と同じように、学校の生活に即した生活的な学習を体験させる過程で、各教科で目指す学力も自然に習得させる教育を行うことが必要なのではないかと考えるに至った。これが附属小学校の「生活を基盤とした段階的分化型カリキュラム」開発へと発展していくことになる。

「B」を加えたのは、生活に生きて働く学力を育てることは、小学校教育の全領域における目標であるので、「総合的な学習の時間」の授業でも、また「各教科等」の授業でも、学習者の興味・関心や問題意識をふまえた学習課題を設定して、その学習課題を解決する過程で、それぞれにおいて育てるべき能力を習得させる指導を展開させなければならない。そのためには、両者に共通する指導方法原理として、「学習者と指導者の目標を区別して目標の二重構造化を図った学習指導を行うこと」が不可欠であると考えたからである。第二年次以降は、学校教育の全領域において、私が提唱する「目標の二重構造化」論にもとづいた実践研究を進めていくことになった。

このような考えをふまえて、小学校第一学年を幼稚園と小学校の移行期（接続期）と位置づけ、国語科・算数科などの教科名はまったく出さないで、幼稚園と同じように、「生活的な学び」を展開する過程で、各教科で育てるべき能力は習得させる実践研究を目指すことになった。

平成一〇（一九九九）年度から、附属幼稚園と附属小学校との交流・共同研究を推進して、同年一一月には、附属幼稚園と附属小学校が同じ日に研究大会を開催して、共同で「幼小連携分科会」を開き、幼小連携の教育のあり方について実践をふまえた提案を行った。この「幼小の連携を図った教育課程の開発」は、文部科学省にも高く評価されて、平成一一（二〇〇〇）年度からは、文部科学省も「幼稚園と小学校の連携を視野に入れた教育課程の研究開発」に取り組み始めた。私どもの先導試行が全国的に生かされていったことをうれしく思う。

ここには、幼稚園と小学校それぞれの側から、「幼・小の連携・接続」を図った実践例を一例ずつ取り上げた。小学校の実践例としては、特に、今から約二〇年前の、研究の初期段階の実践例を取り上げた。「幼小連携・接続の実践研究」の参考になれば幸いである。

元鳴門教育大学附属小学校校長　世羅　博昭

幼小の接続／楽しくつくる幼小の合同活動プロジェクト

鳴門教育大学附属幼稚園　佐々木　晃

一、実践研究のねらい

「環境を通して行う教育」が基本の幼稚園教育において、「環境」についての研究は、幼児理解と併せてもっとも基本にして重要な分野である。すでに数多くの研究がなされてきていることは周知の通りである。しかし、私どもの関心は、幼児と環境との間に介在する「関係性」にあり、幼児と環境との相互作用の質を問おうとする立場で、次のような問題を明らかにしたいと考えている。それは、一見すると幼児が環境に働きかけているのか、あるいは環境のもつ魅力が幼児達を誘い入れているのかが判断しかねるような、スリリングで複雑な相互性のある状況の構造と特性である。これこそが、幼児を主体的に遊びや生活に向かわしめ、豊かな学びや意味を生む根元であると考えるに至った。

そこで、関係性が引き寄せ、あるいは、関係性の中で幼児に遊びや活動を誘発させていく特徴をもつ環境を「遊誘財」と命名し、この視点から幼児期にふさわしい環境を求めようと考えた。遊誘財と教材の表すニュアンスの違いは、後者が「教育目標を効果的に達成するために、学習者に直接提示され、あるいは取組ませるべく、選択・加工された方法的材料」(↓『現代教育大事典』東京書籍・二〇〇一)という教育の目標やねらいを達成させるための材料や道具というイメージを与えるのに対して、前者はそれがもつ性質と子ども個人のもつ性質とが響き合い、遊びという現象を生み出す特徴がある。幼児と環境との相互作用の可能性を信頼し、そこに生じた教育的意味を見出しながら教育的意図を織り込んでいくことで保育が成立するという哲学や信念も込められている。もちろん私どもがこれまで主張してきた通り、遊びには教育的な意義が多く含まれているだけでなく、広い意味で言う学習への興味関心や意欲、態度というものは、遊びの中で育まれ鍛えられていく。

しかしながら、幼児たちの遊びが学習と直結されたり学習の手段とされたりすると、様々な弊害が生じ、幼児たちから本当の意味での遊びを奪いかねないと危惧される。保育者の意図的計画的環境の構成や指導の重点化、教材研究の重点化という現在の幼稚園教育の課題をにらみつつも、あえて「遊誘財」という概念で保育の質について語ろうとする意図がここにある。

二、遊誘財にかかわって促される言語活動とそこに働く要因

幼児を遊びに誘い、遊び浸らせるうちに様々な能力を引き出し、学びを促す遊誘財には様々な要因が働いていることが、すでに、これまでの研究から明らかになっている。

事例「春を食す」を取り上げて述べると、例えば、ままごとで料理を作るということ自体が、⑥イメージ・テーマの要因ということになる。他にも、事例記録中に下線を引いた次のような要因が考察された。[①ものの性質や特徴の要因　②保育者の人的な要因　③子ども同士の要因　④時間的な要因　⑤場的・空間的要因　⑥イメージ・テーマの要因]

四月三〇日　五歳児

春を食す

記録（佐々木　晃）

咲き終えたチューリップの茎①④を刈っておいたものを、女児達がままごと⑥に使っている。彼女たちがぐるっと囲んだ丸い電線ドラム②はキッチンテーブルで、中央の穴をガスコンロに見立てている⑥ことが分かる。

「ぽきってしたら、すじがむける」①とセリナが言うと、「すじとったら、あと水にさらしといてね」とリコがテンポ良くいう。「すみませんが、ちょっとアスパラいただきますね」とマキが水に入れる前の茎を何本かとっていく。「新鮮なうちにお料理してね。時間が勝負なの」とリコが言う。「はい」マキはユウカが砂や花びらを炒めるフライパンの中にそれを入れた。「火を最高に強くして」というユウカに応えてマキが調理台にしている電線ドラムの縁を⑤「がちゃがちゃして」ガスを強くする仕草をする。③

「さあ、あとはちらし寿司とスープだけね」リコは両手を腰に当てて身体をほぐすように軽いストレッチをしている。前にはボールの水にさらした茎がある。「あくが強いのよね、フキなんかは」とリコは時間が経つのを待っている。④

「スープ出来ました。ちょっと味見てみて」とセリナがカップ麺の容器に茎を浮かべて保育者に差し出した。保育者が香りをかぎ分ける仕草をすると、②

「特製スープには季節のお野菜が入っています。分かりますか」とたずねる。「この春らしい香りは？」と目を閉じて味わうように聞く②と、「はい。フキです。あとアスパラも入っています」という。「なるほど。その香りのハーモニーだったんですか」と保育者が言う②と、隣から「先生、お寿司はおすきですか？」とリコが尋ねる。「先生、ここのお寿司最高なんですの」とセリナがうっとりしたような表情でいう。

① ものの性質や特徴の要因

チューリップの茎やままごと道具、廃品利用の電線ドラムがこれに当たる。ただし、先に述べたようにチューリップの茎が遊びの場に登場するまでの生活の過程が、より、そのものについての思い入れや理解が深まるという点で重要である。

② 保育者の人的な要因

幼児達がままごとの中で見立てながら調理している野菜などは、春の野菜や植物に特有の強い香りがある。「ぽきってしたら、すじが剥ける」というフキのような触感や音、見た目のフキやアスパラらしさを幼児達が発見し共有している。この他、より調理のリアリティーをかもし出させて遊びをスリリングにするものが、これまでは登場していない「匂い」という嗅覚的な刺激だと考えて保育者は、「ちょっと味見てみて」と差し出すセリナに香りをかぎ分ける仕草をしている。子どもたちは、保育者とのかかわりを通じて、このようなごっこ遊びのリアリティーをつくり出すより多様な感覚の使い方・言葉・振る舞い・役割などの演出や場の構成といった、ごっこの虚構の世界を構成するものについても学ぶ機会を得ることになる。

③ 幼児同士の要因

事例中のやりとり全てがこれにあたる。「ぽきってしたら、すじが剥ける」とセリナが言うと、「筋とったら、あと水にさらしといてね」とリコがテンポ良くいう。「すみません、ちょっとアスパラいただきますね」とマキが水に入れる前の茎を何本かとっていく。「新鮮なうちにお料理してね。時間が勝負なの」とリコが言う。「はい」マキはユウカが砂や花びらを炒めるフライパンの中にそれを入れた。「火を最高に強くして」というユウカに応えてマキが調理台にしている電線ドラムの縁を「がちゃがちゃして」ガスを強くする仕草をする。この応答のテンポが調理場の臨場感や緊迫感をつくりだしていることが分かる。使用している言葉も科学的な裏付けや論理性をもっているが、これも一種の遊びのルールのように共通理解されているのだろう。

④　時間的な要因

チューリップの生長につき合い、遊びに活用するという、大きな意味での時間と、水にさらしておいてあくを取るなどの、遊びをよりリアリティのある物にするために生成する時間が調和的に存在している。

⑤　場的・空間的要因

ままごと遊びの空間全体がそうであるが、道具としては電線ドラムや本物のフライパン（１００円ショップにて購入した）や泡立て器などが、一層、「調理」という真実味を促して働いている。

⑥　イメージ・テーマの要因

ままごとや「調理」自体、幼児達が日々目にしたり、かかわったりしながら自分の中に活動のイメージと具体的な知識を蓄え込んだものである。また、これが自分が大人になるなどの未来への期待と重なっているところも注目すべき点である。

実践の考察

５歳児組になると、幼児はテーマ（ここでは「料理」）をもって話を共有し、自分の主観的な経験を表現するだけでなく、それを相手にわかる表現へと変換する力が育ってきていることが読み取れる。遊びの構成員相互の共通テーマを互いに確認し合いながら、しかも、アスパラやフキなどそれぞれ見立てられているものの特徴を正確にふまえながら深めていく様子がわかる。たとえば、幼児たちがままごとの中で見立てながら調理している野菜などは、春の野菜や植物に特有の強い香りがある。「ぽきってしたら、すじが剥ける」というフキのような触感や音、見た目のフキやアスパラらしさを子どもたちが発見し共有している。ところで、この時期にはことばが思考の媒介機能を果たしはじめるようになることが推察される。ままごと遊びの中で既知物を再確認したり、「さあ、あとはちらし寿司とスープだけね」などと想像の過程が独り言のような発話になってあらわれたり、また、無意味なもの（ここでは刈られた「チューリップの茎」など）や図形などを自己の既知の具体物に同化しようとする際の命名作用となったりする。

会話を観察すると、副詞や形容詞などの修飾語の使用が巧みになっていたり、接続助詞や接続詞を使用することで、事象と事象の関係を表現することもできるようになる。順接的な関係を表現することは比較的容易であるが、「すみませんが、・・」のような逆説的な関係でも効果的な表現をするようになる。このように、優れた遊誘財は幼児達の言語活動を活性化させ充実させると考える。

三、幼小連携・接続のカリキュラム開発

附属小学校が、平成一〇（一九九八）年度より三年間、文部科学省の研究開発学校の指定を受け、世羅博昭校長の強力な指導のもとに、「子どもの未来を拓く教育課程の創造」というテーマを掲げて実践的研究を進めた。なかでも、「幼小の連携を図った教育課程の開発」は文部科学省から注目された。平成一一（一九九九）年度から、文部科学省も「幼稚園と小学校の連携を視野に入れた教育課程の研究開発」に取り組み始め、平成一三（二〇〇一）年度から、附属幼稚園も文部科学省の研究開発学校の指定を受け、それまでの附属小学校との共同研究の成果を継承、発展させる形で、本格的に「幼小連携のカリキュラム開発」を始めた。さらに、平成二三（二〇一一）年からは、科学的思考を軸とした幼小接続教育課程の開発を行った。「小学校生活への適応を促す接続」という意義を越えた、「科学的思考力や学びを接続し発展させる」という願いを込めた実践的研究を推進した。幼児・児童と保育者・

教師がそれぞれの教育目標やねらいをもち、共に活動し、互いの教育の持ち味や深まりを感じつつ学びあう、「合同保育／授業」は研究の中心的存在である。

次に紹介するのは、接続期（幼稚園五歳児九月から第一学年七月）の幼児と児童の言葉をテーマとした交流活動やそれにかかわる保育者、教師間のカンファレンスから、幼児期と児童期の学びの連続性の把握や、互いの教育方法へのフィードバックを得るという互恵性の確認が、「接続」の有り様を浮かび上がらせた実践である。

①接続期の合同保育／授業

記　録（鍋山 由美）	三年保育五歳児	一一月二九日（木）

「ゆめのタウンふぞく　プレオープン」

一年生との合同保育／授業「ようこそ　ゆめのタウンふぞく」での一場面より。

今日のプレオープン後の反省会を全員で行う。参観者の大人が四十名近く来て大繁盛だったこともあって、皆、少し興奮気味である。

一年生担任の清水先生がゆめのタウンふぞくの社長となり、前に立って、明日のグランドオープンに向けて全員で作戦会議を行う。「どんなお店をお客さんが喜んでくれていたか」「明日の大成功に向けて、どんな反省や工夫があるか」など、社長が全員に投げかけ、発表が始まった。


リノが手を挙げて一年生の発表の仕方を真似ている。指名され、

「きれいな言葉で呼んだらいいと思う」と発表した。

「いいですねえ。きれいな言葉って、例えば？」と私（社長秘書）が尋ねる。

「いらっしゃい　いらっしゃい、じゃなくてね、いらっしゃい**ませ**が良いと思う」

とリノが、実際に店頭で言うように言ってみせる。

「なるほど、それは丁寧でいいですね。」と、子どもたちに投げかけると、全員で「いらっしゃいませ」と会社の朝礼さながらに、全員で声をそろえて言った。

「いいですねえ」と社長（清水先生）。

「他にありませんか?」の私の問いかけに、一年生の児童が、

「サービスも付けようと考えてます」と発表する。

「僕たちの店はおまけを付けようと思っています」など友達の意見に関係することを他の一年生が発表する。幼稚園の幼児らも手を挙げて、「ちらしを作って配ったらどうですか」と言う。カノコが、「クレジットカードを作って渡してあげたらいい」と発表すると、参観していた小学校の先生から驚きのどよめきが上がった。

「そう、実はカノコ店長はここに来る前、星組と山組にすでにカードを作って渡してきていたんですよね」と私が付け加えると、ますますカノコは嬉しそうな顔で「はい」と頷いた。

「すばらしい工夫を皆さん考えました。それでは明日に向けて準備しましょう」と社長が言って、各店に分かれてそれぞれにお客さんを呼ぶための工夫をすすめていく。

「おすすめコーナーを作るよ」

「同じような物はまとめて並べると分かりやすい」と、一年生は授業で学んだことを生かしていっている。

同じチームにいた幼稚園児のナギサとユイは、先輩がしているのを見て、コーナーごとにまとめられたチラシをかいている。

②　変わる授業、深まる保育　教師たちの変容エピソード

合同保育／授業のカンファレンスのまとめ（幼小の教師間の学び）
「お店屋ごっこ」のような遊びは子どもたちの得意とするところである。見て真似ながら学んでいくスタイルは幼児期から活発に行われているが、小学生にとっても有効であることがわかる。
授業後の研究会で、高学年の担任から、理科実験も「ノーベル賞を狙うプチ研究室（ごっこ）」というテーマ設定で取り組むと、本気モードのスイッチが入るし、楽しいし、いっそう児童の関心も高まる」という報告がされた。

先生の指示通りにするのではなく、自分たちが最先端科学の研究者という意識をもって取り組む活動では、児童のやる気や振る舞いも高次のパフォーマンスが発揮されるらしい。幼児の主体性を重視する幼児教育の学びの仕組みと共通する。

理科の先生には、お店屋ごっこの規定された授業形式の枠を越える遊びの要素が、最高の演出効果を出させる動機付けとなったことが客とのりやりとりに集中する姿から共感的に理解できた言うことである。さらに、このような手法を、今後、理科の授業展開にも活用したいとのことであった。一方、保育者にも言葉という視点を据えることで、気づかずにいた幼児の言葉の発達への理解が深まった。以下は保育者の気付きの内容である。

リノは、小学校という学びの場に身を置くことで、普段何気なく「〇〇になりきって」使っている言葉のもつ意味について意識し始めている。敬語のように改まった言い方があるということを感覚的に感じとり、「きれいな言葉」という自分なりの言葉に置き換えながら言葉のもつ意味を獲得していこうとしている。威勢の良い市場のような「いらっしゃい」と、改まった場での「いらっしゃいませ」は、同じ人を迎える言葉だが使うのに適した場があることを意識して使い分けようとしていることがわかる。様々な役柄を演じながら、それにふさわしい言葉を選ぶなど、ＴＰＯを考えてその種類（まとまり）に合った表現を使い分けているところが面白い。また、クレジットカードやちらしなど活動の場でテーマになっている事柄に関係づけながら、発展的に関係する事柄を結びつけイメージを膨らませていくなど、言葉が協働のツールとして働いているところも頼もしいと感じるところである。子どもたちの様子を見ると、まとまりを持たせていく言葉の使い方や広がりをもたせていく言葉の使い方を身につけて、それぞれの特性を生かした協働体験がすすめられていることに気付かされる。保育者には、言葉が国語科の中でどのように磨かれていくのかが見通せたような実感が得られた。

③　小学校へのなめらかな接続を意識した実践例（アプローチカリキュラム）

幼児期の終わりから小学校低学年にかけての教育においては、学びの自立、生活上の自立、精神的な自立の「三つの自立」を養うことが必要であるが、聞く態度、話す態度、集団生活への適応を支える、言葉の理解について、考えることも重要な指導内容の一つである。事例「ゆめのタウンふぞく　プレオープン」からも分かるように、人やものとのかかわりを支えるために重要な役割を担うのが言葉や表現である。言葉や表現は学びの基礎力を育む上で極めて重要であり、学びの基礎力が育まれる中で言葉や表現も発達していく。次に年長組九月の指導計画を紹介する。

資料　接続期前期　年長組九月の指導計画（一部抜粋）

【ねらい】

○友達と思いや考えを出し合い、イメージを共有し、試行錯誤しながら共に生活する喜びを味わう。
○戸外で十分に身体を動かして遊ぶ。

指導内容	指導の要点と環境の構成の留意点
○友達と思いや考えを出し合って遊びを進めていく。 ・夏休みに体験したことを友達や保育者に話したり、遊びに使ってみようとする。 ・自分の思いや考え、体験したことなどを言	○友達と思いや考えを出し合って、試行錯誤しながら遊びを進めていく姿を励ましていく。 ・友達の考えや協力があると、遊びがより楽しくなっていくという気付きに共感しながら、相手に自分の思いや考えを表現しようとする意欲を励ましていく。

葉で伝え、相手の話を最後まで聞く。
・友達と一緒に運動会の種目を考えたり、試したり、ルールをつくったり、役割を決めたりする。
・保育者と一緒に遊びや活動の場を整えたり片づけたりしながら、目的に応じた場の使い方などについて考えていく。
・教育実習生とかかわって遊んだり活動したりする。
・友達や保育者と一緒に運動会の準備をする。
・ミーティングの場などで自分のしてみたいことのイメージを話したり、してみて良かったことや失敗したことなどを話したりする。
・友達や他の学級の幼児に呼びかけたり、誘ったりしながら遊びが面白くなるのに必要

○身近な虫や小動物にかかわって遊ぶ。
・園内の草むらや木々など虫のいそうなところを探したり、虫の動きを見たり、鳴き声を聞いたりする。
・園外保育に出掛けて、初秋の自然の中で虫を探したり、かかわって遊んだりする。
・飼育する虫や小動物の生活の仕方を調べ、餌や環境、かかわり方などを知る。

・幼児が気付いたりつくったりしたルールや役割については実際に遊びの中で試す過程に付き合いながら、その必要感を一緒に確認していく。ルールや役割をめぐってのトラブルや口論の場面では、それぞれの意図と起こった結果が見えやすくなるように、周囲の友達と一緒に十分に話を聞くようにすると共に、それぞれの意図にその人らしさを見付けていく。
・年長児としてのリーダーシップを意識して、運動会の内容を考えたり、年中・年少児に呼びかけたり、準備物をつくったりする姿を励まし、ミーティングなどの場で日程的な見通しや、活動の状況、年中・年少児の期待や意識の状態などを共有していく。
・必要な用具や遊具材料などを幼児と一緒に準備したり確認したりしながら、幼児が分かりやすく準備や片付けがしやすい環境に整理していく。
・小学校の運動会の準備の様子や活動の様子を幼児と見たり、一年生との探検活動に参加したりそれについて話し合ったりしながら、活動の内容やおもしろさ、場の使い方や構成などについて考えていくようにす

○季節の変化や初秋の自然の様子に関心がもてるようにする。
・幼児と一緒に虫を探しながら、園内に住んでいる虫や園に集まってくる虫が少し変わってきたことや、夏の虫の様子が変わってきたことを共感していく。
・園外保育に出掛けて山や野で遊び、吹く風の肌触りや陽射し、空や雲の様子の変化に気付いていくようにする。
・仲秋の名月など時期には、月など自然の美しさや不思議さについて関心がもてるようにする。

○季節の変化や初秋の自然の様子に関心をもつ。
・野菜や花の種取りをしたり、秋蒔きの植物の種子を保育者と一緒に蒔いたりする。
・空や雲の様子を見たり、月の話を聞いたりして関心をもつ。

○自分達の生活に関係のある情報に興味や関心がもてるように配慮する。
・身近な学校や施設などの運動会や学校祭に参加した幼児の話をよく聞いたり、遊びの中に取り入れて活動する様子を見守ったりしながら、周囲の地域環境に興味をもってかかわる姿を励ましていく。
・台風、地震などの自然災害の情報に関心をもって生活するよう、ニュースなどの内容を話題にしたり、災害時の行動について知らせたりしておく。

（↓『鳴門教育大学附属幼稚園研究紀要』46集、47集　鳴門教育大学附属幼稚園・二〇一三、二〇一四）

幼児期の終わりにおいては、学校教育法にも記されている「思考力の芽生え」、「言葉の正しい使い方」、「豊かな感性と表現力の芽生え」について、今まで学んできたことを総合化することがポイントとなる。さらに、小学校生活に向けて学びを高めていくために、発達の個人差に十分配慮しつつ、幼児の興味・関心や生活等の状況を踏まえて、保育者が提案した課題についても、これまで遊びや園生活の中で感得した法則性、言葉や文字、数量的な関係などを組み合わせて課題を解決したり、場面に応じて適切に使ったりするなど、集団で協働的に取り組んでいく活動を計画的に進めることが必要になってくる。九月の指導計画の中からも、運動会の準備の中で、人数を数えたり、準備物を集めたり、まとめたり、確かめたり、相談をしたりなど様々な体験をしていることが分かる。

平成三〇（二〇一八）年度より全面実施された幼稚園教育要領は、幼児期と児童期の教育の連続性・一貫性を強調しており、幼稚園などでの教育と、小学校低学年での教育の目標を「学びの基礎力の育成」と位置付けている。幼児期の終わりまでに育ってほしい姿として、「健康な心と体」「自立心」「協同性」「道徳性・規範意識の芽生え」「社会生活との関わり」「思考力の芽生え」「自然との関わり・生命尊重」「数量や図形、標識や文字などへの関心・感覚」

「言葉による伝え合い」「豊かな感性と表現」の一〇項目を示している。本稿で取り上げた本園における言葉や文字についての実践例や合同保育／授業では、「言葉による伝え合い」「数量や図形、標識や文字などへの関心・感覚」「豊かな感性と表現」「社会生活との関わり」「思考力の芽生え」など複数の育ちの姿が考察できる。このように、これらの姿は遊びを通した総合的指導の中で、関連性をもってダイナミックに育っていくものと推察できる。

一方、小学校の次期学習指導要領では、「幼児期の終わりまでに育ってほしい姿を踏まえた指導を工夫することにより、幼稚園教育要領等に基づく幼児期の教育を通して育まれた資質・能力を踏まえた教育活動を実施」するよう求めている。幼稚園などと小学校の教員の間で、「5歳児修了時の姿が共有化されることによって幼児教育と小学校教育との接続が一層強まることが期待されている」としているわけである。これまで「小一プロブレム」への対策として、幼稚園から小学校への適応に主眼が置かれがちだったスタートカリキュラムが多かった傾向があったが、新学習指導要領では、幼小接続という観点から、幼児教育と小学校以降の教育の連続性が強まりつつある。

参考文献

『保育学講座5　保育を支えるネットワーク　支援と連携』（東京大学出版会・二〇一六年）

「幼児期の教育と小学校教育の円滑な接続の在り方に関する調査研究協力者会議（報告）」（文部科学省・二〇一一年）

文部科学省『幼稚園教育要領解説』（フレーベル館・二〇一八年）

幼小の連携を図る小学校第一学年のカリキュラム開発
――生活学習の中に国語科を融合させた単元の展開――

鳴門教育大学附属小学校　横山武文

一、平成一〇年度鳴門教育大学附属小学校における教育課程の研究開発
――生活を基盤とした段階的分化型カリキュラムの構想――

鳴門教育大学附属小学校は、今から二一年前になるが、平成一〇（一九九八）年度から文部省（現、文部科学省）から教育課程開発学校の指定を受け、世羅博昭校長のもとで、「小学校において、児童の学習実態に対応して、基礎的な学力の一層の充実を図る教育課程の研究開発」を行うことになった。研究開発の指定が終わったら、すぐに元の教育に返るのではなく、指定が終わった後も継続できる研究にしようという考えのもとに、次の四つの研究課題を設定して研究開発にあたった。

① 既存の教科等の学習と総合的な学習との関係を明確にし、教科等の再編の方向を探る。
② 幼・小・中の連携を考慮した教育課程のあり方を探る。
③ 生きて働く学習力を一人一人に培うための単元構想や学習指導法を探る。
④ 総合的な学習における評価のあり方や研究の評価のあり方を探る。

これらの研究課題の中でも、小学校六年間の教育課程の開発を行うにあたっては、幼稚園と小学校の連携・接続

をどのように図るかが大きな課題となるので、文部省の委嘱にはなかった、「幼・小の連携」には特に力を入れることにした。研究開発の概要を述べると、次のようである。

学校の「めざす子ども像」として、「思いやりのある子ども」「たくましく生きる子ども」「よく考える子ども」を設定し、このような子どもを育てるために、教育課程編成の基本原理を「〈生活〉から〈文化の創造〉へ、そして、さらに〈生活〉へ」と定め、この原理をふまえて、教育課程を「教科課程」と「生活課程」の二つで編成する。「教科課程」には、「国語」「算数」「体育」「音楽」「図画工作」「理科」「社会」「家庭」の八教科を配し、「生活課程」には、「豊かな心や実践力を培い、生き方の自覚を深めること」を目指して、「はぐくみ総合」「特別活動」「道徳」の三領域を配した。各学年の教育課程を具体的に編成するにあたっては、子どもの発達特性に着目して、学年区分を《一学年（七歳）→二・三学年（八・九歳）→四・五学年（一〇・一一歳）→六学年（一二歳）》という四段階に分け、その移行の特質を「未分化」（物事に対する主観的・非分析的なとらえ）から「分化」（物事に対する客観的・分析的なとらえ）へととらえ、これに沿って教育課程を編成する。第一学年では、幼稚園教育とのスムーズな接続が可能となるように、教科等の枠を設けずに、すべての学習を「はぐくみ総合」として展開する。第二学年からは、「国語・算数・体育・音楽・図画工作／道徳・特別活動」の教科等が、第四学年からは、さらに「理科・社会」が、第六学年からは「家庭」が、それぞれ分化し、やがて附属中学校の課程と接続する。

以上の研究構想に対して「生活を基盤とした段階的分化型カリキュラム」と名付けて、実践研究を推進した。これを図示したものが、次ページの図である。この段階的分化型カリキュラムは、「はぐくみ総合」を中核としながら、子どもの発達特性をふまえて、段階的に教科等を分化させていくカリキュアラムである。

「はぐくみ総合」は、「生活の中から子ども自らが見出した課題を自分なりに解決していく過程で、社会の今日的課題などに対する認識の深化・拡充を図るだけでなく、自己の生き方の自覚を深めるとともに、自己学習力を身に

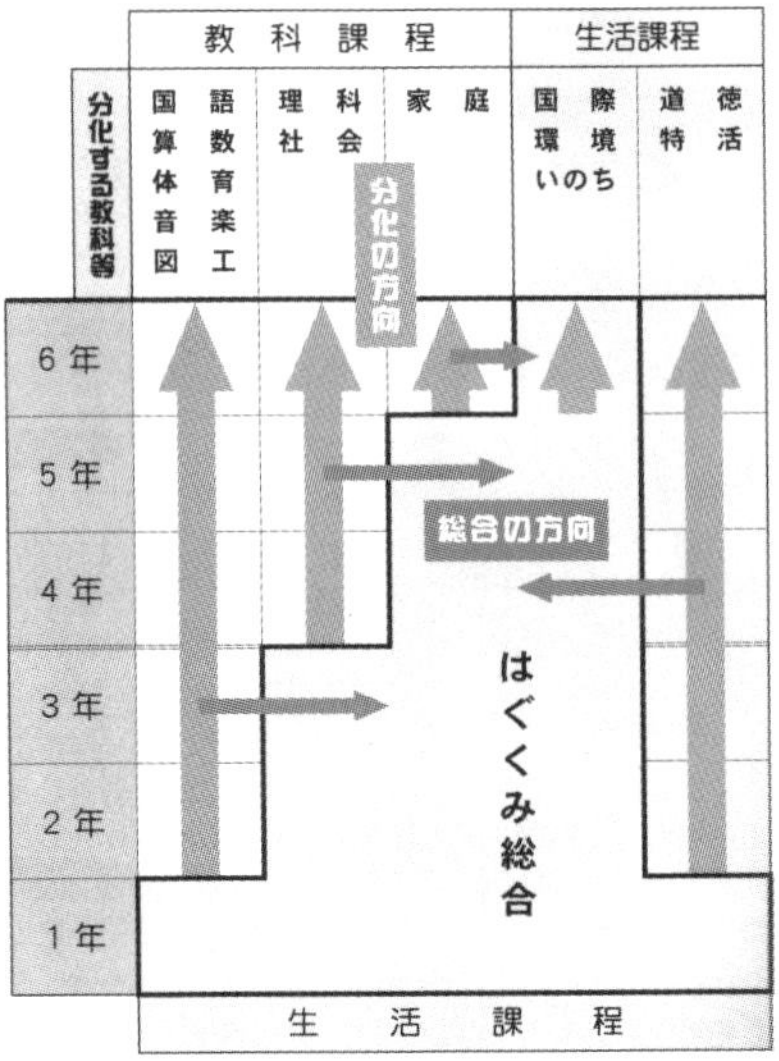

付けていくことを目的とする」総合的な学習である。この中には、第一学年から第三学年までの「生活学習」と、第四学年以降の「総合学習」とで構成される。

「はぐくみ総合」のうち、第一学年は、すべて、従来の生活科をベースにした自立の基礎に培う「生活学習」を行う。幼稚園とのスムーズな接続を考えて、教科は分化させないで、すべて「生活学習」の形で行う。ただし、学習指導要領にある「国語」「算数」「体育」「音楽」「図画工作」の指導事項は「生活学習」を展開する中に盛り込んで指導する。第二・第三学年では、「国語」「算数」「体育」「音楽」「図画工作」という五教科が分化して立ち上がる。教科指導以外は、すべて「生活学習」を行う。第四・第五学年では、新たに「理科」「社会」という教科が分化して立ち上がる。七教科以外は、各教科等で獲得した知識・技能などを総合的に生かして、社会の今日的な課題に対する認識を深め、自己の生き方に対する自覚を深めていく「総合学習」を行う。第六学年では、新たに「家庭」科が分化して立ち上がる。この八教科以外は、すべて「総合学習」を行う。

以上が、「生活を基盤とした段階的分化型カリキュラム」の概要である。

二、幼稚園と小学校第一学年の連携・接続を図る研究構想

幼稚園と小学校第一学年の連携を図る研究構想を次のように設定して、実践的研究を推進した。

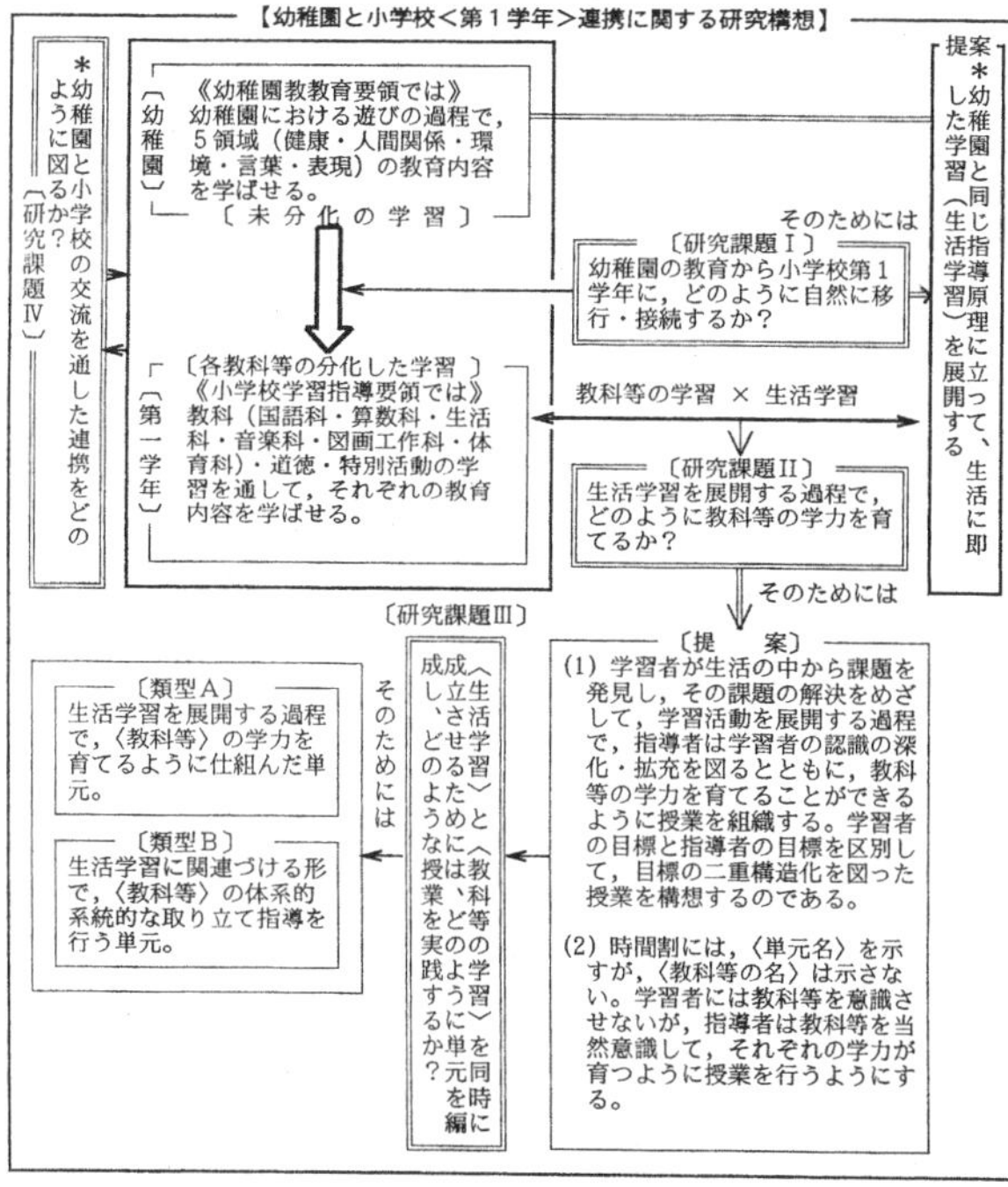
【幼稚園と小学校＜第１学年＞連携に関する研究構想】
〔幼稚園〕
《幼稚園教教育要領では》
幼稚園における遊びの過程で，５領域（健康・人間関係・環境・言葉・表現）の教育内容を学ばせる。
〔未分化の学習〕
〔第一学年〕
〔各教科等の分化した学習〕
《小学校学習指導要領では》
教科（国語科・算数科・生活科・音楽科・図画工作科・体育科）・道徳・特別活動の学習を通して，それぞれの教育内容を学ばせる。
＊幼稚園と小学校の交流を通した連携をどのように図るか？
〔研究課題Ⅳ〕
＊幼稚園と同じ指導原理に立って、生活に即した学習（生活学習）を展開する
提案
そのためには
〔研究課題Ⅰ〕
幼稚園の教育から小学校第１学年に，どのように自然に移行・接続するか？
教科等の学習 × 生活学習
〔研究課題Ⅱ〕
生活学習を展開する過程で，どのように教科等の学力を育てるか？
そのためには
〔研究課題Ⅲ〕
〔提　案〕
(1) 学習者が生活の中から課題を発見し，その課題の解決をめざして，学習活動を展開する過程で，指導者は学習者の認識の深化・拡充を図るとともに，教科等の学力を育てることができるように授業を組織する。学習者の目標と指導者の目標を区別して，目標の二重構造化を図った授業を構想するのである。
(2) 時間割には，〈単元名〉を示すが，〈教科等の名〉は示さない。学習者には教科等を意識させないが，指導者は教科等を当然意識して，それぞれの学力が育つように授業を行うようにする。
〈生活学習〉と〈教科等の学習〉を同時に成立させるために，どのような授業を実践するように単元を編成し，どのような授業を実践するか？
そのためには
〔類型Ａ〕
生活学習を展開する過程で，〈教科等〉の学力を育てるように仕組んだ単元。
〔類型Ｂ〕
生活学習に関連づける形で，〈教科等〉の体系的系統的な取り立て指導を行う単元。

「研究課題Ⅰ」は、幼稚園の教育から小学校第一学年に、どのように自然に移行・接続するかである。この課題を解決するためには、幼稚園と同じ指導原理に立って、生活に即した学習（生活学習）を展開することが必要である。

「研究課題Ⅱ」は、生活学習を展開する過程で、どのように教科等の学力を育てるかである。

この課題を解決するためには、①学習者が生活の中から課題を発見して、その課題の解決をめざして、学習活動を展開する過程で、指導者は学習者の認識の深化・拡充を図るとともに、教科等の学力を育てることができるように授業を組織する。世羅博昭校長の言われる「学習者の目標と指導者の目標を区別して、目標の二重構造化を図った授業」を構想することが必要である。すなわち、「生活学習」と「教科等の学習」を同時に成立させた授業を構想するのである。本校では、第一学年から第六学年まで、どの学年、どの教科等の学習においても、この指導原理に立って教育実践をを行うように努めている。②時間割には、単元名を示すが、教科等の名は示さない。学習者には教科等を意識させないが、指導者は教科等を当然意識してそれぞれの学力が育つように授業を行うことが必要である。

「研究課題Ⅲ」は、「生活学習」と「教科等の学習」を同時に成立させるためには、どのように単元を編成し、どのような授業を実践するかである。この課題を解決するためには、A「生活学習」を展開する過程で、「教科等」の学力を育てるように、目標の二重構造化を図った単元を構想し、授業実践を行うこと、また、B「生活学習」に関連づける形で、「教科等」の取り立て指導を行う単元を構想し、授業実践を行うことも必要である。

三、第一学年における年間カリキュラムの編成

小学校第一学年は、幼稚園教育との接続がスムーズに、無理なく小学校の生活・学習に適応できるようにするためには、生活的な学び（→生活学習）を通じて、教科等につながる資質・能力や自己学習力を、生活に生きて働く力として自然なかたちで身に付けることができるように仕向けることが必要である。したがって、小学一年生の段階では、幼稚園との連携・接続を考えて、各教科名を出さないで、幼稚園と同じように「生活学習」の形でで一年間の教育課程を編成する。子どもに対しては教科名は出さないものの、教師の側では、学習指導要領にもとづいて、各教科等の年間指導事項表と附属小学校作成「六年間を見通した自己学習力表」をふまえ、一年間を見通して、どの「生活学習」の単元では、どの教科とどの教科の、どのような指導事項を習得させるのかを押さえて指導計画を立てる。第一学年を終了するときには、学習指導要領の各教科の指導事項はすべて習得させることができるように、年度当初には、第一学年年間カリキュラム表が作成されていることが不可欠である。

第一学年における「生活学習の単元」は、「がっこうたんけん」から「しんきゅう」までの一七単元である。この生活単元の中に、学習指導要領に掲げられている、国語科・算数科・体育科・音楽科・図画工作科、各教科の全

言語運用力と総合的な単元とのマトリックス（書くこと）

教科	領域	言語運用力＼単元名	がっこうたんけん	たんけんわあると	おりえんてえりんぐ	すきなほんいっぱい	パーティーをしよう	でかけよう	おはなしよんで	げきをしよう	ものしりずかん	ようこそふぞく	くもにのっていこう	らいねんは2000	わたしのおはなし	あなたはだあれ	どうぶつずかん	みんなでいっしょに	しんきゅう
国語科	書くこと	文字を書くことができる。	◎	◎	◎	○	○												
		簡単な口頭作文ができる。			◎			○											
		自分の絵に簡単な説明を付けることができる。	○	○		○	○	◎				○							
		家庭への伝言などの簡単なメモを書くことができる。					◎	○		○									○
		自分の行動や身辺の出来事について簡単な文を書くことができる。			◎			◎			○	○		○				○	○
		生活を主とした絵日記を書くことができる。			◎		○	◎		○									
		感情のこもった短い文を書くことができる。					○			○		◎						◎	○
		順序正しい筋の通った文を書くことができる。									○	◎		○			◎		○
		文の時の使い分けができる。												○		○		◎	
		句読点を打つことができる。						◎			○			○			○		
		簡単な手紙を書くことができる。					◎					◎		○					○
		短い詩などを書くことができる。																◎	○
		読んだ本の説明や感想を書くことができる。				○			○				○		◎		◎		
		想像したことを書くことができる。							○	◎			○		○				
		順序を意識して書くことができる。			○			○					◎	○			○		
		自分が書いた文章を読み返すことができる。						◎			○			○					○
		目的をはっきりさせて書くことができる。					○	◎			◎			○					○
		観察したことや見学したことを書くことができる。			◎			◎											○

指導事項を位置づけるのである。この作業はなかなか大変で、教師の力量が問われる。上のマトリックスは、国語科の「書くこと」に関する一八の指導事項を年間一七単元のどこで学習させるかを示したマトリックスである。国語科であれば、このほかに、「話すこと・聞くこと」「読むこと」「言語事項」の指導事項、さらには、算数科・体育科・音楽科・図画工作科の指導事項が、それぞれ年間一七の生活単元のどこに位置づけられているのかも示されなければならないが、紙面の関係で省略に従いたい。

四、「生活学習」の中に国語科の教科内容を融合させた実践例

―単元「がっこうたんけん」（四月・五月）の場合を取り上げて―

1　実践研究のねらい

この単元は、幼稚園児が小学校に入学した最初の単元である。幼稚園教育から小学校教育へ無理のない、自然な形で移行・接続させるかは、幼稚園児を受け入れる小学校側の大きな実践上の課題である。実践上の課題としては、第一に、幼稚園から小学校第一学年に無理なく自然に移行・接続させるためには、幼稚園と同じ指導原理にもとづいて、生活に即した学習（生活学習）を展開する必要がある。

第二は、小学校では教科教育が学校教育の中核を占めるようになるが、幼稚園と同じ生活学習を展開する過程で、どのように教科等の学力を育てるかが問われる。この課題を解決するためには、学習者が生活の中から課題を発見して、その課題の解決をめざして、学習活動を展開する過程で、指導者は学習者の認識の深化・拡充を図るとともに、教科等の学力を育てることができるように授業を組織する。「学習者の目標と指導者の目標を区別して、目標の二重構造化を図った授業」を構想することが必要となる。「生活学習」と「教科等の学習」を同時に成立させた授業を構想するのである。

第三は、「生活学習」と「教科等の学習」を同時に成立させるためには、どのように単元を編成し、どのような授業を実践するかである。この課題を解決するためには、A「生活学習」を展開する過程で、「教科等」の学力を育てるように、目標の二重構造化を図った単元を構想し、授業実践を行うこと、また、B「生活学習」に関連づけ

る形で、「教科等」の取り立て指導の時間を設けて、「教科等」の学力を育てることも必要である。

第一の課題を解決するためには、小学校第一学年では、時間割を作成する場合にも、国語・算数・音楽・図画工作の授業といったように、教科名を出すのではなく、「生活学習を展開するための単元名」を時間割に組み込む必要が生まれてくる。その単元に必要な教科の教科書が生じた場合には、その教科書の持参を連絡することになる。

この単元の場合には、生活単元「がっこうたんけん」を展開する過程で、「ひらかな文字」を学ぶとどんなに便利か、すなわち、「ひらかな文字」学習の意義・必要性を自然に気づかせるようにするには、どのような工夫が必要か。また、生活学習を展開する過程で、「ひらかな文字」をいつの間にか自然に身に付けさせるには、どのように工夫するとよいのかを明らかにする必要がある。

2　単元の構想

(1)　単元名　「がっこうたんけん」

(2)　対象学校名・学年・組　鳴門教育大学附属小学校・第一学年　一組（男子二〇名、女子二〇名、計四〇名）

(3)　実施時期・時間数　平成一一（一九九九）年　四・五月　一四時間配当

(4)　単元の指導目標

①　自分の学校について新しく知ったことを話したり、不思議に思う場所などについて調べてみようとしたりできるようにする。

②　自分の学校について友だちや先生、施設などをはじめとしていろいろなことを知り、学校の楽しさに気づくことができるようにする。

③ 学校の施設及び先生など学校生活を支えている人々や友だちのことが分かり、楽しく安心して遊びや生活ができるようにする。

④ 国語科の目標…ア．絵などについて幼児語を使わずに楽しく話すことができる。イ．いたずらをせずに正しい姿勢で話を聞き、名前を呼ばれたら返事をすることができる。ウ．自分の名前を書いたり読んだりすることができる。エ．自分が実感的にとらえたことばを文字を使って表現することができる。

(5) 単元の指導計画

第一次　先生と一緒に探検しよう

・学校の主な施設をみんなで一緒に探検し，学校に関心をもつようにする。……二時間

(1) 学校の施設を案内してもらいながら回り，学校に親しみをもつ。

第二次　二年生の人と探検しよう

・二年生の人に学校を案内してもらうことで，学校にはいろいろな施設があることに気付いたり，異学年の友だちに親しみをもったりできるようにする。……四時持

(1) 自分は学校のどこに行ってみたいのかを考え，相手に伝える。
(2) 二年生の人と学校探検をして，それぞれの施設の違いに気付く。
(3) 自分がこだわる施設を見付けて友だちや先生に伝える。

第三次　学校探検に行こう

・自分たちだけでグループを作って学校を探検する活動を通して，学校の施設や先生の役割などに気付くようにする。……四時間

(1) 自分が行ってみたい施設を決めて，探検の計画を立てる。
(2) グループ毎に学校探検をして，気付きをカードなどに表す。
(3) 自分の気付きをみんなの前で表現する。

第四次　学校探検ワールドを作ろう

・まとめた気付きを絵や言葉などで表現し，探検マップなどにまとめることができるようにする。……四時間

(1) 自分が気付いたことを絵や短い言葉で表現し，カードなどにかく。
(2) 表現した気付きを学校の探検マップに整理して貼る。

一連の単元の構造

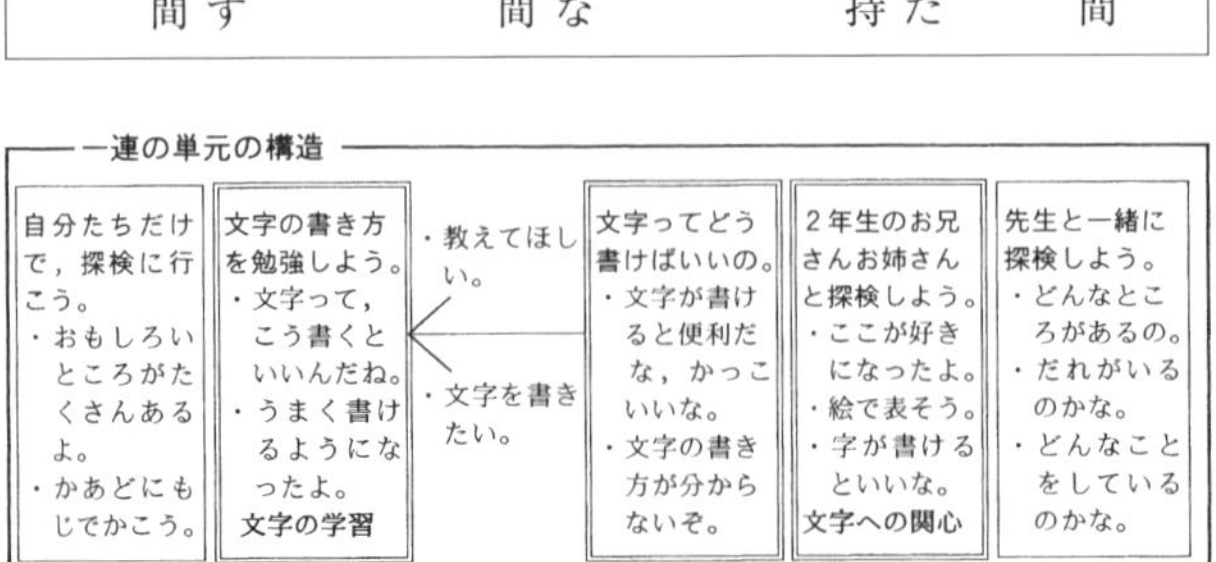

先生と一緒に探検しよう。
・どんなところがあるの。
・だれがいるのかな。
・どんなことをしているのかな。
2年生のお兄さんお姉さんと探検しよう。
・ここが好きになったよ。
・絵で表そう。
・字が書けるといいな。
文字への関心
文字ってどう書けばいいの。
・文字が書けると便利だな，かっこいいな。
・文字の書き方が分からないぞ。
・教えてほしい。
・文字を書きたい。
文字の書き方を勉強しよう。
・文字って，こう書くといいんだね。
・うまく書けるようになったよ。
文字の学習
自分たちだけで，探検に行こう。
・おもしろいところがたくさんあるよ。
・かあどにもじでかこう。

3　単元の展開

(1) 第一次「先生と一緒に探検しよう」（二時間）

入学式の翌日から、小学校に入学した喜びに胸を膨らませ、生き生きとしたまなざしをもって子どもたちが登校してくる。新しい学校、新しい教室、新しい友だち、新しい先生、……。子どもたちの目に映るものは、すべてが新鮮で輝いているに違いない。このような中、子どもたちは少しずつ周囲の環境（もの・ひと・こと）に関心を注ぐようになってくる。それは、教室の中から遊具・運動場・休育館・音楽室へと、だんだん広がりを見せてくる。

本単元は、小学校に入学して、子どもたちが初めて出会う単元である。子どもたちが抱いている「学校ってどんなところかな。」「学校には、何があるのかな。」「どんな人がいるのかな。」「何をしているのかな。」など、様々な疑問を単元の学習の出発点とする。これらの疑問の解決を図るために、「先生と一緒に学校を探検してみよう」と働きかけ、学習者の抱いた疑問を解決するために、学校を案内し探検をさせていく。この段階では、小学校という所には、どのような建物が、どこにあるのか知ることを第一の目標とする。学校を案内・探検する過程で、指導者は意図的に、しかし、さりげなく、学校にある様々な建物と学習者を出合わせて、学校にはどんな建物があるのかを中心に、学校に対する学習者の認識を広げ深めていく。この学習活動の過程で、「たいいくかん」「としょかん」など、建物や部屋とそれを表すことばとを結びつける形で、新しいことばを獲得させていくように仕向けていく。

この第一次は、学習者が生活の場で抱いた疑問から単元を立ち上げて、その疑問の解決を図るために、指導者の案内で、学習者が学校にある様々な建物を探検して学校の建物に対する認識を広げ深める段階である。

(2) 第二次「二年生の人と探検しよう」（四時間）

第二次は、学校の建物の中身に目を向けて、その建物には、どんな人がいるのか、何をしているのかという疑問を解決するために、第二回目の学校探検は、二年生のお兄さんやお姉さんと一緒に探検させることにした。二年生のお兄さん、お姉さんと一年生が一人ずつペアになって学校を探検する。一年生も、二年生も、同じ「学校の地図」を持っていて、探検して見付けたり、尋ねたりした場所で知り得たことを地図に書き込んでいく。体育館であれば、体育館には何があったか、そこは何をする所かなどを書き込むことになる。一年生の学習者は、あらかじめ知っていたり、二年生に教えてもらったりした文字や、絵で表現していく。二年生は見付けたものを文字によって表現していく。これを見て、一年生は文字の便利さを感じたり、文字を書くことへの憧れを抱くようになっていく。

この学校探検を通して、一年生は、次第に、自分のお気に入りの場所やものが生まれてくる。そして、これらの場所や鉄棒などのものを友だちや先生に伝えたいという欲求も生まれてくる。学習者が心に決めた「お気に入りの場所やもの」が何であるのかを説明するには、絵や文字で書くことが必要になる。しかし、絵で表そうとすると、時間がかかってしまうので、ぜひとも文字を用いて二年生のように書き込みたいと思う。一年生の中には、拙い文字ではあるが、ことばを文字で表すことができたり、文字で表そうとしたりする学習者も見受けられる。そういう友だちを見たりすると、さらに、学習者は「文字が書けるようになりたい」と、強い願いを持つようになってくる。

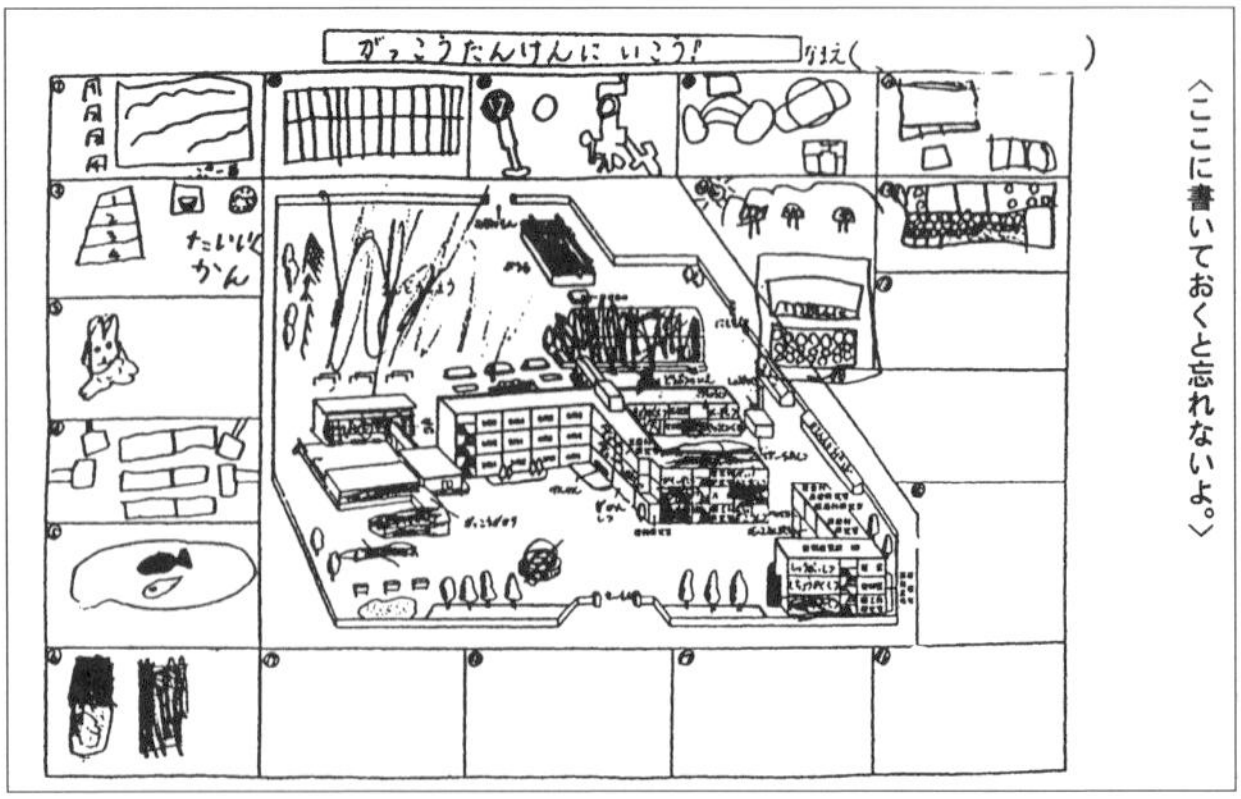

このように、第二次では、「がっこうたんけん」という生活学習の中で、自然に、「ひらかな文字」を学ぶ意義・必要性を感じとるように、また、学習者自身が「ひらかな文字」を学びたいという強い願いを抱くように仕向けていくことが肝心である。

(3) 第三次「学校探検に行こう」（四時間）

第三次は、一年生だけで、第三回目の学校探検である。これまでの学習者の意識の流れをふまえて、学習者の活動目標として、「自分の見付けた『お気に入りの場所やもの』の探検して分かったことを『探検カード』に書き込んで、『探検ワールド』を完成しよう」を提示した。学習者は自分の「お気に入りの場所やもの」の紹介したものが教室の後ろに掲示されると知って、自分の「お気に入りの場所やもの」をもっと探検し（調べ）て、みんなに伝えたいと、これまで以上に学校探検に意欲的に取り組んだいった。

一方、指導者は、学習者が第二次の段階で、「ひらかな文字を学びたい」という願いを抱いていたのをふまえて、「探検カード」には、「見付けた場所やもの」をできるだけ文字で書き込むように仕向けた。指導者の教えたいことを直接的に「～しなさい」と指示・命令して教えるのではなく、学習者が教えてほしいと願うのを受ける形で教える授業を創造したいと日頃から考えていたので、このように仕向けたのである。

この三回目の学校探検は、お気に入りの場所やものをいくつかに絞って、「学校には、こんな場所があるよ。」「そこには、こんな人がいて、こんなことをしているよ。」「学校のどこには、こんなものがあって、そこではこんなことをして遊んでいるよ。」などと、自分の「お気に入りの場所やもの」を「学校の地図」にさらに書き加えるとともに、自分が見付けた場所やものを探検して（調べて）分かったことを取り出して、「探検カード」に絵や「ひらかな文字」で書き入れていった。「わからない文字（ひらかな）」は他の友だちに教えてもらったり、指導者に尋ねたりして、少しずつ「ひらかな文字」で書くのが増えていった。授業で実際に使った学校の地図を見ると、「たいいくかん」「ぷーる」は文字で書き表されていることや、「とびばこ」、「とけい」、「つくえやいす」、「さかな」、「けんびきょう」などは、絵で表されていることが分かる。

学習者が、学校の地図に「お気に入りの場所やもの」を記入してきたものを、短冊形の色画用紙に文字ことばや絵で書き表し、分類・整理させてみた。すると、いくつかのグループに分けられることが分かった。例えば、図書室のグループは、「いす」「つくえ」など、多目的室のグループは「まるいつくえ」「こくばん」「ろっかあ」など、理科室のグループは「けんびきょう」「かぶとがに」「すいどう」などである。これらのことばをもとにして、「と・し・よ・し・つ」「た・も・く・て・き・し・つ」などの文字を書く練習をした。

文字（ひらかな）の学習においては、現在よく見られる文字指導のように、単なる記号として教えるのではなく、「実際のもの・こと」と関連づけて、そのもの・ことを表す「ことば」と一体化して学ばせることが大切である。「いし」ということばを習得させるにあたっては、手に持ってみて、肌で触れてみて、「重い」「冷たい」「堅い」「小さい」「大きい」「じゃりじゃりしている」などと実感させながら、「いし」ということばを習得させたい。

また、同時に、そのものはひらかな文字で書くと「いし」と書くのだということも結びつけて学ばせたい。そして、「ことば」を「ひらかな文字」で正しく書き表すことができるようにするためには、前述したように、一つ一つのことばと文字を結びつけて、「ひらかな文字」を取り立てて練習させる指導も必要となってくる。生活単元の中で国語科の学習を自然な形で位置づけるのである。

⑷　第四次「学校探検ワールドを作ろう」（四時間）

三回の学校探検を終えて、学習者一人一人の気付いたことを、絵や短いことばで「探検カード」にていねいに清書させ、それを教室の後ろに貼り出して「探検ワールド」を完成させた。真ん中に「学校の地図」を貼り、それぞれの場所ごとに、同じ場所やものを取り上げた「探検カード」を一カ所に集めて、それらの「探検カード群」と「学校の地図」の該当箇所を色テープで結んで、「探検ワールド」を作成させた。まことに壮観であった。

学習者全員で「学校探検ワールド」の掲示を見て、学習者一人一人の気づきを発表させて、単元の学習を終えた。

なお、この一連の単元展開の中で学習した「ひらかな文字」は、今後の「ひらかな文字」の体系的指導に役立てるように、教室の前面に常掲してある五十音表に丸印を付けていった。学習者は、五十音図表に丸印が増えていくのを見ながら、後で「五十音図」について教える時の「種まき」をしておいたのである。

五、実践の成果と課題

ここでは、実践例以外の成果と今後の課題を、四点に絞って明らかにしておきたい。

(1)　**小学校における「段階的分化型カリキュラム編成」について**…今から二一年前に開発した「段階的分化型カリキュラム編成」の基本的な考え方は、平成三〇（二〇一八）年度の現在でも継承されている。第一学年は、各教科等の指導事項を融合させた、「生活学習」にもとづく年間カリキュラム表を作成して、子どもたちには、国語・算数・音楽・図画工作・体育などの教科名をあげないで、「生活学習」の単元名だけを提示した授業を展開している。幼稚園と小学校のスムーズな移行と接続を考えると、全国に先駆けて研究開発を行った、この実践の方向は間違っていないと考えている。

(2)　**一年生のカリキュラム編成について**…まず、学習指導要領にもとづいて、国語・算数・音楽・図画工作・体育などの教科の各領域の指導事項を一覧表に整理し、それぞれの教科でどのような学力を育てるのかを明らかにする。次に、一年生の興味関心・問題意識・発達段階や社会の今日的課題などをふまえて、どのような生活単元を、どのような順序で展開するかを考える。前者をヨコ軸、後者をタテ軸にしたマトリックス表を作成する。言葉で言えば簡単だが、この作業はなかなか大変である。学年の担当者と研究部が知恵を出し合って、これまでの生活科の実践例など参考に為ながら、年間カリキュラムの編成にあたるしかない。そして、毎年度、それまでの実践例を検討して、修正を加えつつよりよいカリキュラム編成を図っていくしかない。

(3)　**一つの単元編成について**…学習者の興味・関心や問題意識、発達段階や社会の今日的課題などをふまえた学習課題（→それは育てるものだが）をどのように設定して、その課題解決の過程に、どのような学習活動（言語活動）を展開して、その学習活動を展開する過程で、学習者の認識をどのように深めるか、また、話す・聞く・読む・書く言語能力をどのよに育てるか、また、課題解決能力（自己学習力）をどのように鍛えるかを見通して、単元の学習を展開したい。その際には、「目標の二重構造化」論にもとづいて単元を構想すると、構想しやすい。

(4)　このような考え方にもとづいて、単元「がっこうたんけん」を実践した。その成果と課題を四点挙げたい。

①　「学校はどんな所だろう」という疑問の解決を図るために学校探検を繰り返す過程で、学校に対する認識を深めるとともに、国語科として、まだ初歩的な段階ではあるが、「ことば」を豊かにし、「ひらかな文字」を書く力をつけることができた。

②　学校探検は三回行ったが、それぞれの回ごとに、ねらいと内容に変化をつけて、学習者の学習意欲とその持続に努めるように工夫した点もよかったと思うが、配当時間については検討の余地があろう。

③　この単元は、学校探検という生活学習の中で、学習者にとっては自然に、指導者にとっては意図的に、国語科の指導内容である「ことばと文字（ひらかな）」の学習・指導の機会と場を作り出して、それを習得させることをねらった実践であったが、このねらいはまず達成したと思う。しかし、時間配当には検討の余地がある。

④　「文字」の指導においては、「絵」と「文字」を比較して考える機会を自然につくって、文字を学ぶ意義に学

習者自らが気づくように仕向けた点もうまくいったと思う。

なお、本実践は、平成一一（一九九九）年に大下学園国語科研究会（助言者は大村はま先生・野地潤家先生）で発表した内容に手を入れて書き直したものである。

第二章　小学校における国語科授業実践例

幼小の接続を意識した国語科学習指導の研究
――単元「ようこそ『ゆめのタウンふぞく』へ」（小一）を取り上げて――

鳴門教育大学附属小学校　清　水　愛

一、実践研究のねらい

1　研究の目的

小学校に入学してきた子ども一人ひとりが、無理なく、スムーズに学童期の生活になじんでほしい、学童期の学びの幸せなスタートをきってほしい、これは、小学校教師だれもが思うことだろう。

幼児期から児童期に移行する時期は、子どもたちの立場に立つと、小学校という新しい環境にどのように適応すればよいのか、たいへん悩ましい課題を抱く時期である。入学間のない一年生の教室では、先生の話を聞かない、授業中立ち歩くといった、いわゆる「小一プロブレム」が起こってくる。

「小一プロブレム」の発生する要因の一つに、幼児期と児童期の教育の様々な違いがある。幼児期が、遊びを通した総合的な教育なのに対して、小学校以降の教育は、教科を中核に据えた教育が展開される。これまで幼稚園（保育所・認定こども園）では、自由に「遊ぶこと」を楽しんでいた子どもたちが、小学校に入学すると、この時間は国語、この時間は算数というように、時間によって区切られ、それぞれの教科の授業が展開される。これらの違いは、発達段階に応じた適切な教育を行う上で必要なものではある。しかし、三月まで過ごした幼稚園の生活とは変わって、四月から、突然に生活が変わるので、入学間もない子どもたちは、あまりの変化にとまどい、適応できない子どもも現れてしまう。

もう一つの要因には、教師の意識があると考える。子どもたちは小学校に白紙で入学してくるわけではない。幼児期に様々な経験をし、学び、入学してくる。教師は、入学してくる子どもの様子に対して関心は高いが、どのような発達や学びをしてきたのかに対しては関心が低い。また、幼稚園（保育所・認定こども園）と小学校の子ども同士の交流はあるが、教師同士の交流はあまりない。

小学校に入学してきた子どもたちがよりよいスタートを切るためには、幼児期から児童期への連続性・一貫性を保ちながら、自然な形で小学校教育に移行することはできないか。これが、小学校入門期の大きな課題である。そしてこれは、国語科においても大きな課題である。

国語科は、いうまでもなく、ことばの力を育成する教科である。人は、ことばを使って生活している。高度で複雑な精神活動や社会活動を営んでいく上で、ことばの学習は大変重要である。人はこの世に生まれると同時にことばの発達や学びが始まっている。幼児期のことばの発達や学びを小学校の教育にどのように接続させていけばよいのか。これが、このたびの実践研究の目的である。

2　小学校六年間のカリキュラムと第一学年の位置づけ

鳴門教育大学附属小学校は、今から二一年前になるが、平成一〇（一九九八）年度から文部省（当時）から教育課程開発学校の指定を受け、世羅博昭校長のもとで、「生活を基盤にした段階的分化型カリキュラムの開発」に取り組んだ。研究開発の指定が終わったら、すぐに元の教育に返るのではなく、指定が終わった後も継続できる研究にしよう、をモットーに研究開発に取り組んだという。その研究開発の概要を述べると、次のようである。

学校の「めざす子ども像」として、「思いやりのある子ども」「たくましく生きる子ども」「よく考える子ども」を設定し、このような子どもを育てるために、教育課程編成の基本原理を「〈生活〉から〈文化の創造〉へ、そして、さらに〈生活〉へ」と定め、この原理をふまえて、教育課程を「教科課程」と「生活課程」の二つで編成する「教科課程」には、「国語」「算数」「体育」「音楽」「図画工作」「理科」「社会」「家庭」の八教科を配し、「生活課程」には、「豊かな心や実践力を培い、生き方の自覚を深めること」を目指して、「はぐくみ総合」「特別活動」「道徳」の三領域を配した。各学年の教育課程を具体的に編成するにあたって、子どもの発達特性に着目して、学年区分を《一学年（七歳）→二・三学年（八・九歳）→四・五学年（一〇・一一歳）→六学年（一二歳）》という四段階に分け、その移行の特質を「未分化」（物事に対する主観的・非分析的なとらえ）から「分化」（物事に対する客観的・分析的なとらえ）へととらえ、これに沿って教育課程を編成する。

第一学年では、幼稚園教育とのスムーズな接続が可能となるように、教科等の枠を設けずに、すべての学習を「はぐくみ総合」として展開する。第二学年からは、「国語・算数・体育・音楽・図画工作／道徳・特別活動」の教科等が、第四学年からは、さらに「理科・社会」が、第六学年からは「家庭」が、それぞれ分化し、やがて附属中学校の課程と接続する。

以上のことをふまえて、「本校教育の全体像」と「段階的分化型カリキュラム表」を示すと、左図のようである。

この段階的分化型カリキュラムは、「はぐくみ総合」を中核としながら、子どもの発達特性をふまえて、段階的に教科等を分化させていくカリキュラムである。「はぐくみ総合」は、「生活の中から子ども自らが見出した課題を自分なりに解決していく過程で、社会の今日的課題などに対する認識の深化・拡充を図るだけでなく、自己の生き方の自覚を深めるとともに、自己学習力を身に付けていくことを目的とする」総合的な学習である。

小学校第一学年は、幼稚園教育との接続がスムーズに、無理なく小学校の生活・学習に適応できるようにすることが求められる。そのためには、「はぐくみ総合」を中心にして、生活的な学びを通じて、教科等につながる資質・

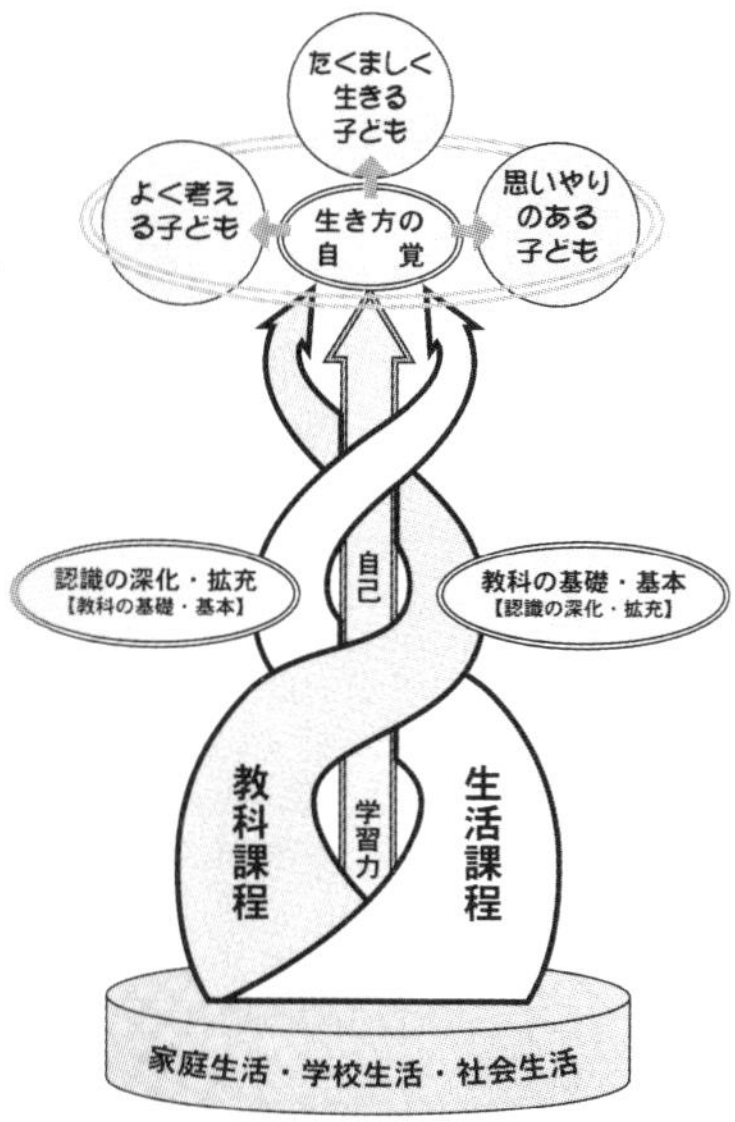

本校教育の全体像

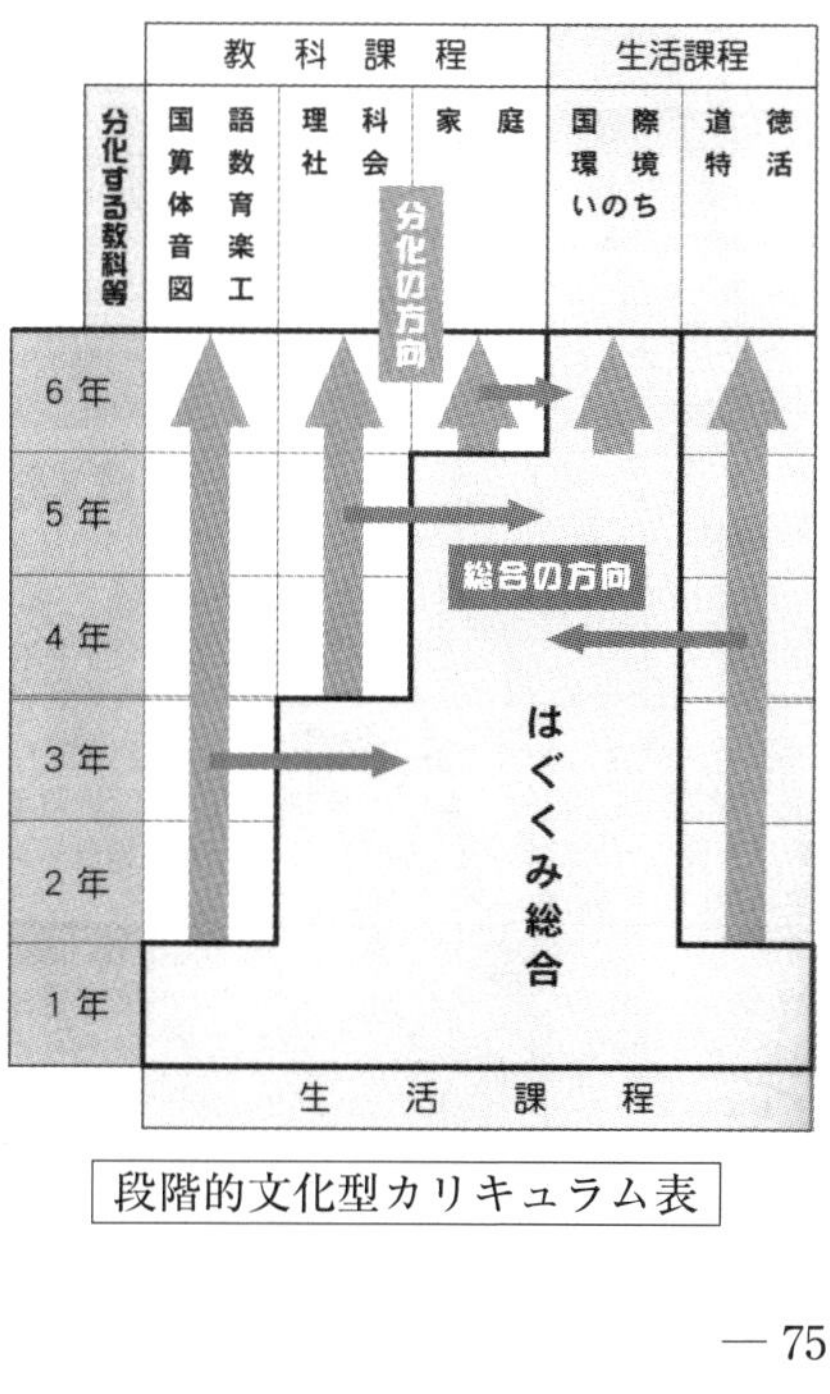

段階的文化型カリキュラム表

能力や自己学習力を、生活に生きて働く力として自然なかたちで身に付けることができるように仕向けることが必要である。したがって、小学一年生の段階では、幼稚園との接続を考えて、各教科名を出さないで、幼稚園と同じように生活的な学びを展開する「はぐくみ総合」で一年間、教育課程を編成する。子どもたちの時間割には、教科名はまったく出さないで、「はぐくみ総合」の単元名を示す。子どもに対しては教科名は出さないものの、教師の側では、学習指導要領にもとづいて、各教科の年間指導事項表と附属小作成「六年間を見通した自己学習力表」をふまえ、一年間を見通して、どの「はぐくみ総合」の単元では、どの教科とどの教科の、どのような指導事項を習得させるのかを押さえて指導計画を立てる。子どもたちには、その単元で、どの教科の、どの指導事項を習得させたいと考えているのかは言わないで、第一学年を終了するときには、第一学年における学習指導要領の各教科の指導事項はすべて習得させることができるように教師は意図的な指導を展開していく。そのために、第一学年年間カリキュラム表の作成が不可欠である。

今から二一年前に開発した「段階的分化型カリキュラム」の基本的な考え方は今でも継承され、第一学年は、年間カリキュラム表を作成して、子どもたちには「はぐくみ総合」の単元名を提示して授業を展開している。

このたびの実践は、幼稚園の子どもたちを小学校に招待して、幼・小合同の授業として行ったものである。

二、単元の構想

(1) **単元名**　単元「ようこそ『ゆめのタウンふぞく』へ」

(2) **対象学校名・学年・組**　鳴門教育大学附属小学校　第一学年　一組（男子一七名、女子一七名、計三四名）

鳴門教育大学附属幼稚園　川組（五歳児）

(3) 実施時期・時間数　平成二四（二〇一二）年　一一月　九時間配当。

(4) 単元設定の理由

① 学習者の実態をふまえて

学習者の多くが新しい文字に出合うとさっそく日記の中で用いたり、自分で調べて書きたりするなど、文字やことばに対する関心が高い。日記も、だんだんと書く量が増え、長くたくさん書くことに対する喜びや自信も感じている。また、生活の場の広がりや、これまでの学習経験を通して、語彙も増加してきている。これまで、単に記号ととらえていた文字が、自分の思ったことや考えたことを伝えることができるものであることを、経験を通して実感し、学習者の文字やことばに対する興味・関心の高まりを感じている。このように、文字やことばに対する興味・関心が高まったり、語彙が増えていったりすることは、学習者の生活を豊かにしていくものであると考える。

そこで、体験を通してことばを学び、子どものことばの生活を豊かなものにするとともに、豊かな人間形成に寄与していきたいと考え、本単元を構想することとした。本単元では、学習者の生活にある「ごっこ遊び」を学習の場に位置付け単元を構想した。一年生の学習者にとって、具体的な活動を通してことばを学ぶことは、これからのことば学びの基礎を培っていくものである。生活の中でことばに対する興味・関心を育て、環境や友達とのかかわりを通して、新たなことばを学んでいくとともに、これまでに学んだことばを具体的な場において用いることにより、生活の中でより意図的に用いることができるようになると考えた。

本単元では、単元を通して幼稚園の年長児と一緒に活動を行う。また、グループ分けを行う際にも必ず一年生と幼児が一緒になるようにする。一年とはいえ自分たちの方がお兄さん、お姉さんであるという意識は高い。また、自分より幼いものに対して親切にするという意識もある。一緒に活動する相手を幼児にすることによりことばを尽くして説明する場が生まれるのではないかと期待する。

このようなことから、本単元では、幼児との「ごっこ遊び」を通して、学習者が、相手や場を意識したことばを意図的に使うことができ、豊かなことばの使い手になることに培いたいと考えた。

②　学習材について

本単元では、「おみせやさんごっこを　しよう」（光村図書一年下）を主な学習材として用いた。「遊びが学び」の学習者にとって、「ごっこ遊び」は、子どもたちの発達段階に適したものであり、かつ、活動を通してことばを学んでいくことに適していると考えた。

お店屋さんごっこでは、品物やポスターづくり、コーナーづくりを通して、前単元で学習した一つ一つの名称（下位語）・全体を総称したもの（上位語）を実際に使い、定着を図っていくことができると考えた。ちらしやポスターづくりでは、「友達や幼児が買いたくなるようなちらし（ポスター）をつくろう」と相手意識をもって文を書くことを通して、そこに学習者の思いや願いが表出されると考えた。さらに、実際にお店屋さんごっこをする場面で、お客さんに呼びかけその反応を楽しんだり、売り買いを動作化したりすることを通して、友達や幼児と、表情豊かに、楽しみながら対話を行うことができると考えた。これらの幼児との具体的な活動を通して、学習者は，相手や場を意識したことばを意図的に使うことができるようになると考えた。

(5)　単元の指導目標

①　身近な人々とのかかわりの中で、相手や場を意識して、意図的にことばを用いようとする態度を育てる。
②　店員や客になり、売り買いのやり取りをすることを通して、表情豊かに、声に出すことを楽しみながら話すことができるようにする
③　宣伝のポスターや品物づくりなどに必要な事柄を集め、自分の意図が伝わるようにことばを考えて書くこ

とができるようにする。

④　意味によることばのまとまりや、上位語・下位語の使い分けに気付くことができるようにする。

(6)　単元の指導計画

①　第一次「ゆめのタウンふぞく」（お店屋さんごっこ）をする計画を立てる。……………二時間
②　第二次「ゆめのタウンふぞく」（お店屋さんごっこ）の準備をする。…………………六時間
③　第三次「ゆめのタウンふぞく」（お店屋さんごっこ）をする。…………………………一時間

三、単元の展開

1　〔第一次〕「ゆめのタウンふぞく」（お店屋さんごっこ）をする計画を立てる（一時間）

学習者が夢中になるためには、体験を通してことばを学び、学んだことばを生活にいかすことができる、実の場の設定が重要であると考える。そこで、二の5に示した目標を達成するために、「『ゆめのタウンふぞく』をかいてんしよう」という活動目標を設定した。「ごっこ遊び」は、学習者の生活の中にあるものであり、夢中になることができる活動目標・場であると考えた。

第一次では、「ゆめのタウンふぞく」を開店するための企画会議と称、共に店をつくっていく幼児と学習の計画を立てた。学習者と幼児が必ず同じ班になるように意図的にグルーピングをした。これは、無意図的にことばを用いる幼児と同じグループにすることにより、これまでに学んできたことばを実の場において意図的に用いることが

できるようにとねらってのことである。

そこで、これまでに学習したことばの意味のまとまりや上位語・下位語などを実の場で意図的に用いることができる手立ての一つとして、店を決める際に、「多くの種類の商品を作ることができる店にしよう」と条件を示した。学習者や幼児から出てきたお店の中から、どの店にしたいかグループで話し合い決定していった。決まった店は、次の八つである。「とけいや」「さかなや」「ぶんぼうぐや」「アクセサリーや」「のみものや」「アイスや」「おかしや」「おもちゃや」。

また、見通しをもって活動に取り組むことができるように、プレオープン及びグランドオープンの日時やお客〔相手意識：幼稚園山組・空組〕について知らせ、準備する必要があるモノ〔こと〕を話し合った。開店までの大まかな計画〔学習計画〕が立ち、これからの活動への期待をもった学習者の姿を認めることができた。

2 〔第二次〕「ゆめのタウンふぞく」〔お店屋さんごっこ〕の準備をする〔六時間〕

学習者は、生活の中でことばに対する興味・関心を育て、環境や友達とのかかわりを通して、新たなことばを学んでいく。そして、これまでに学んだことばを具体的な場において用いることにより、生活の中でより意図的にもちいることができるようになる。また、活動に対する必要感をもつことが、夢中になって活動に取り組むことにつながる。

第二次では，学習者がこれまでに学んできたことばを生活の中で意図的にもちいることができるようにしたいと考えた。そこで、指導者は、学習者が必要感をもって意図的に用いることができるような場の設定を心がけた。

商品をつくる際は、お客〔相手意識〕や実際の店にある商品を想起できするようことばをかけ、できるだけ多くの種類をつくることができるようにした。これは、コーナーづくりをする必要感を生むことにつながることになる。

実際、商品の種類が増えてきた班は、商品づくりも進めながら、コーナーづくりへと移行していった。また、他の班の活動していることが自然と目に入ってくるように活動場所をできるだけ近づけた。

ある程度商品やコーナーができた段階で、大人限定プレオープンをした。客は、研究授業であったので、参観してくださった先生方である。幼児との活動を通じて、体験する場（プレオープン）を設定したり、「ひと・モノ・こと」にかかわる問いをすることにより、学んだことばを生活にいかしたり、学んだことばをさらに発展させて、より相手や場を意識したことばを意図的に使おうとする姿を期待してのことである。

プレオープン後、学習者や幼児に「どんな店のひと（モノ・こと）だと買いたくなるか」と問うた。前述のことを意図してである。実際幼児から「店の人がきれいなことばだと買いたくなる」という考えが出た（無意図的）。学習者が考える「きれいなことば」とは、「いらっしゃい」ではなく「いらっしゃいませ」や「ありがとう」ではなく「ありがとうございました」など丁寧なことばである（意図的）。その他にも、ちらしや看板を作成する場をとらえて、どのようなことばがあると買いたくなるか問うた。学んだことばを、相手や場を意識してより意図的に使うことができるようにと考えた。

本次を通して、コーナーの名前を決める際や、ちらしやポスターにことばを添える際、客に声を掛ける際に，学習者が意図的にことばを用いようとする姿が見られた。

3　〔第三次〕「ゆめのタウンふぞく」（お店屋さんごっこ）をする（一時間）

第二次に引き続き、具体的な場において、学習してきたことばを、相手や目的に応じて、より意図的に用いることができる学習者の姿を期待して、本次を展開した。

相手意識（客）として幼稚園の川組・空組の幼児を設定した（第一次の学習計画において）。「ゆめのタウンふぞく」という具体的な場において、川組・空組の幼児という具体的な相手を設定することにより、前述の学習者の姿が見られると考えた。

実際に、自分より幼い幼児に接した学習者は、より丁寧に、簡単なことばを意図的に用いる姿があった。

単元を通して、指導者が活動の感想や、次の時間にしたいことを問うことにより、自分の学びを振り返り、自覚することができるようにした。学習者は、「楽しかった」「またしたい」「次は〇〇をしたい」などの感想や、日記や作文に自分の思いを表現してくる。しかし、現段階の学習者には自分を見つめて話したり、書いたりすることはまだ難しい。そこで、指導者は、学習者の表情や活動の様子などから，そのことばに込められた思いを読み取っていくことに努めた。

四、実践の成果と課題

本単元では、幼児との「ごっこ遊び」を通して、学習者が相手や場を意識したことばを意図的に使うことができるようになってほしい、その経験をしてほしいと願い実践を行った。幼児との一緒に準備をしたことや、大人限定プレオープンをしたこと、その後、年少をお客に迎えたことにより、それぞれのお客に伝わるようにことばをつくして説明したり、売ったりする姿が見られた。相手が分かるように、自分の商品の良さを分かってもらえるように説明するには、ことばを尽くさねばならず、ことばを尽くすためには語彙も必要である。学習者が興味・関心をもって、楽しんでことばを学んでいくことができるようにするためには、学習者の生活を見つめ、単元を構想・展開していかなければならない。そのために、指導者である自分自身のことばを見つめ、磨くとともに、学習者の眼差しに立ち、研鑽に努めていきたい。

本単元を実践するにあたって、幼稚園の保育者との連携の重要性は言うまでもない。

ある調査によると、その調査結果から、ほとんどの地方公共団体で幼小接続の重要性が意識されていることが分かる（→「幼児期の教育と小学校教育の円滑な接続の在り方について（報告）」文部科学省・二〇一〇）。また、実態調査によれば、幼児と小学生が交流している割合は、七六・九％（公立九六・三％・私立六五・七％）である（→「平成26年度幼児教育実態調査」文部科学省・二〇一五）。また、教員同士の交流の割合は、七二・一％（公立九〇・九％・私立六一・二％）である。どの数字も決して低くはない。また、現在ではもっと数値はあがっているかもしれない。しかし、それらの内容はどうであろうか。

同実態調査に挙げられている交流の具体として「『幼児期から児童期への学びの連続性』に関する研修会を開いた」「幼小連絡会を開催した」等が挙げられている。しかし、教育課程編成となると幼小接続を見通した教育課程が編成・実施されているのは、僅か一七パーセントである。

本校は同じ敷地内に園舎と校舎があることも功を奏して常に行き来がある。この実践だけでなく何かを一緒にする時に考えるのは互恵性があるかどうかである。本実践においても、小学生にとってどんなよいことがあるのかということを常に問われ、自分にも問うた。お互いとって学びの場となるかどうかは指導者の意識が大きく影響する。

どちらかがお客様状態にならないよう何度も保育者との話し合いを重ねてきた。それがこの実践に繋がっている。

また、本実践のように幼児とともに何かをすることだけでなく、それぞれの教育現場で幼小接続を意識した学習ができるかというところが重要になってくる。そのためには、お互いの教育について知ることが大切である。幼児期にことばの教育をどのようにしているのか、教育要領からだけでは見えないことを実際の保育を参観したり、保育者との話し合いを重ねることを通して学ばせていただいた。

はじめにも述べたように、一年生に入学してくる学習者は決して何も知らない子ではない。多くの子が、平仮名が読め、親しみのある漢字は書けたり読めたりする。年長児は、自分より幼い子の世話をしたり、一人ひとり何か役割をもって園生活を送ってくることが多い。指導者はその実態を理解し、学習者の今の生活を見つめ単元学習の理念を生かした実践を行うと、自ずと幼児期と小学校期の滑らかな接続に繋がっていくのではないかと考える。そのような単元を構想・展開することができるよう、今後とも努力していきたい。

単元「『生きものことばワールド』を作ろう」（小二）の実践報告

実践当時／徳島県麻植郡鴨島町鴨島小学校　長谷　美穂

一、実践研究のねらい

この実践は、平成一〇（一九九八）年度、第二六回徳島県小学校国語教育研究大会に向けて行った研究授業である。当時、教員三年目の私は、子どもたちが自分の思いをしっかり文章に表せるようには、どのように指導をすればよいか悩んでいた。構成メモを使って意見文や物語の続き話を想像して書いたり、日記指導をしたりする指導をしたこともあった。子どもたちに書く力は付いてきた実感はあったが、子どもたちが書くことに楽しさを感じている様子があまりなく、書かされている様子があった。

そこで、子どもたちに書くことの楽しさを感じさせるとともに、学習者がやる気を起こす目標を設定し、主体的な学習活動になる単元を実践をするとよいのではないかと考えた。そのためには、子どもたちにとって明確な目的があり、単元の展開や活動に必然性があるものがよい。そして、子どもたちにとって身近に感じられる生き物が登場する詩や物語を選び、子どもたちの興味、関心を大切にしながら書く力を習得させる授業を展開することとした。

なお、この実践研究は、平成一〇（一九九八）年六月に鴨島小学校二年生を対象に実践し、一九九九年度第十九回四国国語教育研究大会で発表したものを書き直したものである。

二、単元の構想

(1) 単元名　『生きものことばワールド』を作ろう」

(2) 対象学校名・学年・組　徳島県麻植郡鴨島町鴨島小学校　第二学年　1組（男子一八名、女子一五名、計三三名）

(3) 実施時期・時間数　平成一〇（一九九八）年　六月〜七月　九時間配当。

(4) 単元設定の理由

① 学習者の実態をふまえて

本学級の学習者は好奇心が旺盛で、生き物に対する関心も深い。現在生活科で「かってみたいね」という単元において、自分の飼いたい生き物を採集してきて教室で飼育している。生き物を観察したり、世話をしたりすることでより生き物に対して関心が高まってきつつある。また常時「ことばのおさんぽ」というノートを使い、うれしかったことや驚いたこと、したことなどを自由にのびのびと表現している。そして、生き物を飼い始めてからは、ノートに生き物を飼ってうれしかったことや、驚いたことを書く子どもたちが増えてきた。子どもたちの中で、生き物に対する興味や関心が生まれているとともに、またそれを表現したいという思いが芽生え始めている。

しかし、表現の仕方が不十分なところも見られる。前々回、たんぽぽのわたげがとんでいる写真をもとにお話を作る学習を行った。その際、イメージをふくらませることができず、文相互の意味の続き方が不自然な文章があった。また主人公の気持ちになりきれず筋の通っていない文章も多くみられた。

そこで、場面の移り変わりに気をつけながら、お話作りをすることを主とした単元を設定した。

本単元では、「生きものことばワールド」という生き物を題材にした詩を視写したものや、自分が作ったお話を展示する場を作るとともに、そこへ一年生を案内することによって「話す、聞く、読む、書く」の全ての活動を取り入れた場を設定することを考えた。特にお話を作る学習を行う際、文と文とのつながりに気をつけて筋の通った文章が書けるよう学習の手引きを用意した。さらに一年生を案内しながら、実際に飼っている生き物の説明をしたり、一緒に詩を音読したり、お話を読み聞かせたりする活動を通して、言葉の響きやリズムを感じながら音読を楽しむ態度を育てたいと考えている。

②　教材編成について

書くことが主の単元であったため、読むための教科書教材はなかった。しかし、物語を作るからこそ、単元を進めている間に様々な物語を読む場を作りたいと考えた。そのことによって、書くときに自然と物語の文章が思い浮かぶのではないかと思ったからである。しかし、本単元にぴったりの絵本を多くは見つけられなかった。そこで、自作教材も用意することにした。また、視写する詩についても、リズム感のあるものを選んだ。以上のことから、本単元で次のような物語や詩を用意し、教材編成を行った。

自作教材等

①自主教材…「かたつむり」（灰谷健次郎「たいようのおなら」サンリード一九八〇年）
「みみずのたいそう」（「教室で読みたい詩　12か月」民衆社　一九九五年）
「アリくん」「コオロギなくよ」「あかとんぼ」（まど・みちお「まどさんの詩の本」理論社　一九九四年）
「かえるのぴょん」（谷川俊太郎「音読集　ひばり」光文書院　一九九八年）
②読み聞かせしたもの…「大だこマストンシリーズ」（にしかわおさむ　ぎょうせい　一九九二年）

(5) 単元の指導目標

① 相手や場に応じて自分から進んで話そうとする態度を育てる。
② 順序を整理して文を書くことができるようにする。
③ 音読を楽しみ、はっきりと読むことができるようにする。
④ 言葉による表現を通して、身近な生き物により親しむことができるようにする。

(6) 単元の指導計画

（事前）生き物を飼う活動を通して、生き物のくらしや成長の様子に関心をもたせるとともに、自然や生き物に親しんだり大切にしたりする心情を育む。

① 第一次　学習目標の提示・・・・・・・・・・・・・・・・一時間
「生き物ことばワールド」を作って一年生を案内することを知らせ、生き物について言葉で表現する意欲をもたせる。（一時間）

② 第二次　詩を視写したり音読したりする。・・・・・・・・・・・二時間
生き物を題材にした詩を選び、視写する。（一時間）
視写した詩を音読することによって言葉の響きやリズムを感じさせ、詩の楽しさに気付かせる。（一時間）

③ 第三次　生き物が登場するお話を作る。・・・・・・・・・・四時間
生き物が登場するお話の読み聞かせを聞く。（一時間）
生き物が登場するお話を作る。（二時間）
友達のお話を楽しんで聞く。（一時間）

④ 第四次　「生き物ことばワールド」に一年生を案内する。・・・・・・・・・・二時間

「生き物ことばワールド」の準備をするとともに、生き物の説明コーナーの練習をする。（一時間）
一年生にお話を読み聞かせたり、詩を一緒に音読したり、生き物の説明をしたりする。（一時間）

三、単元の展開

1　事前の学習

生活科「かってみたいね」の学習では、子どもたちは、おたまじゃくし、かたつむり、ざりがに、だんごむしなどを捕まえて、飼っていた。子どもたちにとって、身近な生き物であり、家庭でも飼ったことがある生き物ばかりである。何を食べるのかを知っている子どもは、「かたつむりは、にんじんを食べるよ。」と友達に教える姿も見られた。また、図鑑を持ってきて調べる子どももいた。毎日の世話を熱心に行ったり、週末には生き物の世話はどうすればいいかを考えたりと，子どもたちは進んで生き物と関わり、興味をもち始めていた。

2　〔第一次〕学習目標の提示（一時間）

導入時に、学習者の目標である「生きものことばワールド」の光景をミニチュア化したものを提示し、学習者の意欲を喚起した。大型の段ボール箱を会場の図

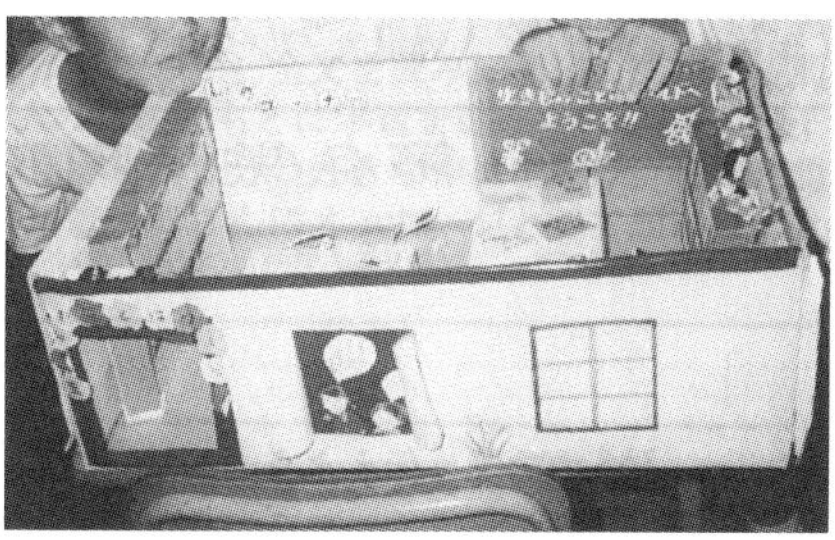

第一次　生き物ことばワールドのミニチュア化

書館に見立て、生き物の詩を視写した物や、飼育箱、中にいる子どもたち等を全てミニチュア化して見せた。学習のゴールを知らせることにより、活動がより具体化し学習に魅力をもたせるようにした。

3　〔第二次〕詩を視写したり音読したりする（二時間）

六種類の詩を準備し、子どもたちに渡した。詩に登場する生き物は、「かたつむり」「みみず」「あり」「こおろぎ」「かえる」「あかとんぼ」である。子どもたちが飼っている生き物ばかりではなかったが、できるだけ声に出して読んだ際、リズム感のあるものを選んだ。また、表記も子どもたちが読みやすい平仮名のものにした。子どもたちと一緒に音読した後、どれを視写するかを選ばせた。さっと選ぶ子もいれば、悩む子もいた。何度も音読して「これに決めた」と楽しそうに視写を行っていた。また、「これだったら一年生の子もいっしょに読めるかな」と、一年生の子どもたちのことを考えていた子もいた。教師が選んだ六種類がどれも気に入らないという子どももいた。その子どもには「のはらうた」を渡し、その中から選ばせた。子どもたちの興味を引くものを教師が選んでいると思っていたが、このことから、まだまだ一人一人を見つめることが不十分であることが分かった。

4　〔第三次〕生き物が登場するお話を作る（四時間）

学習者がお話作りを抵抗なく始められるように、生き物が主人公の童話「大だこマストンシリーズ」（ぎょうせい）を読み聞かせた。子どもたちは、興味をもって話を聞いていた。また、教師自作のお話（「かめのカメラくんゆうえんちへ行く」「おたまちゃん空をとぶ」「ザリガニザンちゃんのぼうけん」など。）も子どもたちに読み聞かせた。

子どもたちは、教室で飼っている生き物が主人公であり、教師が作ったお話とあって、親しみをもち楽しんで聞いていた。これらの読み聞かせは、知らず知らずに創作のヒントになったり、意欲付けにもなったりしたと考えられる。

お話作りをする際、「お話作り　おたすけカード」として、学習の手引きを用意した。五つの観点（①題②書き出し③出発の理由の書き方④話の続け方⑤話の終わり方）で悩むと想定し、それに対してヒントになるような文例

お話作り　おたすけカード

一、だいをなににしようかと、なやんでいる人へ

たとえば、
- ○○のぼうけん
- ○○のたび
- ○○のたんけん
- ○○、アクアシティーへ行く
- ○○のりょこう
- ○○、町のたんけんに行く

などが、かんがえられますね。

二、はじめのぶ分（書き出し）をなににしようかと、なやんでいる人へ

たとえば、
- ある日、○○はたびに出ることにしました。
- いよいよいまから○○のぼうけんがはじまります。
- ○○は、～へとびだしました。
- ○○は～へしゅっぱつしました。
- さあ、これから○○のぼうけんのはじまり、はじまり。

などが、かんがえられますね。

三、しゅっぱつのわけも入れてみたい人へ

たとえば、
- ○○ちゃんが、そとに出してくれたのです。
- とつぜん、しいくばこのふたがあいたのです。
- ～へ行きたくなったのです。
- ～がしたくなったのです。
- ～に会いたくなったのです。

などが、かんがえられますね。

四、お話のつづけ方をどうしようかと、なやんでいる人へ

たとえば、
まずはじめに、○○は（　　　　）へ行きました。

そこには、（　　　　）がいて、

「　　　　」

と言ったので、○○は、

「　　　　」

と答えました。そして、（　　　　）をしました。

それからしばらく行くと、（　　　　）につきました。そこには・・・・・

などが、かんがえられますね。

五　お話のおわり方をどうしようかと、なやんでいる人へ

たとえば、
- しいくばこに、ぶじかえってきました。
- もとのすんでいたところに、かえってきました。
- ○○はそこで、いっしょうくらすことになりました。

などが、かんがえられますね。

六、お話を作るのがむずかしいなとおもう人は、「ザリガニザンちゃんのぼうけん」をししゃしてみましょう。

第三次　学習の手引き

を示した。用紙は、二種類用意し自分で選ばせた。一つは、真っ白、もう一つは、かっこ抜きのものである。また、お話を作るのが難しい児童には、教師自作のお話を視写できるように準備した。

授業の始めに、「何の生き物が出てくるか」「その生き物はどこへ行くか」「誰に会うか」「何をするか」を発表させた。子どもたちは、想像を膨らませながら「ありの盆踊り」「かえるの冒険」など発言していた。想像を膨らませ、書きたい気持ちを高めた。その後「一年生に楽しんで聞いてもらえるための技を教えます」と言って、技を二点指導した。一つは、話の長さは一～二枚にすること。もうひとつは、つなぎことばを使うことである。一点目を指導した理由は、想像を膨らませた子どもたちが、独りよがりの文章にならないよう、相手意識を明確にするねらいがあったからである。二点目の理由は、つなぎことばを使うことで、場面の移り変わりに気を付けてお話を書き進めることができると考えたからである。このような説明をしている中で、子どもたちからは「書きたい、書きたい」という声が上がった。子どもたちは、自分の世界に浸りながら書き始めた。

子どもたちは皆それぞれのイメージや構想をもつことができたため、教師が作ったお話を視写する子どもはいなかった。A児は、接続語を適切に使うことができ、まとまりのあるお話を作ることが出来た。B児は、教師の自作資料を参考にして、お話を作ることができた。C児は、文量が多く筋も通ったお話を作っていた。D児

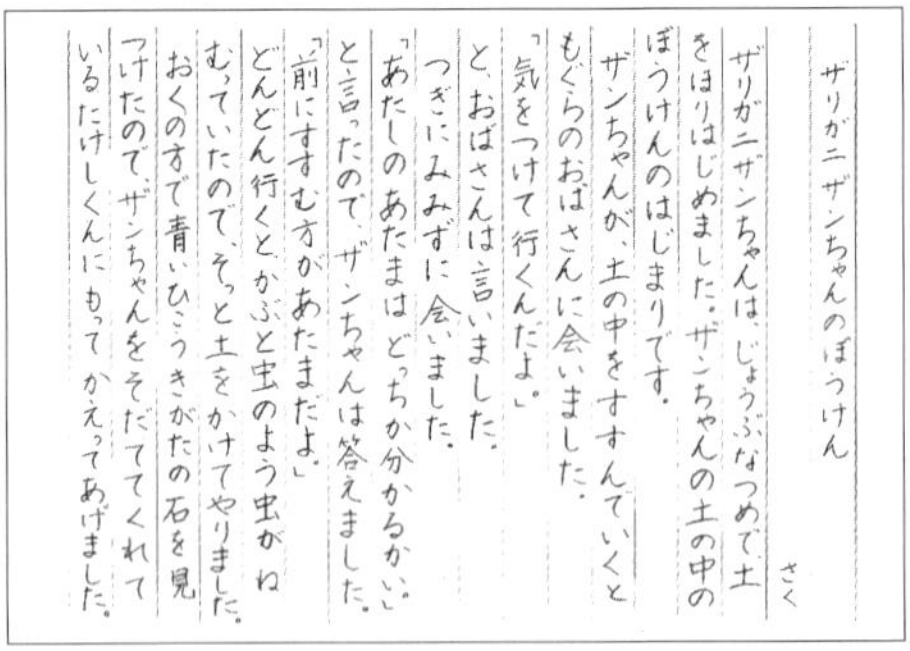

ザリガニザンちゃんのぼうけん　さく

ザリガニザンちゃんは、じょうぶなつめで土をほりはじめました。ザンちゃんの土の中のぼうけんのはじまりです。

ザンちゃんが、土の中をすすんでいくともぐらのおばさんに会いました。

「気をつけて行くんだよ。」

と、おばさんは言いました。

つぎにみみずに会いました。

「あたしのあたまはどっちか分かるかい。」

と言ったので、ザンちゃんは答えました。

「前にすすむ方があたまだよ。」

どんどん行くとかぶと虫のよう虫がねむっていたので、そっと土をかけてやりました。

おくのすで青いひこうきがたの石を見つけたので、ザンちゃんをそだててくれているたけしくんにもってかえってあげました。

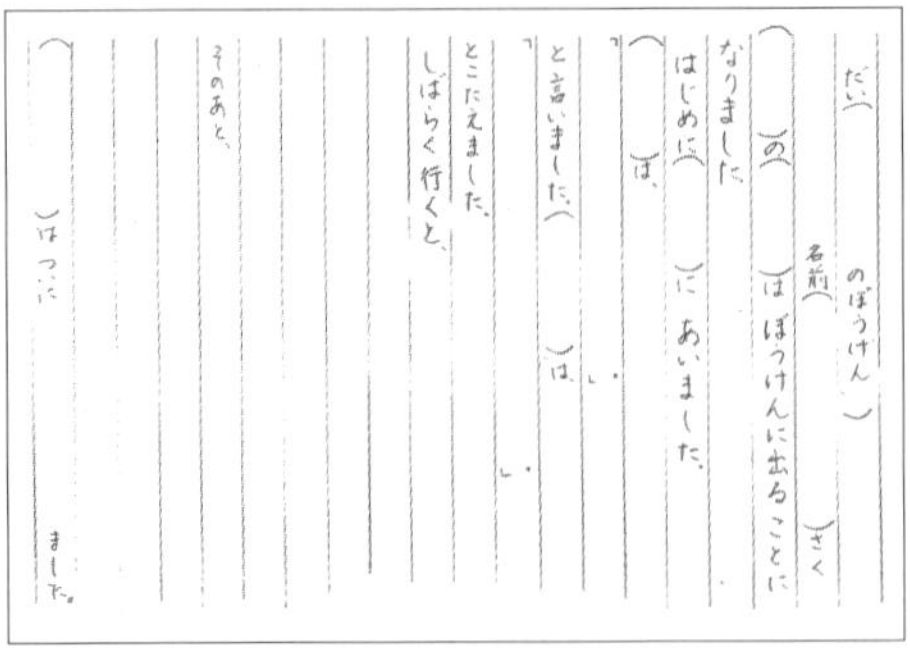

だい（　　のぼうけん）
名前（　　）さく
（　）の（　）はぼうけんに出ることになりました
はじめに（　）にあいました。
（　）は、「　　」
と言いました。（　）は「　　」
とこたえました。
しばらく行くと、
そのあと、
（　）はついに　　ました。

第三次　提示したモデル文とワークシート

は、想像してお話を作ることが苦手な子どもである。今回は手引きをあまり必要とせず、想像してお話を作ることが出来た。生き物が主人公ではなかったが、そこへ到達するまでのワンステップになる授業であったと考えられる。子どもたちは、「生きものことばワールド」を作って一年生を案内するというゴールが明確であったため、相手意識や目的意識が必然的に生まれ、いつもの作文を書く授業と比べて、書く活動にもいちだんと力が入っていた。また、一年生にも読めるようにと読み仮名をつけたり、家で音読練習をしてきたりと、自主的な学習活動が活発に行われるようになった。生活科と関連させたことは、お話を創作する上で、想像しやすかったと思われる。飼って世話をしながら、生き物をより近く感じていたからこそ、想像が膨らみやすかったと思われる。また、空いているスペースに絵を描くことで、イメージをふくらませ、創作することとの手助けになっていた。文字化するためには、絵や会話からイメージすることも、子どもにとっては必要な手立てであることが分かった。

今回の授業の課題は、書く時間

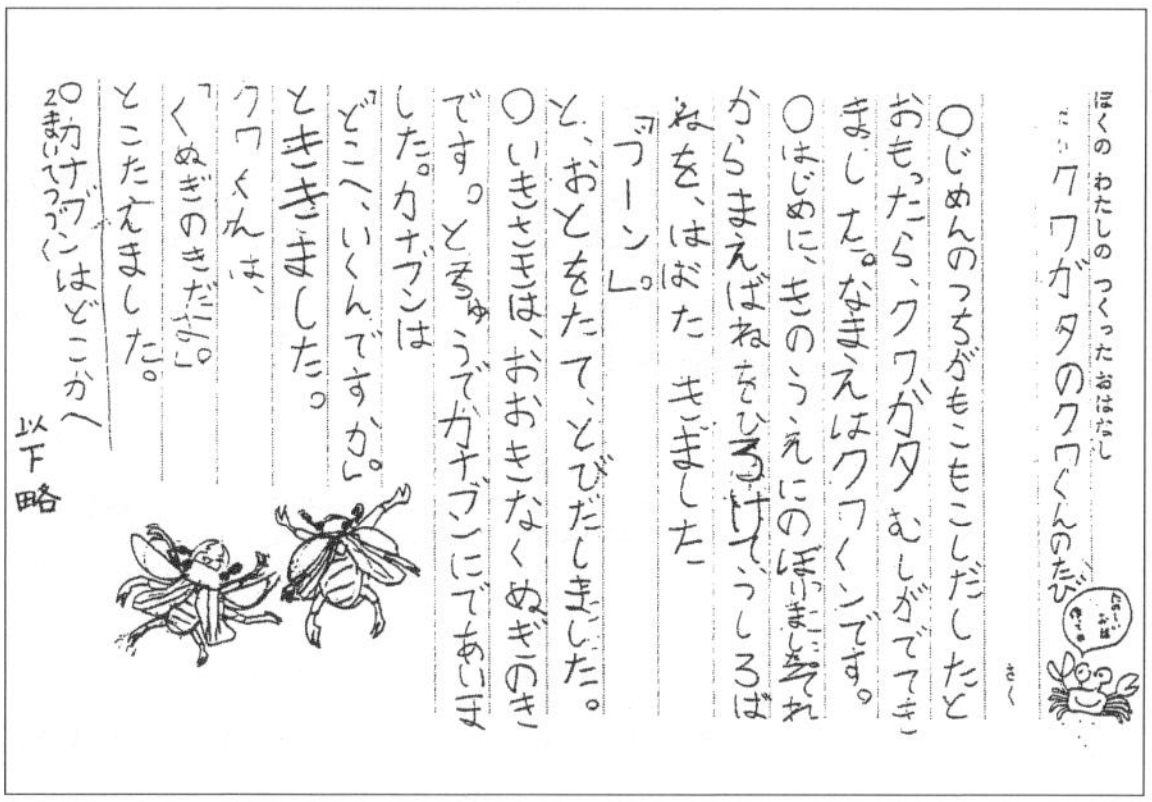
ぼくの わたしの つくった おはなし
だい クワガタのクワくんのたび　さく
○じめんのつちがもこもこしだしたと
おもったら、クワガタむしがでてき
ました。なまえはクワくんです。
○はじめに、きのうえにのぼりました。それ
からまえばねをひろげて、うしろば
ねを、はばたきました
「ブーン」。
と、おとをたて、とびだしました。
○いきさきは、おおきなくぬぎのき
です。とちゅうでカナブンにであいま
した。カナブンは
「どこへいくんですか。」
とききました。
クワくんは、
「くぬぎのきだよ。」
とこたえました。
○カナブンはどこかへ
以下略

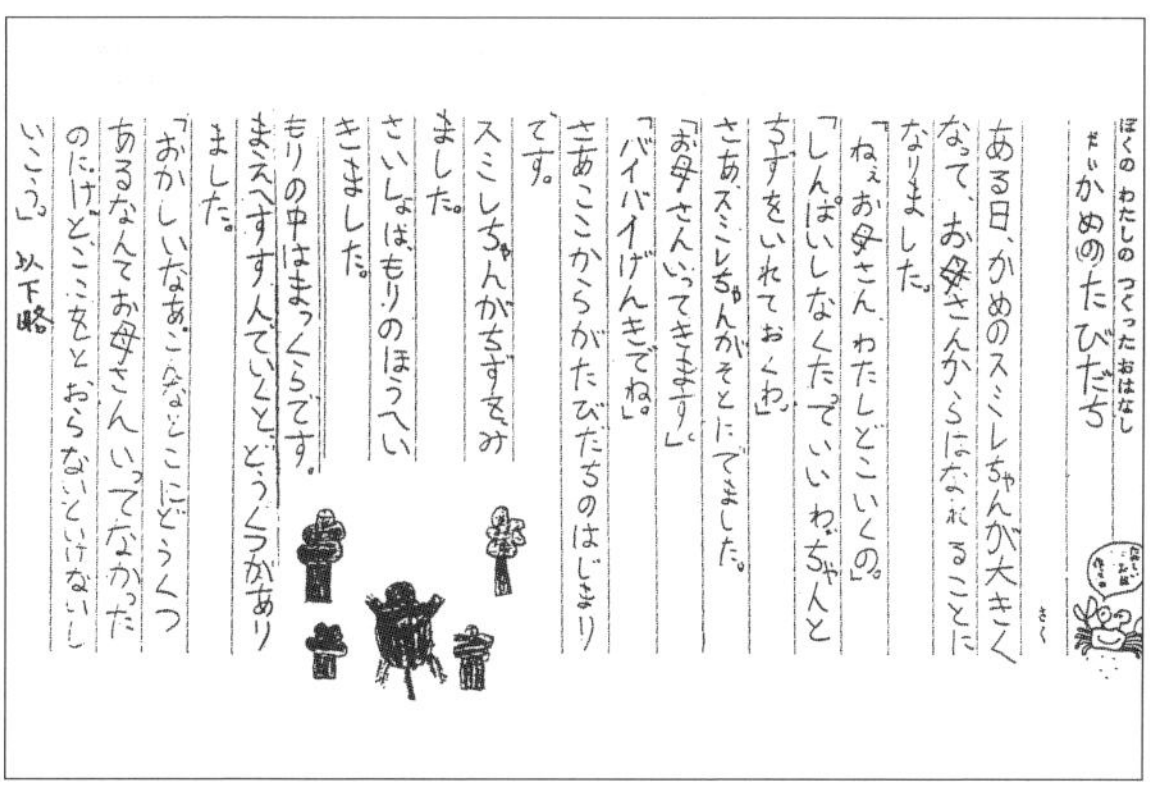
ぼくの わたしの つくった おはなし
だい かめのたびだち　さく
ある日、かめのスミレちゃんが大きく
なって、お母さんからはなれることに
なりました。
「ねぇお母さん、わたしどこいくの。」
「しんぱいしなくたっていいわ。ちゃんと
ちずをいれておくわ。」
さあ、スミレちゃんがそとにでました。
「お母さんいってきます。」
「バイバイげんきでね。」
さあここからがたびだちのはじまり
です。
スミレちゃんがちずをみ
ました。
さいしょは、もりのほうへい
きました。
もりの中はまっくらです。
まえへすすんでいくと、どうくつがあり
ました。
「おかしいなあ。こなどこにどうくつ
あるなんてお母さんいってなかった
のにけど、ここをとおらないといけないし
いこう。」以下略

第三次　子どもの作品

をもっと確保する必要があったことだ。「まだ、書きたい」という声が多くあり、時間が不足していた。子どもたちがしっかり書くことができるようにするために、授業前半をスリム化して進める必要があった。

出来上がったお話は、友達と読み聞かせをしあった。子どもたちは、友達の作ったお話を聞きながら、くすっと笑ったり質問をしたりしながら楽しんだ。読む際には、練習不足を感じるところがあった。自分の書いた文章をすらすら読むことは、想像以上に子どもたちにとって、難しいことであった。子どもたちからも、「これでは一年生に読み聞かせできないな」「先生、もっと練習せなあかんなあ」という声が聞こえてきた。そこで、自分が作ったお話を読む練習を行った。字が雑に書いているところは、自分で気がついて手直ししていた。自信が出てくると、教師や友達に「聞いて。」と言う子どもたちが増えてきた。そこで、再び友達に聞いてもらう場を設けた。練習をして自信をつけた状態で友達に聞いてもらうことで、自信になったようである。

5　〔第四次〕「生きものことばワールド」に一年生を案内する（二時間）

子どもたち全員で、図書館を「生きものことばワールド」に変身させていった。単元の最初に「生きものことばワールド」のミニチュアを見ているため、会場作りのイメージはもっていた。「先生、ここに詩を貼ろうな」「あっちには、飼育かごを置いたらいいよなあ」と、着々と進んでいった。さらに、「ここに看板も作ろうよ、そしたら一年生にも分かりやすいよ」と提案する子どももいた。

「生きものことばワールド」が完成した。一年生と手をつないで、子どもたちが図書館にやってきた。詩の音読から案内する子もいれば、自分が作ったお話を読み聞かせしている子もいた。恥ずかしそうにしたり、嬉しそうにしたりしながら、でも堂々と一年生に案内していた。詩を音読するコーナーでは、ことばの響きやリズムを感じながら、楽しそうに音読していた。気に入った詩は、二回繰り返すペアもあった。飼育している生き物を説明するコーナーでは、一年生に触らせたり、えさを教えたり，どこにいれば捕まえることができるかを教えたりと、その場の状況に応じて自分から進んで話す姿が見られた。お話を読み聞かせするコーナーでは、一年生を隣に座らせて、ゆっくりはっきりと音読していた。全てのコーナーの案内が終わるころには、ことばを使うことで生きものにより親しみを感じている子どもたちの姿があった。

五、授業の反省と展開

(1) **単元編成について**……本単元を構成する際、書く活動が主であったため、物詩文を読む時間を取るような計画を立てなかった。しかし、科学の読み物や図鑑、動物文学へと読書活動を発展させていくような組み方をすることで、読書活動につなげることができたのではないかと考えた。単元を進めながら、生き物に触れていた。そこで、生き物が登場する本を読書する場を作っていれば、より楽しんで読書することができたのではないだろうか。また、「書くために読む」時間を計画的に取り入れることで、物語を書くことにも効果があったと考えた。今後は、読書活動の活性化も念頭においた単元を作っていきたい。

(2) **話す・聞く力について**……「生きものことばワールド」の活動の中で、詩の音読をしたり、一年生に生き物の説明をしたりするとき、声の大きさが適切でない子どもがいた。また、口調が不明瞭だったり、話す要領がよく分からない子どももいた。練習したことは自信をもって読めるようになったが、まだまだであると思われる。今後、相手や場に応じて話す力や、順序立てて話す力を身に付けることが必要だと考えられる。また、話す力を育てるためには、同時に聞くことも大切である。話し手を見ながら聞いたり、話のあらすじに気をつけながら聞いたりする力も育てていきたい。

(3)　**学習の手引きについて**……今回の単元では、子どもたち一人一人に適切な支援をすることは不十分だったと思われる。一人一人をさらに見つめ、持っている力をさらに伸ばすことが出来るような指導をしたい。そのためには、学習の手引きが大切になってくる。学習の手引きが、力のある子どもにとっても、効果的になるようなものを作っていきたい。そして、どの子どもにとっても、単元が終わって振り返ったときに「楽しかった」と思うとともに、「またやってみたい」と自分の力に自信を持てるような実践にしていきたい。

国語科・社会科・学校行事の総合化を図った単元学習の実際

――大単元「ぼく・わたしの一二三年史を作ろう」（小三）の場合――

実践当時／鳴門教育大学附属小学校　米田　直紀

一、実践研究のねらい

学習者一人ひとりが、優劣をまったく意識せず、夢中になって国語学習に打ち込むなかで、それぞれの能力と可能性を最大限に発揮することのできる授業は、単元学習の実践であると考えている。このような授業を実現するためには、学習者の興味・関心や問題意識を生かした課題を設定し、その課題の解決を目指して、学習者が様々な情報の中から必要な情報を見出し、自分なりの考えを持つだけでなく、他の学習者とも交流を図りながら、よりよい考えを創り出していく過程で、学習者の認識を豊かにするだけでなく、話す・聞く・書く・読む国語の力や情報活用能力を育てていく授業を展開する必要がある。

私は、教師になってから毎年、年間を通して「自学ノート」づくりに取り組んできた。「自学ノート」は、常に身の回りのことを問題意識をもって捉えられる子供、その問題を解決を図るために追求できる子供、追求して得られた結果を表現できる子供を育てたいと考え、その日その日、自分が興味・関心や問題意識を持ったことについて、様々な表現方法を駆使してノートに表すものである。

平成七（一九九五）年度には附属小学校百二十周年記念式典や記念誌『附属小学校百二十年のあゆみ』が刊行されたのを受けて、平成九（一九九七）年一二月に、『創立百二十周年記念誌別冊 附属小学校に学んで』が刊行された。附属小学校の歴史に関心が高まる中で、それに刺激されたのか、二学期の終わり頃から、自学ノートに「むかしのこと」について書く学習者が増えてきた。この流れを受けて、三学期の初めから、「むかしのこと」を大きなテーマとして、国語科と社会科の授業、三学期の学校行事「たこあげ遠足」との関連を図って、それらの総合化を図った実践ができないかと考えた。

実践上の課題としては、三年生三学期の発達段階や実態を視野に入れて、第一は、「むかしのこと」を取り上げて、学習者を夢中になって学習に取り組ませるためには、学校生活と関わらせながら、どのような学習課題を設定した単元を構想するか、第二は、どのように国語科・社会科・学校行事（たこ上げ遠足）の総合化を図るか、第三は、学習者が課題解決のための学習活動を展開する過程で、国語科・社会科・学校行事、それぞれの目指す力をどのように育てていくか、第四は、学習者一人ひとりが学習に困ることのないようにするために、「学習の手引き」をどのように工夫するか、第五は、学習者一人ひとりの評価をどのようにするか、などが挙げられる。

なお、この実践は、今から二〇年以上前の、平成九（一九九七）年度第三学期に実践し、第四三回大下学園国語科教育研究会で研究発表したもの（助言者は野地潤家・橋本暢夫両先生）を取り上げて、それに手を加えてまとめたものである。教職十年にも満たない頃の拙い実践であり、当時の発表資料の文言を主に記述しているため、反省の多いものであることをご容赦いただきたい。

二、単元の構想

⑴　**単元名**　「ぼく・わたしの一二二年史を作ろう」

⑵　**対象学校名・学年・組**　鳴門教育大学附属小学校　第三学年　二組　四〇名（男子二〇名、女子二〇名、計四〇名）

⑶　**実践時期・時間数**　平成九（一九九七）年　三学期　二九時間配当。

⑷　**単元の構想**

①　学習者は「自学ノート」の取り組みを継続してきて、「調べる」ということに対して非常に意欲的で、この一年間、様々な追求活動に取り組んできた。二学期の終わり頃から、学習者が「むかしのこと」に興味・関心を抱いたのをふまえて、三学期には、「むかしのこと」というテーマのもとに、国語科・社会科・学校行事の総合化を図って、多角的視点から、①「むかし遊び」の体験学習、②昔から伝わる「たこあげ」、③様々なメディアによる「むかしの授業風景」、④様々な観点（項目）を設定して、それぞれの観点（項目）ごとに、明治・大正・昭和戦前、戦時中、戦後、それ以後（～三年生の生まれる年まで）の一二二年の歴史を調べる学習、⑤調べた結果を本にするという大単元の学習指導を展開する。

②　教材としては、三年生の発達段階や実態を頭に置きながら、「たこあげ」の由来の学習のために、使用教科書教材以外に、他の教科書から複数の教材を取り上げた教材編成を図る。また、明治・大正・昭和の一二二年の歴史を調べる学習のためには、様々な観点（項目）を設定して、それぞれの観点（項目）ごとに、それぞれの時代における小学生の書いた作文を取り上げて、一二〇の個別教材群をつくる。学習者には、その中から一

人が三つの個別教材群を選択して、それぞれの時代の、その項目の出来事・様子（歴史）を明らかにさせる。学習者は、自分が担当する時代・項目の内容を明らかにしなければ、その観点（項目）の全体の歴史を捉えられなくなるという、学習者一人ひとりを「かけがえのない位置」に置くことによって、学習者が自分の担当する「その時代の、その項目の学習」に必死で取り組むように仕向ける。

③　学習者が「むかしのこと」を明らかにする一連の学習を展開する過程で、学習者一人ひとりの「むかしのこと」に対する認識を広げたり深めたりするだけでなく、国語科・社会科・学校行事の目指す様々な力や情報活用能力を育てるように工夫する。

④　この大単元は、長時間にわたる学習であるため、学習者一人ひとりの学習意欲が持続できるように、また、学習に困ることのないようにするために、毎時間、「学習の手引き」を配布して、その手引きに学習内容や学習の振り返りを書き込ませることによって、自分の学習を記録に残させていく。この「学習の手引き」への書き込みの記録が学習者自身の自己評価の対象となる。また、指導者は、クラス全員の記録を読んで、毎時間後、学習者一人ひとりが何について、どのようなことを考え、どのようなことで困っているか、学習者全員の「学習記録」を作成する。これは、時間と労力の必要な作業であるが、学習者一人ひとりを把握し、個別指導を行うために、ここ一〇年、毎日続けてきている。これも学習者一人ひとりを評価する対象の一つになる。

(5)　単元の指導目標

近代・現代の子供たちがとらえた学校・家庭・社会のうつりかわりについて調べ、話し合い、聞き合い、まとめる活動を通して、様々なものの見方・考え方が育つようにするとともに、学習の成果を一冊の本にまとめる。

【国語科】

①　近代・現代の子供たちがとらえた学校・家族・社会のうつりかわりについて、調べることに意欲をもたせる。

②　調べた内容に対する自分なりの意見をもたせる。
③　情報を集め、整理し、自分の考えをもまとめる活動を通して、多くの情報の中から必要な情報を選び出して他の人に伝える力や、問答力・対話力、討議力を育てる。

【社会科】
①　人々のくらしは、およそ一〇〇年くらいの間に大きく変わってきたことを、出来事や物のうつりかわりを調べ、まとめさせる。
②　今も残る昔の道具や地域の文化財・年中行事について関心をもたせ、人々のくらしのうつりかわりについて調べる楽しさを味わわせ、人々の願いについて考えさせる。

【特別活動（学校行事）】
①　日本に昔から伝わる遊び「たこあげ」に親しみ、友達と仲良く「たこあげ」をして楽しむことができる。

(6) 単元の学習指導計画

(1)　第一次「冬休みに体験した『むかし遊び』をしよう」…三時間
①　冬休みの思い出を発表する。
②　前時の発表の中で話題に上った「遊び」の中を再度確認し、特に「むかしからある遊び」を教室の中で再現する計画を立てる。
③　保護者を交えて「むかしの遊び大会」を開く。その際、前半は、学習者のみでグループに分かれ、各グループで説明する者と初体験者に分かれて行う。後半は、保護者に色々と教わったり手伝ってもらいながら、学習者全員がしたことのない遊びを体験する。
(2)　第二次「『たこあげ』ってなんだろう」…四時間
①　学校行事「たこあげえんそく」について話し合う。
②　たこあげの由来について予想を出し合った後、使用教科書教材『たこたこあがれ』を音読し、「たこ」や「たこあげ」は、人々の願いをこめたものであり、行事であることを知る。

③ 他社の国語科教科書教材『正月さん』『年の始まり』『子どもたちの祭り』を重ね読みし、日本の昔からの行事やしきたりには、人々の様々な願いがこめられたものであることを知る。

(3) 第三次「『むかし』をさぐろう」…五時間

① 自分たちの身の周りで「むかし」の様子を知る手がかりとなるものにどんな物があるかを持ち寄り紹介し合う。
② 写真から「むかし」の様々な様子を知る（例　昭和一五年の授業風景）。
③ まんがから「むかし」の様々な様子を知る（例　昭和三〇年の授業風景）。
④ 児童詩から「むかし」の様々な様子を知る（例　昭和一五年の授業風景）。
⑤ 児童作文から「むかし」の様々な様子を知る（例　昭和四〇年の授業風景）。

(4) 第四次「『ぼく・わたしの一二二年史』を作ろう」…九時間配当

① 「ぼく・わたしの一二二年史」の目次を配布し、自分が調べたい項目・時代区分を分担する。
② 自分の担当することになった項目について調べて、手引きにしたがってまとめる。
③ 自分と同じ項目について調べたグループで、調べたことを話し合い、聞き合い、まとめる。

(5) 第五次「自分だけのむかし調べをしよう」…四時間

① 「むかし」のことについて、自分が調べてみたいことを調べる。
② 調べた学習の成果を、前次の学習の成果に加え、本単元を振り返っての作文を書く。

(6) 第六次「『ぼく・わたしの一二二年史』を本にしよう」…四時間

① これまでに記録したものを、目次、本編、あとがき、奥付をつけて製本する。
② 製本会社に礼状を書く。

(7) 教　材

① 第二次「『たこあげ』ってなんだろう」の教材

本校では、毎年二月に、附属小学校伝統の「たこあげ遠足」を行っている。学年が進むにつれてレベルが高くなる「たこ」を作り、当日は作った「たこ」と弁当を持って、学校から約三km離れた吉野川河川敷まで遠足し、学年ごとに約七〇〇人が並んで「たこあげ大会」をする。学習者が楽しみにしている行事である。教材は、次の二種類を用意した。

（1）三学年用の「たこ」の作り方を書いた設計図

（2）「たこあげ」について書かれた説明文…使用教科書所収の「たこたこあがれ」と他社教科書所収の「正月さん」「年の始まり」「子どもたちの祭り」

② 第三次「『むかし』を知ろう」の教材

学習者にとって身近に感じられる、「むかし」の様々な「授業風景」がうかがえる写真（昭和一五年の授業風景）、まんが（昭和三〇年の授業風景）、児童詩（昭和一五年の授業風景）、児童作文（昭和四〇年の授業風景）を用意した。

③ 第四次「『ぼく・わたしの一二二年史』を作ろう」の教材

滑川道夫編『小学生　日本つづり方作文全集　全10巻』（あすなろ書房・一九七五年四月刊）と徳島市及び徳島県小学校『作文読本』編集委員会編『作文読本』（昭和二一〈一九四六〉年創刊～昭和六四〈一九八九〉年）を資料に掲載されている、明治・大正・昭和三代の子どもの作品の中から、それぞれの時代の特徴を示す代表的な児童の書いた作文を取り上げて、次に挙げる三〇の観点から、時代も四期（明治一年～昭和一五年、昭和一五年～昭和二〇年、昭和二〇年～昭和四〇年、昭和四〇年～昭和六四年）に分けて、指導者が三年生用の教材・学習材となる作文を選んで、全てコピーして時代区分・観点ごとに茶封筒（全部で一二〇袋）に入れて、それを担当する学習者に配布した。三〇の観点は、次の表のとおりである。

①「これが子どもの遊びだ」、②「学校の先生は…」、③「授業の様子（勉強の中身）、④「学校の行事」、⑤「授業以外の学校行事）」、⑥「めいしん」、⑦「町の一コマ」、⑧「自分はこうしなければならない（ルール・きまり。教訓等）」、⑨「家族について」、⑩「子どもが家ですること」（手伝い）」、⑪「こんな仕事がある」、⑫「家での生活の様子（言葉づかい・

となりの人と）」、⑬「願い・あこがれ・夢・尊敬する人」、⑭「しかられたこと」、⑮「心があたたかくなること（心うたれた・うれしい等）」、⑯「電機製品」、⑰家で使う物」、⑱「乗り物」、⑲「食べ物（おやつ）」、⑳「おもちゃ」、㉑「服そう」、㉒「こんな知恵があるな」、㉓「伝統行事」、㉔「こんな事故が…（天災）」、㉕「自然の票す」、㉖「建物」、㉗「こんな出来事があった」、㉘「ほめられたこと」、㉙「はらが立つこと」、㉚「なやみ・悲しいこと」

なお、滑川道夫編『小学生　日本つづり方作文全集』は、第1巻・家庭生活編、第2巻・家族・隣人編、第3巻・学校生活編、第4巻・社会生活編、第5巻・戦争・平和編、第6巻・職業・労働編、第7巻・自然・動植物編、第8巻・健康・災害編、第9巻・感想・日記編、第10巻・児童詩編から成っている。この作文集の中から、第一学年～第四学年までの児童作文をまた、徳島市及び徳島県小学校『作文読本』編集委員会編『作文読本』の中から戦後の小学生の作文を取り上げて、全てをコピーして、一二〇の項目ごとに茶封筒に入れて、学習者の希望によって、一人あたり三つの袋を手渡した。

三、単元の展開

【単元を立ち上げるまで】

学習者の「自学ノート」に、冬休みの直前から「むかし」についての内容が多くなってきた。これまでにもしてきたように、「学級通信」に、家族の話す昔の思い出話とか、自分の思い出の品物が見つかった話とか、各家庭で得られる情報を意図的に取り上げた。それなら私もと、「むかし」のことを書く「自学ノート」がさらに増えてきただけでなく、教室の中でも話題にのぼるようになってきた。その傾向が強まった状態で冬休みへと入り、休みが明けた時には、学級全体で総計三〇〇ページ以上にもなる「むかし」に関する情報が集まっていた。そこで、昔のことを取り上げた単元をぜひ三学期は展開していこうと考えた。

1　〔第一次〕「冬休みに体験した『むかし遊び』をしよう」（三時間）

(1)　冬休み明けに、冬休みに体験した遊びや出来事をについて話し合い、聞き合う活動を行った。

(2)　前時の話し合いの中で一番多かった「むかし遊び」を取り上げて、それを教室の中で再現してみようかと提案し、保護者も交えて「むかし遊び大会」をすることになった。参観日の日時と会の進め方など、大会の計画を立てた。

(3)　保護者を交えて「むかしの遊び大会」を開いた。前半は、学習者のみでグループに分かれ、グループごとに、それぞれの「むかし遊び」を説明し合っては、実際にそれを体験した。学習者は、自分しか知らなかった遊びについて他の人に説明することを大変喜んだ。その遊び方を知らない学習者は、その説明を必死になって聞いて、分からないところは質問をしていた。教室のあちこちで自然と対話や問答、会話が成立していた。

　後半は、保護者にも加わってもらって、遊び方について教わったり、手伝ってもらったりしながら、学習者全員が「むかし遊び」を体験した。学習者は、次のような学習記録を残している。

- ○○君にしようぎのこつを教えてもらったりしました。自分が知っているぼうずめくりはもっともっと広めたいです。今はファミコンとかになっているけど、昔だって、おはじき、ビー玉、コマ、けん玉など色々な遊びもあったので、ちようせんしたいです。今の遊びも楽しいけれど、昔の遊びもおもしろいです。今は今なりに、昔は昔なりによく考えて遊びをつくっているなあと思いました。

・昔の遊びの方が大変だけどおもしろかったです。今の遊びは簡単ですぐできるけど、昔の遊びの方はじゅんびなどするからおもしろいと思います。例えば、図工の時だって、作っている方がおもしろいからです。

2 〔第二次〕「『たこあげ』ってなんだろう」（四時間）

(1) 二月の学校行事「たこあげえんそく」で使用する「たこ作り」が始まっていた。たこの作り方やデザインをどうするか、学習者は「たこあげ」を楽しみにたこ作りに取り組んでいた。ある学習者が日記に、「なぜたこあげをするのか」という疑問を書いていた。この日記を紹介して、みんなで「たこあげ」の由来を考えることにした。

(2) 初めに、「たこあげ」の由来について予想を出し合わせた後、教科書に「たこたこあがれ」という教材があることを知らせて、読みを進めるように手引きした。学習者は、「たこあげ」には、人々の願いがこめられた、昔から現在まで長く続いた伝統的な行事であることを理解した。

(3) さらに、他社の教科書教材「正月さん」「年の始まり」「子どもたちの祭り」を取り上げて重ね読みした。指導者がそれぞれの教材をゆっくり音読していくのを聞いて、ここだと思う所に傍線を引き、音読後、その箇所を短く書き抜かせるようにした。

毎時間書かせている「学習記録」に、学習者は、学習を終えて、気づいたこと・分かったこと・友達の意見で「なるほど」「？」「！」と思ったことを次のように書き込んでいた。

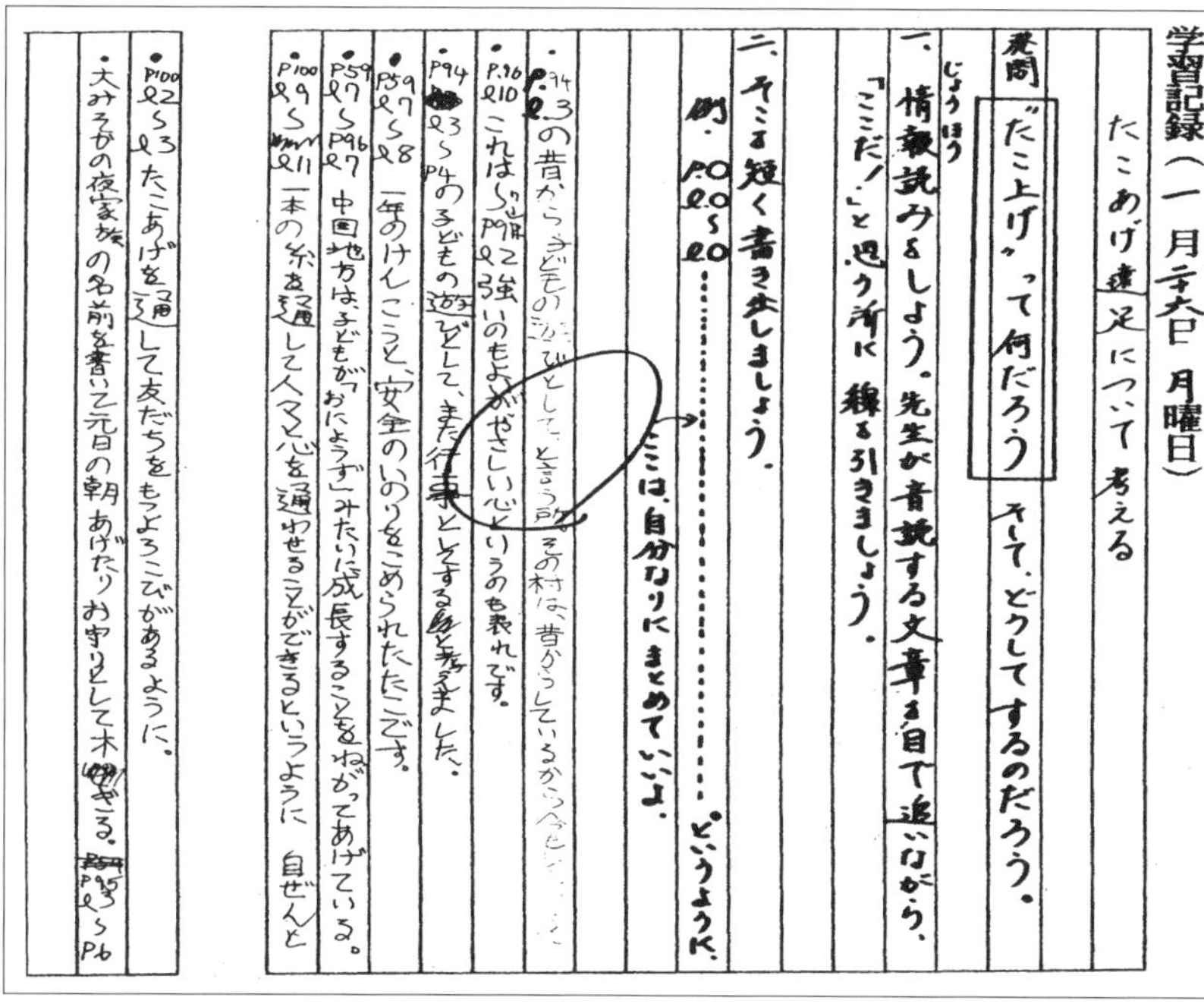

学習記録（一月二十六日　月曜日）
たこあげ遠足について考える
発問 "たこ上げ"って何だろう　そして、どうしてするのだろう。
一、情報読みをしよう。先生が音読する文章を目で追いながら、「ここだ！」と思う所に線を引きましょう。
二、そこを短く書き出しましょう。
例．P.○ ℓ.○～ℓ.○ ………… どういうように。
ここは、自分なりにまとめていいよ。
・P.94 ℓ.3の昔から子どもの遊びとして、と言う所その村は、昔からしているから今も
・P.96 ℓ.10 これは「P.98 ℓ.2 強いのもよいがやさしい心」というのも表れです。
・P.94 ℓ.3～P.4の子どもの遊びとして、また行事とそするとと考えました。
・P.59 ℓ.7～ℓ.8 一年のけんこうと、安全のいのりをこめられたたこです。
・P.59 ℓ.7～P.96 ℓ.7 中国地方は、子どもが「おにようず」みたいに成長することをねがってあげている。
・P.100 ℓ.9～ℓ.11 一本の糸を通して人々と心を通わせることができるというように　自ぜんと
・P.100 ℓ.2～ℓ.3 たこあげを通して友だちをもっとよろこびがあるように。
・大みそかの夜家族の名前を書いて元日の朝あげたりお守りとして木にぎる。P.95 ℓ.3～P.6

・場所によって、たこあげが子どもの遊びだったり、いのりをこめたり、おまもりだったりしたことがわかった。場所によって、たこの目てきがちがうんだなと、わたしは思いました。
・たこあげをすれば、人々と心を通わせることができるんだなと思った。それに、たこをお守りにできるのだなあと思った。
・今日は、たこあげとは何か、どうしてするのか、の勉強で、いろんな人の意見が出て、ぼくはO君の「子どもの遊び、または地いきの行事として楽しまれてきた」は、同じ意見で、附属小学校のように、たこあげを行事としている所もあるんだなあと思いました。

3　〔第三次〕「『むかし』をさぐろう」（五時間）

(1)　自主学習ノートに予習で「むかし調べ」をしてくる学習者が増え、「むかし」に関する各自の発見を紹介し合う場面が多くなってきた。しかし、学習者の得た情報は本から得たものか、家族から聞いたことか、範囲が非常に限られていた。そこで、「むかしをさぐる手がかりには何があるのか」という課題を投げかけて、学習者に考えを出し合わせる一方で、指導者の側から、写真、漫画、児童作文、児童詩からも探ることができることを確認して、次の四時間の授業を展開した。

(2)　昔の授業風景を調べるには、どのようなものが資料となるか。学習者の気づかない資料の例として、昭和一五年の授業風景をとった写真や、昭和三〇年の授業風景を描いた「まんが」、昭和一五（一九四〇）年の授業風景を取り上げた「児童詩」、昭和四〇（一九六五）年の授業風景を書いた「児童作文」を取り上げて、これらの資料から、昔の授業がどのように行われていたかをうかがうことができるか、それぞれの資料で考えさせていった。

・昔はいろんな所にあるなあ。いろいろなものを見ていると、「あっ、ここにのっとんじゃ」と気づけるようになった。
・まんがにも色々なむかしがのっているんだ。作者のこどものころのおもしろ？や情報が頭に残っているからかな。
・たった一つの短い詩や文章などの中にも、すごくたくさんの昔と今をくらべられることが書かれているのだなあと思った。

4　〔第四次〕「ぼく・わたしの一二三年史」を作ろう（九時間）

(1)「むかし」を調べるための担当表を配布し、自分が調べたい項目・時代区分を分担する。（一時間）

昔のことを調べる活動はより意欲的になり、資料も多岐にわたってきた。しかし、昔のことを意欲的に調べても、

資料「ぼく・わたしの一二三年史」を作ろう・学習の手引き4

「いつ」の時代の、「何」について調べますか　　　氏名〔　　　　〕

※　次の時代の何について調べたいですか？　一人が三つはたんとうしてほしいと考えています。

	1868年〜1939年 明治 1年〜明治45年 大正 1年〜大正15年 昭和 1年〜昭和14年	1939年〜1945年 昭和14年〜昭和20年	1945年〜1965年 昭和20年〜昭和40年	1865年〜1989年 昭和40年〜昭和64年
☆1　これが子どもの遊びだ				
☆2　学校の先生は・・・				
☆3　授業の様子（勉強の中身）				
☆4　学校の行事				
☆5　授業意外の学校生活				
☆6　めいしん				
☆7　町の一コマ				
☆8　自分はこうしなければならない（ルール・きまり・教訓等）				
☆9　家族について				
☆10　子どもが家ですること（手伝い）				
☆11　こんな仕事がある				
☆12　家での生活の様子（言葉づかい・となりの人と）				
☆13　願い・あこがれ・夢・尊敬する人				
☆14　しかられたこと				

※空欄には担当する学習者の名前が入る。

「○○年前の××はこうだった」と書くのがほとんどで、「うつりかわり」にまで考えを及ぼす者はいなかった。そこで、一つの「もの・こと」について、①「明治・大正・昭和（戦前）」、②「戦争中」、③「戦後二〇年」、④「それ以後」と四つの時代区分と、三〇の観点ごとに分担を決め、自分の担当項目について調べ、得た情報を話し合い、聞き合いをして、その項目のタテの流れをまとめる学習をすることにした。

上の表のように、時期区分は、①明治・大正・昭和（戦前）（明治一年〜昭和一五年）、②戦争中（昭和一五年〜二〇年）、③戦後二〇年（昭和二〇年〜四〇年）、④それ以後に分けて、調べる項目は、「これが子どもの遊びだ」「めいしん」「伝統行事」「なやみ・悲しいこと」など、三〇項目を立てて、マトリックス表を作成し、この表の中から三つを担当するように仕向けた。

なお、資料は、すでに述べたように、滑川道夫編『小学生　日

本つづり方作文全集』と徳島市及び徳島県小学校『作文読本』編集委員会編『作文読本』の中から、小学四年生までの作文で条件に適うものを選んで教材化した。

(2)　自分の担当することになった項目について調べて、手引きにしたがってまとめる。（五時間）

学習者は、自分の担当することになった時代と項目について、次ページの「学習の手引き6」に従って調べ学習（個別学習）に取り組んだ。このとき、指導者は、学習者の座席を回り、学習者と一対一の対話をするよう心がけた。対話を通して、学習者が求めているもの、つまずいているものを把握し、用意しておいた補充資料を手渡す、適切な文献を示す、表現方法を手引きする等の支援にあたった。

(3)　自分と同じ項目について調べたグループで、調べたことを話し合い、聞き合い、まとめる。（三時間）

調べ学習の後は、各項目について調べた四人でグループとなり、各時代におけるその項目に関する情報を聞き合い、話し合った。その後、聞き合い、話し合った内容をまとめた。まとめる活動では、次ページの「学習の手引き7」を用意し、各学習者が無理なくまとめられるよう支援した。また、まとめる際には、書き出しの言葉も提示した。その結果、この「聞き合い、話し合い、まとめる」活動を通して、学習者は、これまで「点」としか捉えてなかった昔の「もの・こと」を、移り変わりの中で考える等、「線」としてとらえることができてきた。それにともない、討議力の一つとしてとらえている「他者の意見と自分の意見をまとめる力」を養う必然の場が設定できたと考えている。

なお、発表原稿の手引きについては、これまでの学習記録を参考にして書き込んだため（前の学びを生かすことができる）、充実した内容となった。ただ、発表会において、聞く側からすると、その内容の多さ故、聞く側の学習者の集中力を欠くことにもなってしまい、反省材料となった。

また、「聞く手引き」についてであるが、各学習者は、聞いた内容を上の表の①②③④のところにメモし、発表終了後、左側の欄にまとめることとしていたが、聞き取る力に個人差がある。そこで、指導者の方であらかじめ

2月9日（月曜日）　学習の手引き6　　氏名（　　　　　　）

一　自分が調べたことを、「時代はちがうけれど、同じことを調べていた」友だちに教えてあげましょう。

○　「話す」のですから、多すぎるとあい手がおぼえきれません。特に教えてあげたいことにしぼりましょう。

○　発表の後、しつ問をしてくる友だちには、つけたして教えてあげましょう。

○　「自分が調べたことで、特におすすめの情報」と、それに対する自分の考えは必ず書きましょう。これまでに書いてきた学習記録が役に立つでしょう。

○　使った方がいい言葉をいくつか書いておきました。発表の時は、その言葉を使って発表しましょう。

発表原こう

ぼく・わたしは、（いつ・明治・大正・昭和始め・戦争中・戦後・ちょっと前 ←○をつけて）の（何　子どものお手伝い　学校を休んで家族のために はたら）について調べました。おすすめの情報は、

子どもは、朝早くから夜まで一生けんめいにはたらいていたことです。たとえひまができたとしても、明治代（時）は家が店になっていた所が多かたのでいそがしければ学校を休んででも家のお手伝いをやらされていたんだそうです。だから、遊んでいられるひまはあんまりありませんでした。遊んでいる時は、思いっきり遊んでいたけど、はたらかされている時は子どもが、「もう、いやだ。」と思うくらいのたくさんのお手伝いをやってもお金（おこずかい）なんかもらえなかったそうです。なぜなら、その時代はお手伝いするのがあたりまえだったそうで、すごくつかれても家のためのことだから一生けんめいにはたらいたそうです。夜は店はしまうから宿題ができたけど朝からがすごくつかれる一日なのです。

調べてみて考えたことは、　その子どもたちの気持ちはつかれるけど、家族のためだと言う気持ちで

どうして子どもはこんなにお手伝いをしなくてはいけないかと言うことです。私は、いろいろ考えてみました。でもこれといっていいのは思いつきません。しかたなく、先生に聞くと家のためいがかえってきました。私はでは、売れる店の子どもは店の主人がいそがしいのでお手伝いをしなくてはいけないけれど、売れないお店の子どもはどうするのかと思ったのです。

「ぼく・わたしの百二十二年史」を作ろう学習の手引き7　　氏名【　　　　】さん

グループで調べたことを、聞き合い、話し合い、まとめよう

※　次の台本の中に、グループで聞き合い、話し合ったことをメモしたり、書き入れたりしていこう。

明治からついさい近までの「むかし」について調べました。ぼく・わたしのグループは、（心があったかくなる こと（心がうたれしこと））について調べました。

そのことについて、それぞれの時代でどうだったかというと、

①　明治から戦争までは、（したしい）人と、いろいろ思い出ができた　こと　）で、

②　戦争中は、（人　）のためにはたらいた人を見て、感動していたこと）で、

③　戦後二十年は、自分の家族（戦争　）がおわって、（家族　）といっしょにいられるようになった　）で、

④　昭和四十年から、ぼく・わたしたちが生まれるまでは、（先生　）が（みんな）のことを思っていろいろしてくれた　こと）だそうです。

自分のグループの話し合いの内容はどうでしたか？情報の足し算をしよう。

明治から戦争までは、したしい人といろいろ思い出ができたことです。したしい人との思い出ができたのでうれしかったけどわかれてかなしかった。

戦争中は、人のためにはたらいた人を見て感射していたこと。自分が人のためにすすんではたらいているえいがを見て感動した。

戦後二十年は、家族といつまでもはいられないけど、（考え）戦争なんかやめていたら、家族と幸でびんぼうだけどいられた。幸せにくらしたい。

昭和四十年から、ぼく・わたしたちが生まれるまでは、先生がみんなのことを思っていろいろしてくれて、うれしかった。

それらの情報から、ぼく・わたしが考えたことは、心があったかくなることで、調べているいけんを聞くと、みんなそれぞれいい思いやわるい思い出を持った心もあった。やっぱりみんないい心になっているんだなぁーと、思った。

全員の発表内容を確認しておき、実態調査にしたがって、メモの部分に他の学習者の発表の要点を虫食いのかたちにして個別に書き込んでおいた。これによって、多少長くなってしまった発表内容についても要点は聞き取ることができた。グループで聞き合い、話し合うことにより、むかしの「もの・こと」に対してより総合的な見方・考え方もできるようになった。次の例は、「家での生活の様子」担当のまとめた文章である。

・今と昔をくらべて、全くちがいます。たとえば、ちょっと、前のおふろとします。今だとスイッチ一つであたたまります。でもちょっと前は、すみをたいて、かまの中に、お水を入れます。そうしてあたたまります。とても、てまがかかっていました。だから、おふろを考えた人はすごいと思います。また、そんなきかいにたよらず、おふろに入ることを考えた人も、きかいのおふろを考えた人もすごいと思いました。時代が今に近づくにつれて、人の頭（さいのう）もかわっていくんだと考えます。わたしも、そういうふうな物を発明してみたいです。

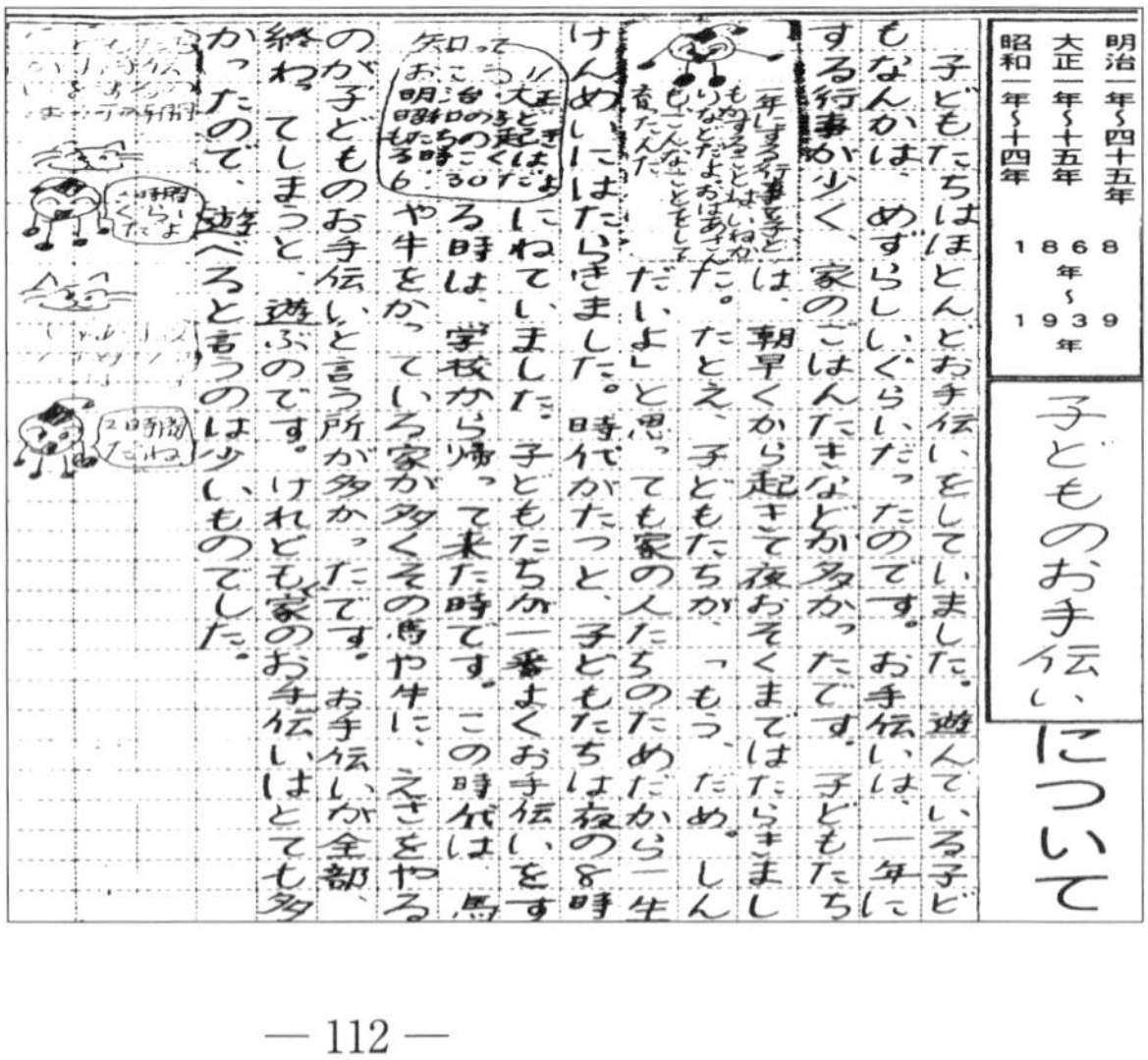
明治一年～四十五年
大正一年～十五年
昭和一年～十四年
1868年～1939年

子どものお手伝いについて

子どもたちはほとんどお手伝いをしていました。遊んでいる子どもなんかは、めずらしいぐらいだったのです。お手伝いは、一年にする行事が少く、家のごはんたきなどが多かったです。子どもたちは、朝早くから起きて夜おそくまではたらきました。たとえ、子どもたちが、「もう、だめ。しんだいよ」と思っても家の人たちのためだから一生けんめいにはたらきました。時代がたつと、子どもたちは夜の8時にねていました。子どもたちが一番よくお手伝いをする時は、学校から帰って来た時です。この時代は、馬や牛をかっている家が多くその馬や牛に、えさをやるのが子どものお手伝いと言う所が多かったです。お手伝いが全部、終わってしまうと、遊ぶのです。けれども家のお手伝いはとても多かったので、遊べると言うのは少いものでした。

5　〔第五次〕「自分だけのむかし調べをしよう」（四時間）

第五次は、これまでに自分が調べたことのない内容の中で、興味・関心を抱いたり、疑問をもって追求してみたいと思ったものを自由に調べる時間とした。ここにおいても、内容、調べ方、書き表し方などについて、友達あるいは指導者と対話なり会話をする機会がたびたびあった。

この段階になると、調べ方、他者への尋ね方、答え方等も慣れて適切になり、あふれんばかりの情報の中から、自分の問題意識に応じたものを効率的に取捨選択できるようになってきた。それと同時に、毎時間の「学習記録」にも、昔のもの・ことに対する様々なものの見方や考え方が見られるようになった。

6　〔第六次〕「『ぼく・わたしの一二三年史』を本にしよう」（三時間）

(1)　これまでに記録したものをまとめて製本した。「編集後記」として書いた学習者の記録の中には、「色々な教科をまぜて、自分のしたい勉強をしていると、今まできらいだった教科でも楽しんでどんどん勉強していることに気づいた。」「国語も社会もくっつけて学習したからこそ、一冊の本ができあがるくらい勉強することができたんだ。」など、他教科や他領域との垣根を下げたことに対する学習者の感想がみらてた。

(2)　学習者たちの努力の成果は、きちんとした本にしたいと考えて、目次、本編、あとがき、奥付をつけて、製本会社に必要な材料をお世話いただき、自分の本は自分で製本した。できあがった本を手にしながら、書き方の例を示して製本会社に礼状を書いた。

四、実践の成果と課題

(1) **学習課題の設定と単元編成について**…単元学習を構想する場合には、学習者の興味・関心や問題意識をどのようにふまえるか、学習者の生活と教室の学習とをどのように結びつけるかが問われる。「自学ノート」に「むかしのこと」を書く学習者が増えてきたのを紹介する形で、自然に「むかしのこと」を考える単元を立ち上げることができた。後は、冬休みに体験した振り返りから「むかしあそび」の体験学習へ、学校行事「たこあげ遠足」と結びつけた「たこあげ」の由来の学習へ、昔の「授業風景」の学習へ、さらに「ぼく・わたしの一二二年史」の本作りへと、自然な形で国語科・社会科・学校行事の総合化を図った単元学習を展開することができた。学習者の追求する意欲は最後まで衰えなかった。

(2) **教材編成について**…このたびの実践で力を入れたのが教材編成である。なかでも、「一二二年史」作りのための教材発掘には、時間と労力をかけてあたった。滑川道夫編『小学生 日本つづり方全集』を読み進めるなかで、三〇の観点を見出し、時代区分を考えて一二〇袋の教材を作成した。その後で、徳島の小学生『作文読本』からも教材を選んで、一二〇袋に加えていった。学習者の発達段階を考慮して、三年生には自分の観点（項目）の情報を文献から探すのは無理であると考えて、指導者が必要な情報を選んで袋入れしたのである。なかにはむずかしい教材を選んで　学習者への支援が必要なものもあった。学習者一人ひとりに応じた資料発掘は難しい。

(3) **単元の展開について**…第一次から第六次まで、常に、教室の学習を学習者の生活と関連付けて必然性のある展開の仕方をとったため、学習者は意欲的に学習に取り組んできた。特に、調べ学習には時間を十分に確保するとともに、指導者は、毎時間後に記録する学習者一人ひとりの「学習記録」をもとに学習の進み具合を把握して、個別に学習を支援するよう心がけた。この一連の学習を通して、「むかしのこと」に対する学習者の認識の深化・拡充を図ることができた。それは、学習者一人ひとりの「学習記録」を見れば、うかがうことができる。

このたびの実践で悔やまれるのは、単元の最終段階で、できあがった本を用いて、観点（項目）ごとに明治・大正・昭和一二二年の歴史の流れを学ぶ場を設けなかったことである。この学習は必須の学習であった。

(4)　**「学習の手引き」の効用について**…このたびの「学習の手引き」は、①その時間の学習のねらい、②課題を解決するための手引き、③本時の学習を通して考えたこと等を書く欄を用意して、毎時間、学習者の実態を記録に残せるようにした。この「学習の手引き」を綴じていくと、学習者の学習の過程・実態が客観的に把握できるため、学習者にとっても、指導者にとっても、様々に効用のあるものであった。

(5)　**指導目標と評価について**…この単元では、情報活用能力のほかに、国語科としては、特に、対話力・問答力、討議力の育成を目指した。毎時間の学習者の観察と「学習の手引き」の書き込みを評価して、ある程度、目標は達成できたのではないかと考える。今後は、録音や録画などによる方法も検討したい。

主体的・協働的に学ぶ学習者を育成する学習指導の実際

――物語教材「ごんぎつね」（小四）をとりあげて――

実践当時／徳島県鳴門市撫養小学校　森　美　帆

一、実践研究のねらい

今日、求められる学力は、学校教育法で示されている「知識・技能の習得」と「思考力、判断力、表現力等」、「さらに主体的に学習に取り組む態度」である。これまでの学校教育は、知識・技能の習得に重点が置かれていた。しかし、グローバル化や高度情報化が進むにつれ、社会を生き抜くための、主体的・協働的に課題を解決していく力が重視されるようになった。「覚える学力」から「考える学力」への転換が求められているのである。このように、学力観が変わってきている状況の中で、学習指導の在り方も問い直されている。

新しい時代に必要とされる学力を学習者に育むためには、「何を教えるか」という知識の質や量の改善だけでなく、学びの質や深まりを重視することが必要であり、課題の発見と解決に向けて主体的・協働的に学ぶ学習（いわゆる「アクティブラーニング」）や、そのための指導の方法等を充実させていくことが不可欠である。

学習者一人一人が、課題をもって主体的に学ぶ学習や、他者と関わることで学び合い考えを深め合うことができる学習を実現したい。そして、学習者一人一人に生きて働くことばの力を育てたい。

そのために、指導者は、学習者に身に付けさせたい力を明確にした上で、学習者の発想が軸にある単元を構想・展開する。指導者が与えるのではなく、学習者自身が大きな目的や課題（問題）をもつことができるように配意し、学習者の思いや願いが生かされる指導・支援をすることによって、学習者が、思考力、判断力、表現力を働かせ、主体的に学習に取り組むことができるようにしたい。また、振り返る場、交流する場を単元の要所で意図的に設定することによって、協働的な学びを実現することができるようにしたい。

このたびの実践では、オープンスクールで、学習材「ごんぎつね」の魅力を伝える展覧会を開くことを学習者の活動目標としている。まず、「ごんぎつね」を読んで、物語の魅力をもっと知るために考えたいことやみんなで話し合いたいことを発表し合い、学習者自らが学習課題を立てる。その際、学習の手引きを用いて、学習者自身が学ぶ価値のある学習課題に目を向けることができるようにする。従来行われきた、場面ごとに指導者が示した学習課題を通して登場人物の心情を読み取っていく学習ではなく、学習者の立てた課題を解決していくことを通して、学習者にとっては、知らず知らずのうちにすべての場面の登場人物の心情の変化を読み取り、作品全体の魅力に気付くことができるような学習展開を心がけたい。

なお、この実践研究は、平成二六（二〇一四）年一〇月～一一月に小学四年生を対象に実践し、第九回徳島乳幼児・児童教育実践研究大会（平成二八（二〇一六）年一月）に発表したものを書き直したものである。

二、単元の構想

⑴　単元名　ごんぎつねの世界

(2) 対象学校名・学年・組　鳴門市撫養小学校　第四学年　二組（男子一七名、女子一五名、計三二名）

(3) 実施時期・時間数　平成二六（二〇一四）年　一〇月　一五時間配当。

(4) 学習材　「ごんぎつね」（光村図書）

(5) 単元設定の理由

① 学習者の状況

学習者は、これまでに、音読劇を通して物語の中心人物の言動から人物像をとらえる学習や、登場人物の心情を叙述をもとに想像して登場人物にメッセージカードを書く学習を行っている。学習者は、登場人物の気持ちを伝えたいという思いをもち、登場人物の言動からその気持ちを読み取ることへの関心が高まりつつある。

次なる課題としては、生き方や人生の詰まった価値ある読み物を一人一人が自らの課題をもって読み、場面の情景や登場人物の心情の変化を叙述から想像するとともに、それらを交流することによって、見方や感じ方について違いのあることに気付くことができるようにすることが挙げられる。

そこで、学習者一人一人が目的意識や課題をもって文章を読む活動をとおして、場面の情景や登場人物の心情の変化を叙述から想像する力をはぐくむ指導を行いたいと考えた。登場人物の心に寄り添って読んだり、読者としての客観的な視点で離れて読んだりする活動をとおして、本の中に人生や世界を見る目を拓かせたい。そして、主体的な読み手を育てていきたい。

② 学習材の価値

本学習材は、いたずら好きでひとりぼっちの小ぎつねごんが、自分と同じひとりぼっちになった兵十と心を通わせようと努力しながらも、通わせきれない切なさを描いた物語である。主人公のごんは兵十の母の死をきっかけに、兵十に自分の思いを伝えようと行動するが、その思いは兵十には届かない。それどころか、最後には兵十に撃たれてしまう。学習者は、ごんのとった行動が意外な展開になってしまうことに驚きと悲しみをもって読み進めていくであろう。学習者は、一人の読み手としてごんの視点に立ったり、兵十の視点に立ったりしながら登場人物の心情や心の動き、場面の移り変わりを読むことができる。加えて、独話や心内語などを用いて登場人物の心情が描かれ、さらに、美しい情景描写があるなど生き生きとした表現がみられるため、想像豊かに読み進めていくことができる学習材でもあると考える。自分自身の生き方や考え方と重ね合わせたり、人間というものについても考えることができる学習者には大変価値ある学習材である。また、ごんの思いは、「兵十に伝わった」、「兵十に伝わらなかった」といったさまざまな考えが出されることが予想される。したがって、学習者一人一人の考え方や感じ方の違いに気付くこともできる学習材でもある。

③　指導の工夫

ア．学習者に身に付けさせたい力を明確にする

　単元を構想する際に、身に付けさせたい教科の力を明確にし、その力を身に付けさせるためにふさわしい言語活動を行う必要がある。学習者の発言や日記、ワークシートや学習記録から学習者の興味・関心や実態を把握し、学習者一人一人に身に付けさせたい力を明確にすることができるようにする。

イ．目的意識の明確化を図った単元を構想する

　主体的に学習に取り組む態度を育成するためには、学習者が大きな目的をもって学習を進めていくといった経験を積み重ねることが大切であると考える。導入の段階で、学習材に興味・関心をもつことができるようにし、学習者一人一人がこんなことをしてみたいといった思いや願いをもつことができるようにする。大きな目的を実現するために、学習課題（問題）について考え、もっと知りたいといった意欲をもって学習することができるようにする。目的意識の明確化を図り、一人一人の発想が軸にある単元を構想する。

ウ．学習者自身の課題に基づいた学習を展開する
　体験などから感じ取ったことを発表し合うことにより、学習者が個人として、また、集団として学習課題（問題）をもつことができるようにする。そのためには、指導者が学習者の感想を分類整理し、学習者の思いを学習者が学びたいこと知りたいことへとつなげていく必要がある。学習者が学びたいことと指導者が学ばせたいことが合致するよう感想を仕組む工夫も必要である。

エ．板書や学習の手引きを工夫する
　学習者一人一人が優劣を意識しないで、主体的に学習に打ち込むことができるように学習者の思考の流れに配意した板書や学習の手引きの工夫を行う。学習材や体験、友達の意見をもとに、自分の考えをもつ手がかりとなる構造的な板書や認識を深める学習の手引きを工夫し学習者自身の力で学習が進められるようにしたい。

オ．自分の思いや考えを伝え合う場を設定する
　学習の主体は自分自身であるという自覚をすることができるように、他者と関わることで学び合い、考えを深め合うことができるように、振り返る場、交流する場を単元の要所で意図的に設定する。また、学習を振り返ることによって、自分自身の成長に気づくことができるようにしたい。

(6) 単元の指導目標

① 登場人物の心情の変化に目を向け、友達の考えも生かしながら、自分の考えの共通点や相違点を意識して読もうとする態度を育てる。
② 関心のあることなどから話題を決め、目的に応じて理由を挙げながら、筋道を立てて話し合うことができるようにする。
③ 書くことを決め、相手や目的に応じて、理由や事例を挙げて書くことができるようにする。

④　場面の情景や登場人物の心情の変化を想像するとともに、それらを交流することによって、一人一人の感じ方について違いがあることに気付くことができるようにする。

⑤　言葉には、考えたことや思ったことを表す働きがあることに気付くことができるようにする。

(7)　単元の指導計画（一二三頁の単元構想表参照）

三、単元の展開

本単元「ごんぎつねの世界」は、学習材「ごんぎつね」を読んで、登場人物の人物像、登場人物の心情（心情の変化）、自分自身の考えや感想を書いた作品をつくり、オープンスクールの日に学校図書館で展覧会を開くことを学習者の活動目標としている。

《学習者に身に付けさせたい力を明確にする》

1　〈事前〉前単元のおけるワークシートの記述や読書冊数を把握し、学習者一人一人に身に付けさせたい力を明確にし、単元の目標を立てる

学習者三二名の前単元「一つの花」におけるワークシートの記述と、学校図書館において借りた本の冊数や題名のリストから一覧表を作り、一人一人の学習者に身に付きつつある力とこれから身に付けさせたい国語の力を明らかにした。そして、それをもとに、次なる単元の目標を立て、単元を構想した。

【夏休み前の学習者の姿】

【夏休み前の学習者の姿ー学習材「一つの花」における記述・読書傾向（読書の記録ではなく図書室で借りた本のみの記録より）ー】

NO 1

	初読の感想（学習者の表記のまま）	①ゆみ子がはっきりおぼえた言葉の場面	②お父さんとお母さんの会話の場面	③お父さんが戦争に行く日の場面	④いよいよ汽車が入ってくるというところの場面	⑤１０年の年月がすぎて	ゆみ子のお父さんとお母さんが伝えたかったことを読み返して	図書室で借りた本の冊数・傾向	●「一つの花」の学習の様子 ○次なる課題
1	ぼくは，お父さんはやさしいなと思いました。それは，一つの花を戦争に行くのにゆみ子にあげていて心にのこりました。だからお父さんはやさしいと思いました。ゆみ子もコスモスを大切にしていてやさしいと思いました。	ゆみ子ちゃん，あなたが小さかったころ，まだわかい人も戦争にいって死んでいったんだよ。ゆみ子ちゃんは，お父さんがいないと思っているけど，本当はいたんだよ。さっきいったようにわかい人も戦争に行ったといっているけどその中にあなたのお父さんもいたんだよ。お母さんは，小さいあなたのために一つだけ分けてくれたんだよ。	ゆみ子ちゃんお父さんは，深いため息をついたんだよ。それは，ゆみ子ちゃんがいったいどんな子に育つのだろうと心配していたからだよ。お母さんもお父さんの気持ちとにていると思うよ。お父さんは，ゆみ子ちゃんをめちゃくちゃに高い高いしてくれたんだよ。それは，ゆみ子ちゃんを少しでもよろこばせたかったからだよ。	お母さんは，戦争に行くお父さんにゆみ子ちゃんの泣き顔を見せたくなかったんだよ。だから，お父さんが食べる大事な大事なおにぎりをゆみ子ちゃんにあげたんだよ。それは，お父さんに会えるのはもう最後かもしれないからだよ。	ゆみ子ちゃん，お父さんは，ゆみ子が足をばたつかせてよろこんでいるすがたを見て，最後にゆみ子のわらう姿を見られてよかったなあと思ったんだよ。ゆみ子がなきだすすがたを見たとき，お父さんお母さんはなんとかしてあまやかそうと思ったと思うよ。それは，ゆみ子がわらうすがたをお父さんに見せてあげたいと思ったからだよ。	ゆみ子ちゃん，お父さんは，ず～っと天国で見守っているんだよ。お父さんは，あなたの家がコスモスの花でいっぱいに包まれているのを見て，一つの花を大事にしてうれしいなとお父さんは思ったと思うよ。スキップしたりして戦争がない時代になってうれしいとお父さんは思っていると思うよ。	ゆみ子のお父さんとお母さんは戦争のない時代になってほしいと願っていると思います。戦争はゆみ子のような小さい子から家族をうばうことを知りました。ゆみ子のお父さんとお母さんは，ゆみ子のことを大事にしていると思いました。	〔３２冊〕 ２３冊は探偵の物語とミステリーの本。杉山亮の『名探偵』シリーズを好む。図書室に自分から進んで本を借りに行っている。	●叙述からその背景について考え，登場人物の心情を進んで発表することができた。 ○学習者同士の交流で自身の読みを深める
2	欠席	ゆみ子ちゃん，ゆみ子ちゃんが小さいとき，お母さんが，大切な食べ物をくれていたんだよ。ゆみ子ちゃんがお母さんだったら，そんな大切なものを子どもにあげるよね。お母さんは，それを何回もゆみ子ちゃんにしてきたんだよ。お母さんは，それだけゆみ子ちゃんを生かしてあげたかったんだよ。	お父さんは，ゆみ子ちゃんがまだ幼いころに，深いため息をついたんだよ。ぼくは，ゆみ子ちゃんが，いつも，お母さんに，「一つだけちょうだい。」とばかりいっているから，お父さんはため息をついたと思うよ。ゆみ子ちゃんは，「全部ちょうだい。」とかいわなきゃせいちょうしないと思ってため息をついたと思うよ。	ゆみ子ちゃんは，お父さんが戦争に行ってしまうときに，お父さんのおにぎりを，「一つだけちょうだい，おじぎり，一つだけちょうだい。」と言って，食べてしまったんだよ。ぼくがゆみ子ちゃんだったら，わがまま言わずにがまんしていた思うよ。お父さんも泣くのをがまんしていたんだよ。お父さんもがまんできたんだよ。	ゆみ子ちゃんが小さいときに，お父さんは戦争という，人がたくさん死んでしまうところに行ったんだよ。でも，そのときに，お父さんは泣かなかったんだよ。でも，ゆみ子ちゃんは，「一つだけ。一つだけ」と言って，泣いたんだよ。ゆみ子ちゃんは，もっとがまん強く生きていかなきゃいけないとぼくは思うよ。	ゆみ子ちゃん，お父さんは，あなたの家がコスモスでいっぱいに包まれているのを見て，ちゃんとお父さんが，戦争に行く前にあげた一輪のコスモスを大切に大切に育ててくれたんだろうなぁ。お父さんはすごくうれしいよと思っていたと思うよ。ぼくは，ゆみ子ちゃんが「一つだけ。一つだけ」と言わないようになったのがいいと思うよ。	ゆみ子のお父さんとお母さんの気持ちを知って，ぼくのお父さんとお母さんもぼくのことをどんなことがあったって，ぼくが大切な自分の子どもだから，いつでも守ってくれると思いました。	〔１０冊〕 心理テストの本やサッカーや遊びの解説本など気軽に読める本を好む。休み時間は，サッカーなどをして体を動かして過ごすことが多いため，学級で行ったときに図書室で本を借りる。	●自分自身の父母とゆみ子の父母の思いを重ね合わせて読んでいた。 ○叙述や情景から登場人物の気持ちやその背景を読むことができる
3	支援学級で学習								
4	わたしは，ゆみ子ちゃんのことをかわいそうだなーと思いました。それは，ゆみ子ちゃんが小さいときにお父さんが戦争に行かなければならなくなってしまいました。でゆみ子ちゃんがとても小さいころだってそのことをお（ママ）きくなってお父さんのことをわすれてしまっていたとかいていたからです。	ゆみ子ちゃんが一つだけと言ったからいつもお母さんはゆみ子ちゃんにいろいろなものをくれていたのだよ。お母さんはゆみ子ちゃんにとてもやさしくしてくれていたのだよ。お母さんはゆみ子ちゃんのことをいつまでも元気でいてねと思っていたと思うよ。	お父さんはきまってゆみ子を高い高いしてくれていたのだよ。それは，食べ物をあげられていなかったからそのかわりに高い高いしてくれたと思うよ。お母さんはゆみ子ちゃんのことをとても大切に思ってそだててくれていたと思うよ。ゆみ子ちゃんは，お父さんお母さんのことを覚えていないかもしれないけど，おとうさんとお母さんはこんなにゆみ子のことを思ってそだててくれていたのだよ。	お父さんはほんとうは戦争に行ってしまったのだよ。お母さんが戦争にいくためにに作ってくれたおにぎりをゆみ子にくれたのだよ。ほんとうはお父さんにゆみ子のないたかおをさいごにみせたくなかったから，ゆみ子ちゃんにおにぎりをくれていたんだと思うよ。お父さんお母さんはゆみ子ちゃんのなきがおをぜったいみせたくないと思うよ。	ゆみ子ちゃんが一つだけ一つだけと泣きながらいったから，戦争に行く前に一輪のコスモスの花をゆみ子ちゃんにくれていたのだよ。それは，さいごのゆみ子ちゃんのわらい顔を見たかったし泣き顔を見ながら戦争に行くのはつらいと思ったからだと思うよ。お父さんは，ゆみ子ちゃんが足をバタバタさせているのを見て「ほっ」としたと思うよ。	戦争中は，食べ物がそんなになかったけど，「母さんお肉とお魚どっちがいいの。」と選べる時代になったの。お父さんは，ゆみ子がたくましくなって買い物まで行けるようになってたくましいなーと思っていると思うよ。お父さんはゆみ子ちゃんにもっと元気で大きくそだってねと思っていると思うよ。	ゆみ子ちゃんの，お父さんお母さんは，ゆみ子ちゃんのことをもっと大きく育っていろいろな人にやさしいことをするのだよと思っているのが伝わってきました。ゆみ子ちゃんのお父さんとお母さんは，戦争のない平わな時代になってほしいとねがっていると思います。ゆみ子ちゃんのお父さんは戦争に行ったけど，ゆみ子ちゃんのことをとても大切にしてくれたということがとても伝わってきました。	〔３９冊〕 １６冊は学研の「ひみつ」シリーズ。他は少女向け小説。	●叙述を基に父母の思いを想像することができた。 ○文章を読んで考えたことを発表し合うことによって，自分自身の考えを深めることができる
5	わたしは，ゆみ子が「一つだけちょうだい。」と言ったときお父さんが，プラットホームのはしっぽのごみすて場にあったコスモスをゆみ子にわたした所が心にのこりました。なぜかというと，ゆみ子が「一つだけちょうだい。」といったときおこらずにやさしくコスモスをわたしたのでお父さんはとってもやさしいと思いました。	ゆみ子ちゃん，あなたが小さかったころ戦争がはげしくて食べるものもあまりなかったんだよ。そんなとき，ゆみ子ちゃんがごはんのとき，おやつのとき，「一つだけちょうだい。」といっていて，お母さんの分も食べていたんだよ。お母さんが自分の分をゆみ子ちゃんにあげたのは，ゆみ子ちゃんが大切なそんざいだったからあげたんだと思うよ…。	お父さんは，ゆみ子ちゃんをめちゃくちゃに高い高いしてくれたんだよ。それは，ゆみ子ちゃんをよろこばしてあげたかったからだと思うよ。お父さんはゆみ子ちゃんのことを大切に大切にしてくれたやさしい人なんだよ。	お父さんは，ゆみ子ちゃんをだいて，プラットホームのはしの方で小さくばんざいをしたり，軍歌を歌ったりしていたんだよ。そのときのお父さんは戦争に行く人でないかのようにしていたよ。それは，ゆみ子ちゃんを悲しませたくなかったからだと思うよ。お父さんはゆみ子ちゃんが大好きと思っていたと思うよ。やさしいお父さんだよ。	お父さんがあげたコスモスをもらってゆみ子が足をばたつかせてよろこんだいたすがたを見て，お父さんは「うれしいな。」と思ったんだと思うよ。うれしくてなみだがこぼれそうだったと思うよ。ゆみ子ちゃんがよろこんでいて「ほっ」としていたよ。お母さんもお父さんと同じ気もちだったと思うよ。	戦争中は，食べ物もあんまりなくて平和でなかったけれど，「お母さんお肉とお魚どっちがいいの。」と選べる時代になってお父さんは，「食べ物もいっぱいあって平和になったんだな。」と思っていると思うよ。きっと，お父さんは，ゆみ子ちゃんに「大きくなったな。」や「りっぱになったな。」と言ってあげたかったと思うよ。ゆみ子ちゃん本当にりっぱに大きくなったね。	ゆみ子のお父さんとお母さんは，ゆみ子のことを大好きで大切に大切に思っている気持ちがとても伝わってきました。大事なお米で作ったおにぎりをあげたからです。だから，わたしは，お父さんとお母さんがゆみ子のことを大切にしていると思いました。ゆみ子のお父さんとお母さんは，やさしい人だなあと思いました。	〔１８冊〕 探偵物語，怪談，ミステリーの本をよく借りて読んでいる。	●叙述から，戦争に行く父の思いを想像することができた。指名すれば発表。 ○文章を読んで考えたことを発表し合うことによって，自分自身の考えを深めることができる

【単元構想表】

【単元構想表】（全１５時間）

学習活動	学習者の意識の流れ	支援	身に付けさせたい資質・能力
（事前）新美南吉記念館の写真を見せて，記念館の話や新美南吉の作品の読み聞かせを聞くことによって，「ごんぎつね」についての関心が高まる。	「手ぶくろを買いに」を読んだよ。きつねの親子の温かいすてきなお話だな。 新美南吉記念館ができて２０周年なんだって。南吉のことをもっと知りたい。 「一つの花」の学習では，家の人にお父さんとお母さんの思いを伝えてうれしかった。 オープンスクールがあるんだって。学校図書館のためにできることは何かないかな。	○新美南吉の作品の読み聞かせをしたり，写真を見せながら新美南吉記念館に行ったときの話をしたりすることによって，新美南吉の作品への関心を高める。	○登場人物の心情を想像しながら読み聞かせを聞く。
１　「ごんぎつね」の感想を発表し合い，企画展で紹介する魅力を知るための学習課題を立てる。（２時間） (1)　学習材「ごんぎつね」を読み，初読の感想を書き発表し合う。	新美南吉さんの「ごんぎつね」を読んでみたいな。 ごんは，いたずらして自分に振り向かせたい。 ごんが死んでしまってかわいそうだな。 兵十は，ごんを銃で撃つなんてひどいよ。 兵十にごんの気持ちが伝わらなくて悲しい。 「ごんぎつね」ってよいお話だな。おうちの人にもその魅力を伝えたいな。	○書き出しのことばの例を示して，多様な視点で感想を書くことができるようにする。	○目的に応じて書く。
(2)　感想をもとに，「ごんぎつね」の魅力をもっと見付けていくための学習課題を立てる。	「ごんぎつねの世界展」を開こう。「ごんきつね」のことをもっと詳しく知りたいな。「ごんぎつね」の魅力を見付けていこう。 ごんはどうしていたずらばかりするのだろう。 ごんは，どんな気持ちで償いをしたのかな。 兵十は，ごんのことをどう思っていかのかな。 兵十とごんの心は通じ合えたのだろうか。	○学んでいく筋道が明確になるように，学習者の考えを板書で整理する。	○互いの考えの共通点や相違点を考えながら話し合う。
２　学習材「ごんぎつね」を読んで，作品をつくる。（６時間）（本時４／６） (1)　いたずらについて，本文をもとに，ごんはどんなきつねなのか読み，ごんぎつねの魅力紹介カードに書く。	ごんは，どんなきつねで，どうしていたずらばかりするのかな。 ひとりぼっちの小きつねだからさびしい。 人間に近づくのは，人間が好きだから。 森は退屈で仕方がないから，いたずらしている。 人とのつながりがほしいのだと思うよ。	○ごんがしたいたずらに目を向けることができるように板書することによって，どうしていたずらばかりするのかその背景にあるごんの心に迫ることができるようにする。	○場面の情景描写や登場人物の行動を手がかりに，登場人物の心情を想像する。
(2)(3)　ごんがした償いの変化をもとに，ごんの気持ちの変化を想像し，ごんぎつねの魅力紹介カードに書く。	ごんは，どんな気持ちで償いをしたのかな。 鰯を裏口からうちの中へ投げ込んだ。 ― 母を亡くした兵十を元気づけたい。 栗を物置の方へ回って入り口に置いた。 ― 自分の力で探して兵十に迷惑かけない。 その次の日には，栗と松茸を持っていった。 ― 自分と似ている兵十を喜ばせたい。 こっそり土間へ入って栗を固めて置いた。 ― 神様の仕業でないことに気付かせたい。	○手引きを用いごんの償いの変化に目を向けさせることによって，ごんの気持ちの変化や兵十に対する思いの強さに気付くとともに，そのように気持ちが変わったきっかけについて考えることができるようにする。	○登場人物の行動をに関する叙述を手がかりに，登場人物の心情を想像する。
(4)　兵十はごんのことをどう思っていたのか，兵十の言動をもとに想像し，ごんぎつねの魅力紹介カードに書く。【本時】	兵十は，ごんのことをどう思っていたのかな。 「あのごんぎつねめ」と憎んでいたよ。 ごんを撃って仕留めたい気持ちだった。 栗をくれたのがごんだった知り後悔している。 ごんと話して分かり合いたかったと思っている。	○兵十の気持ちがよく表れている叙述を選び発表し合ったことを板書し，兵十の気持ちが変わったところを捉えることができるようにする。	○登場人物の行動を手がかりに，登場人物の心情を想像し，目的に応じて書く。
(5)　ごんの兵十への思いは兵十に伝わったのか，本文をもとに考えを発表し合い，カードに書く。	ごんの兵十への思いは，兵十に伝わったのだろうか。 ごんは，「うなずいた」から兵十に伝わった。 悪いきつねではないことは分かった。 栗をくれたのがわかっただけだと思うよ。 償いの気持ちまで伝わっていないと思う。 通じ合えないということは，悲しいな。もう少し早く気づいていれば…。	○叙述を根拠にして，ごんの気持ちは，兵十に伝わったか，伝わらなかったか話し合うことによって，物語のテーマにせまる。	○登場人物の行動をに関する叙述手がかりに，登場人物の心情を想像する。
(6)　「ごんぎつね」を読んで思ったことや感じたことを書き，「ごんぎつね」の魅力として紹介したいことを考える。	「ごんぎつね」を読んで，思ったことや感じたことも掲示したい。 ごんがいたずらばかりするのは，さびしいからだと思うよ。 ごんの兵十への思いは，思いこみもあって，わたしなら…。 兵十はごんのことを憎んでいたけど，今は後悔しているはずだ。 通じ合えないことは，悲しい。友達との関係も同じだと思う。	○書き方の例を示し，自分自身と登場人物を比べたりしながら，感想を書くことができるようにする。	○読み取った登場人物の心情を交流することによって一人一人の感じ方の違いに気付く。
３　ごんぎつねの世界展を開く計画を立てて，作品をつくる。（５時間） (1)　どんな魅力を紹介するのか話し合う。 (2)　紹介したい魅力ごとのグループに分かれて，作品づくりと発表の計画を立てる。	「ごんぎつね」の魅力を伝えたいな。どんなふうに伝えようかな。 「ごんぎつねの世界展」を開く計画を立てよう。 いたずらをするごんの気持ちを伝えたい。 償いをするごんの気持ちの変化を知らせたい。 兵十の後悔の気持ちを伝えたいな。 ごんと兵十の通じ合えない悲しみを伝えたい。	○カードを読み返して，これまでの学習を振り返り，物語の伝えたい魅力について考えることができるようにする。 ○話し合いの仕方や作品の例を示すことによって，魅力を伝えるにふさわしい作品について，話し合うことができるようにする。	○目的に応じて，理由や事例を挙げながら話し合う。 ○相手や目的に応じて，理由や事例を挙げて書いている。
(3)(4)(5)作品を作って掲示するとともに，発表の練習とリハーサルをする。	伝えたいことが同じ友達とグループで，作品を作っていこう。	○発表の手引きを用意し，伝えたいことがよく伝わる発表をすることができるようにする。	○書いたものを発表し合い，考えの明確さなどについて意見を述べ合う。
４　ごんぎつねの世界展を開く。（２時間） (1)　オープンスクールで，ごんぎつねの世界展を開き，ポスターセッションをする。 (2)　企画展を開いての感想を書く。	作品ができた。掲示して発表しよう。お友達はどんな作品を作ったのかな。 ごんと自分は似ているな。 ― 南吉の他の作品も読みたい。 考えが友達とは違っているな。 ― いろんな読み方があるな。 作品ができて，うれしいな。 ― また，展覧会を開きたいな。 通じ合えない悲しみが伝わった。 ― 悲しいお話をもっと読みたいな。	○前半，後半グループに分け，互いの発表を聞くことができるようにする。 ○書き方の例を示し，友達の考え方との共通点や相違点や自分自身の学びや成長に気付くことができるようにする。	○自分と友達の考えの共通点や相違点を意識して聞こうとしている。 ○作品の中に人生や世界を見る目を拓く。

単元の目標は次のとおりである。

〔単元の目標〕

ア　登場人物の心情の変化に目を向け、友達の考えも生かしながら、自分の考えの共通点や相違点を意識して読もうとする態度を育てる。

イ　関心のあることなどから話題を決め、目的に応じて理由を挙げながら筋道を立てて話し合うことができるようにする。

ウ　書くことを決め、相手や目的に応じて、理由や事例を挙げて書くことができるようにする。

エ　場面の情景や登場人物の心情の変化を想像するとともに、それらを交流することによって、一人一人の感じ方について違いがあることに気付くことができるようにする。

オ　言葉には、考えたことや思ったことを表す働きがあることに気付くことができるようにする。

《目的意識の明確化を図った単元を構想する》

導入段階で、新美南吉の作品の読み聞かせを行ったり、二〇周年を迎えた新美南吉記念館の写真を見たりして、新美南吉の作品や「ごんぎつね」に関心をもつことができるようにした。そして、学校図書館の企画展の計画を伝え、「ごんぎつねの魅力を伝える作品をつくりたい」という思いを一人一人がもつことができるようにした。単元のゴールを明確にし、目的意識や相手意識をもたせることで、学習の主体は自分自身であることを自覚することができるようにした。（単元構想表参照）

《学習者自身の課題に基づいた学習を展開する》《板書や学習の手引きを工夫する》

2 〔第一次〕「ごんぎつね」の感想を発表し合い、展覧会で紹介する魅力を知るための学習課題を立てる（二時間）

第一次では、まず、学習材「ごんぎつね」を読み、初読の感想を書く活動を行った。学習者の読みを大切にし、学習者の初読の感想をもとに学習課題を見出すためと、学習前と学習後の学習者の読みの変容を知るためである。学習の手引きに書き出しのことばを示したことによって、どの学習者も多様な視点から感想を書くことができた。二時間目は、前時に書いた感想を発表し合った。その際には、登場人物について、物語全体について、作者について、自分自身との関わりについて、みんなで考えたいことといった観点別に板書やワークシートで整理した。それをもとに、学習者自身が学習課題を立てた。

指導者が与えたものでなく、学習者が求めていることを課題にすることで、叙述をもとに考えた自分自身の読みを大切にする姿勢や意欲をもって読もうとする姿勢がみられた。また、学習者一人一人の感想は、授業の導入時や、考えが行き詰まったとき、別の観点からも考えてほしいときに紹介するようにした。

【初読の感想と疑問（感想Ａ児，疑問Ｂ児）】

★　読み聞かせを聞いて思ったことや考えたことを書きましょう。

【こんなことを書いたらどうかな】
○わたし（ぼく）は、ごんが…と思いました。それは、ごん（兵十）が…からです。
○ごんがいたずらばかりするのは、…（から）だと思います。
○ごんは、初めは…気持ちでした。しかし、…（ときに）ごんは、…という気持ちに変わったと思います
●ごんがつぐないをしたのは、…からだと思います。
□わたし（ぼく）は、兵十は、…と思いました。それは、…からです。
□兵十は、…とき、ごんのことを…と思っていたと思います。
■兵十は、…とき、ごんに「…」と言いたかったと思います。
◇わたし（ぼく）は、このお話を読んで、…気持ちになりました。それは、…
◇このお話を読んで、「…」ということがわかりました。
◇このお話の…という言葉がきれいだなあ（すてきだなあ）と思いました。
◆このお話の…場面のさし絵が心に残りました。そのわけは、…からです。
▲わたし（ぼく）は、ごんのことを…と思いました。もし、わたしがごんだったら…。
△わたし（ぼく）は、…ところがごんと似ています（ちがっています）。
▽そのほか

このお話のごんが殺されてしまった場面のさし絵が心にのこりました。そのわけは、ずっとくりや松たけを兵十にあげていたのは、ごんだったからです。ごんがつぐないをした理由はごんはわるい事をしたと思ったからだと思います。わたしは、ごんのことをかわいそうと思いました。理由は、ごんはごんなりにいい事をしていたからです。兵十は、「ごんに、ごめんよ。」と言いた

★　このお話を読んで、ぎもんに思ったことやみんなで考えたいなと思ったことを書きましょう。

この話をよんでみんなで考えたいことは兵十がごんをうってすぐ話がおわってしまったけど兵十が「ごんおまいだったのか、いつもくりをくれたのは。」といっているときどう思っていたのかをみんなで考えてみたいです。

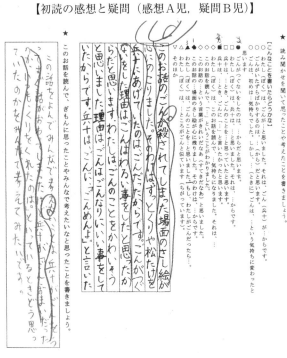

【学習者の感想をまとめたもの】

【自分のこと】
・ごんぎつねの気持ちになりたい。
・ごんは、自分に似ている。いたずらをよくするから。
・自分がごんだったら、姿をみせてくりをわたしたい。

【さし絵のこと】
・ごんが殺されてしまった場面（六の場面）のさし絵が心にのこった。（ごんがばたりとたおれていたから。ごんぎつねのお話は他のお話と比べてうつ場面がきれいだから。）
・絵のきつねや人が本当のように書かれているのがすごい。
・四の場面のさし絵が心にのこった。
・くりをもってきているさし絵が心にのこった。そのわけは、くりをもってきているところがやさしいと思ったから。

【南吉さんのこと】
・南吉さんが書いた言葉「わしがいたずらをしてうなぎを取ってきてしまった。…」が心に残った。

《ぎもん・みんなで考えたいこと》
・このお話の続きが読みたい。
・ごんは、なぜひとりぼっちだったのか。
・なぜごんはいたずらをするのか。
・ごんは、悪いきつねか、いいきつねか。
・ごんは、うなぎが首にまきついてやっとはずせたときに、なぜ草の上にそっとおいたのか。
・ごんは、ばれないようにくりをもっていったのか。
・兵十は、なぜごんを殺したのか。
・ごんがたおれた後、兵十はどう思っているのか。
・加助は何で神様のおくりものだと思ったのか。
・どうしてきつねなのに二本足で歩くのか。

★　前の国語の時間に「ごんぎつね」を読みましたね。みんなの感想を読ませてもらって、なるほどなあと思ったよ。こんな感想があったよ。一部を紹介しますね。

【ごんのこと】
・ごんがいたずらばかりするのは、ひとりぼっちだからだと思った。
・ごんがつぐないをした理由は（ごんは悪いことをしたと思ったから。自分のせいでおかあさんを死なせてしまったから。兵十が悲しんでいたから。）
・ごんがかわいそう。（ごんなりにいいことをしていたから。兵十がじゅうでうったから。）
・ごんは、初めはいたずらをしようと思っていたけど、兵十を助けようという気持ちに変わった。
・ごんは、はじめはおもしろ半分だったが、兵十の顔にきずがついたときに変わった。
・ごんは、初めはいたずらしたい気持ちだったけど、あのときいたずらしなけりゃよかったと思っている。
・ごんは、いたずらして後悔している。
・ごんは、兵十のおっかあが死んでしまってから気持ちが変わったと思う。
・ごんは、くりを見つけるたびに毎日毎日兵十のうちへ出かけてあげていてやさしいなと思った。
・ごんは、悪いと思う。それは、兵十の仕事のじゃまをしたから。

【兵十のこと】
・兵十は、くりを償きに来たとき、ごんがいたずらをしにきたと思ったと思う。
・兵十はごんにごめんよと言いたかったと思う。
・兵十は、ごんにくりをくれてありがとうと言いたかったと思う。
・兵十は、ごんにお礼が言いたかったと思う。くりを入れてくれたごんにひどいことをしたから。
・ごんをうち殺してこんないいやつだったのかと思うと思う。
・兵十は、ごんをうった後にくりをみつけて、ごんに「くりや松たけをいつも持って来てくれたのにごめん。」と言ったと思う。
・兵十は、ごんがくりなどを持ってきたことはわかった。
・最後に、兵十は、「ごんがわたしていた」とわかってよかった。
・兵十は、ごんぎつねをうって後悔している。
・兵十は、最初はごんをすごくうらんでいた。

【お話全体のこと】
・心に残ったのは、兵十の家にいわしやくりを投げこんだこと。
・一番心に残ったのは、兵十がごんを殺してしまったこと。
・このお話は、かなしい。それは、兵十がじゅうでうったから。
・ごんの思いやりがよくわかった。

3 〔第二次〕学習材「ごんぎつね」を読んで、作品をつくる（六時間）

第二次では、学習材「ごんぎつね」を読んで、学習課題についての考えを発表し合い、交流し合った後、見付けた「ごんぎつね」の魅力をカードに書いて集めていく活動を行った。ここでは、場面ごとに読んでいくのではなく、「ごんは、どうしていたずらばかりするのだろう（一場面）」、「ごんは、どんな気持ちで償いをしたのだろう（二・三・四・五・六場面）」、「ごんを撃った兵十の気持ちが変わったのはどこだろう（六場面）」、「ごんの兵十への思いは、兵十に伝わったのだろうか（一〜六場面）」といった学習者とともに設定した四つ学習課題に沿って読んでいった。

毎時間、学習の手引きを用意し、学習課題を解決するための叙述に目を向けることができるようにした。そして、それぞれの考えを発表し合う際には、登場人物の気持ちの変化を表す部分や情景など学習者の読みを深めるために注目させたい叙述を精選し、その叙述で立ち止まって登場人物の細かな心情の変化についても考えることができるような発問を心がけた。登場人物の言動の変化から心情の変化をとらえることができるように板書で整理した。また、毎時間の終わりには、読み深めたことにより、気付いた物語の魅力を「魅力紹介カード（全七種類）」に書く活動を行った。カードを用いることで、学習者は、登場人物、表現、物語の展開、挿絵、作者、その他といった多様な視点から魅力を見付けていくことができた。カードが増えていくことに喜びを感じていたようである。

第二次一時間目は、ごんはどんなきつねなのか読み、ごんぎつね

【魅力紹介カード（一部）】

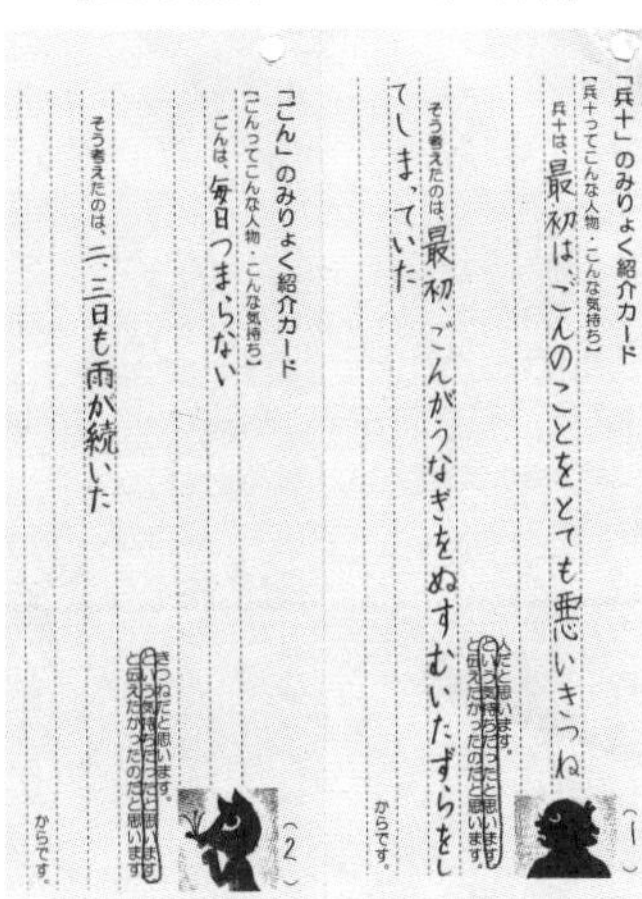

の魅力紹介カードに書く活動を行った。二、三時間目は、ごんがした償いの変化をもとに、ごんの気持ちの変化を想像し、ごんぎつねの魅力紹介カードに書く活動を行った。

二時間目は、まず、兵十の二つの償いについて、ワークシートにまとめる活動を行った。ごんが兵十に届けたものと届け方に目を向けさせ、償いのきっかけとなった兵十のおっかあの葬列を見る場面のごんの気持ちを考えることができるようにした。また、そっとくりを置いたごんの気持ちを叙述をもとに発表し合う中で、ごんの行動がかわるきっかけになった兵十の顔の傷にも目を向けることができるようにした。学習者は、ごんの気持ちの変化とそのきっかけとなるものに気付くことができた。

三時間目は、前時に学習した二つの償いについてまとめた後、手引き③を用いて、三つ目から五つ目のごんの償いについてまとめた。一つ目から四つ目までの償いと五つ目の償いを離して板書し、比べることができるようにした。学習者から、「これまでは投げ込んだり入り口に置いたりしていたのに、こっそり中へ

【学習の手引き③】

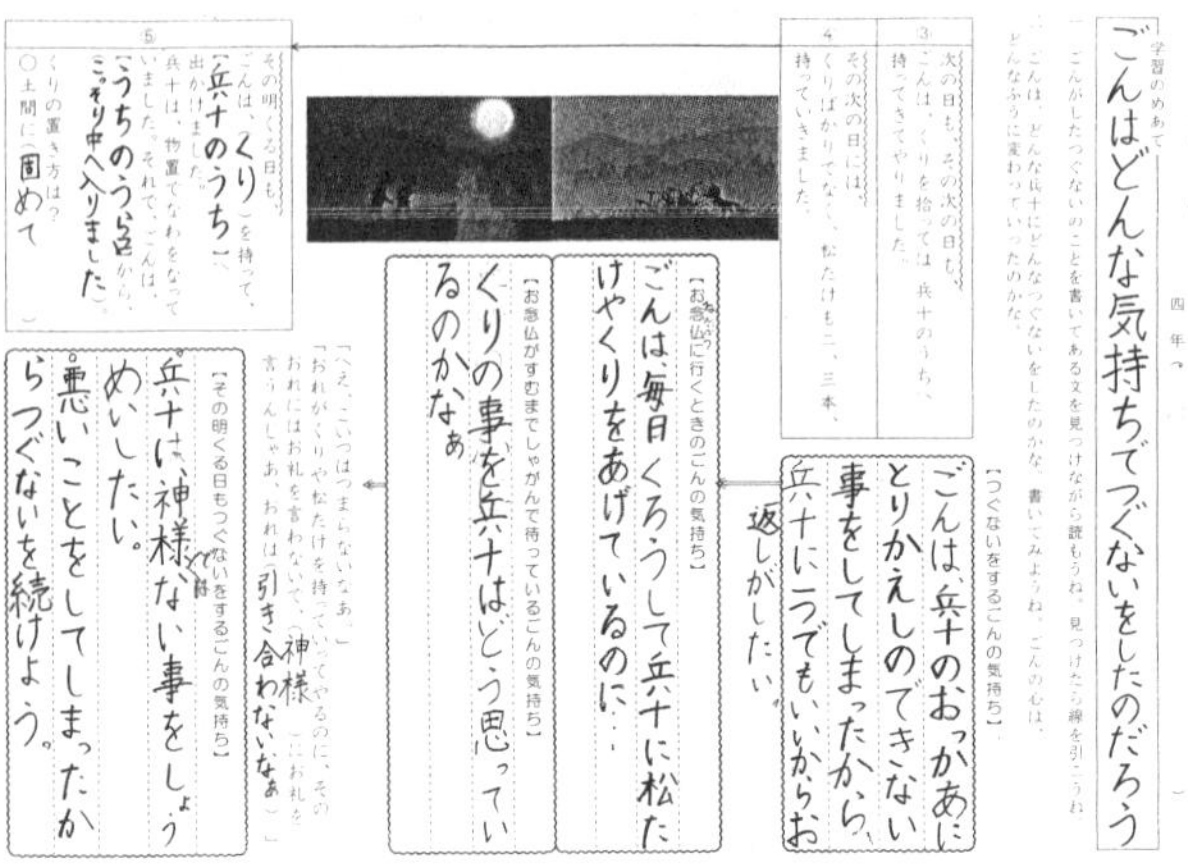

【第二次三時間目の板書】

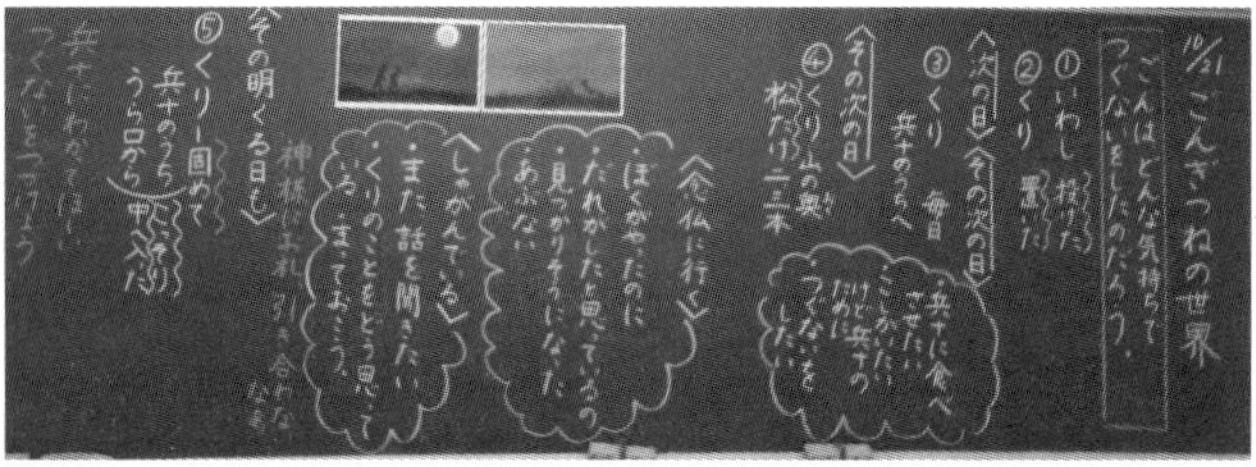

ごんぎつねの世界
ごんはどんな気持ちでつぐないをしたのだろう。

入ったり固めたりするようになっている」など、変化に気付く発言があった。そこで、どうして変化したのかを尋ねた。学習者からは、「念仏の夜、兵十と加助の会話を聞いたから」という声があがった。そのため、念仏の夜の場面に戻り、兵十、加助、ごんに分かれて役割読みをし、話を聞いたり、念仏が終わるまで待ったりするごんの気持ちを想像することができるようにした。そして、さらにごんの気持ちが変わるきっかけをとらえることができるようにした。償いたい気持ちと自分が届けていることに気付いてほしい気持ちがあるという発言がみられた。

四時間目は、初読の感想で学習者が書いた疑問をもとに、学習課題を解決するための設問一と設問二を立て、兵十の気持ちの変化を捉えることができる授業展開を工夫した。

設問一では、兵十がごんを撃ったのはどの叙述から分かるかはじめに問い、「ドンとうちました」という叙述に着目させた。そして、なぜ兵十はごんを撃ったのかと発問した。学習者からは、「もういたずらさせないと思ったから」、「また盗みに来たと思ったから」、「ずっと腹が立っていたから」、「ゆるせないと思っていたから」という意見が次々と出された。その後、そんな兵十の気持ちがわかる叙述はどこかと発問した。「ぬすみやがった」、「あのごんぎつねめ」、「またいたずら」といった叙述を学習者があげた。「また」という叙述から、これまでごんがしてきたいたずらを振り返った。うなぎを盗んだときから、ごんは償いを続けてきたが、兵十はずっとごんを恨んでいたことを学習者はとらえることができていた。設問二では、まず、「取り落とす」という叙述に目を向けさせ、「落とす」ではなく、どうして「取り落とす」なのかということを話し合った。国語辞典で意味の違いを調べ、学習者からは、「落とすはわざとだけど、取り落とすとなっているのは、びっくりして持っていることも忘れたからではないか」、「ショックを受けていることを表したかったから」という発言がみられた。そして、「そんなふうに銃を取り落とした兵十は、ごんを撃った後、どんな気持ちであったのか」を考え、発表し合った。最後に、設問一と設問二の兵十の心情を比べ、兵十の気持ちが変化したことに気付くことができるようにした。そして、どこで兵十の

【学習の手引き④】

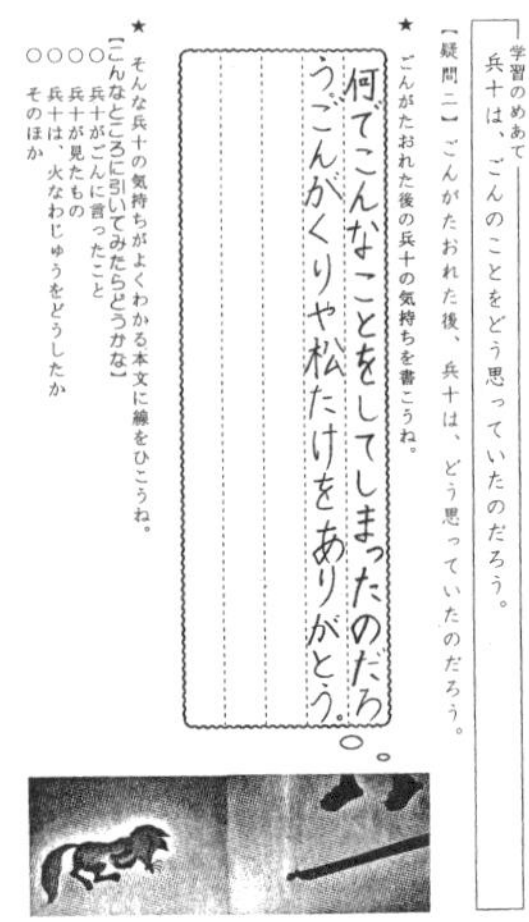

【学習の手引き⑤】

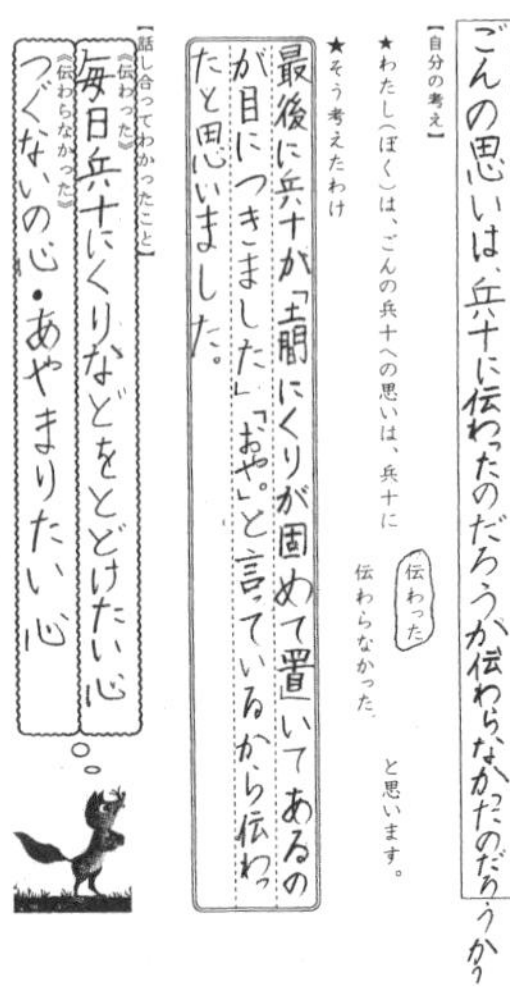

【第二次四時間目の板書】

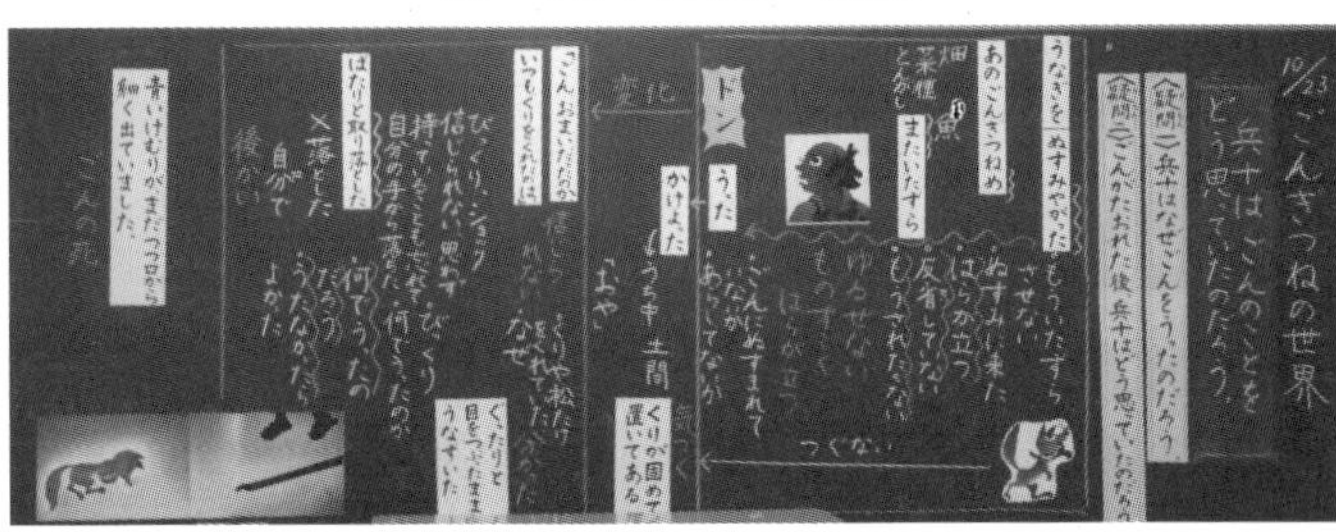

気持ちが変わったのかを考えることができるようにした。兵十が、ごんを撃った後、すぐにごんではなくうちの中を見たのは、ごんにうちの中を荒らされていないか確認するためであったこと、ごんが「固めて置いたくり」を見たときに初めて、くりをくれたのはごんだったのかと気付いたこと、兵十の問いかけでごんがうなずいたときにくりをくれていたことが分かったことをとらえることができるように配意した。

五時間目は、ごんの思いは兵十に伝わったのは伝わらなかったのか話し合った。これまで、ごんの気持ちに寄り添って読んできたためか思いが伝わったと考えた学習者が多かった。そのため、叙述をもとに再度考え、兵十に毎日くりを届けたい心は伝わったが、償いの心や謝りたい心までは伝わっていないという結論に至った。

《自分の思いや考えを伝え合う場を設定する》

4　〔第三次〕ごんぎつねの世界展を開く計画を立てて、作品をつくる（五時間）

【展覧会風景】

【班の作品構想メモ】

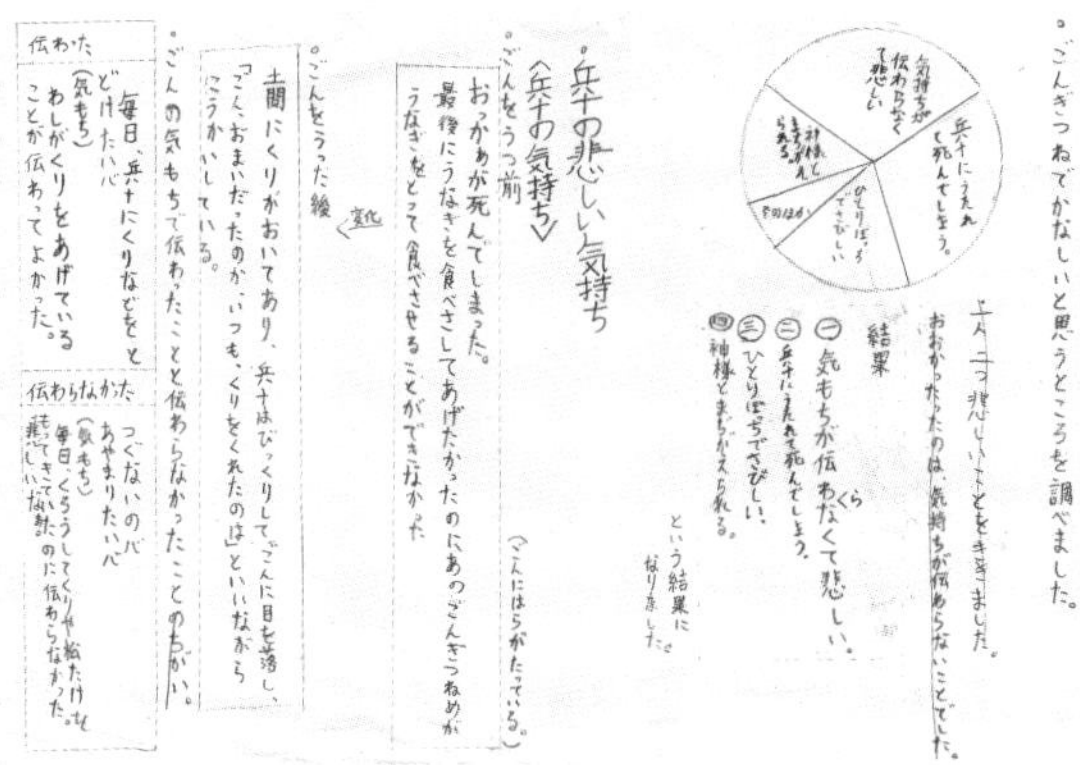

【作品の一部】

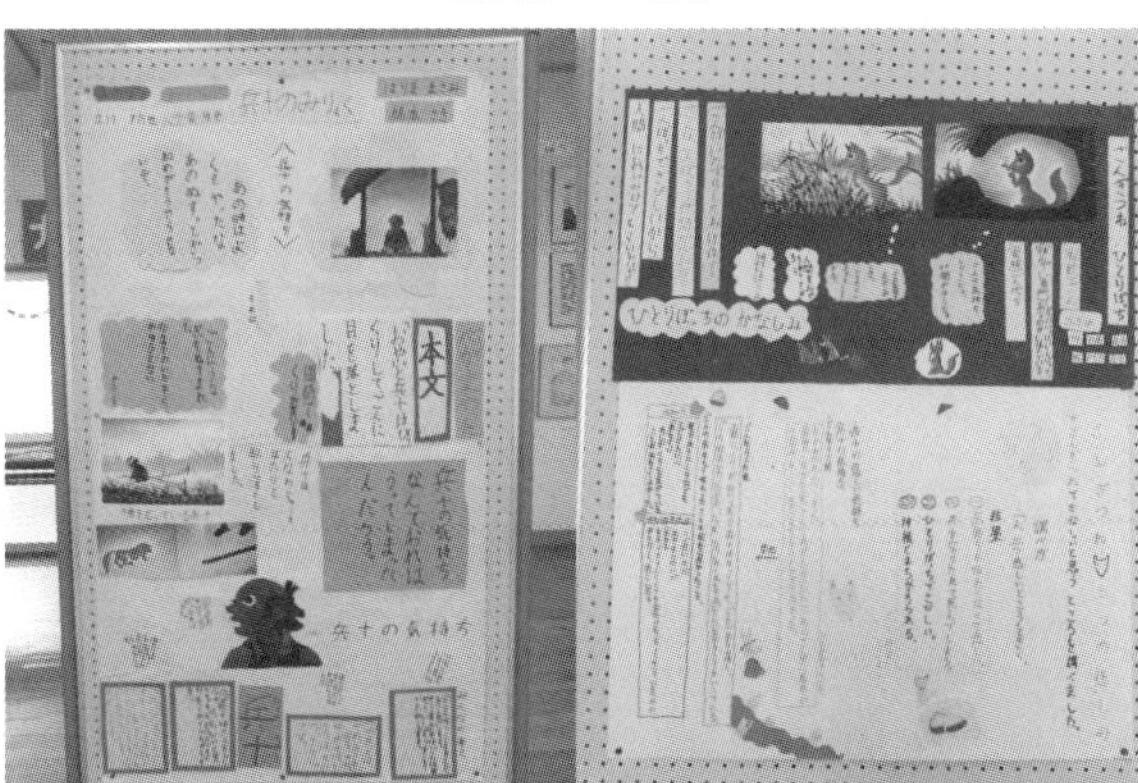

第三次一時間目は、見付けた魅力を書いたカードを整理することによって、自分が展覧会で紹介したい「ごんぎつね」の魅力を明確にすることができるようにした。二時間目は、魅力ごとのグループに分かれて、作品づくりと発表の計画を立てた。三時間目からは、魅力カードをもとに作品をつくり、練習やリハーサルを行って発表に臨むことができるようにした。

5　〔第四次〕ごんぎつねの世界展を開く（二時間）

第四次は、ごんぎつねの世界展を開いた。オープンスクール当日は、五人前後の六グループが前半後半（一五分ずつ）に分かれ、ポスターセッションをした。発表を聞き合うことを通して、自分と友達の考えの共通点や相違点に目を向けさせ、物語のさらなる魅力に気付かせたいと考えた。「兵十の魅力」を発表した班は、償いに気付かず、ずっとごんを憎む気持ちと、ごんがくりや松茸を届けてくれていたことに撃った後に気付き、後悔する気持ちを伝えた。班には、初読の感想で、「兵十は悪い」と記述していた学習者がいたが、作品の中に書いた感想には、「兵十もかわいそう」と書いていた。他の学習者と意見を交流し、叙述をもとに読んで考えた結果、兵十に対する見方が変わった。

四、授業の成果と課題

(1)　**学習者に身に付けさせたい力を明確にする**…前単元におけるワークシートにおける記述をさらに分析し、一人一人に身に付けさせるべき力を明確にしていくことが課題である。

(2) **目的意識の明確化を図った単元を構想する**…学習者の興味・関心や発達段階、身に付けさせたい力に配意して、今後、どのような目的意識をもたせるかが課題である。学習者の発想が軸になった主体的な読みを実現するために、読みの発達段階や自己学習力の育成について、指導者自身が勉強する必要がある。

(3) **学習者自身の課題に基づいた学習を展開する**…学習者が学びたいことと指導者が教えたいことが自然と合致していくような工夫が必要である。学習材とどのように出会わせるか、どのような感想をもたせることができるか、緻密に、また計画的に考えるとともに、教材研究を綿密に行う必要がある。

(4) **板書や学習の手引きを工夫する**…確かな学力が身に付くのみならず、主体性を一人一人に培うという視点から、学習者の思考の流れに配意した板書や学習の手引きの開発を行う必要がある。

(5) **自分の思いや考えを伝え合う場を設定する**…自分自身の思いや考えを伝えたいと思うような学習材との出会いや単元構想を工夫し、相手意識や目的意識をもった伝え合う場を今後も設定していく必要がある。また、ＩＣＴも活用するなどして、「学校の壁を越えた学習」も行うことができるような単元を構想していく必要がある。

小学校高学年における伝記の学習指導
――単元「この人がこんな生き方を、こんなことばを」（小五）の場合――

実践当時／徳島県美馬郡つるぎ町八千代小学校　森本広江

一、実践研究のねらい

この実践は、平成一五（二〇〇三）年度、教師になって七年目に、初任者研修明けの遠距離勤務地の小学校で行った、読むことを中心とした実践である。現在は休校となっている、山間部の温かい雰囲気の小学校で、子どもたちものびのびと生活していた。しかし、全校二〇名の小さな小学校のため、自分の思いをことばで伝えなくても、大人や友達が汲み取ってくれる雰囲気ができているように思われた。私は、子どもの表情から気持ちを汲み取ることの大切さを学びながらも、教師として、子どもたちが将来生きていくためにはしっかりとした「ことばの力」をつけたい、そして、自力で生きるための「広い視野」も持たせたい、と考えるようになってきた。

自分のそれまでの実践をふり返ると、教科書教材をいかに分かりやすく興味をもって学習できるか、ということに重点を置いた指導しかできていなかった。そこで、教科書教材だけを読む授業から脱皮して、一つの学習課題を設定して、その学習課題の解決を図ることをめざして、子どもたち一人ひとりが、教科書教材だけでなく、それぞれの興味・関心に応じて自ら選択した教材を用いて、読んだり、書いたり、発表し合ったりする単元的展開の授業を展開して、読む・書く・話す・聞く「ことばの力」を高めていく実践をしたいと考えた。

実践研究のねらいとしては、①どのような学習課題を設定して、どのような教材編成をするとよいか、②単元の最後の段階に、どのような学習活動の目標を掲げ、それをめざして学習活動（言語活動）を展開する過程で、どのように、読む・書く・話す・聞く「ことばの力」を高めるようにするか、③子ども一人ひとりが悲しい思いを抱かないように、どのような「学習の手引き」を作成して、学習を手引きすればよいのか、を挙げたい。

教材としては、「伝記」を取り上げた。五年生になると、偉人伝などを読んで、それぞれの人がどのような生き方をしているか、さまざまな生き方があることに気づかせることが必要な時期であると考えたからである。

なお、この実践研究は、平成一五（二〇〇三）年八月、第四回徳島実践国語教育研究大会で発表したものに手を加えて書き直したものである。

二、単元の構想

(1) 単元名　「この人がこんな生き方を、こんなことばを」

(2) 対象学校名・学年・組　美馬郡つるぎ町八千代小学校　第五学年　一組（男子三名、女子二名、計五名）

(3) 実施時期・時間数　平成一五（二〇〇三）年　六月　一三時間配当。

(4) 単元の教材編成

①　教科書教材……「マザー・テレサ」（真鍋和子　東京書籍『小学校国語　五年下』）

②　自主教材……『おもしろくてやくにたつ子どもの伝記』（ポプラ社　一九九八年）より抽出する。

①マザー・テレサ、②ベートーベン、③宮沢賢治、④ヘレン・ケラー、⑤キュリー夫人、⑥エジソン、⑦ナイチンゲール、⑧坂本龍馬、⑨アンネ・フランク、⑩福沢諭吉、⑪手塚治虫、⑫二宮金次郎、⑬ファーブル、の伝記。

(5) 単元設定の理由

本校の、全校二〇名の子どもたちは、豊かな自然に囲まれ、のびのびと生活している。五年生の児童は五名。仲がよく、休み時間には、下級生たちも誘ってみんなで遊び、児童会活動にも熱心に取り組んでいる。人なつっこく、明るくかわいらしい子どもたちであるが、彼らの「ことばの生活」を見つめると、ことばによって伝えたい、分かり合いたいという気持ちが少ないように感じられた。また、小さい頃からずっと同じ人間関係の中で過ごしているため、「人と違う」ことに敏感すぎる面もみられる。

そこで、子どもたちが、単元の最終段階で、自分の選択した伝記の人物について調べたことを皆の前で発表するという目標をめざして、優劣を意識することもなく、必死になって、自分が選んだ伝記を読む、必要な情報を書きとめる、それを整理して自分の思いや考えを書きとめる、相手を意識して簡潔に発表する学習活動（言語活動）を展開する過程で、読む・書く・話す・聞く「ことばの力」を高めるようにしたい。この一連の「伝記」の学習を通して、それぞれの人がどのような生き方をしているか、さまざまな生き方があることに気づかせたい。

(6) 単元の指導目標

① さまざまな人の生き方に興味を持ち、進んで伝記を読もうとする態度を育てる。
② マザー・テレサをはじめ、五人の人物の伝記を読み比べることを通して、それぞれの人物の生き方について理解を深めることができるようにする。
③ 人物の伝記を読み比べ、発表し合う一連の学習を通して、

ア　伝記の人物が何をした人であるか、またどんな人であったかを、文章に即して的確に読みとることができるようにする。
イ　自分で選んだ人物について調べ、発表資料をまとめることができるようにする。
ウ　発表会で、自分の考えを伝え合い、質問し合って考えを深めることができるようにする。

(7) **単元の指導計画**（全一三時間配当）

（事前）総合的な学習の時間に、ユニセフについて学ぶ過程で、「マザー・テレサ」に興味を持つ。

第一次　共通教材を用いてモデル学習を行う。（一斉学習）・・・・・・・・・・・・四時間

①　伝記『マザー・テレサ』を読み、初発の感想を書く。
②　「マザー・テレサ」の「生き方」「子ども時代」「心に残ったエピソード」や「心に残ったことば」に着目して読み、学習の記録に記入する。
③　「マザー・テレサ」についての発表資料を作る。

第二次　個別の教材を用いて応用学習を行う。（個別学習）・・・・・・・・・・・・七時間

④　さまざまな伝記を読み、自分の心にひびいた人物を一人決める。
⑤　選んだ伝記を読み、調べたことがらを、学習の記録に記入する。
⑥　選んだ人物について、発表資料を作る。
⑦　聞き手に分かりやすく発表できるように練習する。
⑧　質問に答えられるように、くわしく調べる。

第三次　それぞれが取り上げた人物について発表し合う。・・・・・・・・・・・・・・一時間

⑨　発表会を行い、質問し合うことにより、考えを深める。

第四次　学習のまとめをする。・・・・・・・・・・・・・・・・・・・・・・・・・・・・一時間
⑩　活動をふり返り、学習の記録に感想を書く。

三、学習指導上の工夫

1　単元の学習に子どもたちを自然に惹きつける工夫

教科書教材を取り上げて、「さあ、今から伝記を読みましょう。」といきなり始めても、その教材を読む必然性がなければ、子どもたちのやる気は湧いてこない。そこで、子どもたちが熱心に取り組んでいる「総合的な学習」と結びつけて、自然な形で、マザー・テレサについて興味・関心を抱くようにして、「もっとマザー・テレサのことが知りたい」という気持ちを高めておいて、教科書教材の伝記「マザー・テレサ」の学習に入るように工夫した。

また、単元を構想した段階から、教室の後ろの「本のコーナー」にさまざまな伝記を並べておいた。そこには、教科の学習に対する理解が深まるような本や、子どもたちに読んでほしい本が置いてあり、朝の読書の時間や休み時間に自由に読めるようにしておいた。いつもは、教師がひと言紹介してから並べるのであるが、今回は、何も言わずにそっと並べておいた。「マザー・テレサ」を学習する過程で、ちょうど「いろいろな人の生き方について知りたいな」という気持ちが高まっていたので、子どもたちは、自然にそれらを手にとって読んでいた。

2　子どもたちに出会わせたい人物を選ばせる工夫

教材として選んだものは、『おもしろくてやくにたつ子どもの伝記』（ポプラ社　一九九八年）である。このシリーズを「本のコーナー」に置いたのは、①実践当時には、二〇巻刊行されていたので、子どもたちの人数（五名）の四倍そろっていたこと、②文字が大きく読みやすいということ、③本の後半部分にイラストとともに分かりやすい解説が載っていることを評価したからである。

その中から、子どもたちが興味を持ちそうな人物、子どもたちに出会わせたい人物、日本人と外国人が同じくらいになるように、取り上げる人物の男女の割合が同じくらいになるように、などを考慮して、子どもたち一人ひとりの顔を思い浮かべながら、一三冊の伝記を選んだ。これらの人物たちは、自分の置かれた境遇に甘んじることなく、自らの興味と夢をしっかりと持って、努力した人物ばかりである。彼らの生き方や考え方に触れることによって、子どもたちにも、自分の生き方について考えてほしいと考えたのである。

3　「学習の手引き」の工夫

「学習の手引き」には、単元の学習指導過程そのものが子どもたちの学習を手引きするものと、読む・書く・話す・聞く学習活動（言語活動）を手引きするものとが考えられる。

前者の場合としては、まず、一斉学習の形で学習の進め方を学ばせておいて、次に、同じ学習の進め方で個別学習を展開するという単元の学習指導過程をとることを考えた。このたびの実践では、まず、教科書教材「マザー・

テレサ」を一斉学習の形で読んで、必要な情報を集め、発表資料を作って発表するまでの学習指導を展開する。次に、同じ学習の進め方で個別の学習を行う。初めに、学習の進め方を体験を通して理解することができているので、次の個別学習はスムーズに展開することができる。

後者の場合としては、指導者の教えたいことを「～しなさい」と指示・命令しても、すべての子どもができるわけではない。できない子どもが悲しい思いをすることがないように、「学習の手引き」を工夫することが必要である。たとえば読む学習活動をさせるときには、どこに目を付けて、どのように読む活動を展開するのかを手引きする。発表させるときには、どのようなことに気をつけて、どのように発表すればよいのかが分かるように手引きするのである。

4　できる、できないが分からぬようにする工夫

同じ教材を用いて同じ発問応答型の授業を展開すると、できる、できないがはっきりするので、優越感を抱く子どもや劣等感に苦しむ子どもが生まれる。子どもたちが、優劣をまったく意識しないで、夢中になって国語学習にうち込むようにするためには、子どもたち一人ひとりの取り上げる教材を異にするとよい。そう考えて、この実践では、子どもたちそれぞれに違う人物の「伝記」を選ばせて、友達と自分とを比べることなく、優劣を超えた学習ができるよう配慮した。この工夫によって、子どもたちは、その人物について詳しく知っているのは自分だけという思いがあるので、自分の調べたことを他の人に教えるのだと、わくわくした気持ちで発表資料をつくったり、発表し合ったりすることができた。

四、単元の展開

1　事前の学習

本校では、小規模校のため隔年で修学旅行に行っており、四月に五年生が広島に行った。そこで、「総合的な学習」のテーマを「みんなが幸せに生きる社会をめざして」とし、まず、「平和学習」に取り組んだ。戦争についてくわしく調べた子どもたちは、平和への思いを強く持ち、今も世界で戦争が絶えないことに疑問を感じ、「世界の子どもたち」に目を向けはじめた。世界には、学校に行けない子どもたちが一億三千万人もおり、兵士として人殺しを強いられている子どももいる。本や「ユニセフ」のビデオ、インターネットなどを用いて調べ学習を行うなかで、子どもたちの心に「自分にできることは何だろう」という思いが大きくなり、ユニセフ募金をすることになった。五年生の五人の子どもたちは、自分の興味をもったテーマについて真剣に調べ、ポスターにして下級生たちに伝えた。私は、困っている人のことを真剣に考える子どもたちの姿勢をほめ、「『なんとかしたい』という気持ちを行動に表した人がいるよ」と、マザー・テレサを紹介した。

『決定版　心をそだてるはじめての伝記　一〇一人』（講談社　二〇〇一年）の「マザー・テレサ」の部分の数ページを読み聞かせただけであるが、子どもたちは、随所で「ええっ?」と驚きの声をあげた。「『マザー・テレサ』ってすごいなあ」「『孤児の家』や『死を待つ人の家』を作ったんだね」「道ばたで死にそうになっている人の手をさすってあげたんだね。わたしには、できないかもしれないなあ」「ノーベル平和賞の授賞式にも、普段着で出たの?」

と興味を示した。そのなかで、「お金持ちだったテレサが、どうして遠いインドに行ったのかなあ」「どうして、そんなことができたんだろう」という疑問が生まれ、「マザー・テレサ」に興味を持ったようである。

2　〔第一次〕共通教材を用いてモデル学習を行う（一斉学習・四時間）

モデル学習として、共通教材「マザー・テレサ」について読みとり、発表資料を作るまでの一連の学習を行った。ここで、人物の「生き方」「子ども時代」「心に残ったエピソード」「心に残ったことば」の四つに着目して読んでいくことを確認し、「読みとりの手引き」にしたがって学習を展開した。「読みとりの手引き」が十分でなかったことと、子どもたちが手引きに慣れていなかったこともあって、手引きに書いてあることを質問する子どももいたが、徐々に手引きにも慣れてきた。

このモデル学習をしたことにより、教師は、自分の手引きが不十分であることに気づくことができ、子どもたちは、これから行う学習に見通しを持つことができるようになった。

● 読みとりの手引き（1）

単元「この人がこんな生き方を、こんなことばを」
読みとりのてびき（1）
名前（　　　　）

（1）取り上げた人物の名前
書名（本の名前）
著者（伝記を書いた人）
出版社

（2）何をした人ですか。どんな生き方をした人ですか。

（3）あなたは、その人のどんな生き方に心をひかれましたか。

（4）①心に残ったエピソード（行動）を書きましょう。
②そのエピソードに表れている、その人の気持ちを想像しましょう。

● 読みとりの手引き（2）

単元「この人がこんな生き方を、こんなことばを」
読みとりのてびき（2）
名前（　　　　）

（1）①その人は、子どもの時、どんな子どもでしたか。
②自分と比べて、似ているところやちがうところを書きましょう。

（2）①心に残ったことばを書き抜きましょう。
②あなたは、どうしてそのことばを選んだのですか。
③どんな状況で言ったことばでしょうか。前後の文や文脈から考えましょう。
④そのことばに表れている、その人の思いを考えましょう。

3　〔第二次〕個別教材を用いて応用学習を行う（個別学習・七時間）

いよいよ、個別学習である。子どもたちは、教室の後ろの「本のコーナー」にある一三冊の伝記の中から、それぞれ次の人物を選んだ。選ぶ時間も一時間とったが、朝の読書の時間や休み時間に一三冊の伝記を読み比べて、自分の取り上げる伝記を決めた子どもが多かった。

A児	エジソン	有名な発明家だな。何を発明したのかな。
B児	坂本龍馬	剣が強い人っていうことは知っているよ。
C児	ファーブル	ぼくと同じで、生き物が好きな人らしいよ。
D児	ベートーベン	音楽の時間に習った人。耳が聞こえないのに作曲した人だ。
E児	福沢諭吉	一万円札の人だな。何をした人か知りたいな。

本の選び方については、選ぶ楽しみを与えるため、「自分が心ひかれた人物を選ぼう」と声をかけただけで、本人にまかせた。ただ、どの本にするか迷っていたC児には、「この人も、動物や虫が大好きで、生き物を大切にした人だよ」とファーブルを紹介した。C児は、人にはさまざまな生き方があることにまだ目が向いていないため、将来の夢を描けずにいる子どもであった。最近、「動物博士になりたい」と、初めて将来についての希望を口にしたのでうれしく思い、C児にはファーブルがぴったりだと考えたのである。

後で、子どもたちが選んだ人物がすべて男性であることに気づいた。女性もさりげなく勧めておけばよかったと後悔したが、子どもたちが自分で選んだ人物を代えさせようとは思わなかった。そこで、教師が「アンネ・フランク」について資料を作ることにした。同じペースで教師も学習をすすめていけば、子どもたちが困るポイントに気づくかもしれないし、何か助言できるヒントが見つかるかもしれないと考えたからである。また、子どもたちにとっても、ともに学習を進める人数がたった五人よりも、一人でも多くの人物に出会わせることができると考えたからである。なお、この「アンネ・フランク」は、発表資料の見本や発表のモデルとしても使うことができた。

さて、「自分の本」を決めた子どもたちは、驚くほど熱心に、それを読み始めた。目を輝かせ、わくわくした表情で読み進めていた姿が印象に残っている。ここでも、モデル学習でしたとおり、人物の「生き方」「子ども時代」「心に残ったエピソード」「心に残ったことば」の四つに注目させ、四色の付箋を与えた。

C児やD児は、付箋をどこに貼ってよいか分からず、たびたび質問にきた。そのたび、前後の文を一緒に読み、考えさせた。B児やE児は、歴史的な背景が分かりにくい部分があったようなので、補足説明をした。A児は、読むたびに多くの発見があったらしく、「先生、エジソンって、小さい頃から『どうして？　どうして？』って言いよったんやって」と何度もうれしそうに報告に来た。自分に似た部分を発見して、うれしかったようである。

「読みとりの手引き」に書き込むときは、「マザー・テレサ」でモデル学習をしてあったので、「このエピソードとこれ、どちらがいいですか」と相談された程度で、それぞれが自分の力でまとめていった。

第三次の発表会では、「エピソード」の部分をクイズ形式にすることにしていたため、子どもたちは、友達に見られないように気をつけながら、発表資料を作っていった。「分かりやすく伝えよう」と何度も言っていたためか、いつもはおどっているA児の文字が整っていた。「伝える」という意識がしっかり働いていることを、うれしく思った。

四つ切り画用紙四枚を貼り合わせて、大きな発表資料を作った後、子どもたちは、発表原稿を作った。分かりやすく発表できるようにするために、発表の手引きに書き込む形で作っていった。

発表会のための練習は、一人ずつ別室で行った。最初は、うつむいて「発表の手引き」をただ読んでいるだけの子どももいたが、次第に「伝える」という気持ちを持って、聞き手の立場に立った発表ができるようになってきた。練習を重ねることにより、五人とも、自信を持って、聞き手の目を見ながら話すことができるようになり、子どもたちとともに成長を喜んだ。この個別学習では、教師がお客さんとなっていくつかの質問をして、質問に答える練習も重ねた。そのため、「質問の手引き」に載っている質問には答えられる、という自信もついたようである。

4　〔第三次〕それぞれが取り上げた人物について発表し合う（一斉学習・一時間）

それぞれの子どもたちが、調べたことを発表し合い、相互交流をはかった。発表会では、分かりやすく発表できるよう、「発表の手引き」を用意した。また、どんな質問をすればよいか分からない子どものために「質問の手引き」も用意した。これらは、子どもたちの考えを限定してしまうものではなく、子どもたちに「分からない、つらい思い」をさせないためのものである。

D児は、今まで「何を話してよいか分からない」ことが多かったのであるが、「質問の手引き」を見ながら、そのことばを使って質問することができた。また、B児やE児は、手引きに載っていないことを、自分で考えて質問することができた。ただ、「質問の手引き」に載っていない初めて聞く質問にとまどい、D児やC児がだまって教師の顔を見つめる場面が何度かあった。事前にどんな個別指導をするかは、今後の課題としたい。大勢の人に見つめられると緊張する子どもたちであるが、五人とも、自分のことばで自分の思いを伝えることができ、自信を持ったようである。

発表会の終わりに、自分の発表と友達の発表について感想を書いた。メモをとりながら聞く、という方法も考え

● B児の発表の手引き（1）

発表のてびき（１）

名前（　　　　）

①これから、「坂本竜馬」について発表します。
（みんなの目を見て、礼をする。）

②ぼく（わたし）が、なぜ「坂本竜馬」を選んだかというと、
剣の達人と知っていた　からです。

③「竜馬」という人は、（「生き方」を指しながら）
新しい日本を作るために活やくした人です。

④（「子ども時代」を指しながら）子どものころは、
泣き虫でねしょんべんたれで勉強もまったくできない子供でした。やさしい家族にかこまれていました。竜馬は小さい時にお母さんをなくしてしまいました。竜馬はすごくつらかったと思います。
ぼく（わたし）と比べて、
ぼくもやさしいかぞくにかこまれていると思いました。

⑤（「エピソード」を指しながら）「竜馬」が（28）才の時、
こんなことがありました。

たけち半平たという人の家をおとずれました。

この時、「竜馬」は、どんな行動をとったでしょう。

（手を挙げた人に、「○○さんどうぞ。」と指名する。）

● B児の発表の手引き（2）

発表のてびき（２）

名前（　　　　）

⑥（「ことば」を指しながら）「竜馬」のことばの中で、
一番心にひびいたものは、

「世の人はわれをなにとも言わば言え　わがなすことはわれのみぞ知る。」ということばです。

このことばは竜馬の心強さがあらわれていると思います。ぼくは、竜馬は心も強いんだなと思いました。
※このことばは、・・・があった時、「　」が○○に言ったことばです。
※このことばには、「　」の・・・な気持ちがこめられていると思いました。
※ぼくは、このことばを読んで、・・・と思いました。
※わたしは、このことばから、・・・という大切なことを学びました。

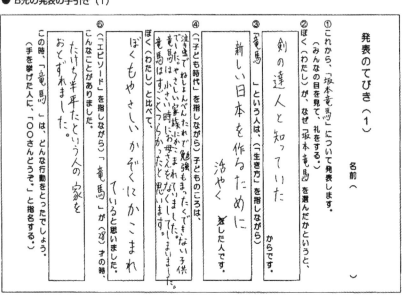

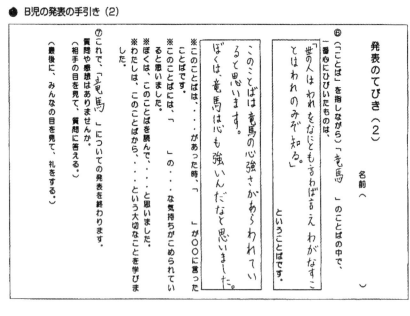

⑦これで、「竜馬」についての発表を終わります。
質問や感想はありませんか。

（相手の目を見て、質問に答える。）

（最後に、みんなの目を見て、礼をする。）

● 質問の手引き

質問のてびき　　名前（　　　　）

◇質問する場合

（例えば、こんなふうに質問しましょう。）

○……さんは、「　　　」のどんな生き方に心をひかれましたか。

○……さんが「　　　」の生き方を調べて、びっくりしたことはありますか。

○……さんは、「　　　」のどんなところをまねしたいと思いますか。

○……さんは、「　　　」のたくさんのことばの中から、どうしてそのことばを選んだのですか。

○「　　　」の……ということばを聞いて、わたしも感動しました。ほかにも、しょうかいしたいことばがあれば、教えてください。

○「　　　」の……というエピソードを聞いて、おどろきました。ほかにも、おもしろいエピソードがあれば、教えてください。

◇感想を述べる場合

（「感想を述べます。」と言ってから、例えばこんなふうに述べましょう。）

○ぼくは、「　　　」の……ということばを初めて聞いたのですが、ぼくも……だと思いました。

○「　　　」の子ども時代のことを聞いて、……なところがわたしと似ているな、と思いました。

○「　　　」の……というエピソードを聞いて、びっくりしました。「　　　」は……な人だったと分かりました。

● 感想の手引き（1）

発表会　感想のてびき（1）　　名前（　　　　）

◇友達の発表を聞いて

（例えば、こんなふうに書きましょう。）

○堂々と、大きな声で発表できていました。

○質問された時、相手の目を見て分かりやすく答えていました。

○ことばをしょうかいする時、「　　　」の気持ちになって、心のこもった読み方ができていました。

○「　　　」について、よく調べているなと思いました。

○「　　　」の……という生き方にぼくも感動しました。

○「　　　」が、……をした人だとは知らなかったので、勉強になりました。

○ぼくも、「　　　」の伝記を読んでみたくなりました。

○わたしも、「　　　」のように、……な人になりたいと思いました。

○……さんが、「　　　」のたくさんのことばの中から……ということばを選んだ理由がよく分かりました。

○「　　　」の……ということばを聞いて、わたしも感動しました。

○「　　　」の……というエピソードを聞いて、びっくりしました。「　　　」は……な人だったと分かりました。

○「　　　」の子ども時代のことを聞いて、……なところがわたしと似ているな、と思いました。

○「　　　」は、ぼくが発表した「　　　」と……なところが似ていると思いました。

○「　　　」は、○○さんが発表した「　　　」と、……なところが似ていると思いました。

られたが、今回は、集中して「聞く」「話す」活動に取り組ませたかったため、後でまとめて感想を書くことにした。

5　〔第四次〕学習のまとめをする（個別学習・一時間）

今までの学習をふり返り、まとめを書いた。渡された用紙の行数を見て、子どもたちは一瞬戸惑っていたが、「あなたたちは、それぞれの人物についてしっかり読みこんでいて、学習を深めているんだから、びっくりするほどすらすら書けるはず」と励ますと、本当にすらすら書き始めた。「先生、本当にすらすら書ける」と喜ぶ子どもたちの笑顔を見て、うれしく思った。ここでも、どのように書いてよいか分からない子どものために、「『学習のまとめ』の手引き」を用意した。

● 「学習のまとめ」の手引き

単元「この人がこんな生き方を、こんなことばを」
「学習のまとめ」のてびき　　五年（　　　）

今までの活動をふり返って、感想を書きましょう。（たとえば、こんなふうに書きましょう。）

◇調べた人物について考えたことや、その人物に伝えたいこと。
○ぼくは、「　　　」の伝記を読みました。「　　　」が……をした人であると知り、……と思いました。
○わたしが「　　　」について調べてびっくりしたことは、・・・ということろです。
○ぼくと「　　　」を比べてみると、……なところが似ていて、うれしく思いました。
○「　　　」がもし生きていたら、……と伝えたいです。

◇友達が調べた人物について考えたことや、自分の選んだ人物と比べてみて思ったこと。
○……さんが発表した「　　　」から、……ということを学びました。
○……さんが選んだ「　　　」に興味があるので、読んでみたいです。
○今度は、「　　　」の生き方について調べてみたいです。
○「　　　」と「　　　」は、……なところが似ていると思いました。

◇初めて「伝記」を学習して思ったこと。
○「伝記はむずかしそう。」と思っていたけれど、おもしろかったです。
○これからも、いろいろな伝記を読んでみたいです。例えば、「　　　」の生き方に興味があります。

◇この学習を始める前と比べて、今の自分はどう変わったか。
○厚い本はきらいでしたが、どんどん読み進めることができました。
○人の発表を聞くとき、目を見て聞くことが苦手でしたが、集中して聞くことができました。
○たくさん練習したので、きんちょうせずに発表できるようになりました。

◇人の生き方について考えたこと。
○「　　　」の生き方から、……ということを学びました。
○つらいことがあっても乗りこえた「　　　」の生き方を見習って、わたしも……したいと思います。
○ぼくも、「　　　」のように、……生きていきたいです。

五、授業の成果と課題

本単元では、さまざまな人物の「生き方」について考えるなかで、子どもたちそれぞれが、自分を見つめる経験をすることができた。E児は、「わたしも諭吉のように、人を差別しない人になりたい」と、なりたい自分に気づくことができた。将来への夢を描けずにいたC児は、苦労して自分の夢をかなえたファーブルの生き方を知り、がんばって夢をかなえたい、という意欲を持ち始めたようである。

また、本単元でめざした「自分の思いを伝えたい」「友達の思いを知りたい」という意欲に裏付けられた、話す力、聞く力の育成も、一歩前進したように思われる。D児は、「質問の手引き」を見ながら自分のことばで質問できたことで、自信を持つことができた。A児は、集中して聞くことが苦手であったが、問題意識を持って友達の発表を真剣に聞くことができた。

また、子どもたちにとって遠い存在であった「伝記」というジャンルに読書の幅を広げることもでき、友達が選んだ人物や他の人物の伝記を手にとる姿が見られるようになったことも、大きな成果である。

しかし、「小学校学習指導要領・国語」に示されている高学年の読むことの指導目標「目的に応じ、内容や要旨を把握しながら読む」力が、この単元によってどのように身についたかというと、疑問が多く残る。子どもたちは、この単元をすることにより、「話す・聞く」「読む」「書く」ことを楽しみ、自信を持つことができたが、教師としては、子ども一人ひとりの「読む力」をもっと細かく把握し、それぞれの伸びを細やかに評価すべきであったと反省している。

また、この単元に取り組んだことにより、私自身、「何をしてよいか分からない」「どう話してよいか分からない」子どもに、「～しましょう」とだけ言うことが、いかに子どもたちにつらい思いをさせているか、またそれがいかに責任を放棄した行為であるかを痛感した。今回、子どもたちの「できない」状態は教師の努力不足の裏返しであると気づいたことが、大きな成果である。

単元学習は、子どもたち一人ひとりを大切にできるすばらしさと背中合わせに、教師の力が問われる厳しさも持っている。今後の課題は、ことばの使い手として、私自身が子どもたちのモデルとなるよう研鑽を積むことである。また、子どもたちの「ことばの生活」をしっかりと見つめて、彼らの気持ちに寄り添った手引きを作り、適切に指導できるよう努力していきたい。

学習者のことばをはぐくみ、認識を深める「読むこと」の指導

――単元「わたしがつくる未来『二十一世紀に生きる君たちへ』」（小六）を取り上げて――

実践当時／鳴門教育大学附属小学校　藤島　小百合

一、実践研究のねらい

中学進学を控えた六年生は、学習について交友関係について、様々なストレスを抱えているという。確かに、時として表れる、友達に対する心ない言動や、自身を否定する言動などに、自分自身の感情を御しきれない今の子どもたちの心を垣間見ることがある。自身より劣る者を探すことで、気持ちを安定させようとする子どももいる。この子どもたちに、本来もっているはずの、あるがままの自身を愛おしむ心、友達を思いやり受け入れる心を自覚させたいと考えた。

そこで、一年間、国語科では『いのち（生命・心・人としての尊厳など、全てに共通する冒してはならないもの）』をテーマに学習を進めることとした。正しく適切なことば、相手を意識した温かいことばを使う力を身につける国語科の学習を行いたいと考えた。そして、自身や周りの人（もの）のいのちを大切にできる子どもを育てたい。なにより、今の自身を愛し、高めていこうとする心をはぐくみたい。このような願いのもとで実践した「読むこと」の学習の一単元の実践について述べる。

「読むこと」においては、子どもが主体的に取り組み、ことばの力を身に付けていく過程で、自身の生き方について考える学習を展開したいと考えた。様々な学習材を読み、自分の考えや感想を、友達と話し合い、練り上げる。そして、深まった考えを整理し、書き留める。このような学習を重ねることで、今の自身を適切に評価し、こうありたい自身を明確にし、こうありたい自身に向かって主体的に生きていこうとする子どもを育てたいと願った。

国語科の学習は、子どもたち一人一人が、自らのことばをはぐくみ、認識を深めていく学習である。学習のなかで、指導者として子どもたちにはぐくみたいことばは、的確さ・温かさ・美しさを有するものである。国語科の学習では、子どもたちが、ことばを媒介として他者（自分以外の人・学習材・内なる自身）とかかわったり、他者とかかわることでことばをはぐくんだりする。ことばをはぐくむことは、自他を愛おしみながら、ことばを大切にしながら、ことばの力を身に付け、学習者自身が成長していくことである。国語科では、価値ある学習材でことばの学習がなされる。ことばの力が身に付くことによって、学習材から得るものは豊かになり、認識が深まる。また、認識が深まるほど、ことばに対する感覚が研ぎ澄まされ、身に付くことばの力が質の高いものになっていく。こうして、ことばの力と認識とは、相まって高め合っていくという考えに立って実践を進めた。

二、単元の構想

(1) **単元名**　「わたしがつくる未来『二十一世紀に生きる君たちへ』」

(2) **対象学校名・学年・組**　鳴門教育大学附属小学校　第六学年　三学級（男子五五名、女子五六名、計一一一名）

(3) **実施時期・時間数**　平成一七（二〇〇五）年　一～二月　一三時間配当。

(4) 単元設定の理由

① 学習者について…本単元「わたしがつくる未来　『二十一世紀に生きる君たちへ』」は卒業前の最後の単元である。これまで子どもたちは、文学的文章の読みにおいては、叙述に即して情景や登場人物の心情を読み、筆者の描き出す世界や考えの奥深さや豊かさ、温かさに触れてきた。また、説明的文章の読みにおいては、文章構成や文章全体の組み立てを理解し、筆者の考えを読み取ってきた。その過程で「いのち」「生きること」に対する自身の考えを深めてきた。とりわけ、前単元「人間の生き方を考える」の学習材のひとつ「洪庵のたいまつ」では、「人なみでない（人と比べて劣る）部分があるからすばらしい」という司馬遼太郎のことばに強い感銘を受け、不完全な自他を愛おしく感じている子どもたちの姿があった。このような子どもたちが、筆者の願いや、それをどのように読者に向けて表現しているかをとらえ、これからの自身の生き方を考えられるようにしたいと本単元を設定した。

② 教材について…本単元では、司馬遼太郎の「二十一世紀に生きる君たちへ」（大阪書籍小学国語六年下）を読む。この作品は筆者が、六年生の子どもたちにのために、「1本の小説を書き上げる以上のエネルギーを注いで書き下ろした」（「朝日新聞」昭和六三年九月一〇日）作品である。「君たち。君たちはつねに晴れあがった空のように、たかだかとした心を持たねばならない。同時にずっしりとたくましい足どりで、大地をふみしめつつ歩かねばならない。」と、子どもたちに語りかけるように書いている。編集趣意書「人間の荘厳さ」には、「つぎの鎖へ、ひとりずつへの手紙として。こればかりは、時世時節（ときよじせつ）を超越して不変のものだということを書きました。」とある。一文が短く、畳みかけるように書かれているため、筆者の願いが情熱的に読者に伝わってくる。難解なことばが多い学習材であるが、子どもたちにとっては、「人間が生きていく上で欠かすことのできない二つの心がまえ」を述べていることをとらえやすい文章である。心がまえの一つは「人間が自然の一

部であること自覚すること」である。もう一つは「自己を確立すること」である。一つの心がまえを表現するために意味の似た様々なことばを重ね、具体的な事例を挙げつつ、これらの心がまえが実感的に理解できるよう叙述が進んでいく。卒業を控えた六年生にとって、これからの二十一世紀を生きる指針ともなるであろう作品である。

③　指導について…本単元における子どもたちの活動目標は、筆者へ手紙を書き、司馬遼太郎記念館に送ることである。この目標に向かい、「返事に書く内容を豊かにもつために作品を読む」という学習を行うことにした。読むことにあたっては、筆者の思いをしっかりと受けとめるとともに、叙述に即して読み、内容を的確にとらえることができるよう配意する。まず、「なるほどと思うこと」「ちょっとちがうと感じること」「よくわからないこと」をカードに書く。それから、この三つについて友達と考えを交流することにより、読みを確かなものとし、単元導入時より一層の感動を味わうことができるよう学習を展開する。そして、学習したことをもとに手紙を書き、自身の考えが深まったことを、つまりは、自身の成長を自覚することができるようにし、成就感をもって本単元の学習を閉じることができるようにしたいと考えた。

(5)　単元の指導目標

①　「二十一世紀に生きる君たちへ」を、これまで学習したことや経験と重ね、自身の今後の生き方とかかわることとして読もうとする態度を養う。

②　筆者の選んだことばや表現の工夫を手がかりに、自身の考えを深めながら、筆者の思いや考えを読むことができるようにする。

③　筆者から学んだことをもとに、今の自身のあり方やこれからの生き方について考え、自分らしさを見つめながら書くことができるようにする。

(6) 単元の指導計画

(1) 事　前　「いのち」をテーマにしたこれまでの学習、三編の伝記（「洪庵のたいまつ」「田中正造」「マザー・テレサ」）を読み重ねた前単元の学習により、自身の生き方に意識が向かう。

(2) 第一次　「二十一世紀に生きる君たちへ」を読み、筆者に手紙を書く計画を立てる。………二時間
① 全文を読み、心に留まった表現を出し合って、学習の見通しをもつ。
② 筆者のメッセージに対する自身の考えを手紙に書く計画を立てる。

(3) 第二次　「なるほどと思うこと」「ちょっとちがうと感じること」「よくわからないこと」について、読んで考えたことを交流し、手紙の下書きをする。………九時間
① 初読の感想を三つの観点からカードを用いて整理し、全体で話し合うことを決める。
② 第一章…筆者の歴史に対する考えをとらえて、手紙の第一章の下書きを書く。
③ 第二章…「自然に対する心がまえ」をとらえて、手紙の第二章の下書きを書く。
④ 第三章…著者の述べる「自己の確立」をとらえて、手紙の第三章の下書きを書く。
⑤ 第四章…筆者の呼びかけにこめられた思いをとらえて、手紙の第四章の下書きを書く。

(4) 第三次　学んだことや考えたことを筆者への手紙に書く。………一時間
① 下書きを読み返し、構成を考えて清書する。

(5) 第四次　学習の記録を小冊子にまとめ、本単元の学習の振り返りを書く。………一時間
① 学習のまとめして、プリントやカード、後書き「わたしがつくる未来」を小冊子にまとめる

単元構想表「わたしがつくる未来」

単　元	わたしがつくる未来
単元の目標	(1)「二十一世紀に生きる君たちへ」を，これまで学習したことや経験したことと重ね，自身の今後の生き方とかかわることとして読もうとする態度を養う。 (2) 筆者の選んだことばや表現の工夫を手がかりに，自身の考えを深めながら筆者の思いや考えを読むことができるようにする。 (3) 筆者から学んだことをもとに，今の自身のあり方や，これからの生き方について考え，自分らしさを見つめながら書くことができるようにする。

学習計画（13時間）

学習活動（時間）	子どもの意識の流れ（＝線は教師の働きかけ）	支援	培いたい資質・能力
（事前） 「いのち」をテーマにしたこれまでの学習，３編の伝記を読み重ねたことにより，自身の生き方に意識が向かう。	卒業まであと２か月，わたしはこれからどう生きていくのだろう。 / 「人なみでない部分があることが，すばらしい」に勇気づけられたよ。 / 洪庵にも，マザー・テレサにも，宮沢賢治にも，命は平等だったんだね。 / わたしも，自分のためだけでない，美しい生き方がしたい。	◀これまで学習して得てきた「いのち」についての自身の考えや，前単元で学習した３人の生き方を想起できるようにし，人間の生き方に関心が向くようにする	●人間の生き方について関心をもち，自身の生活とかかわることとして読もうとする。
1　「二十一世紀に生きる君たちへ」を読み，筆者に手紙を書く計画を立てる。（２時間） (1) 全文を読み，心に留まった表現を出し合って，学習の見通しをもつ。 (2) 筆者のメッセージに対する自身の考えを，手紙に書く学習計画を立てる。	司馬遼太郎さんが，６年生のわたしたちにくださったメッセージに，返事を書きたい。 返事を書くためには，司馬さんのメッセージを正しく受けとめなくちゃ。 司馬さんの「自分に厳しく，相手にやさしく」っていいことばだなあ。わたしも，そうありたい。 / 「自然をあがめる」ってどういう意味だろう。「大切にする」っていう意味だろうか。 / 「自然こそ不変の価値」って書いてあるけど，自然も変わっていっていると思うよ。本当に不変なのかな。	◀指導者が読み聞かせをすることによって一人一人が感動をもって筆者の思いを受けとめ，感想を書くことができるようにする。 ◀手紙を書くために，作品をていねいに読もうとする意欲を高める。	●筆者の描き出す世界や考えの奥深さや豊かさ，温かさにふれ，感動する。 ●読むことによって自身の課題を解決するための道筋をつかむ。
2「なるほどと思うこと」「ちょっとちがうと感じること」「よくわからないこと」について読んで考えたことを交流し，手紙の下書きをする。（９時間） (3) 初発の感想を３つの観点からカードを用いて整理し，全体で話し合うことを決める。 (4) 手紙の第１章を書くために筆者の歴史に対する考えをとらえる。 (5) 手紙の第１章を書く。 (6) 手紙の第２章を書くために筆者の述べる「自然に対する心がまえ」をとらえる。 (7) 手紙の第２章を書く。 (8) 手紙の第３章を書くために筆者の述べる「自己の確立」をとらえる。 (9) 手紙の第３章を書く。 (10) 手紙の第４章を書くために筆者の呼びかけにこめられた思いをとらえる。 (11) 手紙の第４章を書く。	大変感動的な文章で，読むと大体分かるのだけれど，一つ一つのことばをていねいに読むと，分かりにくい部分や，みんなの考えとはちがう部分もあるのではないでしょうか。 「歴史の中に友人がいる」ってどういうことだろう。 / 「自然こそ神々」って本当に昔の人はそう思っていたの。 / 「たのもしい」人格ってどのような人格のことなのだろう。 きっと司馬さんは，緒方洪庵さんや他の歴史上の人物に学ぶことがあったんだよ。 / ご神木っていって，大きな木を。神様のようにおまつりしているところがあるらしいよ。 / その前のほうに書いてある「自己の確立」ということばと関係がありそうだね。 「自然こそ不変の価値」って書いているけれど，自然だってどんどん変わっているよ。 / 「自然に対しいばりかえっていた時代は終わっていくにちがいない」って書いてあるけれど，そうでないように思うなあ。 人間にとって，自然がなくては生きられないということは，変わらないことなんだね。 / 「ちがいない」って書いているけれど，断定ではなく，強い願いのような気がするな。 「君たちの心の中の最も美しいもの」ってあるけれど，司馬さんは，わたしたちの何をそう感じてくれたのだろう。 自然を大切に思う気持ちのことだろう。 / 自分に厳しく相手にやさしくしようとする心かな。 / 自身を成長させたいと願う心のことだと思うよ。	◀作品を読むための３つの視点を示し，全員のカードを分類整理することによって読み進める方向付けをする。 ◀「よくわからないこと」を解決するために，目を向けるべき叙述や，調べ方を手引きで示す。 ◀「ちょっとちがうと感じること」を書いている文の文末や，前後の叙述について話し合うよう促す。 ◀「なるほどと思うこと」をこれまでの学習や自身の生活と結び付けて読むように手引きする。 ◀「荘厳」「心の中の最も美しい部分」を重ねて考えるよう示す。	●筆者の感想・意見を生かして，自身の考えを深めながら読む。 ●ことばの使われ方に対する感覚を磨き，その味わいを深める。 ●多様な視点から他者と交流し，自分らしさや自身の位置を見出す。 ●叙述のもう一つ奥にある意味をとらえながら読み，考えを深くもつ。 ●語句の使い方や文末表現を手がかりに，筆者の主張や表現の工夫をとらえる。
3　学んだことや考えたことを筆者への手紙に書く。（１時間） (12) 下書きを読み返し，構成を考えて清書する。	じっくり読んできたから，最初の感想よりも深く考えて手紙を書くことができますよ。 わたしや友達の中にあるはずの「人間の荘厳さ」について，書きたいな。 / じっくり読んで話し合ったことで，最初とは考えが変わったことを書こう。 みんな司馬さんのことばを真剣に受けとめて書いているなあ。心をこめて清書をしよう。	◀どのような手紙を書くのか想起しやすいように，手紙に書きたい内容や書き方の例を示す。 ◀友達と読み合う時間を設定し，自他の考えのよい点が明らかになるようにする。	●目的や意図，相手に応じて適切な表現やことばを選んで書く。 ●自分らしさを見つめて書く。
4　「わたしがつくる未来」を書き，学習の記録を小冊子にまとめる。（１時間） (13) 学習のまとめとして，プリントやカード，後書き「わたしがつくる未来」を小冊子にまとめる。	司馬さんのすばらしい文章に出合えてよかったね。 生きていく上での心構えを教えてもらったよ。 / 大切にしたいことばを得ることができたよ。 / 手塚治虫さんも，わたしたちを未来人ってよんでたね。 すばらしい２１世紀になるように，自身を大切にして，できることから始めていきたいな。	◀これまでの学習で書いた学習記録を振り返る時間を設けたり個々に声をかけたりして，考えが深まり，成長している自身を自覚できるようにする。	●他者との交流をとおし，人間の生き方に対する認識を深め，書くことによって自身の生き方を考える。

三、「読むこと」の学習において配意したいこと

⑴　身に付けるべきことばの力を明確にすること

どのようなことばの力を身に付けたいのか、ここから単元を構想し、取り上げる話題や言語活動を考えなければならない。つまり、子どものことばの生活を見つめ、関心を高め、それらに即した単元構想が必要になる。まず、子どもたちが「読みたい」と願う学習材を準備し、「この本を友達と読み合いたい」「この本についてもっと知りたい」という場を設定する。子どもたちの関心や意欲を高め、我がこととして読む学習に取り組めるような学習材と出会う単元を構想し、計画的にことばの力が付くように展開していく。

⑵　「認識を深める」学習であること

認識を深め、自身の人生観・人間観を豊かにすることは、国語科の学習でめざすべきことのひとつであると考える。また、前述のように、ことばの力と認識とは、螺旋的に高め合っていく。認識を深めるためには、常にことばをもとに、自身のあり方について考える学習が行われなければならない。

⑶　「他者とのかかわりをとおした自己理解力・自己表現力」に培う学習であること

自己表現力をはぐくむ「読むこと」の学習が必要である。それは、「読んだ内容」や「述べられている方法」などを話題として自らを表現しつつ、他者とのかかわりをとおして、自らをさらに豊かに成長させると考えるからである。

指導者は、他者（自身、作品、友達・教師など）とのかかわりをとおして、自己理解を伴った「読むこと」の学

習を展開できるようにすることに腐心したい。「読むこと」の学習において、現在の自身は何をどのように考えているのかと、子どもが自己理解を図りながら読むよう導きたい。「読むこと」の学習は自己理解を進め、自己表現を生む。自己表現することは他者とかかわることとなり、さらに自己理解が進んでいく。つまり、自己理解力と自己表現力は相まって高まっていくものである。

また、自己理解は、自身の学びを自覚することなくしては成立しない。自身が、何のために何をどのように学んでいるかが分かって学習を行っているということは、自身が学習の主体であることを自覚しているということである。ことばを大切にし、子どもが自身の認識を深めようと主体的に取り組む「読むこと」の学習にしたい。

四、単元の展開

1　単元導入前

前単元「人間の生き方を考える」の学習では、緒方洪庵、田中正造、マザー・テレサの三人の伝記を読み重ねた。そして、六月に行った宮沢賢治の伝記学習も思い起こしながら、人間の生き方について考えた。子どもたちは三人の言葉や生き方を読み、共通する部分を考え「志をもって生きること」を学んだ。さらに、自分自身はどのように生きていきたいのか、これからの生き方についても考えることができた。

2　〔第一次〕「二十一世紀に生きる君たちへ」を読み、筆者に手紙を書く計画を立てる（二時間）

前単元の学習で司馬遼太郎についての関心が高まっていた子どもたちに、学習材「二十一世紀に生きる君たちへ」を配布した。この作品を一読した子どもは、水を打ったように静まりかえり、背筋を伸ばして静かな感動に身を浸していた。この作品を自身へのメッセージととらえ、多くの子どもたちが「ぜひ返事を書きたい」と感想を書いた。そこで返事を書き、司馬遼太郎記念館に送ることを活動目標に設定し、学習を進めることとした。

「手紙を書くためには、司馬さんのメッセージを正しく深くとらえなければならない」と、学習計画を立てた。子どもたちは本文を「司馬さんの自己紹介（歴史に対する考え）」「自然に対する心がまえ」「自身に対する心がまえ」「わたしたちへの呼びかけ」の四章に分け、一章ずつに対し返事を書いていくことにした。その際には、「なるほどと思うこと」「ちょっとちがうと感じること」「よく分からないこと」を色分けしたカードに書き、この三つについて友達と考えを交流することにより、返事を書く内容を深めることにした。

3　〔第二次〕「なるほどと思うこと」「ちょっとちがうと感じること」「よくわからないこと」について、読んで考えたことを交流し、手紙の下書きをする（九時間）

第一時は、カードを整理した。「なるほどと思うこと」はピンク、「ちょっとちがうと感じること」は黄緑、「よく分からないこと」は水色のカードに書きぬき、全員分を色ごとに分け、三枚の大きな台紙に叙述の順に並べた。同じ叙述に対しても子どもたちのとらえ方は違う。自分が違うと感じたことを友達は納得していたり、また、自分はよく理解できないのに友達はそこに感動していたりする。そこで、第一章から順に自分の読みを出し合い、疑問を解決しながら筆者のメッセージについて考えることとした。自分の読みを出し合うための手引きは次頁の通りである。

(1) 第一章を読み、手紙の第一章を書く。

まず、第一章について一時間話し合い、次の一時間で手紙を書いた。「歴史の中に友人がいるとはどういうことか」「筆者に未来がないと書いてあるのはどうしてか」の二つが大きな疑問としてあげられた。一つ目は、前単元で学習した伝記のように、歴史を学んで心惹かれた人物にはげまされているのだと結論を出した。しかし、二つ目については、「誰でも、生きている限り、一瞬先でも未来というものがある」という意見にしばらく沈黙が続いた。だが、「かがやかしいにない手」ということばについて、そのことばを選んだ筆者の意図を考えることにより、「読み手の子どもたちに大きな期待を抱いているからこその表現ではないか」と、話し合いが進んだ。

次の時間は、前時の話し合いをもとに手紙を書いた。まず自分の考えを手紙に書き、席を立って自由に読み合う。その後、心に残った作品を紹介し合った。その過程で考えが変わったこと、付け足したいと考えたことなどを書き添えて、手紙の第一章の下書きとした。この手紙を書く学習は、第四章まで同じ流れで行った。

(2) 第二章を読み、手紙の第二章を書く。

次の二時間は、第二章を読んで手紙の第二章を書いた。「自然こそ不変の価値なのである」を「自然こそ不変（のもの）」と読み違えていた子どもが何人かあったため、「不変の価値」であると話し合った。また「自然に対しいばりかえっていた時代は……終わっていくにちがいない」「人間どうしについても……尊敬し合うようになるのにちがいない」の「ちがいない」について、「そうは思えない」という意見が多く出た。自然破壊が進み、テロなどで多くの人の命が失われている今、筆者には申し訳ないが、筆者の望んだ二十一世紀にはなっていないというのである。けれども、本章最後の文「……、君たちへの私の期待でもある」という文を読み、「この二つはわたししたちへの強い願いなのだ」と、子どもたちは結論付けた。国語の学習では、毎時間、その日の学習で得たことや考えたことをノートの下段に書いている。ある子どもは、この学習の後「自然保護の保護ということばに、人間の思い上がりを感じる」と書いていた。

次時は、この文を発表させ、話し合ってから手紙の第二章を書いた。彼の手紙の一節である「保護という、自分より弱いもの、力のないものを守るようなことばで自然に向かっているのは、人間の思い上がりだと思います」では、自然に対する認識の深まりが、「保護」ということばに対する理解を深いものにしたと考える。

(3)　第三章を読み、手紙の第三章を書く。

第三章では「科学・技術が………人間をのみこむ」「やさしさ……を訓練する」という文章について話し合った。また「自己」「自身」「自分」のちがいについても考えを出し合った。とりわけ、子どもたちは「人間は、やさしくされて育つことで自然とやさしくなる」という意見と「訓練しなければやさしさは育たない」という意見の二つに分かれ、訓練ということばのもつ意味やニュアンス

単元構想表「わたしがつくる未来」

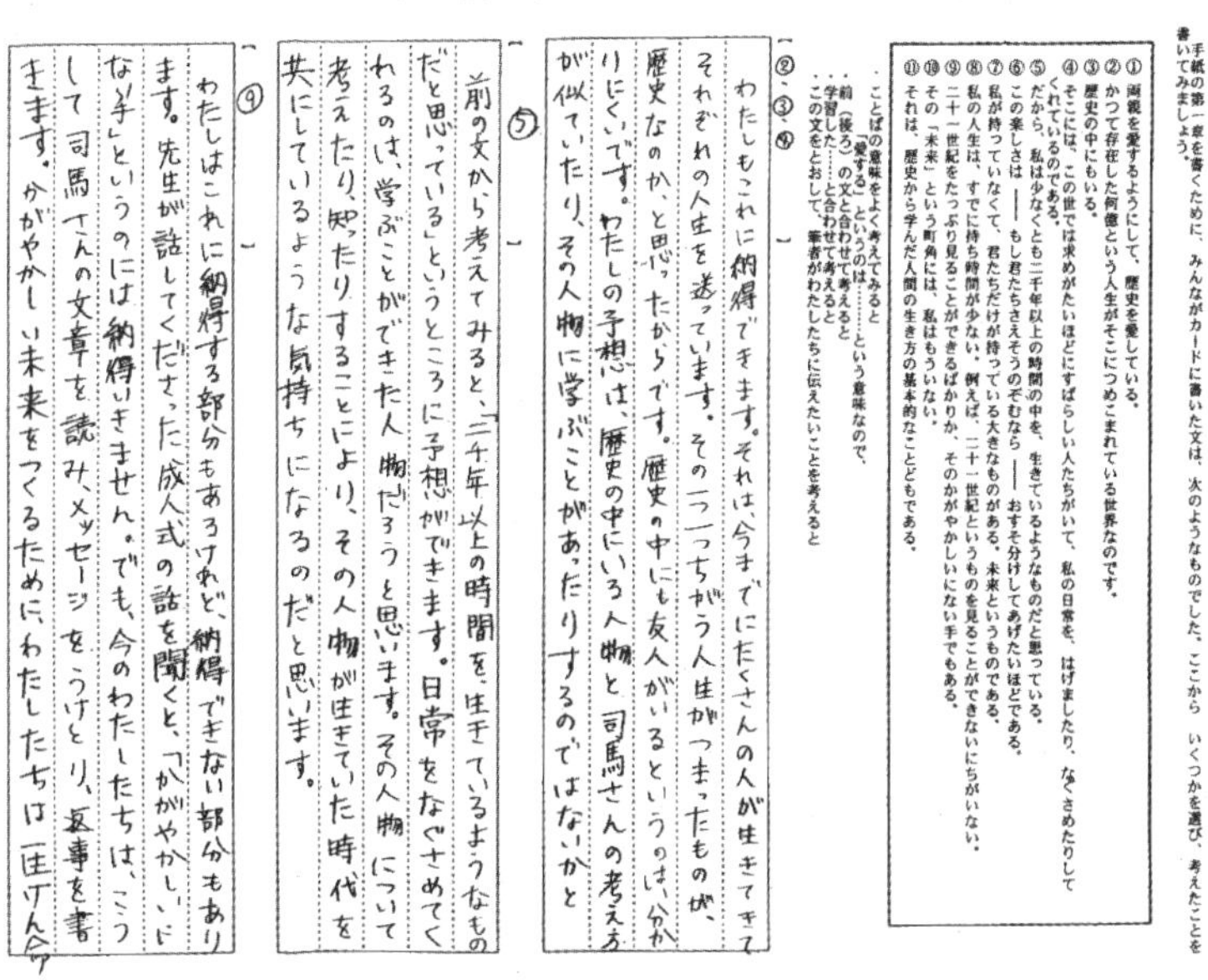
わたしがつくる未来　四
「二十一世紀に生きる君たちへ」
六年　組　番
学習のめあて　手紙の第一章を書こう。
手紙の第一章を書くために、みんながカードに書いた文は、次のようなものでした。ここから　いくつかを選び、考えたことを書いてみましょう。
①　歴史を愛するようにして、歴史を愛している。
②　かつて存在した何億という人生がそこにつめこまれている世界なのです。
③　歴史の中にもいる。
④　そこには、この世では求めがたいほどにすばらしい人たちがいて、私の日常を、はげましたり、なぐさめたりしてくれているのである。
⑤　だから、私は少なくとも二千年以上の時間の中を、生きているようなものだと思っている。
⑥　この楽しさは ―― もし君たちさえそうのぞむなら ―― おすそ分けしてあげたいほどである。
⑦　私が持っていなくて、君たちだけが持っている大きなものがある。未来というものである。
⑧　私の人生は、すでに持ち時間が少ない。例えば、二十一世紀というものを見ることができないにちがいない。
⑨　二十一世紀をたっぷり見ることができるばかりか、そのかがやかしいにない手でもある。
⑩　その「未来」という町角には、私はもういない。
⑪　それは、歴史から学んだ人間の生き方の基本的なことどもである。
・ことばの意味をよく考えてみると「愛する」というのは……という意味なので、
・前（後ろ）の文と合わせて考えると
・学習した……と合わせて考えると
・この文をとおして、筆者がわたしたちに伝えたいことを考えると
〔②、③、④〕
わたしもこれに納得できます。それは、今までにたくさんの人が生きてきてそれぞれの人生を送っています。その一つ一つちがう人生がつまったものが、歴史なのか、と思ったからです。歴史の中にも友人がいるというのは、分かりにくいです。わたしの予想は、歴史の中にいる人物と司馬さんの考え方が似ていたり、その人物に学ぶことがあったりするのではないかと
〔⑤〕
前の文から考えてみると、「二千年以上の時間を生きているようなものだと思っている」というところに予想ができます。日常をなぐさめてくれるのは、学ぶことができた人物だろうと思います。その人物について考えたり、知ったりすることにより、その人物が生きていた時代を共にしているような気持ちになるのだと思います。
〔⑨〕
わたしはこれに納得する部分もあるけれど、納得できない部分もあります。先生が話してくださった成人式の話を聞くと、「かがやかしいにない手」というのには納得いきません。でも、今のわたしたちは、こうして司馬さんの文章を読み、メッセージをうけとり、返事を書きます。かがやかしい未来をつくるために、わたしたちは一生けん命

について深く話し合いが進んだ。そして「やさしくされることでやさしさを得てはいくが、自身の努力なくしてはやさしく生きることはできない」と両者の意見は止揚された。

この話し合いの後のノートには、どの子も多くの感想が書かれていた。人間としていかに生きていきたいか、司馬遼太郎のメッセージに、現在・未来の自身を重ね、真摯に考えられていた。

(4)　第四章を読み、手紙の第四章を書く。

第四章は、五文のみである。それにもかかわらず、単元導入時には多くの疑問をもっていた。「『君たちの心の中の最も美しいもの』とは何か」「本当にそのようなものが自分にあるのか」「なぜ未来が真夏の太陽のように輝いていると思えるのか」などである。だが、子どもたちは、これまでの学習の過程で得たものと重ねて考え、読み手への期待や愛情がこのような文に表されているのだとした。

しかし、「『たかだかとした心を持たねばならない』の『たかだかとした心』とは何か」は、最後まで疑問として残った。指導者は「高い志」「崇高な心」などを考えていたが、子どもたちは、これまでの学習から、それのみではないと考えた。次々と「希望を失わない心」「美しい心」「自分に自信をもった心」などのことばを挙げた。「たかだかとした」を「高い」とのみ読むこと

児童の書いた第四章の手紙の下書き

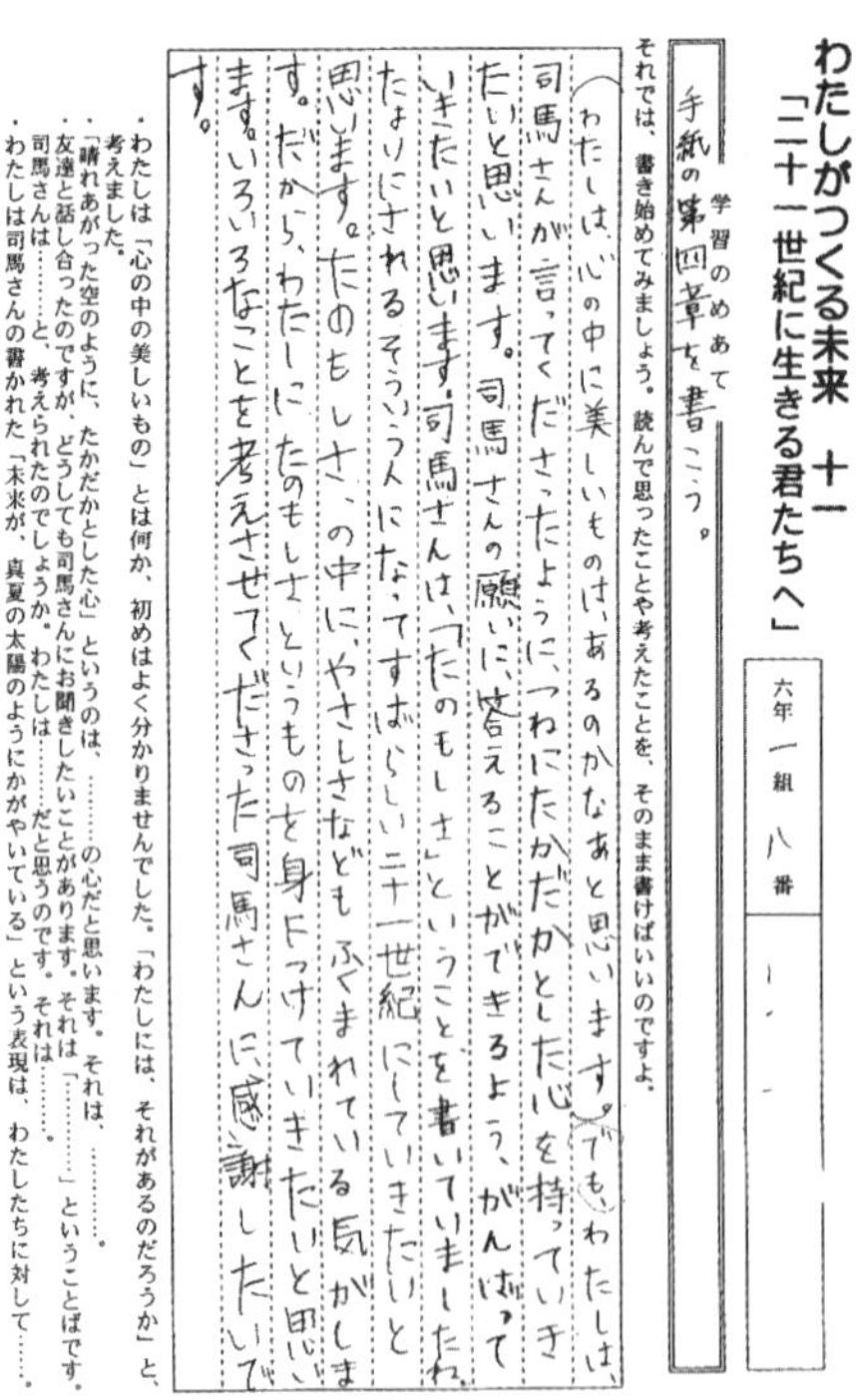
わたしがつくる未来　十一
「二十一世紀に生きる君たちへ」

六年　一組　八番

学習のめあて
手紙の第四章を書こう。

それでは、書き始めてみましょう。読んで思ったことや考えたことを、そのまま書けばいいのですよ。

わたしは、心の中に美しいものは、あるのかなあと思います。でも、わたしは、司馬さんが言ってくださったように、つねにたかだかとした心を持っていきたいと思います。司馬さんの願いに、答えることができるよう、がんばっていきたいと思います。司馬さんは、「たのもしさ」ということを書いていましたね。たよりにされるそういう人になってすばらしい二十一世紀にしていきたいと思います。たのもしさ、の中に、やさしさなどもふくまれている気がします。だから、わたしにたのもしさというものを身につけていきたいと思います。いろいろなことを考えさせてくださった司馬さんに、感謝したいです。

・わたしは「心の中の美しいもの」とは何か、初めはよく分かりませんでした。「わたしには、それがあるのだろうか」と、考えました。
・「晴れあがった空のように、たかだかとした心」というのは、………の心だと思います。それは、………。
・友達と話し合ったのですが、どうしても司馬さんにお聞きしたいことがあります。それは「………」ということばです。司馬さんは………と、考えられたのでしょうか。わたしは………だと思うのです。それは………。
・わたしは司馬さんの書かれた「未来が、真夏の太陽のようにかがやいている」という表現は、わたしたちに対して……。

に抵抗があると言うのである。つまり、第四章を全体の結びと考え、これまで筆者が述べてきた読み手へのメッセージをまとめているととらえたのである。指導者は、迷いはあったものの子どもたちの読みをそのまま板書することにした。この部分をどう解釈するかについては、今も迷いが残る。けれども、一人の指導者として、自身が迷うような読みを子どもが示してくれたことを誇りに思う。

4　〔第三次〕学んだことや考えたことを筆者への手紙に書く（一時間）

第三次では、これまで書いてきた下書きをもとに、順序を考えことばを吟味して清書した。初発の感想と比べて、自分自身の読みの深まり、認識の深まりを自覚して、自己肯定感をもって書き上げることができた。また、友達と読み合うことにより、自他のよさを認め合うことができた。ただ、四回に分けて書いたものを一つにまとめたため、手紙としては不十分なものになったが、「読むこと」を主たる目標としていたため、

児童の手紙文の清書

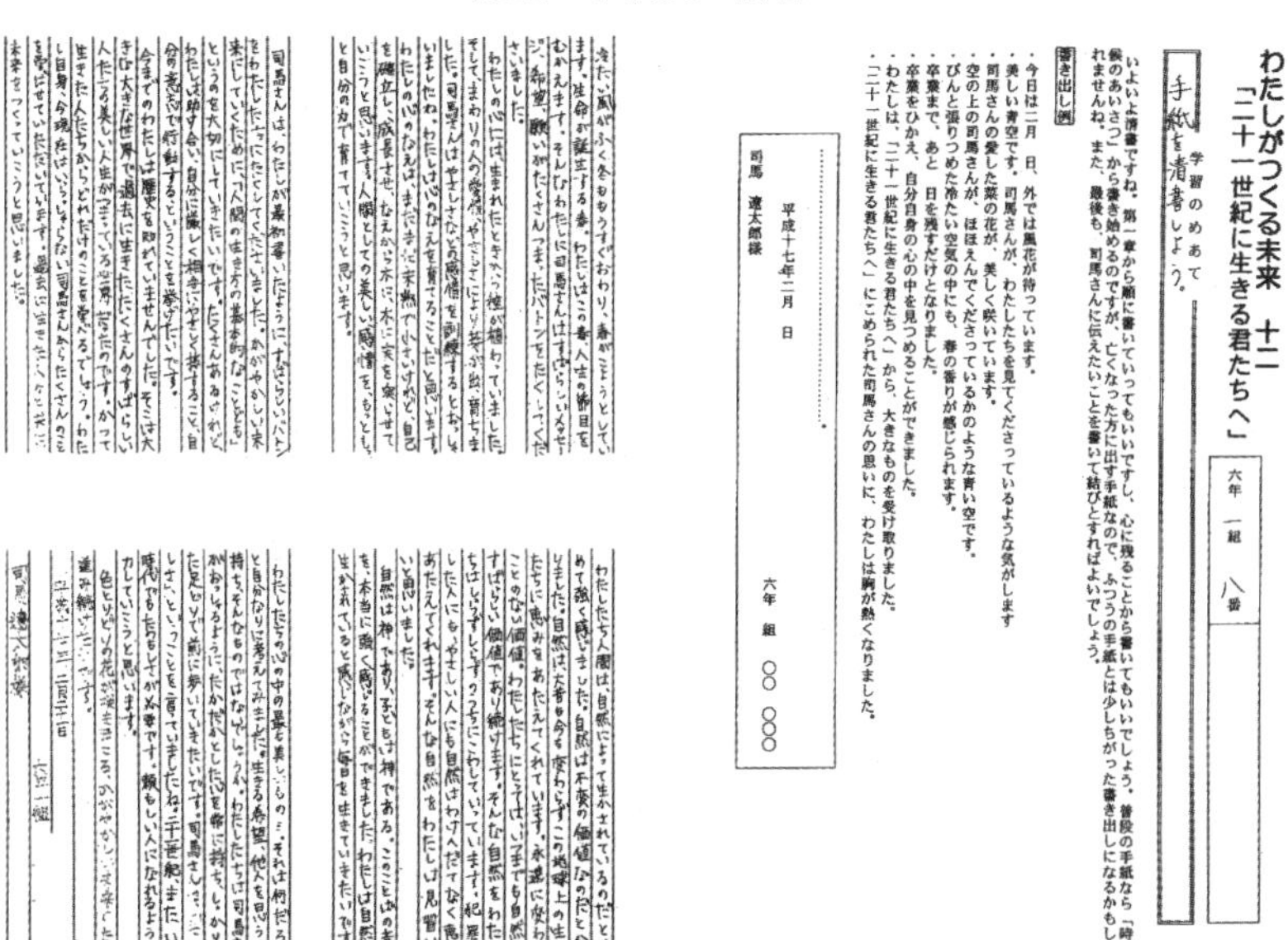

わたしがつくる未来　十二
「二十一世紀に生きる君たちへ」

六年　一組　八番

学習のめあて　手紙を清書しよう。

いよいよ清書ですね。第一章から順に書いていってもいいですし、心に残ることから書いてもいいでしょう。普段の手紙なら「時候のあいさつ」から書き始めるのですが、亡くなった方に出す手紙なので、ふつうの手紙とは少しちがった書き出しになるかもしれませんね。また、最後も、司馬さんに伝えたいことを書いて結びとすればよいでしょう。

書き出し例

・今日は二月　日、外では風花が待っています。
・美しい青空です。司馬さんが、わたしたちを見てくださっているような気がします
・司馬さんの愛した菜の花が、美しく咲いています。
・空の上の司馬さんが、ほほえんでくださっているかのような青い空です。
・ぴんと張りつめた冷たい空気の中にも、春の香りが感じられます。
・卒業まで、あと　日を残すだけとなりました。
・卒業をひかえ、自分自身の心の中を見つめることができました。
・わたしは、「二十一世紀に生きる君たちへ」から、大きなものを受け取りました。
・「二十一世紀に生きる君たちへ」にこめられた司馬さんの思いに、わたしは胸が熱くなりました。

平成十七年二月　日

六年　組　○○　○○○

司馬　遼太郎様

あえて時間を割くことをしなかった。

5　〔第四次〕学習の記録を小冊子にまとめ、本単元の学習の振り返りを書く（一時間）

第四次ではこれまでの学習の記録を小冊子にまとめ、題を付けてあとがきを書いた。自然について、自身の生き方について考えたことが書かれ、自身の成長を誇らしく感じている子どもたちの姿があった。

五、実践の成果と課題

(1)　**実践を振り返って**…この二年間、子どもたちのことばを育むことができるように、子どもたちが成長できるように、また、成長を自覚できるように、自分自身を好きになることができるようにと念じて、国語の学習を積み重ねてきた。

特に「読むこと」の学習においては、子どもたちの心に深い感動が残るような学習材と出会わせて、ことばの力に培うとともに、「いのち」についての認識が深まるように努めてきた。子どもたちは、指導者が願う以上に、「いのち」について、自分自身について深く考えると同時に、ことばの力を身に付け、自信をもって小学校を卒業することができた。これらの子どもたちを育てたのは、指導者の存在よりも、むしろ共に学び合う友達の存在が大きかったように思う。子どもというのは、共に磨き合いながら成長するのだということを、目の当たりにした二年間だった。

(2)　**実践の成果**…本学習材は、筆者の訴えがまっすぐに伝わってくる感動的な文章である。子どもたちにとっては、すぐには理解し難い表現や難解なことばもあった。だが、筆者のメッセージを受け取るために、子どもたちは、筆者の選んだことばをていねいに読もうしていた。毎日の提出するノートの下段には、「不変の価値」「自然をおそれる」「(やさしさを)訓練する」などについて、自身の考えを深めることができた。また、友達とことばについて話し合い、考えを深め合うことにより、共に学ぶよさや自身の意見を認められるよさなどを感じることができた。

さらに、ことばについて理解が深まるとともに、自然に対する考え方、自身に付いての考え方、すなわち、自分はいかに生きるべきか、というところまで考えを深めることができた。これらの成果が得られたのは、一つ一つの言葉に重みのある魅力的な学習材と出会えたということがまず挙げられる。さらに「筆者のメッセージに対して返事を書く」という子どもたちの活動目標が存在したことも大きな理由であろう。また、前単元の学習から、自分自身の生き方を見つめながら読もうとする姿勢が生まれていたことも、子どもたちの学習を支えていた。

(3)　**今後の課題**…本単元では、手紙の下書きを書くという学習を四回くり返した。読んで話し合う時間は充実した話し合い活動が展開されたが、書き重ねることにより、手紙を書く活動に対する新鮮な関心は薄れていった。冒頭部分から順を追って読み、段落ごとに同じ手順で進めるという単調な繰り返しをしてしまったためであろう。単調な繰り返しに陥らない展開の工夫、言語活動に変化をもたせる工夫、手紙を書くこと自体について指導の工夫が必要であった。

また、学習材を読む際に、子どもたちは、全文を四つの章に分けて「なるほどと思うこと」「ちょっとちがうと感じること」「よく分からないこと」について話し合った。指導者の力量が十分でなかったために本文を分けざるを得なかったため、三つの観点を章ごとに話し合うことにした。しかし、一つの観点につき全文を見通して話し合った方が読みが深まったのではないかと考えている。

ＩＣＴと学習の手引きを活用した遠隔合同授業の実践
――単元「戦争といのち―歌に込められた思いを受け止めよう―」（小六）を取り上げて――

実践当時／徳島県三好市立政友小学校　野口　幸司

一、実践研究のねらい

徳島県三好市では少子化・過疎化の進行に伴う学校規模の縮小が顕著となり、学習者が多様な考えを交流する授業を成立させることが困難になりつつある。打開策の一つが、テレビ会議システム等を使った「遠隔合同授業」である。三好市立政友小学校、下名小学校、山城小学校の三校では、平成二七（二〇一五）年度・平成二八（二〇一六）年度の二年間、文部科学省「人口減少社会におけるＩＣＴを活用した教育の質の維持・向上に係る実証事業」の指定を受け、「遠隔合同授業」の実証研究を行ってきた。国語科における実践としては、平成二八（二〇一六）年四～五月に三校の六年生と下名小学校の五年生を対象にして、複式の遠隔合同授業「自分の考えをまとめよう―共通点をとらえて―」を実践した。このたびは、三校の六年生を対象とした遠隔合同授業を実践し、学習者が多様な考えを交流する授業の成立を目指したい。また、学習者の興味を惹く漫画と教科書教材とで単元を編成し、一つの学習課題のもとに、その課題の解決を目指して、学習者が意欲的に取り組む国語科授業を構想し実践していきたい。

二、単元の構想

(1)　単元名　単元「戦争といのち―歌に込められた思いを受け止めよう―」

(2)　対象学校名・学年

徳島県三好市立政友小学校　第六学年（男子二名、女子二名、計四名）

徳島県三好市立下名小学校　第六学年（男子二名、女子四名、計六名　＊五月に男子一名転出）

徳島県三好市立山城小学校　第六学年（男子七名、女子六名、計一三名）

(3)　実施時期・時間数　平成二八（二〇一六）年　一一～一二月　八時間配当。

(4)　単元設定の理由

平成二八（二〇一六）年度、政友小学校は第六学年のみの全校児童四名、下名小学校は五・六年が複式学級で全校児童一八名、山城小学校は全学年単式学級で全校児童六八名という状況にあった。第六学年四名のみの政友小学校では、意見の多様性にも限界があり、発表意欲も減退しがちであった。そこで、四～五月には、五年生（下名小二名）と六年生（政友小四名、下名小七名、山城小一三名）を対象にして、遠隔合同の複式授業「自分の考えをまとめよう―共通点をとらえて―」の実践を行った。これまでに経験したことのない規模の人数（全二六名）の学習集団のもとで、意欲的に発表する学習者の姿が見られた。

一方、これまでの国語科における学習経験の違いから三校の児童の読み取りに要する時間の違いが大きいことも明らかになり、読むための技能を高める指導が必要であると考えられた。

そこで、当初一単元だけの計画であった国語科遠隔合同授業をもう一単元実施して、読むことの技能の習得を図ることにした。これは、ＩＣＴ機器を活用した遠隔合同授業を体験した児童の希望でもあった。

(5) 教材編成について

第六学年は、読むことの発達段階として「物語の世界を意味付け、生き方を考えながら読む」時期であるので、戦争をテーマとした物語はぜひ読ませたいと考えていた。しかし、戦争をテーマとした作品の世界は、学習者にとって、年々遠い世界の話になりつつある。戦争について知らないこと、感覚として受け止めがたいことが、あまりにも多い。そこで、知識や理解を相互に補完し合えるような教材を組み合わせて、次のような教材編成を行った。

① 自主教材「紙の砦」（手塚治虫・初出「週刊少年キング」一九七四年九月三〇日号、収録単行本『手塚治虫「戦争漫画」傑作選』祥伝社二〇〇七年）…題名に作者の強い意図や思いが込められている自伝的作品。
② 自主教材「「少年たちのいた夏～ Melody of jenny ～」（北条司・初出「週刊少年ジャンプ」一九九五年二八号、収録単行本『少年たちのいた夏』集英社・二〇〇〇年）…戦争をテーマに「歌」の働きを考えさせられる作品。
③ 教科書教材「ヒロシマのうた」（今西祐行・東京書籍）…原爆投下直後の広島を舞台とする作品。
④ 教科書教材「石うすの歌」（壺井栄・旧光村図書）…同じく原爆を題材にして題名に「歌」という言葉が使われている。
⑤ 教室に用意していたもの…「漫画家たちの戦争全六巻」（金の星社）、「海に消えた56人　徳島白菊隊」（童心社）等。

導入教材としては、①②の漫画を位置づけ、戦争の状況を多様にかつ視覚的に理解する手助けとなるよう配慮した。また、教室には、授業と並行して、学級文庫に⑤の戦争関連図書を置いておき、戦争を描いた漫画や本を幅広く読み、戦争を多面的に理解することができるようにした。

本単元の中心教材として、③「ヒロシマのうた」と④「石うすの歌」を位置づけた。「ヒロシマのうた」は長い教材であるが、対比、伏線、象徴という三つの表現技法に着目して読むことにより、「詳細な読解」に陥らずに作品全体を読み取ることができるようにしたいと考えた。また、「石うすの歌」も、最初と最後の場面を比べることで登場人物の変容が読み取れる点、原爆で亡くなることになる瑞枝の母の「わたしたちも、行く行くはここに来て、ご先祖といっしょにねむることになるのよ」という言葉が後に強く蘇ってくるよう仕掛けられている点、場面ごとの「石うすの歌」がそれぞれの場面の登場人物の心情を表している点から、対比、伏線、象徴の働きが理解しやすい教材である。そこで、この二つの教材を連続して扱うことで、読解技能の効果的な習得を目指した。

(6) 指導上の工夫について

この単元では、教材の持つ対比、伏線、象徴という三つの表現技法に着目して、教材の内容を読みとる方法とその技能を習得させたいと考えた。まず「石うすの歌」を教材として、対比、伏線、象徴という表現技法に着目して、教材の内容を読みとる方法と技能を習得させる「モデル学習」を行い、次に「ヒロシマのうた」でも、三つの表現技法に着目して教材の内容をよみとる「応用学習」を展開する。このモデル学習→応用学習を通して、着実に読みの方法と技能を習得させたいと考えた。

三校をICTで繋ぐ環境として、教室正面のスクリーンには授業者（政友小はスクリーンなし）が、右サイドのスクリーンは他の二校の教室の様子が、テレビ会議システム「ライブオン」で映し出されるようにした。教材の提示は、左側の電子黒板で行う。ワークシートの機能を持たせた学習の手引きは授業支援アプリMetaMojiClassRoomに取り込み、一人一台のタブレットにタッチペンで書き込む。各自の考えを書くときには、各自が書きやすい大きさに拡大して、また文章全体を見るときには、それを一度に見られるように縮小して使うという普通のノートや印刷されたワークシートではできない使い方が可能になった。また、指導者は三校全員の書き込みの状況を教卓のiPadに表示してリアルタイムで把握し、発表者のワークシートを全員のタブレットに表示することもできる。グループ活動は、二校を組み合わせた班を作り（政友と山城で二班、山城と下名で三班）、班ごとの机の前にはiPad（相

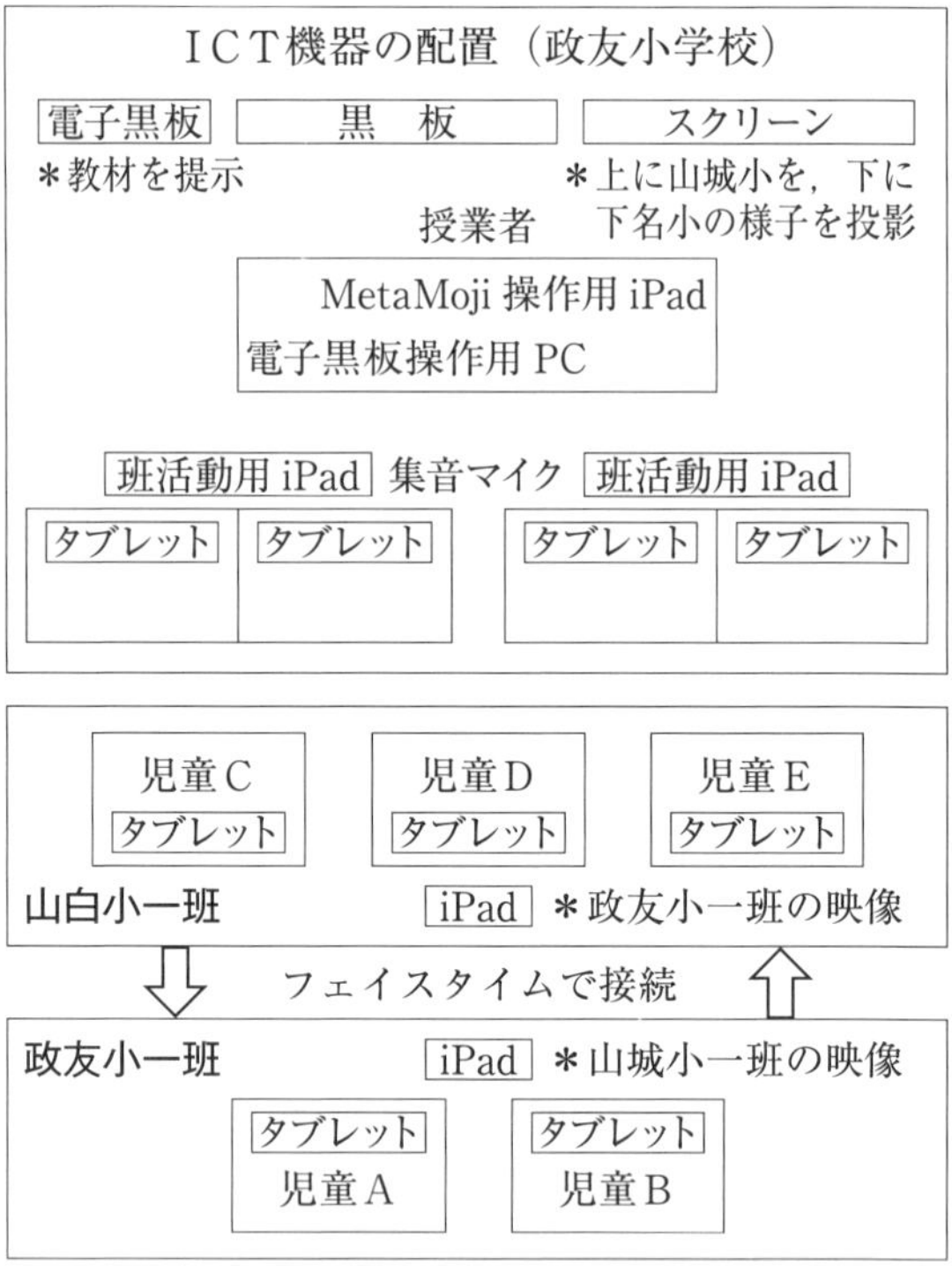

〔政友小教室風景　上：一斉指導　下：グループ活動〕

手校の班とフェイスタイムで接続）を設置して、ビデオチャットで班内での意見交換を行う。ワークシートはMetaMojiClassRoomで共有されているので、班内での発表の際には、班の全員が発表者のワークシートをタブレットで見ながら発表を聞くことができる。このようなＩＣＴを活用して、遠隔合同授業を展開したい。

(7)　**単元の指導目標**

①　戦争をテーマにした本を読み、戦争について自分の考えを持つことができるようにする。

②　表現の技法（対比、伏線、象徴）を理解して、内容を読み取ることができるようにする。

③　本を読んで考えたことを短い文章で表現できるようにする。
④　戦争についての自分の考えをまとめて発表できるようにする。

(8)　単元の指導計画

①　第一次　手塚治虫が「紙」で守ろうとしたものを探る。………………一時間
②　第二次　「少年たちのいた夏」から「歌」の働きを考える。……………一時間
③　第三次　表現の技法に着目して「石うすの歌」を読む。………………三時間
ア　石うすの歌が象徴するす登場人物の心情を書き出す。
イ　物語の始まりと終わり、二つの場面を対比する。
ウ　物語の伏線を見つける。
④　第四次　表現の技法に着目して「ヒロシマのうた」を読む。…………三時間
ア　名札を手掛かりに三つの場面のつながりを考える。
イ　昭和二〇年と三五年、二つの場面を対比する。
ウ　登場人物たちの生き方を象徴する「汽車」の意味を考える。

三、単元の展開

1　〔第一次〕手塚治虫『紙の砦』を読み、手塚治虫が「紙」で守ろうとしたものを探る（一時間）

主な学習活動	指導
1　「紙の砦」（手塚治虫）から、題名には作者の強い意図や思いが込められていることに気付く。	1　「学習の手引き」で手塚治虫の戦争体験がに反映していることを知らせる。
2　手塚治虫が紙（漫画）で守ろうとしたものは何なのかMetaMojiに取り込んだワークシートに書く。	2　ワークシートは、MetaMojiの機能を活用して各自の書きやすい大きさに拡大する。
3　iPad（アプリはフェイスタイム）を使ってグループ内で発表し、全体の場で発表する代表を決める。	3　政友・山城小のグループは野口が、山城・下名小のグループは山城小の担任が担当する。
4　グループの代表がテレビ会議システムを使って、全体に向けて発表する。	4　戦争を描いた作品として「石うすの歌」と「ヒロシマのうた」を読むことを知らせる。
5　「石うすの歌」を音読する。	5　範読に続いて一斉音読させる。

単元の導入として、手塚治虫「紙の砦」を読んだ。「学習の手引き」で手塚治虫の戦争体験が作品に反映されていることを知らせ、題名には作者の強い思いが込められていることに気付かせた。ワークシートには、「戦争に反対する考えを伝えようとした」「戦争から人間を守ろうとした」「平和を守ろうとした」等の考えが書かれていた。

2　〔第二次〕「少年たちのいた夏～Melody of jenny～」から「歌」の働きを考える（一時間）

主な学習活動	指導
1　「少年たちのいた夏～Melody of jenny～」の内容をヒントに「歌」の働きを考える。	1　なぜ隆はジェニーの曲を演奏し続けるのか、歌の働きとして考えさせる。下名担任は五年を指導する。
2　隆はなぜジェニーの曲を演奏し続けるのかをMetaMojiに書く。	2　政友・下名は野口、山城は担任が学習者一人一人の書いた内容を把握する。
3　iPadを使って、グループ内でそれぞれの考えを発表し話し合う。その結果を全体の場で発表する代表を決める。	3　政友・山城のグループは野口が、山城・下名のグループは山城担任が担当する。
4　五つのグループの代表が書き込んだワークシートを各自のタブレットで確認しながら、それぞれの発表を聞く。	4　発表の結果を踏まえて「石うすの歌」を読むことを知らせる。
5　「石うすの歌」を音読する。	5　範読に続いて一斉音読させる。

収容所からの脱走者デイブが手作りの笛と娘ジェニーへの思いを込めた曲Melody of jennyを隆に残して亡くなるというストーリーを読んだ児童は、「自分を守ってくれたデイブを忘れないため」「娘に父親の思いを伝えるため」「戦争を忘れないため」等の考えを書いていた。忘れないために歌う（演奏する）歌があることを踏まえて、「石うすの歌」を読んだ。

3　〔第三次〕象徴・対比・伏線という表現の技法に着目して「石うすの歌」を読む（三時間）

第三次では、象徴・対比・伏線という表現の技法を意識して読むことによって、叙述相互の関係を把握して意味付ける授業を展開した。第三次になると、児童は、テレビ会議システムによる教師の全体指導→タブレットに入れたワークシートを書く個人活動→ビデオチャットによるグループ内での発表→MetaMojiで発表者のワークシートを見ながら発表聞くという流れにも習熟してきた。

主な学習活動	指導
〔第一時〕	〔第一時〕
1　学習の手引きで学習課題をつかむ。 ―石うすの歌が表す登場人物の心情を書き出そう―	1　おばあさんの「うすは、そのときそのときの人間の心持ちを、そのまま歌い出すものだよ」という言葉から学習課題に導く。
2　「石うすの歌」が登場する三つの場面を音読する。	2　挿絵を手がかりに、石うすの歌が登場する場面を特定し、音読させる。
3　石うすが歌う歌に心情が反映されている人物およびその心情をMetaMoji内のワークシートに書く。	3　場面1で書き方を確認した後、場面2と場面3について各自で書き込ませる。
4　各自の読みと考えを発表し、「石うすの歌」が果たす役割について考える。	4　発表者のワークシートをMetaMojiで全員のタブレットに提示する。

〔第二時〕	〔第二時〕
1 学習の手引きで学習課題をつかむ。 —物語の始まりと終わり、二つの場面を比べよう—	1 挿絵の構図の共通点と相違点から、学習課題に導く。
2 おばあさんと千枝子が石うすを回す様子を音読する。	2 範読に続いて一斉音読させる。
3 挿絵を手掛かりに対比を探して、MetaMoji内のワークシートに書く。	3 書くときはワークシートを拡大し、対比を見るときは縮小して全体を見るようにさせる。
4 「つらいことでもがまんして」を読み味わい二つの場面の対比が表しているものが何なのかMetaMojiに書く。	4 おばあさんの位置に千枝子がいることを手掛かりに考えさせる。
5 iPadを使ってグループ内で発表し、代表が全体に発表する。	5 発表者のワークシートをMetaMojiで全体に提示する。
〔第三時〕	〔第三時〕
1 「学習の手引き」で学習課題をつかむ。 —物語の伏線を見つけよう—	1 「海のいのち」の例から伏線の意味を理解させる。
2 墓参りの場面を音読する。	2 範読に続いて一斉音読させる。
3 伏線で結ばれた場面を探し、MetaMoji内のワークシートに書く。	3 書く時はワークシートを拡大し、伏線を見る時は縮小して全体を見るようにさせる。
4 「ヒロシマのうた」を音読する。	4 「石うすの歌」で学んだ象徴・対比・伏線を意識しながら読ませる。

三　『石うすの歌』―象徴（しょうちょう）―

「うすは、そのときそのときの人間の心持ちを、そのまま歌い出すものだよ。」

石うすが歌う歌は、それぞれの場面での登場人物の心情を表している。
それぞれの場面で石うすの歌が表す登場人物の心情を書き出そう。

場面1
〈教科書挿し絵〉
石うすを回す
おばあさんと千枝子

歌
人物
心情

場面2
〈教科書挿し絵〉
石うすの絵

歌
人物
心情

場面3
〈教科書挿し絵〉
石うすを回す
千枝子と瑞枝

歌
人物
心情

第三次第一時　学習の手引き兼ワークシート

四　『石うすの歌』―対比（たいひ）―

物語の中のある場面と場面を比べてみると、よく似たところとちがうところがあり、登場人物の変容（へんよう）（成長）が読み取れるようになっている。このような作者のしかけを「対比（たいひ）」と呼ぶ。
『石うすの歌』の最初の場面と最後の場面を比べてみよう。

場面1

〈教科書挿し絵〉
石うすを回す
おばあさんと千枝子

おばあさん
千枝子

「このひきうすの役は、たいていおばあさんでしたが、小麦や生の大豆をひくときは、うすが重たいので、いつも千枝子はお手伝いをさせられました。」

「団子がほしけりゃ、うす回せ。」
「ねむたあい、ねむたあい。」

（

場面3

〈教科書挿し絵〉
石うすを回す
千枝子と瑞枝

「千枝子は、おばあさんをなぐさめるようにやさしく言って、うすのそばにすわりました。」

「　」

）として成長した千枝子

第三次第二時　学習の手引き兼ワークシート

五　『石うすの歌』―伏線（ふくせん）―

ロープのもう一方の先には、光る緑色の目をしたクエがいたという。

太一は海草のゆれる穴のおくに、青い宝石の目を見た。

「青い宝石の目」という表現を読んだとき、物語の最初の場面に出てきた「光る緑色の目」という表現を覚えていた読者は、それが父を破った瀬の主のことだと分かる。後になって『そういえばあのとき……』と思わせる作者のしかけを伏線（ふくせん）と呼ぶ。伏線に気付けば、物語は百倍おもしろくなる。

「ほんとにいつ見ても、ここはいい景色ね。こんな所で暮らせるなんて、瑞枝は幸せよ。わたしたちも、行く行くはここに来て、ご先祖といっしょにねむることになるのよ。」

このおばさんの言葉が、四、五日の後、千枝子たちの心に、強く強くよみがえってこようなど、このときの千枝子たちにどうして考えられましょう。

第三次第三時　学習の手引き兼ワークシート

第一時では、挿し絵の助けも借りて、「石うすの歌」が誰の心情を表しているのかを容易に見つけることができた。第二時では、前時の学習内容を生かして、場面1と3を比べることによって、「（お姉さん）として成長した千枝子」の姿を読み取った。第三時では、伏線で結ばれた部分として大部分の児童が「広島のうちが原爆で消し飛んでしまって、瑞枝のお父さんもお母さんも、どうなったか分からなくなってしまった」を書き出したが、「お父さんもおかあさんも、今はもうどこを探してもいないのです」を書き出した児童も数名おり、話し合った結果、「強調するために繰り返している」のではないかという結論になった。

4　〔第四次〕表現の技法に着目して「ヒロシマのうた」を読む（三時間）

表現の技法に着目して読むという第三次と基本的に同じ学習活動を繰り返すことによって、安心して学習に取り組めるようにするとともに、読解の技能の習熟を図った。伏線や対比、象徴の使われ方は「石うすの歌」よりも複雑になっているが、第三次の経験を生かしておおむね読み取ることができた。

主な学習活動	指導
〔第一時〕 「学習の手引き」で学習課題―うすよごれた小さな名札には、どんな意味がこめられているのだろう―をつかみ、「わたし」が、母親の胸から布の名前をちぎり取ったときの状況、名札を大事に持ち続けていた理由、ヒロ子にこの名札を見せた理由、名札の汚れが意味するものを読み取る。	〔第一時〕 三つの場面の間の十五年間に何があったのかを想起させることで、強く生きるヒロ子の姿に気づかせ、そういうヒロ子に対する自分の考えが持てるよう指導する。
〔第二時〕 「学習の手引き」で学習課題―昭和二〇年と三五年、二つの場面を比べよう―をつかみ、色を手掛かりに対比される場面を探し、「原子雲のかさ」が象徴するものを考える。	〔第二時〕 原爆投下直後の様子を象徴する赤色と対比される色を手掛かりに探させる。
〔第三時〕 学習の手引きで学習課題―登場人物たちの生き方を象徴する「汽車」の意味を考えよう―をつかみ、「上りにかかる汽車」に込められたものを読み味わう。	〔第三時〕 人の生き方における「上り」とは何かから考えさせる。

六　「ヒロシマのうた」―伏線―

「ヒロシマのうた」では、重要な場面でなくなったお母さんの「名札」が登場します。「名札」がどんな役割をはたしているか考えて読みましょう。

(1)

引き返して、お母さんの胸から、ぬい付けてあった**布の名前**をちぎり取りました。（60ページ）

名札をちぎり取るというのは普通のことではありません。このとき、いったい何があったのでしょうか。

原爆でお母さんが死んでしまった。名前が分からなくなるので、名札をちぎり取った。

(2)

せっかく取りに帰った**名札**をわたすのも忘れて、大急ぎで帰りました。（60ページ）

せっかく取りに帰った名札をわたすのも忘れたというのは、よほどあわてていたにちがいありません。なぜそんなにあわてていたのでしょう。

兵隊だから早く帰らないといけない。ひどくぶたれる。

(3)

わたしはふと、あのとき、お母さんの胸からもぎ取った**名札**をあのころの手帳といっしょにだいじに持ち続けていたことを思い出しました。（62ページ）

「わたし」がこの名札をだいじに持ち続けていたのは、なぜでしょう。

赤ちゃんや赤ちゃんをあずけた夫婦にいつか会えるかもしれないと思っていた。

(4)

わたしはやっと、ポケットに持っていた**布の名札**を取り出して、
「ヒロ子ちゃん、これ何だか知ってる？」
と聞きました。
広島市横川町二―三
長谷川清子
A型
と書いた、**うすよごれた小さな名札**です。（71ページ）

ヒロ子になくなったお母さんのことを話す決心をした「わたし」は、話のきっかけを作るためにあの名札を取り出して見せます。名札のよごれは、何を表しているのでしょう。

15年の年月の流れ　　原爆のおそろしさ　　赤ちゃんを守ったお母さん

第四次第一時　ワークシート記入の例

七　『ヒロシマのうた』―対比―

昭和二十年八月七日　（　　　）色

町の空は、まだ燃え続けるけむりで、ぼうっと赤くけむっていました。ちろちろと火の燃えている道を通り、広島駅の裏にある東練兵場へ行きました。

ああ、そのときのおそろしかったこと。広い練兵場の全体が、黒々と、死人と、動けない人のうめき声で、うずまっていたのです。

やがて東の空がうす明るくなって、夜が明けました。わたしたちは、地獄の真ん中に立っていました。本当に、足のふみ場もないほど人がいたのです。暗いうちは見えませんでしたが、それがみなお化け。目も耳もないのっぺらぼう。ぼろぼろの兵隊服から、ぱんぱんにふくれた素足を出して死んでいる兵隊たち。べろりと皮をはがれ、首だけ起こして、きょとんとわたしたちをながめている軍馬。だれも話している者はありませんでした。ただ、うなっているか、わめいているばかりです。そして、まだまだ、町の方から、ぞろりぞろりと、同じような人たちが、練兵場に流れてくるのです。

練兵場の中ほどに、演習用に、長々とクリークがほってありました。そこには、赤くにごった水がたまっていました。　―中略―

一日目は、死体を運んでいるうちに暮れました。夜になると、まだ燃え残っている火で町の空は赤く、その赤い空の色が、クリークの水に映ってまるで血の川の色をしていました。ずるりと焼けただれた人のはだににじんだリンパ液も、不気味に光ってうごめいているのです。

昭和三十五年八月七日

第四次　第二時学習の手引き兼ワークシート

八　『ヒロシマのうた』―象徴―

わたしはその日の夜、広島駅で、汽車が出るときに、窓からそれを受け取りました。わたしはそれを胸にかかえながら、いつまでも十五年の年月の流れを考え続けていました。
汽車はするどい汽笛を鳴らして、上りにかかっていました。

「汽車はするどい汽笛を鳴らして、上りにかかっていました。」という最後の一文がなくても物語は完結する。作者の今西祐行は、なぜこの一文を入れたのだろう。
汽笛を鳴らしながら上り坂に挑む汽車。坂を登るには、蒸気機関から最大の力を引き出す必要があるため、煙突からもうもうと煙を出している。この姿は何を象徴しているのだろうか。
また、「ヒロシマのうた」という題名に使われた「うた」とは何なのか。
自分の考えを書いてみよう。

※ワークシート内写真はPHOTOHITO／KOLO様よりご提供いただいた。

第四次　第三時学習の手引き兼ワークシート

第一時で、「うすよごれた小さな名札」が三つの場面に登場することに気付いた児童は、その汚れに着目して「十五年の年月の流れ」「原爆のおそろしさ」「赤ちゃんを守ったお母さん」を表していると考えた。「石うすの歌」で「伏線」という表現の技法を学習していたので、「前の場面にもあった」と気付く児童が多かった。

第二時の昭和二〇年と三五年の場面の対比では、原爆投下直後の地獄のような状況に対して、きれいなとうろう流しの様子を取り上げた児童と原子雲のかさとイニシャルの刺繍を取り上げた児童に二分された。「赤い空の色」「血の川の色」に対して「赤いもの（とうろう）」に着目したか、「水色の糸」に着目したかの違いであった。原爆犠牲者の戒名を書いた灯籠は「わたし」がお母さんの話をするきっかけとなっていること、原子雲の刺繍はヒロ子が原爆による実の母の死を乗りこえた証であることを確認した。

第三時、児童のワークシートには、「上りにかかる汽車」は、「悲しみを乗りこえてこれから幸せになるヒロ子」「原爆に負けずに生きるヒロ子とお母さん」「苦しいことに立ち向かうヒロ子（やわたし）」を表しているという記述があった。これまでの学習を踏まえ、根拠のある意味づけができたと考えられる。

四、授業の成果と課題

(1)　**単元編成について**…漫画を導入に用いたことにより、戦争をテーマにした単元に抵抗感なく取り組めたと感じている。戦争についての関連図書を一〇数冊用意したが、最も読まれたのは『漫画家たちの戦争』全六巻（金の星社）であった。戦争についての知識の乏しい児童にとって、戦争の状況を視覚的に捉えることができる点に価値があったと考えられる。いかにして漫画以外の関連図書も読むように仕向けるかが、今後の課題である。

また、「石うすの歌」と「ヒロシマのうた」を使った読解の学習を基本的に同じ言語活動とし、授業の展開もできるだけ同じようにして学習の手引きで明示したため、学習経験の異なる三校の学習者もとまどうことなく学習を進めることができた。反復は学習活動に対する児童の自信と時間の節約につながることを確信した。

(2)　**表現技法に着目した読みの指導について**…平成二九（二〇一七）年三月公示の学習指導要領では、「主体的・対話的で深い学びの実現に向けた授業改善」が示された。学びの深まりの鍵となるのが、国語科では「言葉による見方・考え方」—「自分の思いや考えを深めるため、対象と言葉、言葉と言葉の関係を、言葉の意味、働き、使い方等に着目して捉え、その関係性を問い直して意味付けること」である。象徴・対比・伏線という三つの表現技法に着目し、関係性を把握して意味付けるという読み方により作品全体の内容（本質）に迫る読みは、「深い学び」の一例にできると考えられる。

(3)　**ＩＣＴを活用した遠隔合同授業の有効性と今後の課題**…本単元実施後の一二月に実施したQ—Uアンケート調査のうち、「授業中に発問に答えたり発言したりするのは好き」に対する政友小学校四名の回答状況は、七月の「よく当てはまる」一名、「だいたい当てはまる」二名、「あまり当てはまらない」一名から、「よく当てはまる」二名、「だいたい当てはまる」二名に変化した。ＩＣＴを活用して三校を繋ぎ、対話的な学習を実現したことによる発表意欲の向上は、本単元最大の成果であった。四名だけではありえなかった意見の多様性が、発表意欲の向上につながったと考えられる。

テレビ会議システムの構築には、予算とともに専門的な知識を持った教員とＩＣＴ支援員の存在が不可欠である。このようなシステムを一般の学校がどのようにして導入していくかは、大きな課題である。しかし、タブレットに学習の手引きを取り込む授業支援アプリの利用なら、比較的取り組みやすいのではないだろうか。

小学校特別支援学級〈かもめ学級〉における指導の実際

――学習者一人ひとりの自立を目指して――

徳島県徳島市津田小学校　かもめ学級
岡田美紀子・十川晶子・久保美智
栗田のり子・黒木爽子・中西美香

一、津田小学校「かもめ学級」の概要

津田小学校は、徳島市内の大規模校の一つである。平成二九（二〇一七）年度、全校児童数六三一名（二六学級）で、このうち、特別支援学級は、知的障害児学級二学級（九名）、自閉症・情緒障害児学級三学級（一七名）、肢体不自由学級（一名）一学級、一年生から六年生まで二七名が在籍している。この特別支援学級全体をまとめて「かもめ学級」と呼んでいる。

かもめ学級の児童の実態は、生活面では「見える物には興味を持つが、朝会や式の話を聞くことが苦手である・初めてのことに対しては不安が強く対処ができにくい・場所や人が変わるとできなくなる・危険に対する認識が低い・生活習慣を身につける必要がある・食事や運動に対して苦手意識を持つ」、感情面では「相手の気持ちを考えずに思ったことをすぐ言葉にする・相手に自分の気持ちを伝えるのが苦手である・感情のコントロールができない」、学習面では「長い時間、集中して取り組むことが苦手である・書くことが苦手で、書いても読みにくい文字

を書く・聞くことが苦手でも見える物には興味を持つ」児童が多い。

かもめ学級では、将来の社会を「自立して生きる」ことのできる力の育成を目標に掲げ、「学ぶ・暮らす・楽しむ」ことを大事にし、それぞれの得意なところ・よいところを伸ばすことを目指している。「学ぶ」では、生活に関連させて、各教科の学習・教科等を合わせた学習・生活していく上で必要な事柄の学習、「暮らす」では挨拶・着替え・たたみ方・整理整頓・道路廊下の歩き方・調理・マナー・入浴・洗面の学習、「楽しむ」では、休み時間の過ごし方・余暇の過ごし方（図書館・スポーツ・音楽・工作・裁縫・調理・園芸）・買い物などを取り上げている。その場合、学習者の生活面・学習面・感情面の困難さを少しでも軽減するために、登校から下校までの生活や授業の中で、学習者の生活と教室内外の学習とを結びつけて、体験を重視した学習を展開するようにしている。そして、学習したことを学校や家庭、地域の中で生かすことができるように日々の生活の中で練習している。いわゆる生活単元学習の方法を導入した実践を展開している。

かもめ学級の教育内容は、教科学習と生活単元学習・自立活動、交流学習、総合的な学習とからなる。次のページ上段に、自閉症の障害を持つある児童（五年生）の一週間の時程表を掲げた。「朝の活動①」（七時三〇分～八時一〇分／40分）は、通学の関係で早く登校した児童二〇名余のために設けた時間である。正式に学校が始まる「朝の活動②」（八時一〇分～八時三〇分／20分）以降の授業のうち、月～金曜日の三時間目の授業は原則として、かもめ学級全員一緒の授業であるが、交流学習の都合で数名程度、児童が抜ける場合もある。また、「朝の活動③」は、かもめ学級の児童はそれぞれ配当された「交流学級」に出向き、そこの「朝の会」に参加する。

「朝の活動①」では、挨拶や玄関の掃除、草花への水やりなどのボランティア活動など、「朝の活動②」では、歌・新聞紹介・今日の予定・みんなで考えさせたい問題についての話し合いなどを行う。水曜日「みんなで考えよう」（自立活動の時間）では、「相手のことを考えた行動をとろう」「いじめを考えよう」「ひなんの仕方を知ろう」などについて学習させる。「かもめファーム」では、野菜や花などを育てる。この水曜日に、低学年では、教科ではなく、「かもめカフェ」（カレーをつくったり、おやつを食べたりする）や「かもめワークス」（俳句作りやカレンダー作り）の時間を位置づけている。

	月	火	水	木	金
朝の活動①	あいさつ・・フリータイム				
朝の活動②	歌・新聞紹介・今日の予定・みんなで考えよう				
朝の活動③	交流学級における朝の会				
1	体育	理科	算数	算数	国語
2	国語	理科	社会・音楽	書写	算数・家庭
3	かもめカフェ	かもめファーム	みんなで考えよう	かもめワークス	かもめ集会・学活
4	算数	外国語	国語	外国語	体育
5	社会	体育	家庭・図工	国語	社会
6	算数・音楽	総合・ク	家庭・図工	理科	算数

生活単元学習について(年間計画)

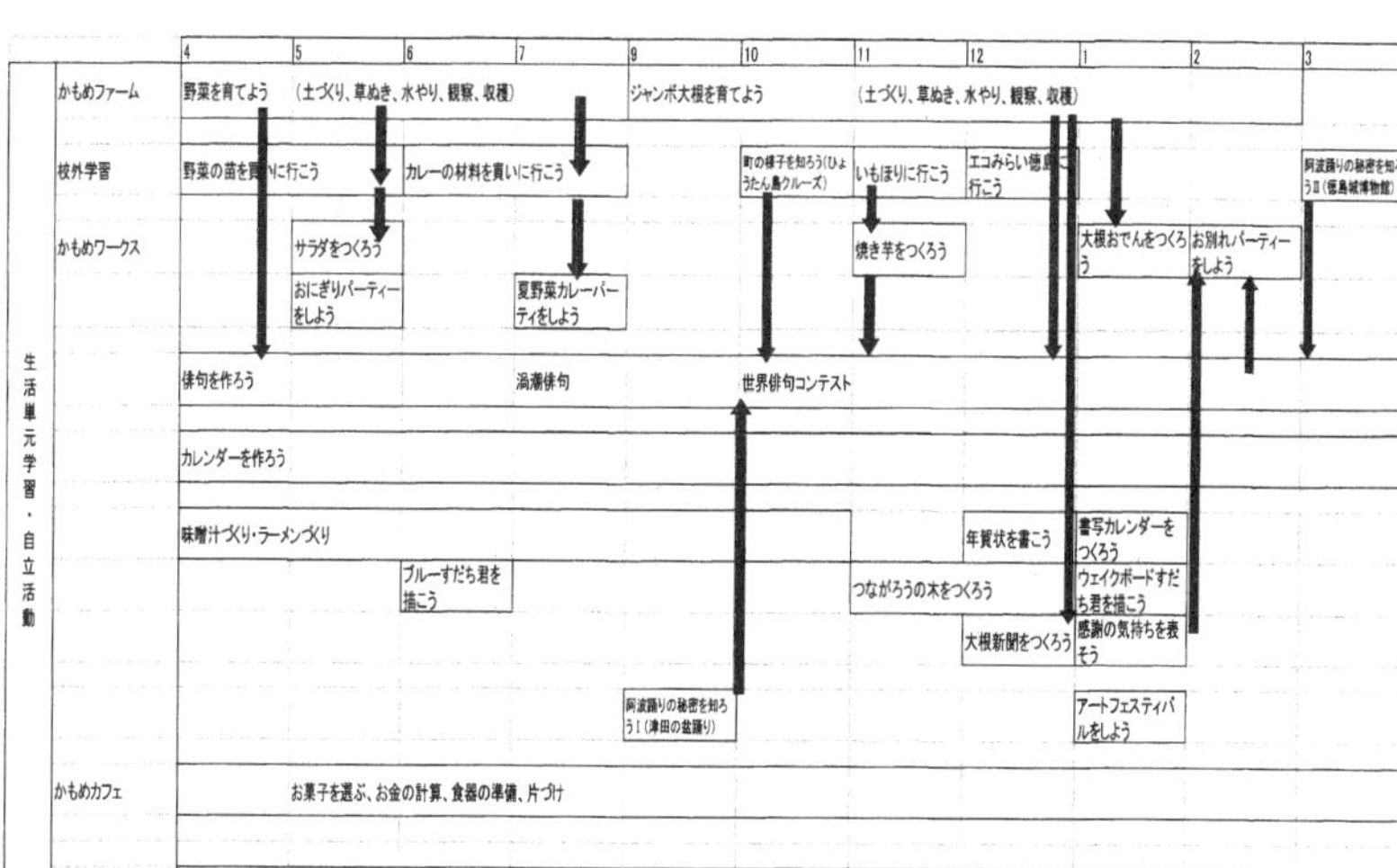

これ以外に、年に三回程度、学外に出かける「総合的な学習の時間」（生活単元学習）がある。

なお、前ページの下段には、各教科の学習以外の場で、学習者の自立を目指して、どのような「生活単元学習」を展開するか、その年間指導計画を示してある。

以下に、実践例として、「かもめ学級」の実践研究として、(1)教科学習／国語科（漢字学習）」、(2)生活単元学習／単元「いもほりに行こう」、(3)自立活動／自立活動の単元「いじめを考えよう」の実践を報告する。

二、〔研究Ⅰ〕国語科「漢字の学習」指導の実際

(1) **実践研究のねらい**…自閉症・情緒障害のある児童には、「興味のあることには意欲的に取り組むことができるが、そうでないことには全く取り組もうとしない」、「聞くことより見ることが得意な児童が多い」、「長い時間、集中し取り組むことが苦手である」、「書くことの苦手な児童が多く、文字も読みにくい文字を書く」児童が多い。さまざまな問題を抱えている児童を対象にして、「漢字の指導」ではどのように指導すると、学習者一人ひとりに漢字の書き方を定着させることができるかを試みたい。

(2) **実践時期と対象学年・組**…平成二九（二〇一七）年随時（「朝の活動②」・「みんなで考えよう」の時間）、かもめ学級（一～六年）二七名。

(3) **指導目標**…学習者一人ひとりの個性にあった、それぞれに得意な方法で、漢字の書き方を習得させる。

(4) **指導上の工夫**…漢字も覚えやすい方法は学習者によって違う。順序をふまえた継時処理タイプの子どもには漢字の筆順が分かりやすい。映像を通して物をとらえる同時処理タイプの子どもには、色分けすると覚えやすい。

また、「三＋人＋日＝春」のように、漢字を部分に分けて覚えると覚えやすいタイプの子どももいる。学習者一人ひとりの個性にあった、得意な方法で習得させるようにする。

(5) **指導の実際**…始めは、指導者が白板に「中」の字を三種類の覚え方で書く。学習者一人ひとりにとって、どの方法が覚えやすいかを確かめる。次に、自分の覚えやすいと思った方法で、画用紙やペンなど用紙や用具を変えて練習する。中太のマジック（赤・青・緑・茶・黒色）で書いたり、繰り返し練習する。最後に、一斉に、指導者とともに、覚えた「中」の字を「空書き」させて確かめる。

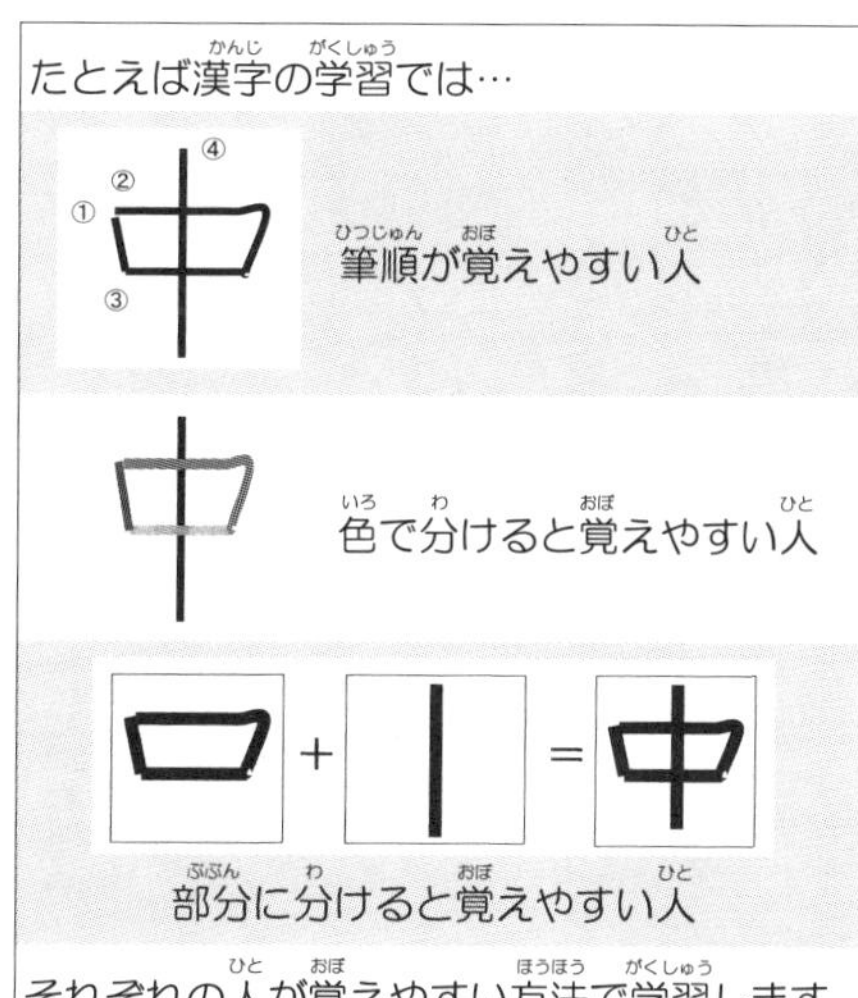

三、〔研究Ⅱ〕生活単元学習「いもほりに行こう」指導の実際

(1) **実践研究のねらい**…かもめ学級の児童に、自立に必要な生きる力を育てようとすれば、そのためには、学習者の興味・関心や問題意識をふまえた学習課題を設定して、その課題の解決を図る過程で読む・書く・話す・聞く能力や課題解決能力を育てる、いわゆる生活単元学習の実践が必要不可欠である。かもめ学級では、この一年間に、「阿波踊りのひみつを知ろう」「いもほりに行こう」「つながりの木をつくろう」という三つの生活単元学習を行ったが、ここでは、単元「いもほりに行こう」の実践を取り上げて、どのように単元を立ち上げ、どのよう

に単元を展開し、最後段階でどのような発表活動を行ったのか、また、その過程で、どのような力を育てるために、どのような手引きをしたのかも明らかにしていきたい。

(2) **単元名**…「いもほりに行こう」

(3) **実践の時期と対象学年組**…平成二九（二〇一七）年一一月、かもめ学級（全学年）二七名

(4) **指導目標**

① スケジュールや行先や準備物を的確に聞きとる力を育てることができるようにする。

② 市内循環バスの乗り降りの仕方を理解するとともに、算数科の「足し算と引き算」をすることができるようにする。

③ 芋を掘る、芋を洗う、芋を切る、電子レンジを使って芋をゆでる、ゆでた芋を盛り付ける、会食する、後片付けをするという一連の体験をさせることを通して、芋掘りの楽しさを味わわせるとともに、芋の掘り方・包丁の使い方・電子レンジの使い方・計量の仕方・盛り合わせの仕方・後片付けの仕方などを学ばせる。

④ （学校に帰って）芋入りの味噌汁や焼き芋を作る・食べる体験をさせる。

⑤ 国語科と関連させて、芋掘りを通して体験したことを、ことばで俳句や作文に表現させる。

(5) **単元展開の実際**

【第一次】出発前の指導

① 単元の導入段階では、昨年、芋掘りに参加したかもめ学級（四年生）の児童が、新学期になって、「今年もいもほりある?」と尋ねてきた。「藤倉さんに自分で電話して、お願いしたら」と勧めると、「何言ったら、いいのかな」と不安につぶやいたので、児童の持っている「相談カード」に電話のかけ方を書かせて、その相談カードを使って、藤倉さんに電話をし、芋掘りに行く了解をいただく。

②　かもめ学級「朝の活動②＝みんなで考えよう」の時間に、この児童から、「今年もいもほりに行きたいと思って、藤倉さんに電話して聞いてみたら、「かもめ学級の皆さんが来るのなら、いいですよ」と返事をもらっているのだが、皆さん、今年も一緒に行きませんか」と、提案させたところ、全員の賛同を得た。なお、発言する児童には、事前に発言の仕方を指導した上で問題提起をさせた。人前で発表させるときに「失敗」させると、自信を失って、今後二度と人前で発言しなくなるからである。私たち教師の仕事は、最終的に学習者一人ひとりに「自信」を持たせることであると考えている。

（→学習者が意欲的・主体的に取り組むようにするためには、児童の興味・関心や問題意識をふまえて、学習の課題を設定することが必要不可欠なので、このような導入の仕方をしたものである。）

③　水曜日の三限「みんなで考えよう」と「朝の活動②」の時間をつかって、事前学習「予定を知ろう」を行う。❶学習の課題「いもほりに行こう」を確認する。❷学習の進め方を箇条書きに板書して理解させる。❸スケジュールや行き先、準備物を説明する。問いを出してはその答えを板書し、口頭による説明をする。❹乗り物と道順を理解させる。❺藤倉さんの家の庭で弁当を食べること、家の見取り図を示して、トイレと台所の位置を説明する。❻持っていく物は何かを下に提示したカード（実物はカラー）を配布するとともに、大型テレビに大きく掲示して説明し、児童に声に出して言わせて確認する。（→カードは家の人にも確認してもらう。）❼見通しを持っ

校外学習・持ち物

て行動できるようにと考えて、バスの乗り方、特に、お金の払い方を下図を用いて説明するとともに、ロールプレイを行い、全員が当日安心してできるように練習した。また、バス代（片道が一回目＝一一〇円、二回目＝二三〇円）は往復で、一〇〇円玉と一〇円玉を何個ずつ用意すればよいかを考えさせて、各自の財布の中に入れて、乗る時に支払う練習をした。ここは、生活の場に生きる算数の学習である。❽当日は、かもめ学級の全員が校外学習に出るために、通常学教の児童が尋ねて来た時のことを考えて、白板に「いもほりにいってきます。またあそぼうね。」とメッセージを書かせて、教室の入口にかけておくようにした。児童全員で、限られたスペースに何を書くか相談させた上で、希望した児童に心を込めて書かせた。ここは、生活の場に生きる国語の学習である。

（↓かもめ学級の児童は、口頭による説明だけではなかなか理解しにくいので、黒板に文字やカラーの絵を書いたり、カードにしたものを手渡したりして、ゆっくりと丁寧な指導をと心がけている。）

【第二次】当日の指導

① 当日、かもめ学級の教室に集合する。準備物の確認をした後、通常学級の児童宛のメッセージを入口にかけて、徳バス班（児童二〇名と引率教員四名）と市バス班（児童七名と引率教員二名）に分けて、いよいよ出発。

② 学校前バス停乗↓（15分）徳島駅前（トイレ・バス乗換）↓（17分）大津橋バス停↓徒歩10分↓藤倉さん

宅着。徳島駅までは二班に分かれて、徳島駅始発のバスは二班一緒に行動。徳島駅から乗るバスは毎年立って乗る状態であるが、子どもたちは楽しみにしていた校外学習なので、文句一つも言わない。たとえ座席が空いていて座ることができていても、年配の方が乗ってくると、「座ってください。」と座席を譲る。

③　午前一〇時過ぎに、藤倉さんの家に到着する。さっそく、芋掘りの仕方を藤倉さんに教えていただき、児童たちは喜んで芋を掘る。その過程で「さつまいも」について体験を通してさまざまなことを学ぶ。生活科・理科の学習である。

④　芋を掘った後、おばあちゃんに持って帰りたいという子ども。「尋ねて見たら」と言うと、日ごろ、なかなか自分から言い出せない子どもが自分からお願いする。帰りはリュックに五本以上 鳴門金時を詰めて、重いはずなのに、文句一つ言わない。日ごろは二行くらいしか書かない子どもが、その日の日記は一ページいっぱいに書いてきて、私たちを驚かせる。子どもに書かせる指導を行う場合、書くべき中身を豊かに育てることの大切さを改めて感じさせられる。

⑤　芋を掘った後は、藤倉さんの庭で、各自が持ってきた弁当を食べる時間。なかには、自分でつくった弁当を持ってきている児童もいた。賑やかで楽しいひとときであった。

⑥　この後、藤倉さんに心のこもったお礼を言って、帰りのバスに乗って帰る。帰りのバスでは、疲れたためか、寝てしまう子が多かった。

【第三次】事後の指導

① 月曜日の三時限目「かもめカフェ」の時間に、各自、調理の服装をして、味噌汁と焼きいもをつくる活動を行った。かもめ学級の児童たちは、芋を包丁で切ったり、電子レンジの使い方も学びながら調理して、当日の芋掘りの思い出話をしながら楽しく食べた。

② 木曜日三時限目「かもめワーク」の時間に、芋掘り体験を振り返らせて、それを俳句にしたり、作文にしたりする活動を行った。その時につくった俳句を「第一一回佛教大学小学生俳句大会」に出品したところ、一年生の俳句「できたよ ぼくににている さつまいも」が入選した。京都の佛教大学で行われた表彰式に出席した。入賞作品集にも作品が掲載されている。本人だけでなく、かもめ学級の皆が大変喜んだ。「どきどきしたけど頑張った。うれしかった。」と報告してくれ、俳句を書こうとチャレンジし、いもほりの思い出とともに、またひとつ自分の自信につながっていくと感じる。

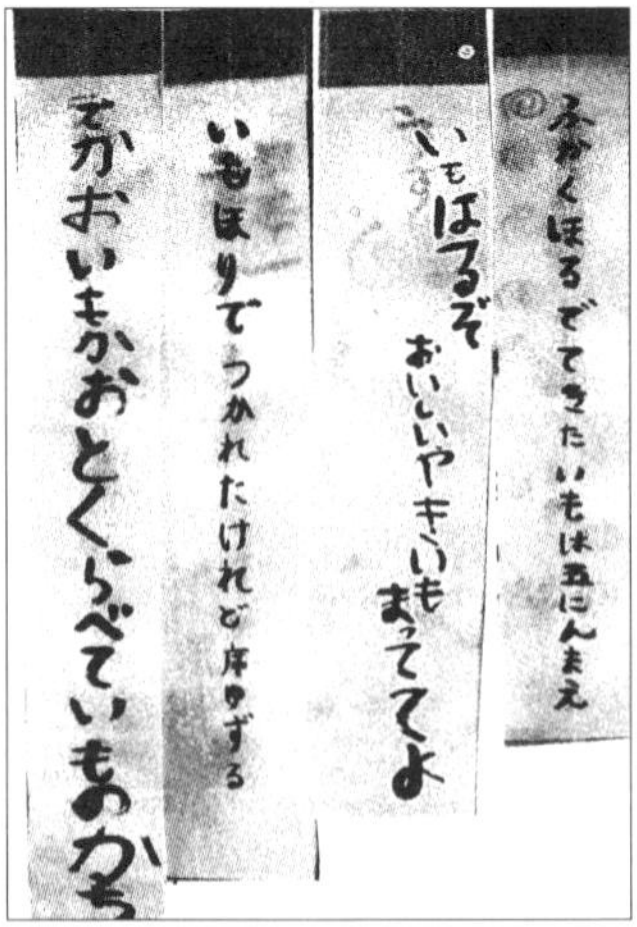

四、〔研究Ⅲ〕自立活動の単元「いじめを考えよう」指導の実際

(1) 実践研究のねらい

かもめ学級では、主に、「朝の活動②」の時間と毎週水曜日の第三時限の時間を使って、かもめ学級の全員が

集まって学習する、自立活動「みんなで考えよう」の実践を展開している。自立活動とは、「個々の幼児児童生徒が自立を目指し、障害による学習上や生活上の困難を主体的に改善・克服しようとする取り組みを促す教育活動」のことをいう。

かもめ学級の児童には、言葉や表情・身振りなどを総合的に判断して相手の心の状態を読みとり、それに応じて行動することが困難な特性を持つ児童、また、人や物、環境との関係が取りにくい児童がいる。いじめをしているという認識がないままに、いじめをしている児童、それとは逆に、いじめを受けたり、見たりしていても、それに気づかない児童もいる。

これらの実態をふまえて、このたびは「いじめ問題」を取り上げて、「いじめ」に対する正しい認識を育て、「いじめ」はしない、「いじめ」は許さないと、観念的でなく切実感と主体性をもって行動することのできる児童を育成するためには、どのような「いじめ」の擬似体験の場面を設定して、どのような役割分担のもとに、どのような劇化を行えばよいのか。また、児童一人ひとりの発達段階を考えて、どのような単元・授業展開のもとに、どのような「学習の手引き」（支援・援助）をすればよいのか。児童が学習したことを生活の場に生かすことができるようにするためには、どのような教具の工夫をすればよいのか。これらの実践上の課題を少しでも解決して、児童一人ひとりが明るく楽しい生活を送ることのできる学校にしていきたい。

(2)　**単元名**…「いじめを考えよう」

(3)　**実践の時期と対象学年組**…平成二九（二〇一七）年一一月、かもめ学級（全学年）二七名。自立活動「みんなで考えよう」の時間を使って実践を行ったものである。

(4)　**指導目標**

①　ロールプレイ（劇化）を導入して、被害者・加害者・傍観者それぞれの立場に立って、立体的、視覚的に「い

じめ」体験をさせることを通して、「いじめ」に対する子どもの認識を深めるとともに、日常生活の場で「いじめ」をなくす行動をとることができるようにする。

② ロールプレイの場で、また日常生活の場で、自分の思いをことばにして相手に伝える力や他の人の言うことを聞きとる力、話し合う力、また、「いじめ」があったと思えるときに、「相談カード」に書き入れる力など、話す・聞く・書く力を育てることができるようにする。

(5) **指導上の工夫**

① 児童が安心して学習に取り組むことができるようにする工夫

ア．同じ単元・授業展開にして、児童が見通しをもって学習できるようにする。

単元・授業展開は、次の表のように、毎回同じようにすることによって、児童が見通しをもって活動に取り組むことができるようにした。さらに、現在の学習活動を矢印で示すことによって、今の学習がどの段階の学習であるかが分かるようにした。長時間座り続けることが苦手な児童もいるので、矢印を動かす役目を児童にさせることによって、児童の負担を軽減すると同時に、自己有用感を高めるように工夫した。児童に学習内容のイメージを持た

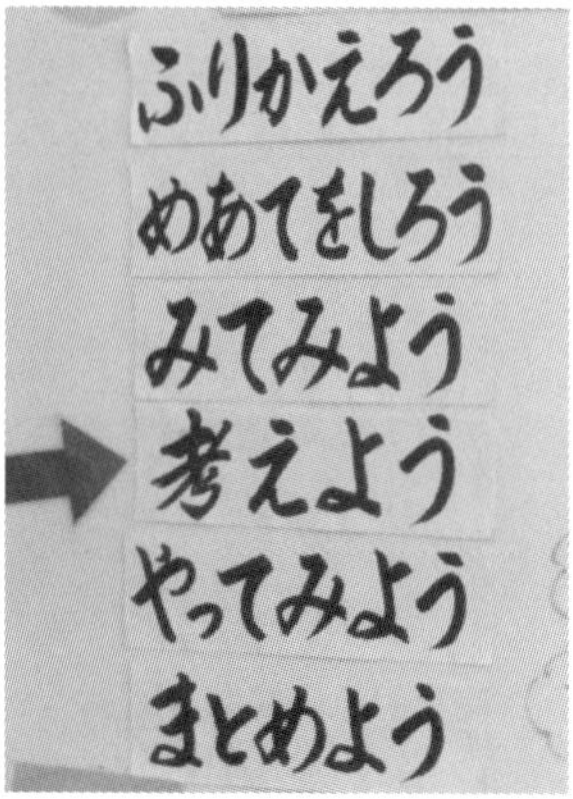

【授業の流れ】

① 「ふりかえろう」…これまでの学習内容の振り返りをする。
② 「めあてをしろう」…本時で学習する内容を確認する。
③ 「みてみよう」…教師や児童が本時の事例を劇で行うのを見る。
④ 「考えよう」…グループごとに、事例について考えたことを発表し合い、どのように行動すればよいのかを考える。
⑤ 「やってみよう」…グループで考えたロールプレイを全体の場で発表する。
⑥ 「まとめよう」…本時に学習したことを各自プリントにまとめる。

せるために、まず教師が劇をして、それについて話し合った後、児童にも劇をさせる。学習したことを忘れやすい児童や、分かっているけれども実践に結びつかない児童、ことばだけでは理解が難しい児童もいるので、学習内容を児童に理解させるだけでなく、理解していることを生活の中で実践できるようにしたいと考えて、このような単元・授業展開によって授業実践を行った。

イ．名札をつけてその場面の内容を理解しやすくする。

いじめには、被害者・加害者・傍観者の立場があるが、このことばでは理解しにくいので、加害者を「した人」、被害者を「された人」、傍観者を「見ていた人」と呼び、いじめの構造を理解できるようにした。最初に教師が劇を行うとき、板書、児童のロールプレイを行うとき、それぞれの場面で「した人」「された人」「見ていた人」の名札を用いることによって、児童がいじめの場面を理解できるように工夫した。

ウ．それぞれの発達段階や特性に合わせたワークシートを作成する。

最後の「まとめよう」の段階では、必ず「ワークシート」を使った。これは、教師にとっても児童にとっても有効なものである。教師にとっては板書計画となり、毎週、教師の間で授業について話し合うときの学習計画となる。検討しやすく、教師の役割分担も相談できる。また、児童にとっては、本時の学習のまとめとなり、板書されたものを書き写すことによって、学習した内容を再確認し、自分のものとすることができる。児童の書く力も個によって様々である。そこで、「まとめよう」の段階で使うワークシートでは、「答えをなぞるプリント」「答えの文字数に合わせて答えの部分が○になっているプリント」などというように、それぞれの力に応じて書き込めるように配慮した。また、書字の苦手な児童のために拡大したプリントを用意したり、白い紙だとまぶしさを感じる児童もいるために、薄いカラーの用紙に印刷したりして、「ワークシー

ト」の中から自分に適したものを選択できるようにした。

② 児童が主体的・対話的に学習に取り組むことができるようにする工夫

ア．ホワイトボードを使って話し合い活動を活発にする。

児童の中には、大勢の前で発表することに抵抗感をもつ児童もいる。発表することへの抵抗感を減らし、児童が主体的・対話的に学習に取り組むことができるように、ホワイトボードを使った話し合い活動を取り入れた。間違うことを嫌がる児童にとって、ホワイトボードはすぐに消すことができて有効である。ホワイトボードには文字だけでなく、絵で自分の考えを表してもよいなど、個に応じた表現を認めることによって、児童が自分の考えを伝えやすいように工夫した。日常生活でのやりとりにも使うことができるよう、教師が書きあがったホワイトボードを「見せて」と言えば子どもが「いいよ」と答え、「見せてください」と言えば「どうぞ」と言うなどの約束を作った。「考えよう」の段階の最初には、個人のホワイトボードに自分の考えを記入する。それをグループ内で発表し合い、発表用の大きいサイズのホワイトボードに、グループで話し合った結果をまとめるようにさせた。

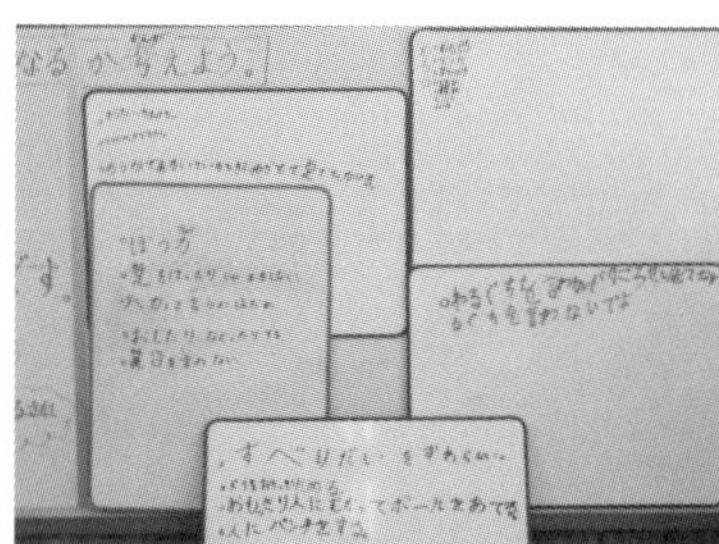

イ．「しつもん・あいづち名人カード」を用意して話し合い活動が活発になるようにする。

あいづちや質問をすることで、話している人は「相手は自分の話をきいてくれている」と感じて、安心して話をすることができる。また、話を聞く人の聞く意欲を高めることもできる。あいづちや質問は人とのコミュニケーションを円滑にするためにも欠かせないスキルの一つである。そこで、「しつもん・あいづち名人カード」を作成して配付した。最初は、教師や友達が前で話をするときに、「なるほど」「すごい」などのあいづちを打つことから練習を始めた。また、友達のスピーチに質問をするときにも活用した。慣れてくると、授業中にグループで意見を発表する場面でも、自然に「へぇ」「うんうん」とうなずく姿が見られるようになってきた。

③　学習したことを実践できるようにする教具の工夫

これまでに、いじめを受けていることには気づいているが、どのように伝えたらよいか分からないので、まわりにいる人に伝えることができなかったという事例があった。そこで、何か相談したいことがあったときには、具体的にどのように伝えたらよいのかが分かる「にこにこそうだんカード」を作成し、子どもに配付した。相談カードの表には、相談するときに伝えたらよいことが載っている。「いつ」「どこで」「だれが」「だれに」「なにを」「した、された」を伝えたら相手に伝わりやすいことや、それを使った例が紹介されている。相談カードの裏には、「そうだんしたいことが

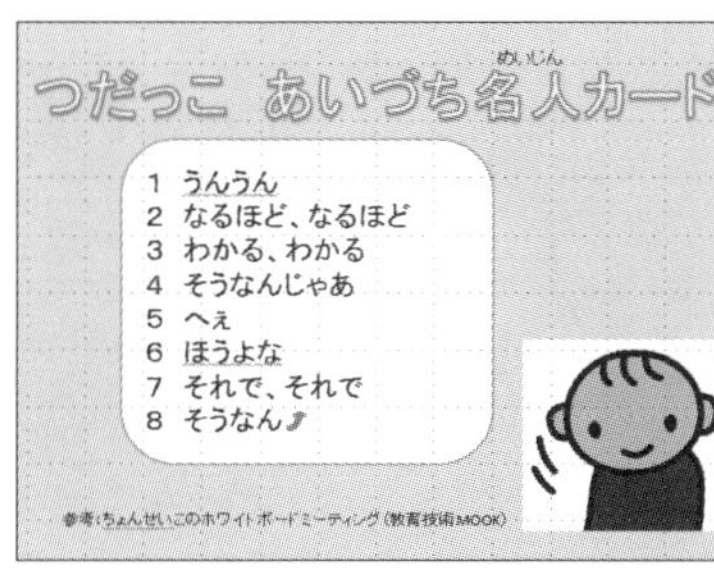

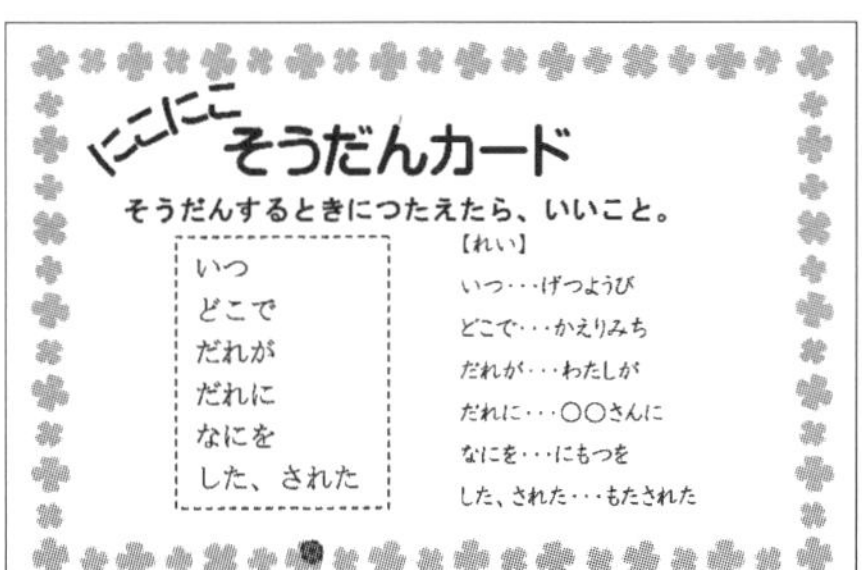

相談カード（表）

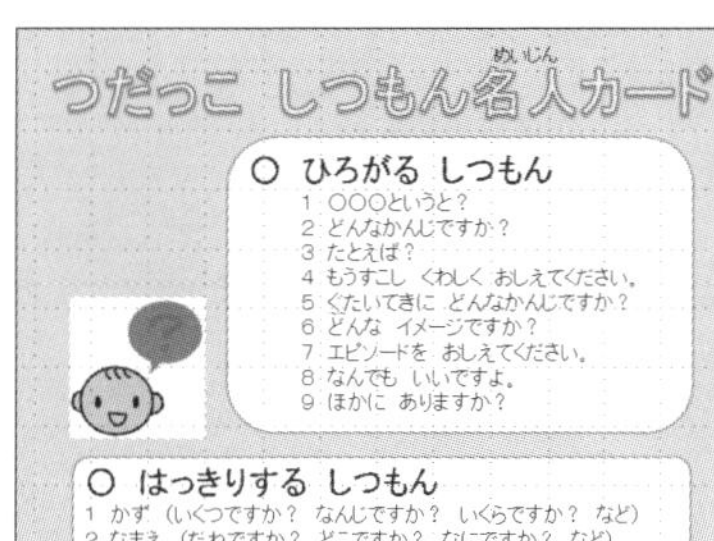

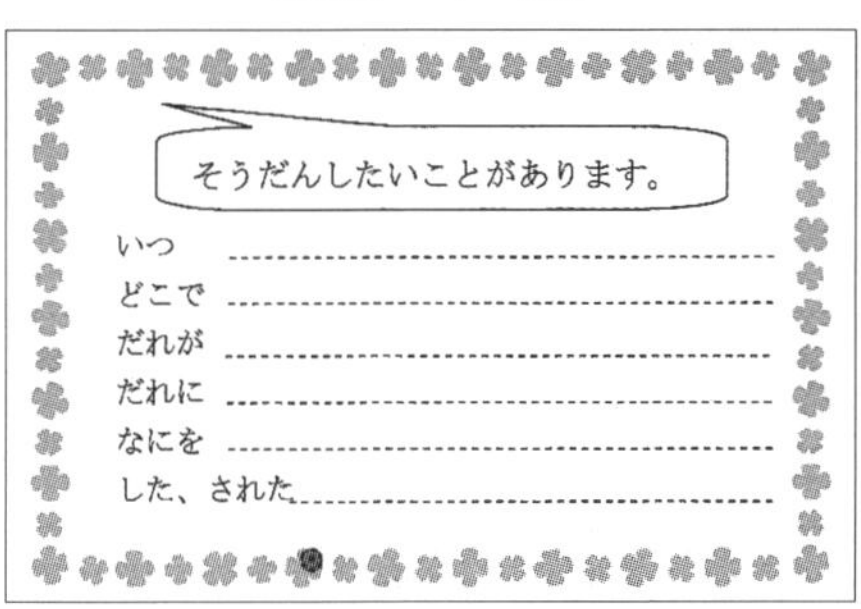

相談カード（裏）

あります」という最初のことばが書かれ、「いつ」「どこで」「だれが」「だれに」「なにを」「した、された」が書き込むことができるようになっている。子どもがホワイトボードマーカーで書きこむことができるように、カードはラミネート加工した。必要なときに利用できるように教室の後に備えておいた。また、カードも数種類用意して、自分が使いやすいカードを持つことができるようにした。子どもたちからの聞き取りをするときには、相談カードを使うようにした。

(6) 単元の展開

単元「いじめを考えよう」は、次の表のように、五次・一二時間の授業を展開した。

次	学習のめあて	時	学習指導の展開
Ⅰ	(1)いじめ防止月間について知ろう。（一時間）	①	徳島市教育委員会からのいじめに関する手紙を紹介し、いじめは人の命をうばい、こころに大きな傷を残すものであり、してはいけない行為であることを学習した。いじめにあったときには一人で悩まず相談することを学習した。
Ⅱ	(2)どのような行動がいじめになるか考えよう。（三時間）	②	いじめをされた人はどのような気持ちになるのか話し合った。「つらい」「学校に行きたくない」など、「された人」がつらい気持ちや不安な気持ちになることがいじめであることを学習した。
		③	どのような行動がいじめにあたるかについて考えた。子どもは「順番をかわってくれない」「おされた」などこれまでの経験を語った。子どもから出た意見を暴力・悪口・いやなことをする、三つのグループに分けた。また、これらの行動をされた人の気持ちを考え、話し合った。

		④	下校時に「された人」だけ「一緒に帰ろう」と誘われない場面を取り上げた。子どもからは「された人」のつらい気持ちを表す言葉が多く発表された。子どもからはなかまはずしがなくなると、友達同士がもっと仲良くなり、生活が明るくなるという意見が出された。
Ⅲ	(3)どのような行動がいじめになるかを知り、自分の行動を考えよう。（二時間）	⑤	「した人」は友達に構ってほしい気持ちから「された人」の帽子を取り上げる場面。「した人」にいじめをしようという気持ちがなくても「された人」がいやな気持になることはいじめになることを伝えた。「見ていた人」の立場で気づくことの大切さや、気づいたときにはとめることを学習し、どのように伝えるかロールプレイを行った。
		⑥	一見、いじめだと気づきにくい場面を取り上げることで、いじめに気づくことができる子どもを増やしたいと考えた。そこで下校時に毎日同じ子どもにランドセルを持ってもらう場面について考えた。「された人」の気持ちを考えずに一方的に依頼をすることはいじめにつながることを学習した。
Ⅳ	(4)いじめに気づいたときの行動について考えよう。	⑦	ドッジボールをしているときに「はようせい」「おそいんじゃ」と「した人」が言う場面について考えた。それぞれの立場でどのように行動するべきか意見を出し合った。多くの子どもが経験がある場面だったため、子どもは活発に意見を言うことができた。この学習以降、同じような場面があったときに、止めようと行動する子どもがあらわれるようになった。
	(5)「された人」はどのように行動すればよいか考えよう。	⑧	理科の実験中に「した人」が「された人」に「できんけん、私がするよ」と言い実験をさせない場面。「された人」の行動について考えた。相談することや「した人」に自分の気持ちを伝えるべきであることを話し合い、ロールプレイを行った。

	(6)いじめに気づいたとき「見ていた人」はどのように行動すればよいか考えよう	⑨	前時と同じ場面。ここでは「見ていた人」について取り上げどのように行動するべきか話し合った。いじめに気づいたら、「見ていた人」は「した人」や「された人」それぞれに伝えることが大切であることを学習し、どのように何を伝えるかロールプレイを行った。
	(7)「された人」はどのように行動すればよいか考えよう。	⑩	おにごっこをしていて「された人」だけねらわれない場面について考えた。無視をするのはいじめであることを知り、自分が「された人」だったら、相談すること、「した人」に尋ねる、「見ていた人」に伝える、のどの行動をとるか考えロールプレイを行った。
V	(8)知っていることとすることは同じでしょうか。	⑪	知っていて行動に移していることと知っているだけで行動することができていないことがある。知っていることを生活の中で練習していくことが大事である。相談すれば何とかなる。相談したらよいことは知っているので生活の中で使っていこうと、教師や友達に相談する練習をした。
	(9)知ることのひみつについて考えよう。	⑫	知っていると正しい行動ができる。先に予定を知ると安心できる。うわさを信じないで、話を聞いて正しく知る。そうすることでチャレンジする気持ちややる気を育て、自分の生活や人生を切り拓いていってほしいことを伝えた。

(7) 第八時間目「『された人』はどのように行動すればよいか考えよう」の授業の概要

① 本時の指導目標…いじめられた人の苦しんでいる心情を理解し、どのように行動するかを考えロールプレイすることで、いじめを解決するための実践力を育てる。

② 本時の展開

1　ふりかえろう　めあてをしろう　学習を振り返り、今日は何を学習するかを知らせる。

T3＝〔学習のめあて〕「いじめに気づいたときにどのように行動するかを考えよう。」

2　みてみよう　教師のロールプレイを見せる

T1＝絵や吹き出しを使って事実関係を確認することによって、内容をつかみやすいようにする

3　考えよう　いじめに気づいたときにはどのように行動するべきかを考えさせる。

T4・T5＝視覚支援を取り入れて話し合いの方法を説明する。それぞれの意見を確認しやすいようにホワイトボードを使い、話し合いが活性化するようにする。

↓話し合いがしやすいように特性に合わせて班の人数を二人～五人にする。

4　やってみよう　班ごとにロールプレイを行わせる。

↓ロールプレイをすることによって、どのように行動するべきか具体的に知ることができるようにする。

5　まとめてみよう　本時の学習のまとめをさせる。

↓書くことの負担を少なくするために、児童の実態に応じて拡大したプリントやなぞり書きのプリントを用意する。

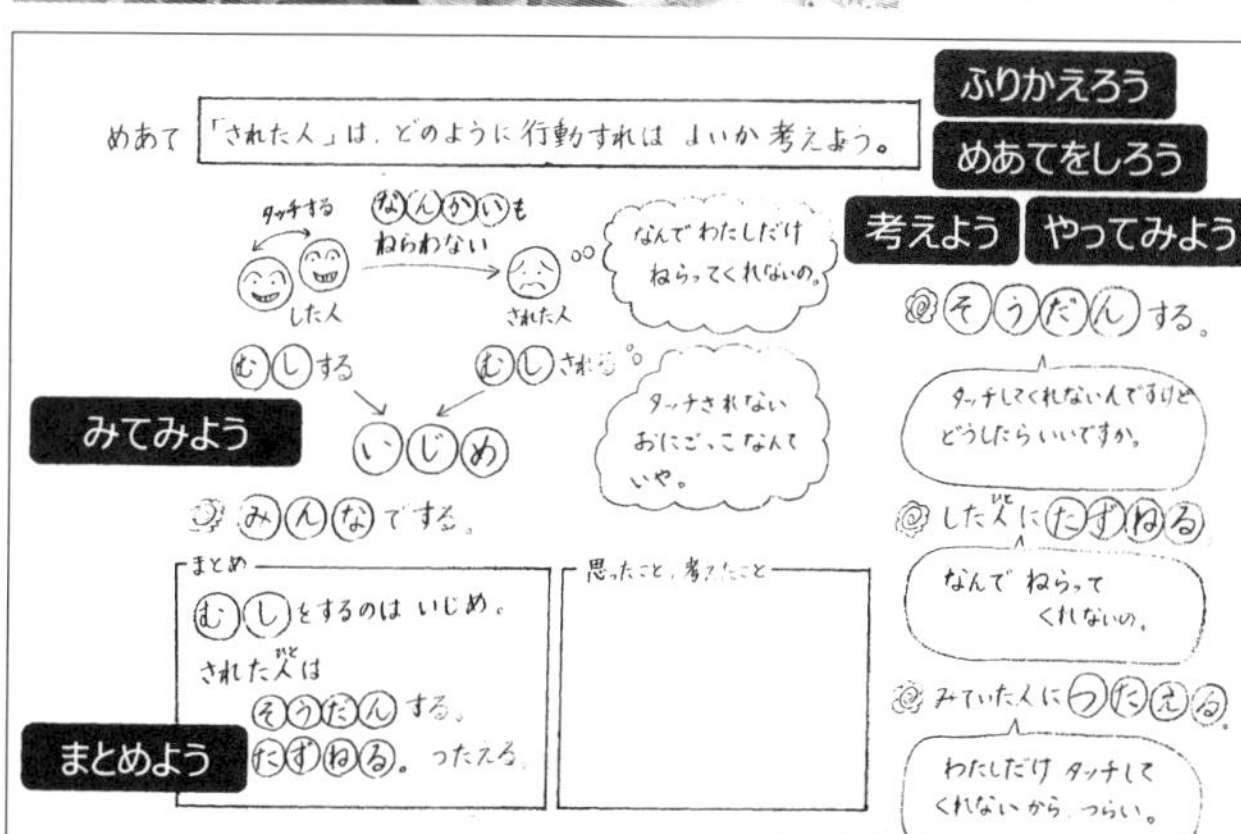

五、実践の成果と今後の課題

かもめ学級には、知的障害児、自閉症・情緒障害児、肢体不自由児が一年生から六年生まで、二七名いる。この学級を六名の教師がチィームをつくって、指導・支援・援助にあたっている。成果と課題を五点挙げておきたい。

1　児童一人ひとり（二七名）の障害の実態と障害の特性を教師全員が把握して、児童一人ひとりに応じた指導・支援・援助ができるように、教師集団の体制づくりが必要である。各教師が研修を重ねるとともに、毎日、児童一人ひとりの情報交換を行い、六名の教師が協力して取り組み、一定の成果を挙げている。

2　知的障害児九名、自閉症・情緒障害児一七名、肢体不自由児一名と障害の違い、学年も一年生から六年生まで違いがある。交流学級との関係もある。究極的には、児童一人ひとりに応じた、二七通りのカリキュラム・時間割づくりが必要であるが、この点については多くの課題を残している。

3　特別支援学級担当教師は、常に、目の前の児童一人ひとりが実社会に出た時に、どのような生きる力が必要なのか、そのためには、今、どのような基礎力を育てておくことが大事なのか、巨視的、微視的に考えて、一つ一つの実践にあたる必要がある。

4　生活の場に生きて働く力をつけるためには、生活単元学習を展開するしかないと考えて、習得させたい力や態度を生活と結びつけて、さまざまな実践を重ねてきたが、生活単元学習による指導のあり方については、まだまだ学ぶ、研修する必要がある。

5　特別支援教育の充実のためには、教師と保護者と地域の協力が必要である。これも今後の課題の一つである。

第三章 中学校における国語科授業実践例

中学一年生における「話し合い」学習指導の実際

――単元「『ことばの探検』発表会をしよう」の実践を中心に――

実践当時／徳島県立城ノ内中学校 福島 卓子

一、実践研究のねらい

城ノ内中学校は、昨年度、県下で初めて併設型中高一貫校として開設されたばかりである。本校は、県下唯一、全県一区の校区を持ち、生徒の通学区は広い。生徒たちは、素直で、明るく、何事にも積極的に取り組もうとする姿勢が認められる。また、本を読むことが好きな生徒が多い。学校に登校したすぐから本を開いている生徒がおり、休み時間や昼休みにもよく読書をしている。国語能力のかなり高い生徒たちが集まっている。

中学校における「話すこと・聞くこと」の学習指導では、「話し合い」の学習指導をその中核に据えて、三年間の系統的な学習指導計画を考えていきたいと思っている。私はこれまで、「話し合い」の活動はさせても、「話し合い」の指導は行っていなかった。そこで、この実践研究では、第一学年を対象として、「話し合い」学習指導の単元をどのように設定して、具体的にどのように展開すればよいのかを探っていきたい。実践研究のねらいとしては、次の三点を挙げておきたい。

(1) 単元の導入段階で、学習者の言語生活と結びつけて、どのように話し合う必然の場をつくり出していくか。
(2) 本気で話し合わせるために、どのような学習課題を設定して、どのような教材の編成を図るか。
(3) 学習課題の解決を図る過程で、学習者の認識の深化・拡充をどのように図るか。また、その過程で、「話し合い」の方法や話し合う力をどのように育てるのか。そのためには、どのような「学習の手引き」を作成して、どのように「話し合い」の体験をさせるとよいのか。

これらの実践課題の解決を図ることを通して、今後の「話し合い」学習指導の手がかりを得たいと考えている。

なお、この実践研究は、今から一四年前の、平成一七（二〇〇五）年六月、第六回徳島国語教育実践研究大会・第三〇回日本国語教育学会西日本集会で発表したものに手を加えて書き直したものである。

二、単元の構想

(1) 単元名　「ことばの探検」

(2) 対象学校・学年・組　徳島県立城ノ内中学校　第二学年二組（男子二〇名、女子二〇名、計四〇名）

(3) 実施時期・時間数　平成一六（二〇〇四）年一一月～一二月（一三時間配当）

(4) 中学一年間の「話すこと・聞くこと」の学習指導計画と本単元の位置

中学一年生を対象に「話すこと・聞くこと」学習指導の系統化を意識して、次のような年間学習指導計画を作成した。なお、「総合的な学習の時間」においても、「聞くこと・話すこと」の力は大事な要素であると考え、国語科で行っている授業が生かされるように、あるいはそれを補えるように計画し、意図的に取り組んでいくようにしたいと考えた。（表中の、◎印は話し合い、○印は話すこと、・印は聞くことの力を示す。）

学期	月	単元名（資料名）	「話すこと・聞くこと」のつけたい力	総合的な学習の時間
前期	4	①国語学習の出発 学習記録 読書生活記録 図書館の利用 辞書の活用方法	・話を聞く場合の礼儀や態度に慣れる。 ・要点を確実に聞きとる。 ○的確な応答のしかたに慣れる。 ・日常の簡単な伝言や用件を確実に聞きとる。 ・一まとまりの話の内容を確実に聞きとる。	
	5	②第一回国語発表会を開こう 作文発表 班での朗読 メモ 友へ手紙（評価）	・発表や報告の内容を確実に聞きとる。 ◎話しあいに積極的に参加する。 ◎話し合いに参加して楽しく話しあう。 ○おおぜいの前で物語などを話す。 ○場面に合った声の大きさで話す。 ○詩の内容・リズムを朗読によって表現する。	①先輩に学ぼう ☆高校の先生へのインタビュー
	6	③新しい出会い 「友情」ってなんだろう 全体での話し合い	・ことばを、行動や場面を頭にえがきながら聞きとる。 ○読んだことや経験したことについて感想を話す。	②ちがいのちがい 班での話し合い ☆人権意見発表会
	7	④自然の不思議をさぐる 「海の中の声」 「クジラたちの音の世界」 班での話し合い 全体での話し合い	・ひとの話と自分の考えとを比べながら聞く。 ○主題から離れずに話しあう。	③高校の先生へのインタビュー及び城ノ内中・高の紹介をまとめたものを掲示して発表

後期			
10	⑤意見文発表会を開こう スピーチ ⑥絵本の世界を探ろう 「大人になれなかった弟たちに…」 班での話し合い 全体での話し合い	・話し手の表情や態度まで注意して聞く。 ・まとまった話の内容を確実に聞きとる。 ・重要な点をのがさずに聞く。 ○経験したことを筋を立ててわかりやすく話す。 ○文学作品の朗読を、すなおに、感動をもって聞く。 ・話す人の真意がどこにあるかを聞きわける。 ○相手の方に向かって、気持をくみとりながら話す。	④共に生きる—ユニバーサルデザインについて学ぼう ・UDとは何か ・建物から見るUD ・車いす・アイマスク体験
11	⑦「ことばの探検」発表会をしよう 班での話し合い 全体での発表・話し合い	・発表や報告の内容を確実に聞きとる。 ○相手に対しての適当な応答をする。 ○相手の気持をくみとりつつ話す。 ○相手に対して適当な応答をする。 ◎話しあいに参加して楽しく話しあう。 ◎グループでの話しあいの進め役になる。 ○相手に対する的確な応答の仕方に慣れ、よい対話や問答ができるようになる。	⑤「フレンズ」(重度障害者サークル）との交流 ☆講演会
1	⑧古典と出会う 「竹取物語」の朗読劇に挑戦！ 班での話し合い 全体での発表 朗読劇	・発表や報告の内容を確実に聞きとる。 ◎話しあいに参加して楽しく話しあう。 ◎グループでの話しあいの進め役になる。 ○古文の内容・リズムを朗読によって表現する。 ○場面に合った声の大きさで話す。	⑥学年集会—ユニバーサルデザインから学んだこと・考えたこと ディベートを体験しよう ・高校のは修学旅行を海外旅行にするべきである。
2	⑨「わたしの一冊」を紹介しよう スピーチメモを作る 発表会 メモ	・主眼点と末節、中心と付加的部分に注意する。 ・発表や報告の内容を確実に聞きとる。 ○経験したことを筋を立ててわかりやすく話す。	・昔のように週休二日を無くし、土曜日も授業をするべきである。 ・中学校は私服にするべきである。 ・英語教育は、小学校からすべきである。

	○話の要点をつかんで話す。	・日本は携帯電話使用を大幅に制限すべきである。 ☆ディベート大会　←

本単元「『ことばの探検』発表会をしよう」は、二学期の一一月に実践したいと考えた。そのために、事前の段階で、指導者に対する質問や相談、打ち合わせ等において、一対一の「対話する力」を鍛える機会と場を位置づけた。また、「スピーチ」「班での話し合い」「全体での発表」「全体での話し合い」活動を繰り返し繰り返し螺旋的に位置づけて、「聞くこと・話すこと」の力が育つように計画した。

例えば、「聞くこと」では、「聞く場合の態度に慣れさせる」→「内容を確実に聞き取る」→「重要な点をのがさずに聞く。」というように、少しずつ高めることができるように、また、「話すこと」では、「話し合いに積極的に参加する。」→「場面に応じた声の大きさで話す。」→「的確な応答のしかたに慣れる。」→「グループでの話しあいの進め役になる。」→「要点をつかんで話す。」というように考えて、それぞれ、螺旋的に身につけたい力が自然に、また、意図的に身につくように配慮した。事前の学習で身につけた力を土台として、本格的に「話し合いの力」を身ににつけようと考えて、本単元を一一月に位置づけたのである。

(5) 教材編成

① 自主教材…生徒各自が日頃から「ことば」について感じている疑問や考えを書いたカード

② 参考図書…・大野晋『日本語練習帳』（一九九九年、岩波新書）
・大村はま著『大村はまの日本語教室・日本語を鍛える』（二〇〇二年、風濤社）
・芳賀綏・佐々木瑞枝・門倉正美著『あいまい語辞典』（一九九六年、東京堂出版）
・金田一春彦編『学研現代新国語辞典』（改訂第三版）・二〇〇三年、学習研究社）

(6) 単元設定の理由

本学級の生徒は、素直で明るく、何事にも積極的に取り組めている。また、本を読むことが好きな生徒が多い。「書くこと」に対する意欲も高く、毎日の記録もほぼ全員が提出することができる。ことばに対する知識・理解も高いものがあり、ことばの意味を考えて使おうとするなど、ことばの微妙なニュアンスに対する興味・関心が高まりつつある。

本単元では、学習者一人ひとりがいきいきと取り組むことができる「話すこと・聞くこと」の力をつけたいと考えた。学習者たちは、「第一回国語学習発表会」において、書きことばによる「学習の手引き」を用いて話し合い活動をしている。初めて出会った仲間であるにもかかわらず、グループでの話し合いもスムーズに行い、それぞれが自分の持てる力を発揮しようと頑張っていた。その姿を見て、小学校の時代に培った「話すこと・聞くこと」の力を途切れさせることなく、中学校においても、活発に話したり、聞いたりすることの楽しさや必要性を体験させたい。さまざまなことにとらわれることなく、自分の考えを出し、グループで話をすることの楽しさを味わわせたいと思い指導してきた。本単元実施の一一月というこの時期、学習者たちは、お互いのことが分かりかけ、自分のクラスでの位置を意識し始めるときである。そのときにこそ、自分の意見と他の学習者の意見が同じだったり違ったりすることによって、他の学習者に対する発見や自分の考えを深めるような話し合いが持てないかと考えた。そのためには、学習者が自分の持てる力を精一杯に出せるような学習課題が必要であると考え、すぐには結論が出てこないが、学習者が「話し合い」をすることによって、ことばの微妙な意味と使い方を理解していくよう単元を設定した。

(7) 単元の指導目標

① 「ことば」の微妙な意味・用法の違いに関心を抱き、すすんでその「ことば」の用い方について調べたり

考えたりする態度を身につけることができるようにする。

② 「学習の手引き」を用いて、グループにおける話し合いの方法を学ぶとともに、それを生かした話し合いをすることができるようにする。

③ 「ことば」に対する認識を深め、言語感覚を磨くことができるようにする。

(8) 単元の指導計画

次	時間	学習活動	指導上の留意点	評価基準
0		・日頃から感じている「ことば」への疑問について考えたことや調べたことをカードにとって提出する。	・「ことば」について、興味・関心をもつように、意欲づけをする。	・気になった「ことば」について、カードがとれている。（ワークシート）
1	1	・「あいまいなことば」一覧から、グループごとに課題を設定し、学習の進め方を知る。	・「学習の手引き」を用い、学習の進め方を理解させる。	・学習課題を理解できる。（観察）
2	6	・グループで課題のことばを調べ、短文のことばの使い方について話し合う。 (1)「考える」と「思う」のことばの微妙な意味・用法の違いを考える。【モデル学習】（二時間） (2)課題のことばについて、そのことばが使われる短文を考える。（一時間） (3)グループごとに、短文を分類・整理することによって、課題のことばの微妙な意味・用法の違いを考える。【グループ学習】（三時間）	・「学習の手引き」をもとに、課題を各自で考えさせる。 ・グループで話し合うことにより、ことばの微妙な意味・用法の違いを発見することができるようにする。 ・できるだけいろいろな短文を考えさせるように、教科書等の利用を呼びかける。 ・「学習の手引き」等を用い、課題のことばの微妙な意味・用法の違いが理解できるように支援する。	・課題に自主的に取り組むことができる。（ワークシート） ・ことばの微妙な意味・用法の違いを理解することができる。（観察・ノート） ・そのことばを用いて短文を書くことができる。（ワークシート） ・話し合いに積極的に参加し「ことば」を分類・整理することによって、「こ

				とば」の微妙な意味・用法の違いを理解することができる。 （観察・ワークシート）
3	6	・グループで話し合った結果をまとめ、クラスで発表会を行う。 (1)グループで話し合ったことを資料及び発表原稿にまとめる。（二時間） (2)グループで発表練習をする。（一時間） (3)クラスで『ことばの探検』発表会を行い、取り上げたことばについて討議する。（三時間）	・「学習の手引き」をもとに、資料及び発表原稿を作成させる。 ・質問に応えられるように準備するようにさせる。 ・「学習の手引き」をもとに、発表会をすすめ、討議をさせる。	・資料及び発表原稿をまとめることができる。（ワークシート） ・グループで協力して練習ができている。（観察） ・友だちに分かりやすく説明ができる。（観察）

三、単元の展開

1　［第0次］「ことばの探検」として、日頃から感じている「ことば」の疑問について考えたことや調べたことをカードにとって提出する（随時）

日頃の「ことばの生活」の中で、学習者が疑問に感じている「ことば」を見出して、その「ことば」について考えたことや調べたことを、「学習の手引き」に従って「カード」に書き入れて提出するようにした。日常生活の場と国語教室をつなぐようにした。この方が国語教室の学習が生きた学習となると考えたからである。

2　〔第一次〕「あいまいなことば」一覧からグループごとに課題を設定し、学習の進め方を知る（一時間）

まず、学習者が、「ことば」の疑問としてカードに書き入れたものを一覧表にして示し、そのなかから課題を設定し、グループごとにその課題について話し合い、課題の解決を図っていくことを説明した。その後、本単元の学習の流れについて「学習の進め方の手引き」を利用して、単元の最後段階で『ことば探検』発表会をすることを話した。単元の導入段階で、単元の最終段階で何をするか、その活動目標が明確にされていると、学習者は、その最終ゴールを常に意識して、それぞれの段階の学習を意欲的に学習すると考えたからである。

学習者が提出した、疑問として取り上げた「ことば」は、以下のようであった。一部を掲載する。

使い方があいまい	・「以上」「以下」「未満」「～から上」「～から下」「～より上」「～より下」 ・「難しいことは全くない。」と「難しくはありません。」 ・「全然いける。」・「～的には」・「ビミョー」・「むかつく」・「しける」 ・「千円からお預かりいたします。」・「よろしかったでしょうか。」 ・「一応保証書となっております。」 ・「木村さんあたりに聞いてみる。」 ・「でも、だから、やったほうがいいのかも?」 ・「別にそうでもあります。」・「食ったのが、～です。」
ことばの意味があいまい	・「逆」「反対」 ・「ちょっと」「少し」・「いっぱい」「たくさん」・「多少」・「少々」 ・「ほとんど」「たまに」「しばしば」「だいたい」「たいてい」「ふつう」「ときどき」「まれに」「ときに」「めったに」 ・「すごい」「いっぱい」「めっちゃ」「ごっつい」「ようけ」「めちゃめちゃ」 ・「きっぱり」「きっちり」 ・「におい」「かおり」 ・「つらい」「悲しい」・「美しい」「きれい」「かわいい」 ・「素晴らしい」「すごい」

・「～をする。」「～をやる。」・「布団をひく」「布団をしく」
・「花に水をあげる。」「花に水をやる。」
・「帽子をかぶる」「帽子をきる」
・「調べられる」「調べれる」
・「～たり～たり」
・「昨日」・・・「きのう」「さくじつ」
・「今日」・・・「こんにち」「きょう」
・「みんなが」「みんなで」「みんなは」

・「あつかましい」「ずうずうしい」・「甚だしい」
・「よい」「いい」
・「もたもた」「とろとろ」「のそのそ」
・「あわや」・「ためし」・「やましい」・「はまり役」
・「天然」「自然」
・「基礎」「基本」
・「聞く」「聴く」
・「経験」「体験」
・「内緒」「秘密」

(1)　**何から語句を選んだか。**

今回、課題として集めた「ことば」は、以下のようにして選んだ。

A　教科書から。
B　教科書以外の本から。このようなことばは機会を得て教えておきたいと思ったことば。作文などには見られない、少し程度の高い、いわば、おとなのことば。
C　学習者の質問から。
D　作文から。意見文発表会のときの作文から、機会を得て教えておきたいと思っていたことば。
E　新聞から。Bと同じような意味で、取り上げておいたことば。

(2)　**どのような基準を立てて語句を選んだか。**

○　日頃よく使うが、案外違いが分かっていないことば。
○　意味が分かるだけでなく使いこなさなければならないことば。

○　使うときに、文脈、場面によって、細かい心づかいの必要のあることば。
具体的には、次の一〇項目を取り上げた。一グループが一項目担当で、一〇グループの編成のためである。

①「思う」と「考える」（全員で考えることば。）［モデル学習用］
②「きれいだ」と「美しい」／③「大丈夫」と「しっかり」／④「通る」と「通じる」／
⑤「最良の」と「最善の」／⑥「意味」と「意義」／⑦「自立する」と「独立する」／
⑧「内緒」と「秘密」／⑨「経験」と「体験」／⑩「代わる」と「替わる」／⑪「探検」と「探険」

なお、これらを選ぶときには、後々の指導がしやすいように、二〇七頁に掲げた参考図書の中のことばも参考にした。

3　［第二次］　グループで課題のことばを調べ、短文のことばの使い方について話し合う（六時間）

(1)〈モデル学習〉、「考える」と「思う」のことばの微妙な違いについて考える。（二時間）

大野晋『日本語練習帳』（一九九九年一月、岩波新書）を参考にして、モデル学習として「考える」と「思う」の違いをクラス全員で考えさせた。まず、「思う」と「考える」が用いられている短文によって両者の用い方の違いを考えさせた後、どのようなときに、どちらのことばを用いているのかを検討させた。グループでの話し合いは、「話し合いの台本手引き」を用いて、指導者が演じてみせたり、学習者に役割分担させて繰り返し話し合いの練習うしたりした。「話し合い台本手引き」の一端を紹介すると、次のようである。

話し合いの手引き

1　司会　では、始めます。よろしくお願いします。 2　一同　よろしくお願いします。	・挨拶をする。

3	司会	これからすることは、まずことばについて分類・整理することです。そして、自分たちとしての考えをしっかり持つことです。 みんなが書いた「考える」と「思う」の短作文を、これから分類していきたいと思います。「考える」だけにしか使えない場合と「思う」だけにしか使えない場合と、どちらにも使える場合、というように分けます。 それから、この二つのことばにはどのような違いがあるのか、考えたいと思います。そのときに、「思う」と「考える」ですが、意味とか、ことばの違いとか、何が、どういう場合に使えない、とかいうような注意など、気がついたことを発表してください。 では、これから調べます。私が一枚ずつ読みますから、それを、分類・整理していきたいと思います。はじめに、一人に聞きますから、あとの人はどう思うか言ってください。Aさんからでいいですか。	・今日することの手順の確認をする。 1短作文を分類・整理する。 2二つのことばの微妙な違いをまとめる。 ・「話し合い」を記録する。「グループでの話し合いの記録」用紙に記録する。
4	A	はい、それでいいですが、分類・整理したカードに「考える」だけに使う文は○、「思う」だけに使う文は□、どちらも使える場合は△と印を付けて、分けていったほうがいいと思います。また、読み手は順に変わったほうがいいと思います。	・提案をする。
5	BC	賛成。	・返事をする。
6	司会	そうですね。では、自分が書いたカードは、自分で読むことにしますか。	
7	A	それから、次に、読み手になる人が、しるしをつけていったほうがいいと思います。	・短文に○をつけたり、その短文に意見をちょっと書いたりする。
8	司会	そうですね。そうしていいですか。	
9	BC	いいです。	
10	司会	じゃあ、とにかくAさんの案で始めましょう。私から、右回りで読んでいくと	

		いうことでいいですか。また、「思う」と「考える」のどちらがぴったりするのかも考えていきたいと思います。いいですか。	
11	ABC	いいです。	
12	司会	それでは、Aさんから、どうぞ。	
13	A	では、読みます。これはどうですか。 私は、汽車の時間に遅れ、汽車に乗れなかったことを悔しく思う。	
14	B	これは、「思う」ということばしか使えないと思います。「悔しい」というのは、「考える」のとは、ちょっと違うように思うから。	・自分の考えをはっきりと述べる。
15	C	そうだね。これは、「思う」にしか使えないと僕も思う。	（以下、省略）

(2)　モデル学習を参考にして、課題のことばについて、そのことばが使われる短文を考える。（一時間）

次に、担当する「課題のことば」について、各自で短文を作って、グループごとに集めさせた。グループで短文を分類・整理するときには、「学習の手引き」を配布して活用させた。

(3)　グループごとに、短文を分類・整理することによって、課題のことばの違いを考える。（三時間）

グループごとに話し合ったことを「グループ学習記録」をまとめて、授業後に提出させた。（→次ページ参照）

さらに、各班で学習者たちの作った短文を分類・整理するときに、場面や相手の立場などによってどう捉えてよいのか分からないものがあり、直接本人に聞くなどして、どのように分類・整理するといいのか、とまどっていた班もあったが、「課題とヒント」のプリントや辞書などを手がかりに、各グループとも賑やかに話し合いが進められていた。班によっては、意見がまとまらず、もう一度、分類の方法を考え直した班もあった。指導者も机間指導をしながら、困っている班やつまずいている班には、ヒントや資料を与えるなどの援助を行った。

4　［第三次］話し合った結果をまとめ、クラスで発表会を行う（五時間）

⑴　グループで話し合ったことを資料及び発表原稿にまとめる。（一時間）

グループでの話し合いをもとに発表資料を作成し、クラスのみんなに提示するように手引きした。できるだけ、分かりやすく簡潔に書くこと、図示などを用い、他の班の人たちにも分かりやすく提示するようにと、口頭による手引きした。

⑵　グループで発表の練習をする。（一時間）

発表資料ができたら、すぐに発表させるのではなく、グループごとに、「発表のしかたの手引き」を参考にして、発表者が発表に困ることがないように、また、原稿なしに生き生きと発表することができるように、繰り返し、繰り返し発表の練習をさせた。当然のことながら、この練習を繰り返すことを通して、学習者の発表力を鍛えることをねらっているのである。

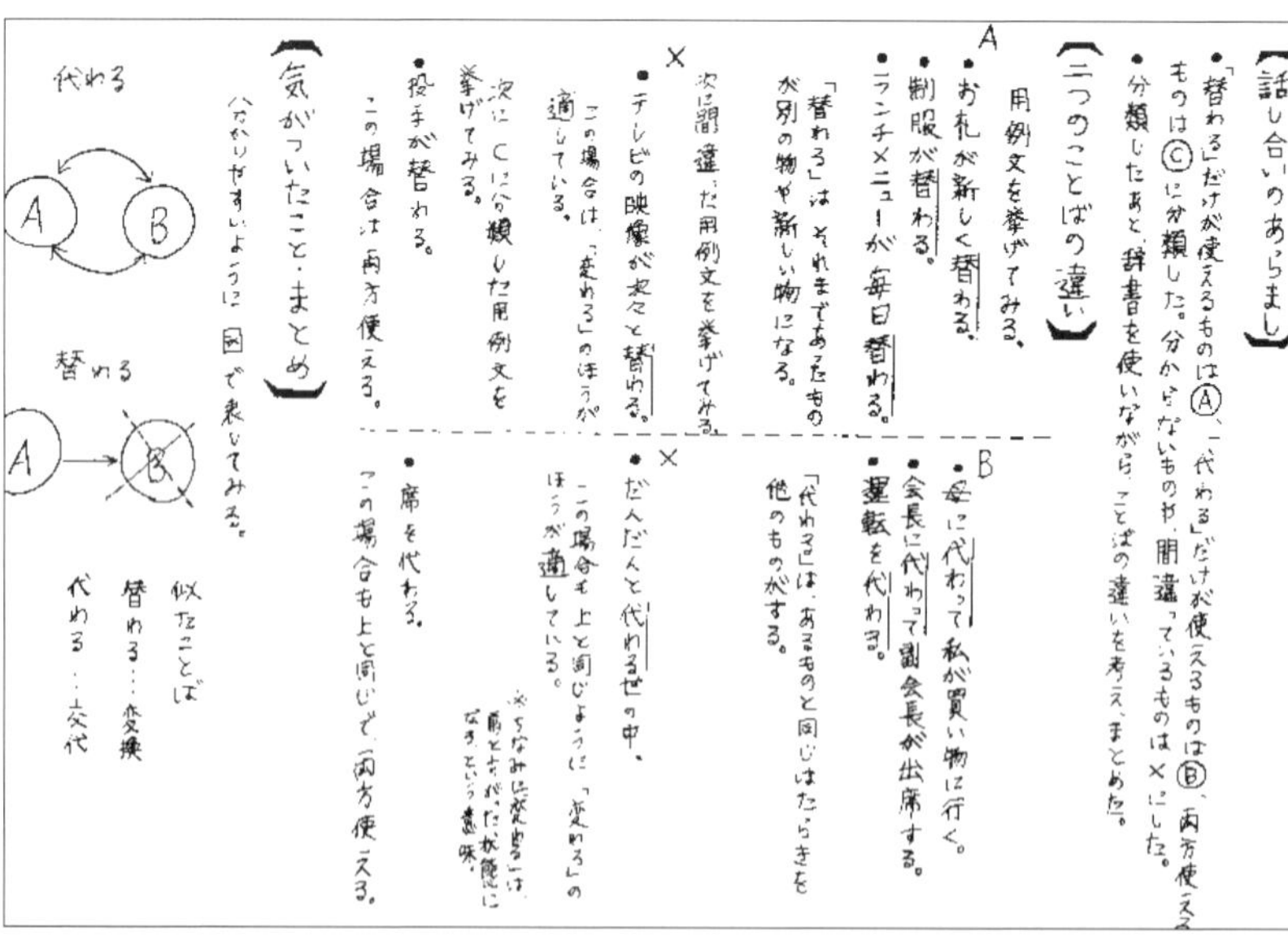

【話し合いのあらまし】
・「替わる」だけが使えるものはⒶ、「代わる」だけが使えるものはⒷ、両方使えるものはⒸに分類した。分からないものや、間違っているものは×にした。
・分類したあと、辞書を使いながら、ことばの違いを考え、まとめた。
【二つのことばの違い】
用例文を挙げてみる。
A
・お札が新しく替わる。
・制服が替わる。
・ランチメニューが毎日替わる。
「替わる」は それまであったものが別の物や新しい物になる。
×
次に間違った用例文を挙げてみる。
・テレビの映像が次々と替わる。
この場合は、「変わる」のほうが適している。
次にCに分類した用例文を挙げてみる。
・投手が替わる。
この場合は両方使える。
B
・母に代わって私が買い物に行く。
・会長に代わって副会長が出席する。
・運転を代わる。
「代わる」は、あるものと同じはたらきを他のものがする。
×
・だんだんと代わる世の中。
この場合も上と同じように「変わる」のほうが適している。
・席を代わる。
この場合も上と同じで、両方使える。
【気がついたこと・まとめ】
分かりやすいように図で表してみる。
代わる
A
B
替わる
A
B
似たことば
替わる…変換
代わる…交代

(3)　クラスで「『ことばの探検』発表会」を行い、取り上げたことばについて討議する。（三時間）

発表のしかた　手びき④

司会　第（　）グループの発表します。
　私たちのグループで担当したことばは、「○○」と「○○」です。まず、Aさんから、グループで話しただいたいの様子をお話しします。

A　私たちは、「○○」という短文を読み上げ、どのような場合に使われるのか調べてみました。すると、「○○」と置き換えても使えそうだというものが、いくつか出てきました。でも、「――」というように「○○」を「○○」に置き換えることができない短文も出てきて、どのようなときに、「○○」だけを使い「○○」だけを使うのか、分類・整理してみました。

司会　次に、Bさんが「○○」と「○○」ということばについて、私たちの勉強したことを発表します。

B　………（略）

司会　次に、大変的確に、適切に使えていると思う例を発表します。
　Cさん、どうぞ。…実は、よく使われていた例を発表するわけですが、残念なことに、そういうのがありませんでした。それで、私たちで作ったのですが、このようなのでどうでしょうか。Cさん発表してください。

C　プリントをごらんください。優れた用例文は、○○さんの・・・・・という文です。優れた用例文として候補としてあがった文は、○○さんの・・・・・という文と、○○さんの・・・・・という文です。これが私たちの選んだ、よい例文です。これが私たちの作った・・・・。

司会　次に、この二つのことばを整理・分類してみて、気がついたことばの違いについたことについて発表します。主な誤りや注意すべき点について、Aさんが発表します。

A　「○○」「○○」という意味をまちがっているのは、ありませんでしたが、どういう場合に使うかということでは、次のように、私たちのグループでは、考えました。
　プリントをごらんください。………

司会　以上で、発表を終わります。ご質問をどうぞ。

「ことばの探検」発表会をしよう―学習の手びき⑤

質問のしおり

○わたしの例文は、×になっているのですが、さっきのお話・・・を聞いて考えますと、これもいいのではないかと思いますが、いかがですか。

○「――」と同じように使えることばには、どんなことばがありますか。
　それは「――」と全く同じに使えますか。
　どういうふうに「――」と使い分けますか。

○似た意味の和語（漢字二字の熟語・漢語など）があったら教えてください。

○「＝＝」も「――」と同じように使えますか。

○「――」は、ことばとして、かたいほう、少し改まったほうですか。それとも、きらくに使っていいことばですか。

○「――」は、「・・・・・・・・・」こういうふうにも使えますか。

○「――」を「・・・・・」のように使っているのを聞きましたが、そういう使い方もできるでしょうか。

○「――」の反対のことばは、どういうことばですか。反対でなくても、対（つい）になることば。

○「する」をつけて「――する」と、動詞にして使えますか。

各グループの発表が終わるごとに、他の班の生徒に「質問のしおり」（学習の手引き）を参考にして質問させて、その「二語」の微妙な用い方の違いが浮き彫りになるように仕向けた。この学習の過程で、誰かが発表したら、必ず感想や質問をするのが礼儀であることを学ばせるとともに、質問をする力、応答する力を鍛えるように心がけた。学習者は、自分たちが担当した「ことば」の話し合いを通して、よく似た「ことば」を比べることに対する問題意識が高まっていたので、活発な質問・応答の授業展開となった。

四、実践の成果と今後の課題

(1) **中学一年生の「話すこと・聞くこと」の学習指導計画について**…二学期一一月に実践する「ことばの探検」発表会のためには、「話す力」「聞く力」のどのような基礎的な力を、事前に段階で螺旋的に身につけさせるべきかを意識しながら指導を展開してきた。しかし、「話し合い」にも、基礎的なものから高度なものまであると考えられるので、その中身を明らかにするとともに、どのような「話す力」「聞く力」「話し合う力」をどのような段階をふんで、どのように指導していくかは、今後の大きな課題として残った。

(2) **このたびの単元学習の展開について**…学習者の身近な言語生活の中から疑問を掘り起こし、そこから単元の学習課題を設定して、その学習課題の解決を目指して読む・書く・話す・聞く・話し合う言語活動を展開して、最終段階で「ことばの探検」発表会を行う、という一連の単元学習の展開は、当初の予定どおりうまく運んだと考える。

(3) **単元の指導目標について**…これら一連の単元学習を展開する過程で、当初に掲げた、①態度目標、②話し合いの方法を学ぶ認識目標と話し合う力の育成という技能目標、③言語感覚の育成という技能目標、このいずれの目標も、程度の差はあるが、一定の成果を得ることができたのではないかと思う。

(4) **「学習の手引き」の開発について**…このたびの実践研究の大きなねらいの一つであった「学習の手引き」の開発については格別に力を注いできた。口頭による「学習の手引き」のほかに、文字による「学習の進め方の手引き」「グループにおける話し合いの手引き」「発表のしかたの手引き」「質問のしかたの手引き」などを作成して、「話し合いなさい」と指示・命令するだけではどのように話し合えばよいのか分からない学習者が、また、「質問しなさい」と言っても、どのような質問をすればよいのか分からない学習者が、少しでも困らないように「学習の手引き」を工夫した。そこではどのような学習をさせたいのか、それをさせようとすると、学習者の中につまずく者はいないのか、つまずく学習者にはどのような援助をすればよいのか、学習に困る者が出ないようにと考えて、さまざまに「学習の手引き」を工夫してきた。しかし、今振り返ると、学習者一人ひとりのつまずきが的確に把握できていないために、また、「話し合う力」を身につけさせるためには、どのような「話し合いのしかたの手引き」が必要なのかが十分に把握できていなかったので、適切な「学習の手引き」を作成したとは言えない。今後の大きな課題である。

(5) **指導者自らの音声言語能力の育成について**…「話し合い」の学習指導が教室に根づいていくには、繰り返し話し合い活動を行うことによって、螺旋を描くようにその力を高めていく必要がある。そのためには、私たち教師が「話し合い」の有効性と必要性を認識するとともに、指導者自らの音声言語能力の育成に努めなければならないと感じている。今回の単元においても、学習者に具体的で細やかな援助や指導がなかなかできなかった。「話し合い」の具体的な様子を示した「学習の手引き」や、口頭や演示による指導者自らの「学習の手引き」が必要不可欠である。その「学習の手引き」を作成するためにも指導者自らの音声言語能力の育成が大きな課題である。

単元「『おとぎ話』から『古典』へ」（中一）学習指導の実際

――「古典」との出会い『竹取物語』――

広島大学附属中・高等学校　西原利典

一、実践研究のねらい

　子どもが最初に出会う古典作品として『竹取物語』を挙げることができる。広島大学附属小・中・高校の児童、生徒九三七人にアンケート調査を実施したところ、「学校で習う前に、古典（昔のお話）を読んだり、見たりしたことがありましたか。」の質問に対して「ある」と答えた割合は全体の九〇％であった。（→『広島大学学部・附属学校共同研究機構研究紀要』第四十二号、二〇一四）

　さらに学校で習う前に読んだり見たりしたのはどの作品か、一一作品を挙げ該当するものすべてに○をつけさせた。その集計が図1である。『竹取物語』（「かぐや姫」）が最も多い。それほど広く永く『竹取物語』は人々に親しまれ愛され続けてきた。

　中学校一年生の古典入門教材として定番である『竹取物語』は、高等学校

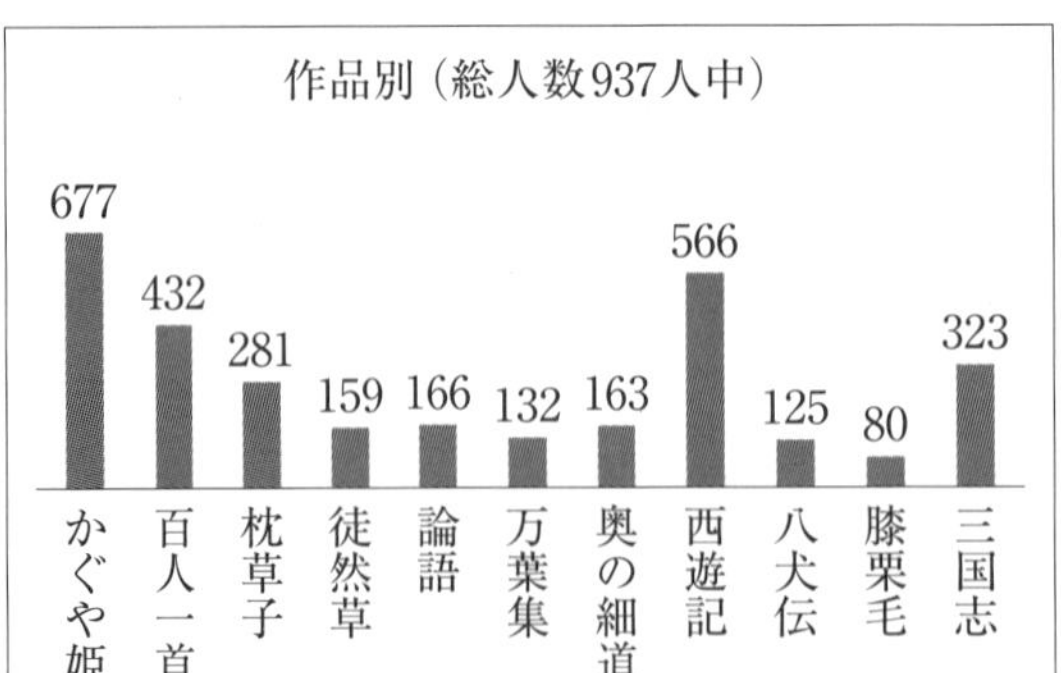

図1

の古典でも採り上げられてきた。中学校一年生では「古典の世界に触れること」「古典には様々な種類の作品があることを知ること」が指導事項として挙げられているが（平成二〇年度版中学校学習指導要領）、「触れる」「知る」に止まらず、「古典」としての『竹取物語』に出会わせたいと考えた。

『竹取物語』はかぐや姫の生い立ちから昇天までその不思議な半生を描いた「おとぎ話」として絵本などで人々に親しまれているが、原典を読んでいくと様々に書き手の意図や「世界観」を垣間見ることができる。かぐや姫が罪を負い、「汚き」地上で罪を償いその期間が終了した後、月の世界に帰るという展開を読むことによって、作者のどのような世界観がそこにあるのか、それは今の自分たちとどれだけ遠いのか（あるいは近いのか）という視点を獲得することが、この物語を古典として読む意義であると考える。

古典の入門期では、歴史的仮名遣い、古今異議語の学習に偏りがちであるが、古典との出会いが楽しいか楽しくないか、面白いか面白くないかは、その後の中学、高校六年間の古典学習を大きく左右するに違いない。『竹取物語』を読むことを通して「古典を読む楽しさ」を体験させたい。そのためには部分を切り取って繋げる断片的な読みではなく、作品全編を丸ごと読ませることで書き手の意図に迫るべきではないかと考えた。その体験が今後古典と主体的に関わっていこうとする態度を養うのではないかという仮説の基に授業を構想した。

二、単元の構想

(1) **単元名**　『竹取物語』を読む―おとぎ話か？　大人の物語か？―

(2) **対象学校名・学年・組**　広島大学附属中学校　第一学年　C組（男子二二名、女子二一名、計四三名）

(3) 実施時期・時間数　平成二八（二〇一六）年　一〇月　八時間配当

(4) 教材「姫の物語？　翁の物語？──竹取物語」（学校図書『中学校国語1』）

(5) 単元設定の理由

人は何を以て自己の成長を実感するのか。中学生になって算数が数学と名を変えたり、英語を本格的に学習するようになったりと、他教科では大きな変化が見られるが、国語科は小学校の延長にあるようにも思え、授業の中で大人になったことを実感する機会は乏しい。そんな中において、古典との出会いは子どもに成長を実感させることができる絶好の機会であり、最初の出会いがその後の古典学習を大きく左右すると言っても過言ではない。

現在、中学校国語科教科書を出版している会社は五社あるが、それぞれ工夫を凝らして「古典学習の意義」を解説している。そして、そのいずれにも中学一年生で扱う教科書に『竹取物語』は所収されている。五社を比較すると、共通して「かぐや姫の生い立ち」（冒頭部）を原文と傍訳、あるいは下段訳で載せ、あとは現代語で「五人の貴公子の求婚」「帝の求婚」の概要、そして「かぐや姫の昇天」を一部原文で紹介して終わっている。

その中にあって学校図書『中学校国語1』では、さらに教科書編者から学習者への問いかけが次のように続けられる。

> これで、『竹取物語』は終わります。
> この物語を読むと、いろいろなことを考えさせられます。
> 第一に、月の世界を人間があこがれる理想的な場所とし、これに対して、地上の世界を月で犯した罪を償う場所としている点です。天空にうかぶ月に理想郷を思いえがくのはよいとしても、なぜ、この地上は天人が罪を償う場所なのでしょう。かぐや姫を迎えに来た天人は、この地上を「きたなき所」とまで言っています。この話の語り手は、この地上の国をどのような場所と考えていたのでしょう。

> 第二に、月の世界に帰るかぐや姫は、翁と嫗、そして帝に不死の薬を残しますが、彼らはこれを手にしようとしません。帝は、かぐや姫が月世界に帰ってから、「逢ふこともなみだに浮かぶ我が身には死なぬ薬も何にかはせむ（もう二度と姫に会うこともなくなって、とめどない絶望の涙にくれるわたしには、不死の薬もそれによって得られる永遠の命も、何の役に立とう）」と歌に詠み、「駿河の国にあんなる山の頂」（富士山頂）で燃やしてしまいます。不老不死の月世界を理想郷として語るこの物語の語り手にとって、不死の薬は何にもまして価値あるものであったはずです。その語り手が、不死の薬に目もくれずにかぐや姫との別れを嘆き続ける翁や嫗や帝を語るのは、何を思ってのことなのでしょう。
>
> 第三に、わたしたちは、普通、この物語をかぐや姫のお話として読んでいますが、古典の世界では『竹取物語』あるいは『竹取の翁の物語』が題名です。つまり、この物語は「かぐや姫の物語」ではなく、「竹取の翁の物語」として読む読み方もあったようなのです。かぐや姫ではなく、竹取の翁についての物語だとすると、それはわたしたちに何を語りかける物語ということになるのでしょう。
>
> さて、これら三つの問いを考えるためには、物語の全体を注意深く読み直す必要があります。それは、みなさんの教室での学習にお任せしますが、物語がわたしたちに投げかけている問いは、ほかにもっとありそうです。
>
> 読書はこうした問いを発見する中で深まります。そして、古典は、普段深く考えることもなく、やり過ごしている大切な問いをいくつも問いかけてきます。これらの問いを発見することは、「見ぬ世の人」と出会うことです。そして、これらの問いをわたしたち自身の問いとして考えることは、「見ぬ世の人」を友とし、その人と対話することでもあります。みなさんは「見ぬ世の人」と、どのような対話をしますか。
>
> （傍線稿者）

授業者は学習者にそのまま読ませ、問いを考えさせることで学習を進めることができる構成となっている。生徒が持っている「おとぎ話」としてのイメージを「問い」によって揺さぶることで、新しい『竹取物語』像を獲得する。そこに描かれているのは様々な人間であり、作品を通して現実世界に生きる人間を読む。まさしく古典を読む意義であり、面白さでもある。そのことを子どもに具体的に実感させたい。

広島大学の附属学校である本校は、広島大学の教授が学校長を務める。当時の学校長、竹村信治氏はこの教科書編者の一人であり、この問いかけの文章を書いたまさにその人であった。通常であれば授業者が教科書編者に成り代わって生徒に問いかけ、対話しながら学習を進めて行けば済む話であるが、生徒にとって自校の校長が教科書を書いた人、という環境を活かさない手はない。

ただその条件として、傍線部のように「物語全体を注意深く読み直す必要」があり、それは「教室での学習にお任せします」とある。この機に従来の古典学習入門期における扱い方を転換し、授業時間が限られた中で古典作品を丸ごと読ませたい、そのためにはどうすればいいかに挑んだ実践報告である。

(6)　単元の指導目標

①　歴史的仮名遣いに慣れさせ、抵抗なく古文を音読できるようにする。
②　物語の内容を要領よく簡潔にまとめて、他者に伝えることができるようにする。
③　これまでに自分が絵本や童話で読んだり聞いたりした内容と原作を比較し、語り手が伝えようとしたことを考えさせる。
④　教科書編者（校長先生）の問いかけに対して自分の考えを持たせ、文字化して伝えることができるようにする。
⑤　教科書編者（校長先生）からの回答を読み、「考える読書」について振り返させる。あるいは更なる問いを持たせる。

(7)　単元の学習計画（全八時間）

第一次　教科書教材「かぐや姫の生い立ち」を読む。【一斉学習】　一時間
第二次　作品全編を読む。（主として「五人の貴公子の求婚」並びに「帝の求婚」）【個別学習】　四時間
第三次　教科書教材「かぐや姫の昇天」を読み、教科書編者が投げかけた問いを考える。　二時間

第四次　教科書編者と対話する。　一時間

三、単元の展開

1〈第一次〉教科書教材「かぐや姫の生い立ち」を読む（一時間）

(1) 歴史的仮名遣いを知る。　(2) 音読により古文のリズムに慣れる。　(3) 虚構であることを押さえる。

一般的な一斉学習による読解学習である。教科書には傍注の形で現代語訳が与えられている。それを頼りにしながら内容を理解し、音読を繰り返すことで、古文の仮名遣いやリズムに慣れさせた。

2〈第二次〉作品全編を読む（四時間）

第一時　分担して音読

(1)『竹取物語』全文を四六に区分し、B5サイズ縦長の紙の上段に本文、下段に現代語訳を載せたプリントを用意する。

〈配布プリント例〉

二九 人々あさましがりて、寄りて抱へ奉れり。御目（おんめ）は白眼にて臥し給へり。人々、水をすくひ入れ奉る。からうして生き出で給へるに、また鼎の上より、手取り足取りしてさげ下ろし奉る。からうして、『御心地（みここち）はいかがおぼさるる』と問へば、息の下にて、『ものは少しおぼゆれど、腰なむ動かれぬ。されど子安貝をふと握りもたれば、うれしくおぼゆるなり。まづ、脂燭（しそく）さして来（こ）。この貝、顔見む』と御頭（みぐし）もたげて御手（みて）をひろげ給へるに、燕のまり置ける古糞（ふるくそ）を握り給へるなりけり。 それを見給ひて、『あな貝なのわざや』とのたまひけるよりぞ、思ふに違ふことをば、『かひなし』と言ひける。
二九 家来の人たちは驚いて、近寄って中納言を抱き起こした。中納言は白目を剥いて気絶し、横たわっている。家来たちが、水をすくってから飲ませた。ようやく意識を取り戻したので、鼎の上から手を取ったり足を取ったりして、地面へと下ろした。『ご気分はいかがですか。』と尋ねると、やっとのことで苦しそうな息をしながら、『意識は少しはっきりしてきたが、腰を痛めて動けない。しかし、子安貝をさっと握ったので、嬉しく思っているところだ。まずは明かりを持ってこい。子安貝の顔を見てやる。』と言って、頭を持ち上げて手のひらを開いた。しかし、（子安貝ではなく）燕が垂らした古い糞を握っていただけだった。 それを見て、『あぁ、貝がないではないか。』とおっしゃったので、思っていた事と実際が違うことを、『かいなし（貝無し・甲斐無し）』と言うようになった。

(2)　教科書に掲載されている箇所を除くクラス人数分（今回は四三）を、本文の内容ではなく文字数によって「初級」「中級」「上級」に分類する。文字数はワープロソフトの文字数カウント機能を用いて多い順に一覧にしておくと、後から人数を調整する際に役立つ。

「初級」二五〇字～三五〇字　一六ヵ所　「中級」四〇〇字～六五〇字　二〇ヵ所

「上級」七〇〇字～八〇〇字　七ヵ所

(3) どの級に取り組みたいか「上級」から順に希望する級に手を挙げさせ、それぞれにプリントを配布する。教師が用意した数より希望者が多ければ「中級」の中で文字数が多いものから「上級」に回したり、逆に希望者が少なければ「上級」の中で文字数の少ないものを「中級」に回したりしながら調整する。(以下同様)

一人一人が自分の力量に見合った、そして他の子どもと同じものはないテキストを手にし、責任をもって自分の担当箇所を読ませることによって、学習に対する意欲の高まりが期待できる。

(4) 担当範囲の音読練習をさせる。読み方が分からない言葉は教師に尋ねさせ、下段の現代語訳と照らし合わせながら言葉のまとまりを理解した上で音読するようにさせる。

(5) 練習ができた生徒から教師の前で音読し、教師は読み誤りを指導する。

第二時 現代語訳の要約

(1) 音読確認が済んだ者は現代語訳を三〇〇字程度で要約し、簡潔に人に話して聞かせる準備、練習をする。

(2) 早くできて時間に余裕のある生徒には担当部分の前後の人を探して、読解範囲を広げるように指示する。

第三時・第四時

(1) 番号順に通して発表する。発表時間は一人一分半~二分以内。

(2) 聞いている生徒は、過去に自分が読んだ絵本と違うところ、あるいは初めて知ったことなどをメモしながら聞かせる。

3〔第三次〕教科書教材「かぐや姫の昇天」を読み、教科書編者（校長先生）が投げかけた問いを考える（二時間）

第一時

(1)「かぐや姫の昇天」を読む。

「かぐや姫の生い立ち」の一斉学習により古文を読む際の基本的事項を学ばせ、その力を用いて各自が個々のテキストを読み解いていった。そして再び一斉学習の形で「かぐや姫の昇天」ならびに「富士山伝説」を読み解いていった。

(2) 教科書に示された三つの問い（前掲）のうち考えたい問いを一つ選び、個人で考える。

後に同じ問いを選んだ者同士で交流させるのに選ぶものが偏っては都合が悪いので、当初は出席番号などで教師側で機械的に割り当てて、人数を均等にすることも考えた。しかしそれでは主体的な学習にならないと思い直し、自分が考えたい、興味関心のある問いを自由に選ばせた。そうした

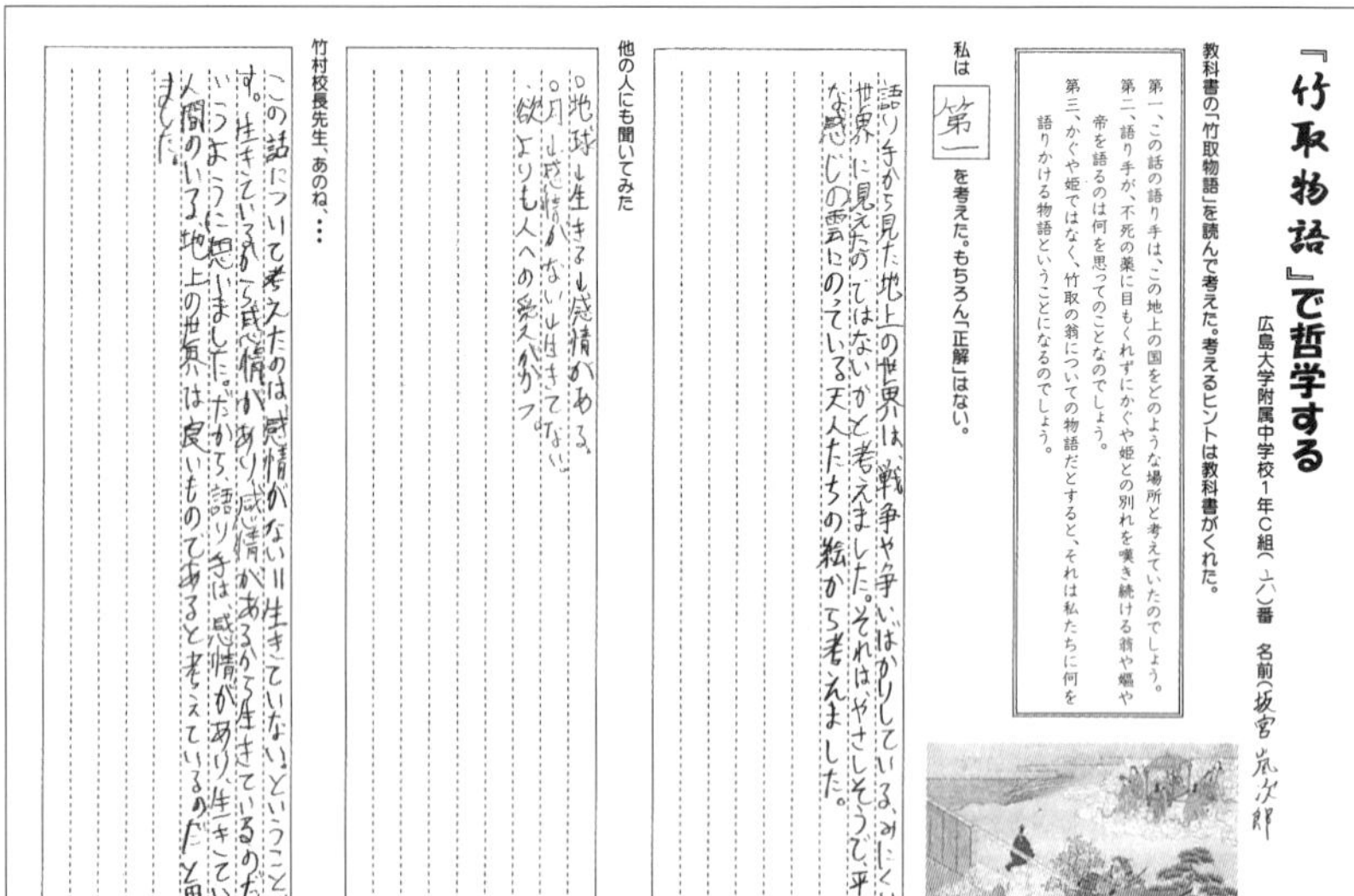

『竹取物語』で哲学する

広島大学附属中学校1年C組（二八）番　名前（坂宮　嵐次郎　）

教科書の「竹取物語」を読んで考えた。考えるヒントは教科書がくれた。

第一、この話の語り手は、この地上の国をどのような場所と考えていたのでしょう。
第二、語り手が、不死の薬に目もくれずにかぐや姫との別れを嘆き続ける翁や媼や帝を語るのは何を思ってのことなのでしょう。
第三、かぐや姫ではなく、竹取の翁についての物語だとすると、それは私たちに何を語りかける物語ということになるのでしょう。

私は　第一　を考えた。もちろん「正解」はない。

語り手から見た地上の世界は、戦争や争いばかりしている、みにくい世界に見えたのではないかと考えました。それはやさしそうで、平和な感じの雲にのっている天人たちの絵から考えました。

他の人にも聞いてみた

○地球も生きるも感情がある。
○月は感情がない、生きてない。
欲よりも人への愛が分かる

竹村校長先生、あのね、…

この話について考えたのは、感情がない＝生きていないということです。生きているから感情があり、感情があるから生きているのだというように思いました。だから、語り手は、感情があり、生きている人間のいる、地上の世界は良いものであると考えているのだと思いました。

図2

ところ、第一の問いが二〇人、第二が一五人、第三が五人とやはり偏りが生じたが、誰も選ばない問いは無かったのでそれで良しとした。

(3)　個人で考えたことをワークシート（図2）に文章でまとめる。

第二時

(1)　問いごと集まって個人で考えたことを他者と交流させる。
前時で書いたものを回覧し、読み合せた後に自分と違う意見、新しく気付かされた観点などをワークシートに記述する。

(2)　同じグループで自分たちが考えたのとは違う他の二つの問いについても考えてバズセッションを行わせる。

(3)　違う問いを担当した、たとえば第二、第三の問いに取り組んだグループも(2)で第一の問いについて議論しているので、第二、第三グループの数名を指名して、それぞれのグループで出された第一の問いに対する代表的な意見を発表させる。第一の問いグループは(1)と同様に、今までになかった考えをワークシートにメモしながら聞く。以下同様に第二、第三の問いについても相互に発表させる。
この活動を通して、個人で考えたことが次第に広がり、深まることが期待できる。

(4)　教科書編者（校長先生）にこれまでの学習を通して考えたこと、思ったこと、聞いてみたいことなどを書く。

生徒記述　竹村校長先生、あのね・・・

私は地上の世界を作者が「汚いところ」、「罪を償う場所」、と書かれているのは自分の周りでだましあいや憎しみなどの辛い感情があったからだと思います。そこを地上の人にではなく、天人に言わせたのは、他の人も見ているというのを伝えたかったからだと思います。この物語の作者は貴族だったと言われていますが、豊かになったからこそ人間の欲望、汚い感情が生まれるということも伝えたかったと思います。実際翁に帝が地位を与えてやると言った時に、うれしく思ってしまったというのもその感情の一つだと思います。

この物語では人間を強欲なものとして捉えていると思います。かぐや姫を自分の妻にしたいがために嘘をつく五人の貴公子や、かぐや姫と一緒にいたいがために天人に嘘をつく翁。強欲であるとしか言えません。（自分が言えることではありませんが。）しかし、この物語での強欲というのには理由があるのだと思います。それはかぐや姫に対する「愛」だと思います。作者は人間を強欲と書きながらも深い愛があるということを書きたかったのだと思いました。

私は月の天人が人間を汚いなどと言っているけれど、自分は反対だと思いました。確かに月の人は不老不死でみんな美しく、悩みもありません。それは人間にとっては憧れかもしれません。しかし、月の人にはあまり感情がありません。人間は大切な人と別れるとき翁のように悲しみます。月の人にはその感情がありません。ということは他の人から大切に思われていないということだと思います。だから本当にかわいそうなのは愛を感じたことのない月の人なのではないかと考えました。

この話は「竹取物語」だから意味があるんだと思います。竹取の翁という身分の低い人間が、かぐや姫によって金持ちになり、もう少しで貴族というところにまでなりました。かぐや姫は実は、天人でした。今は「かぐや姫」という絵本になっています。かぐや姫が主体なので、翁のことがあまり語られていません。「かぐや姫」の話では「竹取物語」を描いた作者が伝えたかった、愛の大きさや別れの悲しみがうすれてしまっていると思います。これからは「かぐや姫」を読む時もプラスで「竹取物語」についても考えるようにしていくべきだと思いました。

全体的に書き手（語り手）の「人間観」「世界観」に着目して書かれたものが多かった。これまでの「おとぎ話」「不思議な話」という受け止めとは明らかに質が違うことがわかる。第三次が終了した時点でワークシートを回収し、全員分のコピーを取って竹村信治先生に渡した。返信をいただくまでに一〇日ほど空いたので、その間は他の単元を進めた。

4　〔第四次〕　教科書編者（校長先生）と対話する（一時間）

(1)　校長先生からの返信を読む。

竹村信治先生からとても丁寧でこまやかな返事をいただいた。紙幅の都合で全文を載せることは叶わないが、問いに対する見解の部分だけ抜粋して掲載する。

校長先生からの回答

〝『竹取物語』で哲学〟した1Cのみなさんへ

校長　竹村　信治

1Cの皆さん、ワークシート、読みました。教科書で投げかけた「三つの問い」、それぞれ真剣に考えてくれましたね。私が「姫の物語？　翁の物語？」を書いたのは、中学生の皆さんに〝考える読書〟を始めてほしいと願ったからです。だから、真剣に考えたことが分かるワークシートに、大満足です。

○「きたなき所」って、なぜ？

「きたなき所」は仏教の考え方によるものです。極楽や天界は「浄土（じょうど）」（きよらかな世界）、それに対して地上は「穢土（えど）」（けがれた世界）、この穢土を離れてみんなで浄土を求めましょう、というのが仏教の教えです『竹取物語』は浄土のかぐや姫が穢土に送られ、やがて浄土に帰って行く物語。だから、仏教の考え方に基づいて書かれた物語です。かぐや姫は月に帰る十五夜が近づくと涙を流し、翁や嫗、帝と別れるのをいやがって、穢土に留まるのを願っていますから、仏教の考え方とは真逆です。仏教が説き当時の人々が信じていた考え方を枠組みとして使いながら、内容は反仏教で、穢土たる人間界の慕わしさを「私はこう考える」と読者に差し出しているのです。『竹取物語』の作者の世界への「問い」はここから聞き取れそうです。「きたなき所」は穢土のことですが、物語中にはそれが登場人物の言動において描き出されています。『竹取物語』の大半は、人間の欲深さや愚かさ、権力者の横暴を描き出すものとなっています。作者は、そうした人間世界の人々の心の有り様を描き出した上で、天人に地上世界を「きたなき所」と言わせたのでした。

○なぜ、「不死の薬」よりも「かぐや姫」？

「きたなき所」の住人として「きたなき」心にとらわれていた登場人物たちは、物語の展開のなかで変貌します。途中で姿を消す貴公子たちはともかく、たとえば強引だった帝は、かぐや姫に拒絶された後も一途に思い続け、他の后たちには目もくれず、姫だけを思って手紙を送り、姫が去った後には「もはや姫に逢うこともないと思うと涙が流れ、何も考えられない、姫もいないのに不死の薬など意味がない」と歌い上げます。そうした変貌後の姿に対して姫も心を開き、帝に手紙をしたためて折々の思いを伝え、別れの時には「しみじみと帝のことがなつかしく思われます」と歌を詠んで送っています。

作者は、「きたなき所」の住人がそうした掛け替えのないものに気づいていく様子を描き出し、「不死の薬」と比較しながら、人間にとってのその大切さを「私はこう考える」と読者に差し出しているようです。

○なぜ題名は「竹取の翁の物語」なの？

見てきたように、「きたなき所」の住人として〝実の子〟ではない姫を利用することばかりを考えていた翁は、最後には姫を〝我が子〟と呼びます。『竹取物語』を「竹取の翁の物語」として読むと、翁が親としての真の愛情に目覚める過程を描いた物語と言うことになりそうです。〝竹取の翁の、親としての成長物語〟とでも言いましょうか。

しかも、姫と翁とは血のつながりのない関係ですから、この〝親としての真の愛情〟は血縁ではなく養育を通じて育まれ、発見されたものでした。親子関係を血の問題とするか、養育（一緒に親子として過ごした時間）の問題とするかは、不妊問題を医療的に解決することが可能になった現在、ニュースでも取り上げられる大きな課題ですが、この作品はそんなことについても「私はこう考える」と主張しているようです。

さて、こうして「私はこう考える」を理解した上で、次は、「何について」、すなわち『竹取物語』の作者が自分の生きている世界にどんな「問い」を投げかけたのかを考える番です。それは、大きくは〝人間世界〟をめぐる「問い」(人間って何？)ということになるのでしょうが、見てきたように、「きたなき所」って本当？「きたなき所」でどう生きていく？人と人との関係って？　男女の交際で大切なものは？　親子って？　など、さまざまな場面で多くの「問い」がさらに立てられているようです。

それにしても、『竹取物語』の作者はずいぶんと多くの「問い」を扱っています。それらは作者が自分の生きている世界に投げかけたものですから、作者はそれだけ広く、深く世界と向き合っていたことになります。また、現代でも解決されていない「問い」もあります。そうした大切な「問い」をいっぱい見出だし、読者とともに考えようとしている作品がよい作品と言うことになるのですが、その意味で、やはり『竹取物語』はすぐれた文学ということができるでしょう。『竹取物語』が立てた「問い」はその後の古典作品はもちろん、現代の文学作品でも引き続き問われています。教室で、また図書室で、自分の部屋での〝読書〟がそうした「問い」と出会い、対話し、皆さん自身が考えを深めていくシーンとなることを期待しています。

(2)　学習の感想を書く。

竹村先生からの返信を受けて、さらに変容が確認された。特に教材の読みに関するものだけでなく、汎用的な感想も見られた。その一例を性質別に以下に挙げる。

授業感想

A　小学校から中学校への変化

ぼくは、竹取物語を読んでさらに多くのことを知ることができました。小学校では音読するだけで、正直、物語の中身についてふれることはありませんでした。でも、筆者や竹村校長先生が投げかけた問いを受け止め、考えることで、竹取物語について深く知ることができました。これからの読書では、問いを受け止めるだけではなく、それを考えるという読書をやってみたいと思いました。

B　読書生活の変化

竹村先生は三つの問いを考えました。それらの問いは自分で読んだときには気づかなかったけれど、確かになんでだろうと思うようなことでした。始めは竹取物語をわかったつもりだったけれど、問いを考えて翁や帝の変化など新しいことに気づいて奥が深いなと思いました。これから読書をするときは、たくさん問いを立てて、それについて考えることで、その話の理解を深めることを大切にしようと思いました。

C　現代小説の読みへ

今まで何も深く考えずかぐや姫を読んでいたが、原文を初めて読み、そこから考えられることを自分でも考えました。僕には今の自分や社会につなげるような問いに対して考えられなかったけど、校長先生のお返事を聞き、今の自分や社会につなげるような問いを考えることができました。普通の小説などでもそのようなことを考えてみたいです。

D　他の古典作品も

私は今までは校長先生がおっしゃっていたように内容を正しく理解する勉強しかしていなかったけれど、「竹取物語で哲学」によって内容だけでなく、さらに深い部分まで考えることができました。また原文は私の知っていた話よりユーモアもあり、ＳＦでもあり、感動もあり、とても面白かったです。古文に今までは難しい印象を持っていたけれど、これからは源氏物語や枕草子などのいろいろな話を読んでみたいです。

E　身についた力

私は、この竹取物語を学ぶ授業を通して、物語から新しい問いを見つけ出し、その答えを考えていくという力がついたと思います。また、他の人が考えた問いを知ることでその物語をもっと深く考えていくことができました。校長先生のおっしゃっていた「『きたなき所』は仏教の考え方によるもの」など、自分の知識をつなぎ合わせることで、物語が人間世界の「きたなさ」を語った上で最後にそれを逆転させているんだ、というその物語に対する理解も深まっていくと思います。

F　古典とは

竹取物語の作者は自分を取り巻く世界に満足していなかったのではないか、と校長先生の文を読んで思いました。自分のまわりの欲深い人々、浄土に比べてのこの世界。そんなことから竹取物語で問いを投げかけ、自分の世界への考えを物語として書きたくったのです。それを現代の視点から見てみるとこんなにたくさんの意見が出るということから古文はおもしろいなと思いました。

G　更なる問い

私は今まで、読書（授業以外）の時間に問いを考えたりすることがほとんどありませんでした。しかし、この物語を学ぶことによってなぜ?どうして?という疑問は本から、ニュースから、新聞記事から発見する力を少しつけることができたと思います。竹村先生のお返事を読み、新たに疑問が浮かびました。それは、なぜ昔の竹取物語と現代のかぐや姫では少し中身が違うのか、です。五人の貴公子の求婚、不死の薬など、小学生の時は全く知りませんでした。物語の中では大切な部分だと思うのになぜ書かなかったのか。かぐや姫を編集した人に聞いてみたいです。

H　人間とは

今回、竹取物語について学んだことで、人間ってなんだろうということについて考えさせられました。人間には、病気や死、自分勝手な心があります。でも、それだけではなく、様々なことを感じるとる感情や愛情があります。私は人間とは豊かな感情を持っているものだと思います。その感情は良いものばかりではないが、大切で大きな存在となっているのではないかと思います。

四、実践の成果と課題

本単元は「古典作品を丸ごと読み味わう」ことを主眼に置いた。それも入門期である中学一年生においてである。古典作品をいきなり全編読ませることはハードルが高いようにも思われるが、まだ古典に対してアレルギーを持たない中学一年生だからこそ、丸ごとそのままを与えても拒絶反応も少ない。その点『竹取物語』は小学校までに何らかの形で出会っており、中学校での学習をある程度補ってくれる作品である。「おとぎ話」や「絵本」として読んだ世界と違う顔を垣間見た時、子どもたちは「古典」と最高の出会いをしたことになるのではないか。何よりも「全部読んだ」という達成感や充実感が次なる古典学習への意欲を喚起するのではないだろうか。そう考えて、今回は限られた時間の中で、いかに全編に触れさせることが出来るかに挑戦した記録である。

この学習活動をもって全編を読んだことになるか疑問が残る所ではあるが、生徒の書いた感想を読む限りでは指導のねらいは達成できたように思われる。学習形態としても、一斉学習により基礎基本を身に付け、次に優劣が見えない形で個別学習を行い、最後にクラス全体で交流することで深め合うことを、「話す・聞く・読む・書く」活動を取り入れて言語能力を総合的に鍛えながら進めた授業であった。

小学生とは違い中学生は、「大人になる」準備期間であることを意識しながら授業を進めて行くことが肝要である。その意味では教科書を作った大人、それも校長先生と古典作品を通して対等に対話することができ、子どもたちも少し大人になった気分を味わえたのではないだろうか。

生徒が主体的に読み深める学習指導の実際（中二）
――ディベートで『走れメロス』を読む――

実践当時／広島県福山市立城南中学校　渡邉　博之

一、実践研究のねらい

「走れメロス」は昭和三一（一九五六）年版中学校二年生用の教科書に収録されて以来、これまで多くの実践がなされてきた。実践史については、熊谷（二〇一〇）の中で、吉田（一九九三）の論考を踏まえながら次のようにまとめている。

「走れメロス」の実践について、吉田裕久（一九九三）は、「友情」を主題として道徳的に扱うもの、「信実」の語に注目して「それに応えることの難しさ」と「努力する人間の美しさ」に焦点を当てることで主題に迫ろうとするもの、メロスに同化したり異化したりすることによって作品を読解・批評させようとするもの、さらに原点であるシラーの詩と比べ読みするものの四種類の実践がこれまで行われてきたとした。

これらの実践の多くがいわゆる「発問応答型の授業」で展開されてきた。加えて自身のこれまでの実践を振り返った際に、本文を精読せず、「約束を守った」というコードだけを単純に捉え、「約束を守ることの大切さ」「人を信じることの大切さ」「友情の素晴らしさ」を主題として受け取り、そこからの読解に深まりが見られなかったことも課題として挙げられる。以上、「授業展開の工夫」および「読解の深まり」という課題を克服するために、本文の記述を根拠にしながら、生徒が主体的に読解を深めていく学習指導の実現を目指したい。

そのために、まず生徒に初読の段階で本文に対する疑問を挙げさせ、その疑問の中から大課題（単元を通して考える課題）と小・中課題（大課題を考えるための課題）に分ける。

小・中課題については「ジグソー学習」という手法を用い、生徒自身の手で解決させる。ジグソー学習は自身が探求したことを所属する班に還元するという作業を伴うため、学習者同士の学び合いの場を産出することができる。大課題については、小・中課題での学びを踏まえた上で、「ディベート」を手法として取り入れ、解決へと導く。ディベートは、「主体的・対話的で深い学び」の例としても取り上げられており、生徒が主体的に活動できる手法である。ディベートは、話し合い活動として、①二つの視点からの思考をさせる、②意見と根拠・理由の関係を正す、③参加意識を高め、意見を平等に扱う、などといった点から有効であることが見いだされており、特に記述を根拠にして、自身の考えを主張する力を育むことに特化している。これらの過程を学習者が主体的に取り組むことを通して、本文の記述を根拠にしながら読み深めを行っていく授業を展開したい。

二、単元の構想

⑴　**単元名**　自分を見つめる「走れメロス」（光村図書『国語２』）

(2) 対象学校名・学年・組　福山市立城南中学校　第二学年　四組（男子一六名、女子一九名、計三五名）

(3) 実施時期・時間数　平成二七（二〇一五）年　一一月　九時間配当。

(4) 単元の構想

①　指導改善ポイントの明確化

ア「ジグソー学習」を通して、本文を根拠に自分の考えを記述させる。

単元終末で行う「ディベート」に、より質的な深まりをもたせるため、「ジグソー学習」を導入し、本文の読み深めを行う。「ジグソー学習」では、生徒自身が挙げた課題を主体的に解決できるよう、小課題を設定し解決させる。本文に根拠を求めさせることで、心情の把握をより正確なものにさせる。

イ「ディベート」を通して、自分の考え方を説明させる。

指導改善ポイント①で挙げた「本文を根拠に自分の考えを記述」したものを元に、ディベート活動に発展させる。第三者を説得するための根拠を見つけるために、繰り返し本文を読解させることで、課題である「登場人物の心情把握」の改善を図る。

②　単元について

本単元は中学校学習指導要領、第二学年C読むこと（1）イ・オの「例示や描写の効果、登場人物の言動の意味などを考え、内容の理解に役立てること」・「多様な方法で選んだ本や文章などから適切な情報を得て、自分の考えをまとめること」を狙いとする。これらの力を育むために、第二学年C読むこと（2）の言語活動例イ「説明や評論などの文章を読み、内容や表現の仕方について自分の考えを述べること」を活用し、主な活動として「ジグソー学習」・「ディベート」を通して目標の達成を目指す。

第一次では初読の感想と疑問を書かせる。稿者の過去の実践では、本文中でメロスを「勇者」と表現することに違和感を覚える生徒が必ず存在した。本実践においても同様の生徒が存在した。

そこで、第二次では、生徒の感想・疑問を用いて、単元を貫く問いとなる「メロスは勇者である。是か非か。」を最初に設定する。メロスが勇者であるかを考えていく上で、メロスの人物像やメロスの心情を表す表現に注目させ、それを根拠にして導かれる考えを、毎時間記述させる。自身の考えの変容を辿らせながら、「是」・「非」それぞれの立場で最終的な考えを、本文を根拠に記述させる。また作品理解を深めるために学習者が最初に挙げた課題の中から5つを取り上げ、「ジグソー学習」を用いて解決させる。これらの活動は、全て「ディベート」に繋げるための活動である。

第三次では、記述を元にディベートを行う。マイクロディベート（ディベートミニ試合。三人一組になり肯定・否定・審判を一人ずつ交替で担当する試合を同時並行で行う。試合形式と各パートの役割を体験的に理解できる。）という形式を用いて、全員にディベートの体験をさせる。その後、代表者によるディベートを行うことを通して、改めて「メロスは勇者である。是か非か。」という問いに対する自分の考えを書かせる。

「ディベートマッチ」を行うことで、学習者は第三者を説得しようと、本文を根拠にしながら説明をする。そのことは結果として授業者が意図している、「登場人物の心情の把握」に関する力をつけるために、「本文を根拠に読解を行い、心情を説明させる」という目的へと繋がっていく。「ディベート」という手法を活用することで、最終的に「主体的に読み深める学習者」を育てていくことができると考える。

(5) 単元の目標

① 本文を読んで疑問・感想を持ち、読解した内容を交流することを通して、ディベートをしたり、ディベートを聞いたりしようとする。

② 登場人物の気持ちや行動、場面展開、情景描写に注目して、内容理解を深めることができるようにする。

③　本文や資料を根拠にして、自分の考えをまとめることができるようにする。
④　相手により伝わるように、文の成分や順序を意識して表現することができるようにする。

(6)　単元の評価規準

国語への関心・意欲・態度	読む能力	言語についての知識・理解
・本文を読んで疑問、感想を持ったり、読解した内容を交流したり、作品に主体的に関わろうとしている。 ・自分の考えを根拠に、ディベートをしたり、相手の根拠を意識したりしてディベートを聴いている。	・登場人物の気持ちや行動、場面展開、情景描写に注目し、内容理解を深めようとしている。 ・ディベートを通して、必要な情報を本文から読み取り、自分の考えをまとめようとしている。	・相手により伝わるように、文の成分や順序を意識して表現しようとしている。

(7)　単元の指導計画

【第一次】

第一時…本文を読ませる。疑問・感想を書かせる。（宿題）

【第二次】

第二時…疑問・感想を交流させる。単元を通した課題（「メロスは勇者である。是か非か。」）を設定し、学習の見通しを持たせる。場面展開、登場人物、人物関係についてまとめさせる。

第三時…村に帰るまでの場面における登場人物の言動の意味と、情景描写を捉えさせる。
・課題について自分の考えを書かせる。（一回目）
第四～六時…村を出てから城に着くまでの場面における、登場人物の言動の意味と情景描写を捉えさせる。

【生徒の疑問をもとにした課題解決学習（ジグソー学習）の展開】
・課題について自分の考えを書かせる。（二回目）

【第三次】
第七～八時…ジグソー学習のまとめをし、課題について自分の考えをまとめさせる。
第九時…課題について、班によるマイクロディベートを行わせる。
第一〇時…課題について、代表者によるミニディベートを行わせる。

三、単元の展開

1　〔第一次〕教材と主体的に向き合わせる指導～内発的課題の設定～

第一次では、本文の通読後、感想を書かせ、疑問に思った場面を挙げさせた。ここでは人物の行動や発言に注目させるために「〇〇はなぜ△△したのか」という型を使用させることで、多くの疑問を挙げさせることができた。次に挙げるのは授業を実施した四クラス分の初読の感想・および疑問の抜粋である。

【最初の場面について】
・メロスはなぜ、激怒したのか。／・老爺はなぜ、すぐに答えなかったのか。
【シラクスの街へと走っている場面について】
○疑問
・王はなぜ、山賊たちにメロスを待ち伏せするように命令したのか。／・メロスはなぜ、走るのをやめたのか。
・メロスはなぜ、神に助けを求めているのに、自分のことを「勇者」と呼ぶのか。
○感想
・最後まで友のために頑張って走り続けていてかっこいいし、妹もちゃんと結婚させて、メロスが死んでも一人にならないように考えているのがかっこいいし、勇者だと思った。
・この作品は、私たちに、諦めず、自分のことより相手のことを考えることができる人は「勇者」だということを伝えている。
【もう一度走り出す場面について】
・メロスはなぜ、フィロストラトスに「諦めろ」と言われたのに走り続けたのか。／・フィロストラトスはなぜ、メロスを諦めさせようとしたのか。／・メロスが言う「もっと恐ろしく大きなもの」とは一体何か。／・なぜ、「黒い風のように」と表現されているのか。
【最後の場面について】
・王はなぜ、メロスとセリヌンティウスの仲間に入れてくれと言ったのか。
【作品全体について】
・太宰はなぜ、メロスの感情（走るのを諦める場面）をあんなに長く書いたのか。／・太宰はなぜ、メロスのことを「勇者」と表現しているのか。／・群衆はなぜ、「王様、万歳」と言ったのか。（なぜ態度を変えて突然そんなことを言えるの？）

これらの疑問・感想は学習者にも配布し、共有化を図った。全ての疑問・感想を紹介していては、どこに注目をすれば良いのかが定まらない。そこで、読解の深まりへと繋がるものを稿者が意図して取り上げた。学習者は作品を繰り返し読みながら、疑問を挙げていった。特に注目すべきは「勇者」という表現に対して学習者の反応が分かれたことである。一つは、メロスを「勇者」と表現することはごく自然なことであると受け入れたもの、もう一つは、メロスは果たして勇者たり得る人間であるのかと疑ったものである。以前にも同様の疑問が出た。つまり「走れメロス」という作品を「約束を守ることの大切さ」「人を信じることの大切さ」「友情の素晴らしさ」と捉えることに違和感を持っている学習者が教室に必ずいるのである。であるとするなら、その捉えに対するズレを授業の核にしたい。そこからこの作品が持つメッセージ性を読み解くことで、生徒を深い学びへと誘うことを狙った。

2 〔第二次〕目的をもった内容の読解～課題の重層構造化～（五時間）

本実践では、メロスを「勇者」と表現することへの違和感を出発点とし、「メロスは勇者である。是か非か。」を全クラス共通の課題として設定し、メロスが勇者であるのか否かを「ディベート」を手法として考えることを伝えた。ディベートをするためには、根拠に基づいて主張しなければならない。そのために、各場面におけるメロスの描かれ方を読んでいくようにした。

上の図は、メロスと王の対立を描いた場面の板書である（第三時）。板書中央にある「人の心を疑うこと」についての両者のやりとりを、本文中に書かれている両者の行動に注目させることでまとめていった。板書を構造化したことで、「最も恥ずべき悪徳」と捉えるメロスと「正当の心構え」と捉える王の対立が明らかになった。この場面でのメロスの姿を踏まえて書かれた「勇者である。是か非か。」についての肯定的な記述を紹介する。

私は、メロスは勇者であると考えます。理由は死をも恐れずに、王の言った言葉にも惑わされずに、自分の主張を貫いたからです。

〈王〉…ディオニス

正当の心構え ←

①静かにけれど威厳をもって問い詰めた
③憫笑した
⑤落ち着いてつぶやき、ほっとため息をついた
⑦さっと顔を上げて報いた
⑨しゃがれた声で低く笑った
⑪残虐な気持ちで、そっとほくそ笑んだ

〈人の心を疑うこと〉対立

最も恥ずべき悪徳 →

⑫悔しく、じだんだ踏んだ
⑩必死で言い張った
⑧足下に視線を落とし、瞬時ためらい
⑥嘲笑した
④いきりたって反駁した
②悪びれずに答えた

〈メロス〉

多くの学習者が、この場面でのメロスの姿を「勇者」と捉えていた。しかし、メロスの人物像に変化が現れるのはこの後の展開からである。そこで、学習者が挙げた疑問の中から、特にセリヌンティウスが待つシラクスの街へ走る場面以降のものを五つ取り上げ、第四時から第六時への「ジグソー学習」へと移った。ジグソー学習では次の五つの大課題を学習者に分担させ、解決させた。

①　メロスはなぜ、走るのをやめたのか。（★★）
②　フィロストラトスはなぜ、メロスをあきらめさせようとしたのか。（★★★）
③　メロスが言う「もっと恐ろしく大きなもの」とはいったい何か。（★★）
④　王はなぜ、メロスとセリヌンティウスの仲間に入れてくれと言ったのか。（★）
⑤　群衆はなぜ、「王様、万歳」と言ったのか。（★）

これらの大課題を学習班（五人）で分担させた。第一時

の時点で、①～⑤の疑問を挙げていた学習者は、自分の疑問を解決したいという観点で課題を選択した。国語が苦手な学習者も積極的に参加できるよう、課題の考えやすさを★で表した。ワークシートに課題の難易度を載せたことで、ジグソー学習はスムーズに進行していった。なお、各班での学びの際には、この学習が最終課題である「メロスは勇者である。是か非か。」へと繋がっていくことを確認し、進めていった。ジグソー学習では、「研究班」と呼ばれる同じ課題を選んだ学習者同士が集まる過程を経て、「学習班」で、各課題の理解を深めていった。その際に「太宰治からの挑戦状」と題した課題解決プリントを各班に配布することで、各課題への認識を深めることを狙った。それは一つに、この学習班での交流が、単なる「報告会」に終始してしまうことを避けるためである。この課題解決プリントは先に挙げた五つの課題それぞれに対して、読み深めていくための小・中課題を三つずつ設けている。小課題（1）及び（2）は主に本文を抜き出す形で導くことができるようにしている。これにより、今まで読み落としていた具体的な記述へと学習者の目を向けさせることができる。中課題（3）は（1）及び（2）を踏まえながら考える問いにしたことで、各自が研究班で明らかにした内容を深めていけるものにした。


大課題①　メロスはなぜ、走るのをやめたのか。

小課題（1）メロスの前に起こった困難を三つ挙げなさい。

小課題（2）メロスはどのような人物として描かれているか。メロスの性格が分かる表現をできるだけ挙げなさい。

中課題（3）（1）・（2）の二つに着目した時、メロスが走れない理由をどのように説明するか、キーワードで答えよ。

（生徒の解答）メロスの目の前におこった「川の濁流」・「山賊」・「灼熱の太陽」の3つの困難によって精も根も尽き、それに合わせてメロスの性格が「単純」で「のんき」なため、メロスの弱い心が出たからメロスは走れなかった。

大課題②　フィロストラトスはなぜ、メロスをあきらめさせようとしたのか。

小課題（1）メロスが困難を乗り越えたのはいつか。具体的に答えなさい。

小課題（2）（1）の場面で困難を乗り越えたとすると、フィロストラトスは一体メロスに何を問いかけているのか。

中課題（3）（1）・（2）を踏まえて、この場面があることによってメロスのどのような様子が分かるか。

（生徒の解答）メロスは正義感が強く、勇敢だが人間らしい弱い心をもっている人として描かれている。メロスは本当に走るのかと、メロスの心の中を試している。


大課題③　メロスが言う「もっと恐ろしく大きなもの」とはいったい何か。

小課題（1）メロスが走る理由を場面に分けて順番にまとめなさい。

小課題（2）メロスが走る理由として、「否定」していることを二つ挙げなさい。

中課題（3）あなたが考えた「なんだか、もっと恐ろしく大きいもの」を、次のキーワードと比べて再度考え直しなさい。

（キーワード）A愛B人生CプライドD真実E正義
（生徒の解答）少しずつメロスの走る目的が変化していることが、本文中から読み取れる。また、P195の10行目の「真実とは、決して空虚な妄想ではなかった」と王がメロスに言っていることから、王の言っている信実とは「うそのない心」ということがわかる。なので、メロスの言う「恐ろしく大きなもの」とは、自分の中にある「悪を許さないプライド」のことだと思った。

メロスが言う「もっと恐ろしく大きなもの」とは自分が言ったことへのプライドと人を疑ってはいけないという正義を貫くということだと思う。理由はP192の19行目の「間に合う、間に合わぬは問題ではないのだ。人の命も問題ではないのだ」という所から、メロス自身も理解していないことが読み取れるし、時間や友セリヌンティウスのことでもないことが分かるから。

メロスの言う「もっと恐ろしく大きいもの」とは、信実だと思う。理由は「友と友のは、この世でいちばん誇るべき宝なのだから」とP190の5行目に書いてあるから。


大課題④　王はなぜ、メロスとセリヌンティウスの仲間に入れてくれといったのか。

小課題（1）王（ディオニス）はどのような人物として描かれているか。本文中の言葉を用いてより詳しく答えなさい。

小課題（2）2の場面で描かれている王の心の内側を表す言葉を、漢字二字で抜き出しなさい。

中課題（3）最後の場面から、王がどのような人物であることが分かりますか。最初の場面と比べながら書きなさい。

（生徒の解答）最初は人を殺す、悪徳者であったけどメロスが帰ってきたことによって、王は人を信じることを知った。

王は本当は孤独で素直な人物であると考えられ、だからこそ仲間に入れてほしいといった。

王様の姿はあわれで、人間の弱さ（本質）を表していたことが分かった。

大課題⑤　群衆はなぜ、「王様、万歳」といったのか。

小課題（1）シラクスの町の人たちは、最初どのように描かれているか。本文中の言葉を用いながらまとめなさい。

小課題（2）最後の場面で群衆は一体何を見に来ていたのか。

中課題（3）「万歳、王様万歳」となる群衆の姿から、どのようなことが読み取れますか。考えられるだけ書きなさい。

（生徒の解答）最初は町全体がやけに寂しく、若い衆に聞いても首を振って答えなかったり、老爺は辺りをはばかるような小声で話したりしたので、王におびえていると考えられる。しかし王が変わったことで、群衆はコロッと態度が変わっている。このような変化から、群衆は気が弱く、薄っぺらい。人間の弱さが表現されている。だからこそ王様万歳と言ったと考えられる。

ジグソー学習を通して、本文を詳細に読解したことで、メロスの人物像やその他の登場人物の描かれ方、太宰が登場させた意図などに触れた学習者が現れた。それに対応するように、「メロスは勇者である。是か非か。」の2回目以降の記述では次のような内容が見られた。

勇者であると考えます。理由は、まず「王様は人を信ずることができぬというのです。」と書いてあり、王が人を信じられないことによって人を殺していることが分かります。メロスはそれに激怒し、王の心を正そうと友を人質にして帰ってくると約束しました。この2つの場面から、メロスは自分の死をも恐れず、王の心を正そうとする勇気ある行動をとり、それによって王が変化したので、メロスは勇者だと思いました。

メロスは勇者ではないと考えます。それは本文に「私も一緒に死なせてくれ」からあきらめていると読み取れるし、友達を死なせてしまうことを前提で言っているからです。また、勇者とは勇気を持って行動する人のことを指します。しかしメロスは「弱い心」を持っていて、3つの困難（濁流・灼熱の太陽・山賊）に阻まれたことで、あきらめて、自分の弱い心に勝てていないと読むことができるからです

3　〔第三次〕読解を深める活動～ディベート学習～（四時間）

　第二次までの読解を踏まえて、ディベートの試合に向けた準備に入っていった。学習者は、既にディベートがどのようなものであるのかについては知っているが、実際に取り組むのはほとんどが初めてである。そこで「ディベートワークシート」という学習の手引きを配布し、ディベートの概要・ルール・立論、反駁の作成方法・審判の仕方・記録（フローシート）の取り方についての解説を行った。解説中心では間延びするため、さっそく立論づくりに取り掛からせた。ここまでで読解を丁寧に行ってきたこと、「メロスは勇者である。是か非か。」の内容で、既に二度、自身の意見を書いたことで、スムーズに立論作成ができた。

　それらの立論を踏まえて、マイクロディベート（前述）を行った。学習者たちはディベート中に聞き取った内容をフローシートに書き込んでいく。相手の立論に対してどのような質問をしたのか、どのような反駁を行ったのかというポイントを持って聞き取ることで、より本文を意識したディベートにすることができた。なお、三人一組のグループ分けは、授業者が学習者個々の理解度や人間関係等を考慮して行った。そのため、事前に支援が必要なグループを把握できていた。そこでディベート中は、特に支援の必要なグループを中心に机間指導を行った。

　課題としては、質疑・反駁が思うようにできなかった学習者がいたことが挙げられる。立論は、原稿を事前に作成していたため、全員が自信を持って読めていたが、質疑や反駁は、相手が言ったことをフローシートに書き取り、それを少ない準備時間で理解し、自分の言葉として文章化しなければならない。そのような実態が想定されたため、本実践では「お助けシート」という形で、「勇者」という言葉に迫る質疑や反駁が書かれてある例を配布した。しかし、内容をよく理解せずシートを読み上げただけになってしまったグループも存在していた。例えば質疑や反駁などを、グループで検討する時間を確保するなどの手立てが必要であったと考える。

その後、代表者によるディベートを行った。代表者以外は審判としてフローシートを書かせた。代表者のディベートを聞くことで、うまくディベートができなかった生徒も、これまでの学習の内容を再整理することができた。次にディベート学習を終えた生徒の感想と代表者が読んだ立論を示す。


ディベートを聴いて、肯定側にも否定側にも賛成したくなって、自分自身でもどちらがいいのか分からないくらい説得力がありました。走れメロスは、人間の心の弱さを描いているんだなということが分かった。これから、どうして○○がこういうことをしたのかという視点で考えながら作品を読んでいきたい。

資料1　代表者が行った肯定側立論

これから肯定側の立論を始めます。まず、定義を述べます。勇者とは「何事に対しても恐れず勇気をもって行動する人の―こと」を指します。

私は「メロスは勇者である。是か非か。」に対して肯定の立場をとります。なぜ勇者であるのかを説明します。

本文中の「人の心を疑うのは、最も恥ずべき悪徳だ」というところから、メロスは正義感が強く、勇敢であるということが分かります。

しかし、3つの困難があって自分の気持ちに負けてしまう弱さもあります。そんなメロスに本文中で、フィロストラトスは本当に走るのか、心の弱さに勝てるのかを、試します。ですがメロスは、希望を取り戻し、強い信念を持って走り始めました。

だからメロスは、何に対しても恐れず勇気をもって行動し、自分自身の「心の弱さ」に勝ったから勇者だと思います。

また、本文中で「どうか、わしの願いを聞き入れて、おまえらの仲間の一人にしてほしい。」と王が言っています。この場面から、メロスが王を恐れず勇気をもって行動したことで、王の弱い考えを変え、たくさんの人の命を救ったことが分かります。

メロスは勇気をもって行動をしているので勇者であると考えます。以上で肯定側の立論を終わります。

資料2　代表者が行った否定側立論

これから否定側の立論を始めます。よろしくお願いします。定義は肯定側に従います。

僕は「メロスは勇者である。是か非か。」に対して否定の立場をとります。

では、なぜメロスは勇者ではないのかを説明します。

本文中に「精も根も尽きたのだ」というメロス自身の発言があります。メロスが、肯定側のいうような「何ものにもおそれずに勇気をもって行動する」人物であるならば、このような発言はしないでしょう。

またメロスは、本文中で「単純な男」・「のんき」な人物であることが書かれています。川の濁流・山賊・灼熱の太陽といった困難と、メロスのそのような性格とが合わさったことにより、「やんぬるかな」と言ってメロスは走るのをやめます。

これは自分が友人を人質にしておきながら、あまりにも自己中心的な行動です。

さらには本文中で、「男泣きに泣きながらゼウスに手を上げて哀願した」という表現もあります。神様に助けを求めたりするのは、勇者のとる行動ではありません。この場面においてメロスの「心の弱さ」が現れています。

以上の場面から、メロスは「勇者」という選ばれし人間ではなく、私たちと同じ「普通」で、「弱さ」を持った人間であることが分かります。だとするならメロスは勇者ではなく、弱さを持った普通の人間です。

よって、メロスは勇者ではないと考えます。以上で否定側立論を終わります。

四、実践の成果と課題

(1) 主体的な学習になり得ていたか

学習者の問いを出発点にしたこと、その問いを解決する方法としてジグソー学習を用いたことで、生徒は問題解決のために意欲的に取り組むことができていた。特に「メロスは勇者である。是か非か。」という問いは、ただ単純に勇者であるのか否か、を考えるだけに留まらず、「なぜ太宰治はそのような人物を描こうとしたのか」、といった作者の意図にまで迫っていくことができた。また、これらの学びが、第三次で行うディベート学習の根拠に繋がっていくことを、学習者自身が理解しながら進めていたことも、主体的な学びになり得た要因である。

ディベート学習では、「自分自身もディベートをしなければならない」という学習者自身の主体感を生み出すことができただけでなく、ディベートを成立させるために、学習者同士で根拠を本文中から繰り返し探すなど対話を生み出すこともできた。しかしディベート未経験者がほとんどであるという状況の中で、一時間のマイクロディベートだけでは、いささか消化不良であったことも事実である。ゆっくりと時間を取りながらフィードバックする時間を設けなければただ活動をしただけ、ということになってしまう。本実践ではその後、代表者によるディベートの時間を設けたことで、最終的なまとめに代えたが、この点については、メンバーを変えた二回目のマイクロディベートを実施するなどの展開にするのも一つであると考える。

(2) 本文の記述を根拠に読み深めができていたか

初読の段階では、多くの生徒が作品の表面だけを捉え、走り切ったメロスは勇者である、これは友情の物語だ、といった道徳的な見方をしていたのに対して、授業後は作品のディテールに注目した読み、作者の意図に触れた読みを行う生徒が増えたことからも、読み深めは成功したと言える。次に示すのは、授業終了後に行った定期試験での生徒の解答例（資料3）と授業終了後の生徒の感想（資料4）である。

資料3　定期試験での生徒の解答例

問　あなたは「走れメロス」に、群衆が「王様万歳」という場面はあったほうが良いと思いますか、ないほうがよいと思いますか。
解答　僕は、「王様万歳」という場面はあったほうが良いと思います。
　理由は、群衆は王様が人を殺すというときに、王様に頭が下がってばかりでした。しかしこの場面では、「王様万歳」と褒めています。ここに人間の「心の弱さ」が表されています。メロスが走っていたときもそうだけど、太宰は人の「心の弱さ」について伝えたかったのだと考えるので、この場面はあったほうが良いと思います

資料4　授業終了後の生徒の感想

　私は最初「走れメロス」は人を信じることの大切さを伝える作品だと考えていたが、学習した今は人の弱さを描いた作品だと考える。そう考える理由は二つある。

　一つ目は、教科書ｐ１８９で王が「三日目には日没までに帰ってこい。」と言った所である。王は誰かに、自分を孤独の心から救ってほしかったから、三日の時間を与え、正直な気持ちを言える人を探していたのだろう。弱いからこそ、メロスを脅したり、力でどうにかしようとしたりしていたのではないか。

　二つ目は、教科書ｐ１９５の群衆が「王様、万歳。」と言った所である。群衆は最初王におびえていたのに、王の態度が変わったらすぐに万歳と言い出した。自分たちは何もしていないのに上からものを言うのはまさに人の弱さだと思う。

　作品全体を通して、メロスの変化に伴い、王や群衆も変化していると思う。よい方向に変化していくことで、より弱い部分が見えてくるので、私は「走れメロスは」人の弱さを描いた作品であると考える。

以上より、ジグソー学習・ディベート学習で得た視点を用いながら、根拠を持って記述していることが分かる。ディベートを授業の中で展開する際、「二値的思考になること」「勝敗がつくこと」を理由に批判されることがある。こと文学作品で用いようものなら「読みの狭まり」を指摘されよう。しかしそれは「ディベートは読みを深めていくための手段である」という本来的意義を見失い、「ディベートマッチをすること」が目的になってしまっているからに他ならない。ディベートは「記述を根拠にして、自身の考えを主張する力」の育成に特化した手法であり、それは文学教材においても同様の効果がある。ディベートという手法は「主体的・対話的で深い学び」へと学習者を誘うことのできる学習モデルになり得るものなのである。

本実践では特に、学習者の問いにあった「勇者」という言葉を出発点にしたことが、学習意欲を喚起したきっかけとなった。学習者自身が主体的に読み深めを行っていくためにも、学習者が考えたいと思う、「必然性のある問いの設定」を意識した授業実践が今後も求められると考える。

単元「ことばへの旅」（中二）の実践報告
――生徒の個性的な読みと内容を的確に読み取る読みとを同時に成立させる指導を目指して――

徳島県鳴門市第二中学校　岡田志麻

一、実践研究のねらい

これまで、「文学作品の読みの授業」と言えば、通読後、作品をいくつかの場面に分け、場面ごとに登場人物の心情を読み取り、最後に、作品の主題を捉えさせるという授業を行ってきた。教師が発問をし、生徒が答えて、最後には、「一つの正解」に到達していくことを目指す授業であった。このような授業では、生徒一人ひとりに個性的な読み取り方させることはほとんどできない。そこで、このたびの実践では、文学作品を読ませる場合に、文章表現に即して内容を的確に読み取る力をつけることはもちろん目指すが、同時に、もっと、生徒一人ひとりの個性的な読み取り方ができるような授業の実現を目指したい。

そのためには、まず、生徒一人ひとりの個性的な読み方を提示させた上で、生徒一人ひとりがなぜそのような読み方をしたのかを、文章表現を押さえて、他の人を説得させるように仕向けていく。そして、文章表現をふまえて他の人を説得させる過程で、内容を的確に読み取る力をつけることと、生徒一人ひとりのものの見方・考え方・感じ方を豊かにすることを目指した授業を創っていきたい。

また、これまでは、教科書教材を取り上げ、それを配列順に読んでいく授業を展開してきた。これでは、それぞれの教材を読む必然性がなく、生徒をなかなか意欲的に学習させることができなかった。そこで、このたびの実践では、教科書教材を読む必然性を生み出すために、自主教材も発掘した単元編成をして、生徒が意欲的に学習する授業を創造したいと思う。

二、単元の構想

(1) 単元名　「ことばへの旅」―千鈞の重みのあることばを求めて―

(2) 対象学校名・学年・組　鳴門市第二中学校　第二学年　D組（男子一八名、女子一七名、計三五名）

(3) 実施時期・時間数　平成九（一九九七）年　九月～一〇月　一六時間配当。

(4) 教材編成　①　自主教材…森本哲郎『ことばへの旅　第三集「まえがき」』ダイヤモンド社・一九七五

②　教科書教材…「走れメロス」光村図書『中学校国語２』

(5) 単元設定の理由

本学級の生徒たちは、明るく素直で、与えられたことばは責任を持って実行することはできるが、積極性に欠けるところがある。そのために、自ら課題を見つけて、解決に取り組むという姿勢はあまり見られない。国語科の授業においても受け身的で、自分なりの読み方を創り出すまでには至っていない。

そこで、本単元では、まず、森本哲郎の『ことばへの旅』の第三集「まえがき」（自主教材）を読ませて、筆者がそれぞれの人物の、どんなことばを「千鈞の重みのあることば」と考えているかを学ばせる。その後、教科書教材の「走れメロス」を読んで、生徒一人ひとりが、登場人物の誰の、どんなことばを「千鈞の重みのあることば」と考えたのか、また、そのことばをなぜ「千鈞の重みのあることば」だと考えたのか、その理由を本文中の表現を押さえて説明させる。そして最後に、この学習で培った力を他の文学作品等を読むときに応用する、という単元構想の授業を目指したい。

このような単元展開を通して、生徒一人ひとりが自分なりに作品を読むことができる力を育てるとともに、文学を読む楽しさを味わわせたい。また、生徒一人ひとりが登場人物の、どんなことばに、なぜ「重みのあることば」だと感じたのか、その理由を本文中の表現を押さえて明らかにさせる過程で、文章表現を押さえて、内容を的確に読み取る力や他の人を説得する力を習得させるとともに、生徒一人ひとりのものの見方・感じ方を豊かにすることができるようにしていきたいと思う。

(6)　単元の指導目標

① 登場人物の発した「ことば」の中で、各自が取り上げた「ことば」がなぜ「重みのあることば」なのか、その理由を本文中の表現を押さえて、他の人を説得させることを通して、文章を読みとる力とともに、他の人を説得する力を育てることもできるようにする。

② 多様な読み取り方を発表し合い、聞き合うことを通して、自分の読み取り方を相対化させ、吟味することのできる力を育てるとともに、生徒一人ひとりのものの見方・感じ方を豊かにすることができるようにする。

③ 各自がどんなことばを「重みのあることば」と考えるかという課題を持って文章を読んだり、読み取ったことを話し合ったりすることを通して、文学作品を読む楽しさを味わうことができる態度を育てることができるようにする。

(7) 単元の指導計画

第一次　森本哲郎の「ことばへの旅」を読む。〔モデル学習〕……………………四時間

① 夏休みの課題である「心に残ったことば」を取り上げた読書感想文を紹介する。

② 「千鈞の重みを持つことば」とは何かを理解させる。

③ 学習課題を設定する。

第二次　教科書教材「走れメロス」を読む。〔練習学習〕……………………………七時間

① 学習課題の確認と本文を音読する。

② 取り上げた登場人物ごとにグループを編成し、その登場人物のどのことばが「重みのあることば」か、それはなぜかを話し合い、聞き合うようにさせる。

③ 登場人物ごとに、担当グループが話し合いの結果を発表し、その内容について話し合わせる。

第三次　各自が様々な作品・文章を読んで、「この人の、このことばこそ」ということばと、それを選んだ理由を書いた文章を提出させて一冊の冊子にまとめさせる。〔応用学習〕……………五時間

三、単元の展開

1 〔第一次〕森本哲郎の「ことばへの旅」を読む（モデル学習・四時間）

(1) 夏休みの読書で「心に残ったことば」を取り上げ、その理由も書いて発表させる。（二時間）

学習活動	指導上の留意点
【第一時】 1 夏休みの読書で「心に残ったことば」を取り上げて紹介する文章を書く。 (1) 「心に残ったことば」を書き出す。 (2) そのことばが載せられていた、本の名前・作者名・出版社名・発行年月日を書く。 (3) なぜ、そのことばが「心に残った」のか、そのことばの使われている場面と心に残った理由をまとめる。 2 班（四人で編成）ごとに、各自の「心に残ったことば」カードにもとづいて発表し合い、各班で推薦する「心に残ったことば」を決定する。 【第二時】 3 八班が推薦した「心に残ったことば」を一覧表にまとめ、それをもとに「聞きたいことば」を投票する。 4 投票の結果を発表し、上位に選ばれた三人は、「心に残ったことば」とそれが掲載されている本、および、そのことばの使われている場面と心に残った理由を発表する。	○「心に残ったことば」カードに、左欄の三点の必要事項を書かせる。 ○その本を読んでいない人にも、できるだけわかりやすい説明になるように留意させる。 ○各班で推薦された生徒は、放課後、発表のリハーサルをさせ、次の時間に安心して発表できるように指導をしておく。 ○「投票カード」には、八班の推薦した「心に残ったことば」が列挙してある。①「聞きたいことば」に○印を付け、②そのことばを選んだ理由、③コメント（誰が、どんな時に使ったことばか、想像したことをメモする）を簡単に書かせる。 ○上位三人に投票した生徒が投票のときに添えた理由とコメントも発表させる

(2) 森本哲郎「ことばへの旅」を読んで、「千鈞の重みを持つことば」とは何かを理解させる。（二時間）

学習活動	指導上の留意点
1 森本哲郎「ことばへの旅」を通読（音読）する。 2 「千鈞の重みを持つことば」とはどのようなことばなのか、話し合う。	○「そのことばに到達するまでに、長い長い道のりを

3　具体例三例の「ことば」の重みについて話し合う。

要したことば」「その人間の全存在の重みがかかったことば」を理解させる。

○それぞれの「ことば」を発するまでの「長い道のり」を想像させるにする。

〔授業の実際と生徒の感想〕

森本哲郎の「ことばへの旅」の中には、「千鈞の重みを持つことば」とは「そのことばに到達するまでに、長い長い道のりを要したことば」であり、その人の「全存在の重み」がかかったことばであると述べた後に、「千鈞の重みを持つことば」として、カントが臨終のときに漏らした「これでよい。」、アウシュビッツの捕虜収容所の中でフランクルが書き留めた「世界って、どうしてこんなに綺麗なんだろう。」、悟ったはずの僧侶が発した「空の名残のみご惜しき。」（徒然草）、の三つが挙げられている。筆者がなぜこれら三つのことばを千鈞の重みがあると考えたのか、ことばの背後にあるものについて考えさせた。

この授業の後、ある生徒は次のような感想を書いた。

「千鈞の重みを持つことば」は、その人が本当に心の底から思ったことばだと思う。けれど、同じことばを言う人もいる。「千鈞の重みを持つことば」との違いは、その人の送ってきた生活や今の状況によってかわってくると思う。僕も空を見て、「とても綺麗だ」と思ったことがある。青い空と白い雲とを見たときだ。その時、僕は部活の厳しい練習中だった。けれど、その空を見たときの十秒くらいは心がすごくスッキリした。フランクルの記した状況と僕の状況は全然違う。でも、気持ちは分かるような気がした。

この生徒は、フランクルの書き留めたことばに自分の体験を重ねて文章を読み、フランクルの気持ちが「分かるような気がした」と述べている。自分の体験を重ねながら文章を読むという読み方は、主体的に文章を読む姿勢を育てるためには、ぜひとも必要な読み方であると考える。

なお、この生徒のことをあまり発言をしない子と思っていたが、この感想文をよく読むと、実は言いたいことをたくさん持っている生徒ではないかと考えるようになった。それを言わないようにしているのは、教師なのかもしれない。

また、次のような感想を述べる生徒もいた。

> 私はこの授業はしてよかったなと思う。それは今まですごく本を読むのがイヤだったけど、この授業をして、「千鈞の重みを持つことば」を探したいなと思い、本を自分から読んでいけるようになったからだ。それは、自分でも自分がしていることとは思えないほど不思議な感じだ。これからいろんな本を読んで、「千鈞の重みを持つことば」を見つけたい。

森本哲郎の「ことばへの旅」を取り上げた授業は、生徒自身に、人の発することばには重みのあることばがあるということを理解させることが目的であった。同じことばでも、ことばの重みには違いがあるということを知らせた上で、次につなげていきたいと考えていた。ところが、幸いなことに、この感想からも分かるように、生徒自身が「千鈞の重みを持つことば」を見つけたいと言い出した。これを受けて、教科書教材「走れメロス」の授業に入っていった。

2 〔第二次〕教科書教材「走れメロス」を読む（練習学習・七時間）

(1) 「走れメロス」の授業の展開

教科書教材「走れメロス」の授業は、次のような構想で行った。

学習活動	指導上の留意点
〔第一時〕 1　学習課題を確認する。 2　教材「走れメロス」を通読（音読）する。（一斉学習） 3　作品の骨組み（大体の内容）を読み取る。（一斉学習） (1)　時と場所と登場人物を読み取る。 (2)　(1)と関連づけて、主な出来事を読み取る。 〔第二時〕 4　「千鈞の重みを持つことば」を探して、各自、カードに書く。（個別学習） 5　登場人物ごとに班を編成し、カードをもとに各自の考えを発表し合うとともに、全体発表に向けて準備をする。（グループ学習） 〔第三時～第六時〕 6　班ごとに話し合ったことを全体の場で発表し合う。（一斉学習） (1)　メロスの場合	○登場人物の発言の中から「千鈞の重みを持つことば」を見つけることと、そのことばがなぜ「千鈞の重みを持つことば」だと考えられるのかを明らかにするという学習課題を確認させる。 ○課題意識を持って以下の学習を展開するように仕向ける。 ○時と場所と登場人物、主な出来事に着目して、音読を聞くように仕向ける。 ○時と場所と登場人物、主な出来事の関係を整理して構造的な板書にする。生徒に発表させながら、次第に作品の大体の内容（骨組み）が把握できるように授業を進める。あまり時間をかけない。 ○カードには、①登場人物の誰の、どんなことばか、②そのことばはどんな場面で言ったことばか、③なぜ、そのことばに千鈞の重みがあると考えたのか、を書かせる。 ○同一人物でも、生徒の選んだ「ことば」ごとに班を編成する。班は原則四人編成とする。 ○他の班を納得させることができるように理由を吟味し、発表の練習をさせる。 ○同じ「ことば」を取り上げた班の発表後、その共通点・相違点を明確にさせて討論をさせる過程で内容をより深く理解するように仕向ける。

(2) セリヌンテイウスの場合 (3) ディオニス王の場合	○メロスとセリヌンテイウスはどのような生き方を求めたかを考えさせたい。 ○孤独な王が最後に言ったことばの重みを、作者太宰治についても考えることになることを示す
〔第七時〕 7　ここまでの学習を終えた感想を発表し合う。（個別・一斉学習）	○箇条書きの形でノートに書かせた後、発表させる。

この一連の授業のうち、紙面の都合で、「ディオニス王の場合」の授業の実際に絞って報告する。

(2)　「ディオニス王の場合」の授業の実際

①　指導目標

ディオニス王の「重みのあることば」は何か、また、なぜ「重みのあることば」なのかをお話し合うことを通して、「王」という人物の孤独な世界と、信実の仲間を求める切実な思いを読み取ることができるようにする。

②　授業の展開

学習活動	指導上の留意点
1　本時の学習課題を確認する。（一斉学習）	○「重みのあることば」とその理由を考えるという学習課題を提示する。
2　ディオニス王の担当班が発表する。（一斉学習） (1)　担当班ごとに「重みのあることば」を発表する。	○前半から選ぶ班と後半から選ぶ班とが出てくるであろう。それを対比する形で板書する。
(2)　担当班ごとに「重みのあることば」を選んだ理由を発表する。	○討議しやすくするために、それぞれの理由を板書する。

3　「重みのあることば」を選んだ班が、それぞれの選んだ理由を発表し、それについて話し合う。（一斉学習）	○前半から選んだ「重みのあることば」の場合は、なぜ孤独だと考えているのか、なぜ平和を求めているのに人を殺すのかなど、王の心情を表現を押さえて理解するように仕向ける。 ○後半から選んだ「重みのあることば」の場合は、「仲間」とあるが、どんな仲間なのか、仲間に入れて欲しいという王のことばが、なぜ重いのか、表現を押さえて理解するように仕向ける。
4　話し合いを聞いて感じたことを発表し合う。（個別・一斉学習）	○話し合う前後で考えの変わった生徒は、その理由を、変わらなかった生徒はもとの考えがどのように深まったかを、それぞれノートに書かせて発表させる。 ○それぞれの考えに対して、表現を押さえながら意見を述べるように仕向ける。
5　この作品の主人公はディオニス王であるとする説や、王は作者太宰治の分身であるとする説を聞き、それに対する感想を発表する。（一斉学習）	○この研究者の説を紹介することを通して、生徒の読み方を広げさせる。

生徒が選んだ「王の重みのあることば」は、「おまえなどには、わしの孤独の心がわからぬ。」「信実とは、決して空虚な妄想ではなかった。」「どうか、わしも仲間に入れてくれまいか。」の三つである。

このうち、「おまえなどには、わしの孤独の心がわからぬ。」を選んだ二人の生徒は、そのことばを選んだ理由を次のように書いている。

最初読んだ時は、「メロスとセリヌンティウス＝正義」「王＝敵」というイメージがあり、王様は、どうしても、人が困っているのを楽しんで見ていて、最後に寝返ったとしか思えなかった。でも、「おまえなどには、わしの孤独な心がわからぬ」ということばを深く考えると、王様のことばはの裏には王様の人生、王様の秘密があることに気づいた。特に、次の二つことばを読んでそう思った。まず一つ目は「おまえなどには」というところの「など」だ。「おまえには」というと少し優しい感じがする。しかし、ここでは「など」がついている。「など」をつけるくらい王様はメロスを憎んでいたのだろうか。私はそこまで強く憎んではいなかったと思う。しかし、とても、寂しそうな言い方だなあと思った。王様には、昔、悲しいことがあったということがこのことばからわかる。

次に、「わたしの孤独の心がわからぬ」ということばは、お城で夢のような生活をし、たくさんの人に囲まれて生きている王様に孤独なんてことばは合わないと思った。孤独とはひとりぼっちのことなのに王様がそんなことばを使うなんて、裏側に何かあると思った。メロスが「たくさんの人を殺したのか」と質問をしたとき、老爺は「はい」初めは王様の娘婿様を。

それから、ご自身のお世継ぎを。それから、妹様を。それから、妹様のお子様を。それから皇后を。それから、賢臣のアレキス様を。」と答えた。そのことばから、全て王様のまわりの人が信じられなくなって、次々に殺していったのかもしれない。そして、ひとりぼっちになってしまった。自分が信じられなくて大切な人を殺してしまって孤独を感じるなんて、とてもかわいそうだと思う。「暴君は落ち着いてつぶやき、ほっとためいきをついた。」というところからも、本当は王様はとても寂しいものではないかと思った。

メロスには妹も無二の親友もいる。しかし、王様は一人、ひとりになって孤独を感じるときは、幸せそうな人がうらやましい。私も少し王様の気持ちが分かる。だからこのことばには、「メロスのような妹もいて、友人もいるようなやつなんかに、自分のつらさをわかるはずがない」という王様の本音がこもっていると思う。それに、私もそんなに思うことがあるので、このことばに千鈞の重みがあると思った。

明るく素直なA子。成績も優秀で、楽しく学校生活を送っているように思っていた。そのA子が「私も少し王様の気持ちが分かる。」「私もそんなに思うことがある。」と述べているのである。この、A子の感想を読んで驚いた。

A子がそんな風なことを思っていたとは想像もできなかったからである。この感想を読んだ後、さりげなく、A子の家庭の様子を聞いてみた。A子の両親は医者で、平日は夜遅くまで仕事のために家に帰ってこない。学校から帰ったA子は、家庭に帰っても、両親はいない。両親が帰るまで、弟の世話までしていたのである。A子は、自分の体験を通して、王の気持ち、王の言動に反応したのである。

この文章を読むと分かるように、そのことばを「重みのあることば」だと考えた理由を、表現を押さえて、箇条書きの形で答えている。文章表現を押さえて箇条書きの形で述べていく過程で、文章表現に即して内容を的確に読み取る力が鍛えられるだけでなく、文学作品の世界に読みひたり、生徒一人ひとりの個性的な読み方も深められたのではないかと思う。

また、別の生徒は、次のように述べている。

> 王の寂しい気持ちが伝わってくる。少し後にある「王もほっとため息をついた」というところからそう思った。本当は王も皆と一緒に楽しく暮らしたいという願いはあるけれど、どうしても、「人を信じると裏切られてしまうのではないか」ちいう考えが頭から離れず、だんだんそういう気持ちになっていったのだと思う。しかし、二年前にメロスが町に来たときはそんなことはなかったとあった。そこで、どうして王はそのような心を持ってしまったのかを考えた。本文の九十三ページに「人間は、もともと私欲の塊さ」とある。王はある時にそのような私欲を持った人間を見てしまったのではないだろうか。そんな人を見た日から、何の罪もない人や自分の身内までもがそんな風に見えてきたのではないだろうか。
> このことばには、そんな王の悲しみや苦しみが多く込められているように思う。「重みのあることば」はいつも言った人の満足感やうれしさが込められているわけではない。時には、その人の不安や恐怖を込めきらないほど持っていることばでもあると思う

B男はクラスの委員長であった。小学校の時からリーダーとして活躍している。何事にも積極的で、意欲的に取り組んでいた。そんなB男が、「重みのあることば」には、満足感やうれしさだけではない、不安や恐怖も込めら

れているというのである。「重みのあることば」は「いつも言った人の満足感やうれしさが込められているわけではない。」という指摘は、B男だからこそできたように考えられる。B男自身にも、不安や恐怖、嫌なことやつらいことがあったのであろう。もしかしたら、緊張し張りつめた思いで毎日を過ごしていたB男が、この王のことばに出会うことで、救われたというか、弱音を言ってもいいんだという気持ちになったのではないだろうか。

このようにみていくと、選んだ理由の中には、生徒が日々の生活の中で体験していることや思っていること、考えていることが、無意識に出ているように思われる。「千鈞の重みを持つことば」を選び、その理由を語ることは、登場人物について語りながら、結局は、その人自身を語ることにもなっているのである。

これら「王の重みのあることば」を選んだ理由を発表させる授業をした後、全員に感想を書かせた。「王の重みのあることば」を学習するなかで、生徒は新たな発見をしたようである。

部活で新キャプテンになったC男は、次のように書いている。

> 王という地位があるために、弱い部分を人に見せることができなかったので、いつまでも本当の気持ちを表すことができなかったんだと思う。

C男は、王のことばを学習することによって読みが深まり、「弱い部分を人に見せられない」という王の姿に、キャプテンになってみんなをリードするときの自分自身を無意識のうちに重ねていたのではないかと考えられる。D子の場合には、王の重みのあることばを学習して、家族の絆を改めて直すことができたようである。

> 私の母が「家族が信じられなくなったら終わりだ」ということを言ったけど、王はどんな気持ちで思うや子どもを疑い殺したのだろうか。心安らぐ場がないというのは本当につらいと思う。私にとっては家が安らぐ場で、きっと父や母、弟にとってもそうだと思う。

このような感想が生まれるとは、正直、予想していなかった。今までの自分の体験を通して作品を読んで欲しいとは考えていたが、そういう授業をしたことがなかったので、このたびの授業を行って、生徒たちから出される感想は、教師の予想を超えるものばかりであった。

3　〔第3次〕各自が様々な作品・文章を読んで、「この人のこのことばこそ」ということばと、それを選んだ理由を述べた文章を書いて発表し、それを冊子にまとめる（応用学習・五時間）

学習活動	指導上の留意点
1　学習課題の確認をする。 2　「このことばには、こんな重みが」の紹介文を書く。 3　自分たちの「ことばへの旅」の冊子を作成する。	○そのことばは、①どんな作品・文章の中にあるか、②どんな場面で使われているか、③どのような重みがあるか、④なぜ、重みを感じたのか、⑤ことばを発した人をどう思うか、を文章にまとめさせる。 ○そのことばの重みを証明するために、登場人物がそのことばを発するまでに、どのような生き方をしてきたかを明らかにするように仕向ける。 ○表紙やまえがき、あとがきをつけて、一冊の冊子にする。

自分たちの「ことばへの旅」の冊子を作成するにあたっては、当初の計画では、小説・物語を読ませて、その中から「重みのあることば」を探させようと考えていた。しかし、ジャンルを問わずに、「重みのあることば」を見出して、文章を書いてもよいことに変更した。そのために、小学校の時の教科書や新聞のインタビュー記事など、本当に様々なものから「重みのあることば」が集まった。部活動に励む生徒は自分を奮い立たせるようなことばを

選んだり、友人関係で悩んでいる生徒は心が和むようなことばを選んだりと、生徒の集めたことばを見ていると、その時の置かれている状況や気持ちがよく表れていた。

次の文章は、生徒の授業後の感想である。

> 私は「千鈞の重みを持つことば」は人によって違うと思う。そのことばに千鈞の重みがあるか、ないかと聞かれても、それぞれ人は感じ方が違うので、確実に判断できないと思った。それを判断するのは自分だと思う。私は、この勉強をして「ことばへの旅」をしてみようと思う。今度は一人で……。「ことばへの旅」に終わりない。もし、「ことばへの旅」の終わりを告げるとしたら、それは自分の人生を終えた時かもしれない。私はその旅に出たいと思う。私は「ことばへの旅」をすることで、自分が見つかるかもしれないと思った。まだ、私は知らない本当の自分が」見つかるかもしれない。本当の自分を見つけたい。

「ことばへの旅」をずっと続けてくれることを願って学習を終えたが、生徒たちは教師の思いを超えたところにいた。「重みのあることば」を探すことは「自分」を見つけることにつながっていくということに、生徒たちは気づいていたのである。

四、授業の成果と課題

このたびの授業の成果と課題を、次の三点に絞って述べておきたい。

(1)　このたびの単元は、①生徒たちの「夏休みの読書生活」から立ち上げて、国語教室における「自主教材」によるモデル学習へ→②国語教室における「走れメロス」による練習学習へ→③生徒一人ひとりによる「読書生活」

へという展開の仕方をとった。教科書教材を学習する必然性が明確であったこと、また、モデル学習→練習学習→応用学習と段階を踏んで「千鈞の重みを持つことば」について書く学習を展開したので、生徒たちは意欲的に学習に取り組むことができたと思う。

(2) このたびの授業は、登場人物の発言の中から、生徒一人ひとりが「重みのあることば」を見つけて、それがなぜ「重みのあることば」なのか、その理由を文章表現を押さえて説明させるという授業であった。生徒が「重みのあることば」だと感じるのは、作品の流れに即して必然的にそう思う場合と、主観的にそう思う場合とがあること、また、生徒が、誰のことばを「重みのあることば」とするか、その反応の仕方には、その生徒の個性が反映していて、選んだことばの背後には、生徒一人ひとりの「人生」が隠されていることを発見した。

(3) この授業は、自分の発言が「正解」であるかどうかを心配する必要がないので、生徒たちはのびのびと意欲的に学習に取り組むことができるとともに、文章読解力もある程度鍛えることはできたが、文章表現を押さえた理由づけが不十分な生徒もいた。文章表現を押さえて理由を書かせる過程で、どのように生徒同士による相互批評や教師による個別指導を位置づけるかが、今後の課題として残った。

今後の課題はいろいろと残ったが、このたびの授業は、私の予想をはるかに超えた、収穫の多い授業であった。

なお、この実践は、二〇〇一年八月刊行『世羅博昭先生還暦記念論集』に掲載した拙論に手を加えて書き直したものである。

読書会活動を通して読みの深化・拡充を図る授業の展開

――単元「みんな同じ地球の子」（中二）の場合――

実践当時／徳島県徳島市立上八万中学校　齊藤　美智代

一、実践研究のねらい

「話し合い」学習指導は、Ⅰ基礎訓練を経て、Ⅱ「話し合いのしかた」を学ぶ学習、Ⅲ「話し合い」を用いて他の力を伸ばす学習、Ⅳ他の学習と「話し合い」を関連させた発展的な学習という段階によって展開すべきであると考えている（図参照）。そして、これは学習者の実態に応じ、Ⅰ→Ⅱ→Ⅲ→Ⅳを繰り返しながら、らせんをえがくように高めていくものである。この考えをもとに年間指導計画を立て、修正を加えながら学習を積み重ねていくことによって、確かに話し合う力を身につけさせたいと考え実践に臨んできた。

本単元における「読書会」は、Ⅲ「話し合いを用いて読みの力を伸ばす学習」にあたり、一年間の国語科学習のまとめとして構想したものである。黒柳徹子著『トットちゃんとトットちゃんたち』（講談社学術文庫・二〇〇一年六月）を取り上げ、一三章からなる本のそれぞれの章を分担して、パネルディスカッションのかたちで読書会を行う。学習者を話す必然性がある場に立たせ、話したいという気持ちや話す内容を持たせることによって、深まりのある話し合いができると考えた。この学習を、自身の読みを深め、次の読みに意欲的に進んでいくとともに、自分たち

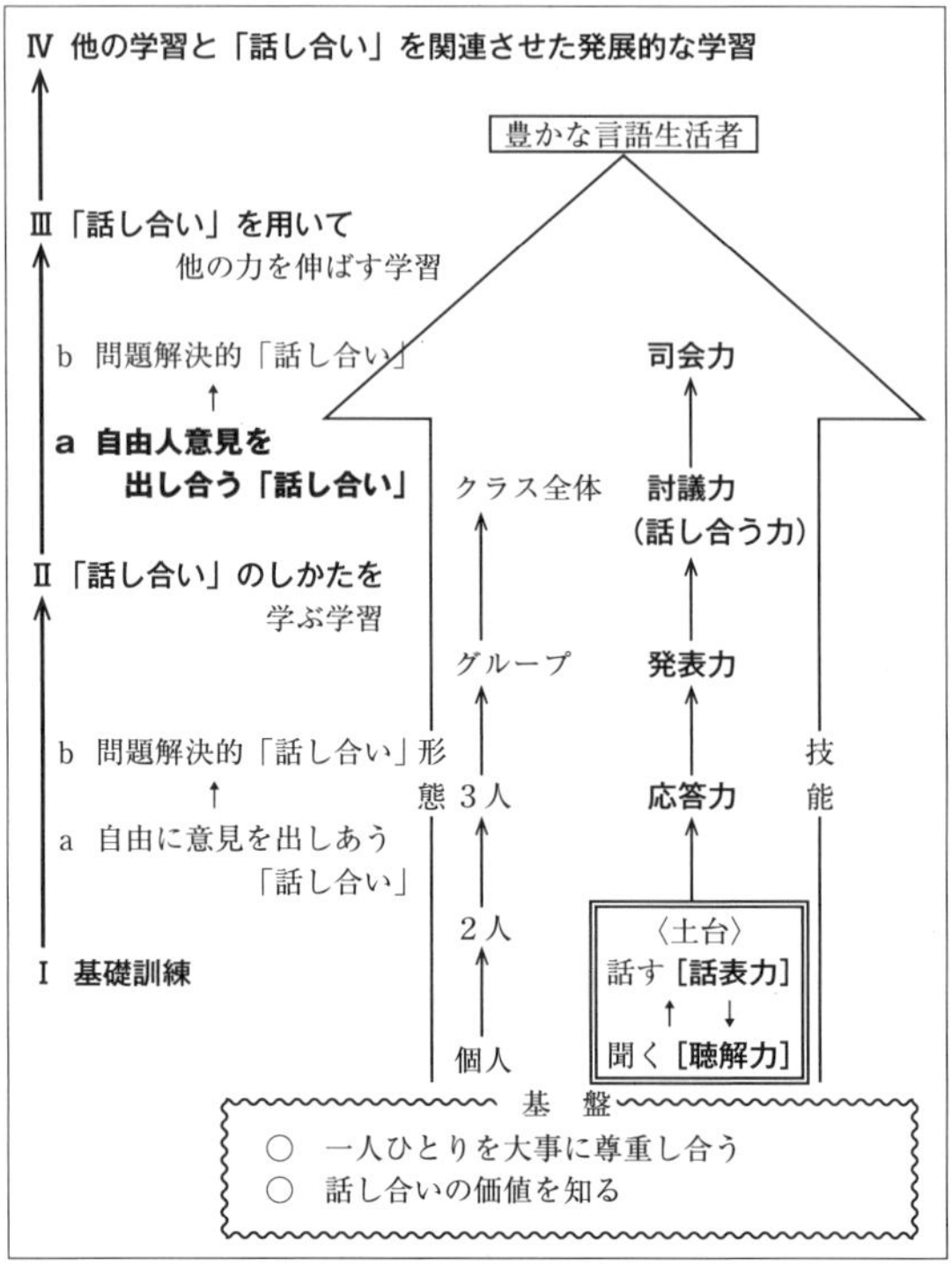

が生活している世界から一歩外に向かって目を開かせる機会としたい。

なお、本実践は、平成一七（二〇〇五）年二月に中学二年生を対象に実施し、第三十回日本国語教育学会西日本集会（平成一七年六月）において発表したものを書き直したものである。

二、単元の構想

(1) 単元名　「みんな同じ地球の子」～読書会をしよう～

(2) 対象学校名・学年・組　徳島市上八万中学校　第二学年　A組（男子一七名、女子一九名、計三六名）

(3) 実施時期・時間数　平成一七（二〇〇五）年　二月　一三時間配当。

(4) 単元設定の理由

学習者は、学習に前向きである。話し合い活動については、一年間の国語学習を通して自分の考えを述べることの楽しさや、話し合いが深まる充実感を感じつつあり、一年間の様々なできごとを経て、学級の人間関係も良好になり、互いを尊重する雰囲気も育ちつつある。これまでの「話し合い」学習はグループが中心であったが、自分の意見を主張するだけでなく友だちに話す機会を与えながら活発に活動することができてきつつある。ただ、学級全体の話し合いは経験が少なく、場の雰囲気に左右されてなかなか発言できない学習者がいる。

二学期終わり段階における学習者の意識として、読むことについて苦手意識を持っている者が多いことにことに気づいた。「読むこと」における問題点として、次の三点が挙げられる。

①　活字に対する苦手意識があり、読書に対する関心が薄く全く本を手に取ることがないものが一割程度いる。

②　多読のものでも傾向が偏っており、客観的な読みができているかどうか疑問が残る。

③　読書の傾向として物語や小説は良く読まれているが、ノンフィクションはあまり読まれておらず、読みたい本にもあがっていない。

問題点を解決するために、まず、夢中になって読むということを体験させたいと考えた。読んでは書き、話し合っては読むという過程を繰り返していく中で、自分の読み深めたい課題を見つけ、次の読みに意欲的に進んでいくようにさせたい。本単元で行う「読書会」とは、一三章からなる本のそれぞれの章を分担して読んできて、パネルディスカッションのかたちで内容を紹介し合い、テーマを決めて話し合う活動である。実りある読書会にするためには、自分の分担はどうしても自分で読み、紹介しなければならない。学習者に読むことの責任感と、同時に、活躍の場を与えることができる。また、この本に書かれている衝撃的な事実に触れれば、自分が知ったこと、それを通して感じたり考えたりしたことを誰かに伝えたい、友だちの意見を聞いてみたいと思うはずである。学習者をかけがえのない位置におき、話したいと思う内容を持たせて読書会に臨ませることができるのである。さらに、それぞれの章に書かれている内容は共通する問題を含んでおり、それぞれの立場から話し合うことができる。教師自身もいろいろな面から学習者の発言を誘うことができ、集団で一つの問題を読み深める楽しさを知ることができる。方法としてパネルディスカッションのかたちをとることにより、話し合いのテーマや内容をを絞り込んだ中身の濃い話し合いになると考えたのである。

また、本単元の学習によって、苦境のなかで精一杯生きる子どもたちの姿に触れることで、自分自身の生活や生き方を見つめさせ、自分や自分の周りから目を広く世界に向け、世界で起きているいろいろな問題について考えようとする態度を育てたい。

(5)　単元の目標

① 世界で起きている様々な問題に関心を持ち、進んで調べたり考えたりしようとする。（意欲・関心・態度）
② 課題意識を持ち自分の立場と比較して友だちの発表を聞いたり話し合ったりすることで、自分の考えを発展することができる。（話す力・聞く力）
③ 文章を読み、必要な情報を整理して、自分の意見をわかりやすくまとめることができる。（読む力）
④ 相手や内容に応じて言葉や話の形態、展開を選んで話すことができる。（言語についての知識・技能）

(6) 単元の指導計画（全一三時間）

第一次　単元の目標をつかみ、本単元の具体的な進め方を知る。（一斉学習→個別学習）

1 『せかいいちうつくしい ぼくの村』（小林豊　一九九五年一二月　ポプラ社）の読み聞かせを聞く。
2 なぜこの学習をするのか、どのように進めるのかを知る。
3 「はじめに」「目次」を読んで、担当希望調査に記入する。

・『トットちゃんとトットちゃんたち』を読んで読書会をしよう。
・自分が発表したい章を決めよう。

第二次　自分の担当する文章を読み、内容を整理して、自分の考えをまとめる。（個別学習）

1 読書会の担当希望調査をもとに、担当を決める。
2 担当した章を読んで、カードを取り、内容を整理する。
3 疑問に思ったことを調べ、自分の考えをまとめる。

・しっかりと読もう。
・友だちに何をどう伝えるかを考え、自分の考えをまとめよう。

第三次　担当者同士で話し合い、読書会の準備をする。（グループ学習）

1 グループごとにそれぞれが整理したカードを読み合い、相違点を話し合う。
2 何を中心に、どのような発表にするかを決め、自分たちの意見をまとめて、報告書を書く。
3 読書会の準備（リハーサル）をする。

・担当した国の様子や自分たちの考えを、友だちにわかってもらえるように工夫して、準備しよう。

第四次　読書会をする。（一斉学習）

1　読書会をパネルディスカッションのかたちで行う。

2　メモを取りながら聞き、一時間終わるごとに自分の考えを簡単にまとめておく。

・自分たちの思いを堂々と伝えよう。
・友だちの発表を聞いて、考えを深めよう。

第五次　読書会を通して考えたことを自分の意見としてまとめ、単元のまとめをする。（個別学習）

○「最後に」を読み、読書会のメモをもとに、本単元を通して考えたことを、「今、自分にできること」という視点からまとめる。

・この学習を通して考えたことをしっかりと書こう。

(7)　取り上げる学習材

読書会においては、全員が持つ『トットちゃんとトットちゃんたち』と、発展として読むための三冊、もっと知りたいことや疑問に思ったことをを調べるために、次の本を用意した。

［発展として用意した本］
・『小さいときから考えてきたこと』（黒柳徹子・二〇〇四・新潮文庫）
・『子どもたちのアフガニスタン』（長倉洋海・二〇〇二・岩波ブックレット№559）
・『子どもたちのイラク』（日本国際ボランティアセンター・二〇〇三・岩波ブックレット№600）

［もっと知りたいことを調べるための本］

・『パレスチナの子どもたち』（日本パレスチナ医療協会・一九九八・ほるぷ出版）
・『みなおなじ地球の子　祖国は難民キャンプ』（小林正典、ジュディス・クミン・一九九九・ポプラ社）
・『カブール・ノート　戦争しか知らない子どもたち』（山本芳幸・二〇〇一・幻冬舎）
・『平和をつくる教育』（早乙女愛、足立力也・二〇〇二・岩波ブックレット№５７５）
・『素顔のイラク』（早坂隆・二〇〇三・連合出版）
・『戦争と平和　そして子どもたちは…』（アグネス・チャンほか・二〇〇三・オリコン・エンタテインメント）
・『「イラク戦争」の三〇日　私の見たバグダッド』（豊田直巳・二〇〇三・七つ森書房）
・『ぼくの見た戦争　二〇〇三年イラク』（高橋邦典・二〇〇三・ポプラ社）
・『おにいちゃん、死んじゃった　イラクの子どもたちとせんそう』
（詩 谷川俊太郎、絵 イラクの子どもたち、協力ＪＶＣ・二〇〇四・教育画劇）
・『おとなはなぜ戦争するの』（子どもの声を聞く児童文学者の会・二〇〇四・新日本出版社）
・『イラクに生きる　アイ・ラブ・イラク』（佐藤好美・二〇〇四・国土社）

三、単元の展開

ここでは、次の学習者を抽出し、指目標に対する考察を加えていく。

Ａ：国語学力において、やや劣っている。声は大きく、学級全体への影響力も大きいが、学習態度にむらがあり、集中して一つのことに取り組むことが苦手である。国語においてはじっくりと聞いたり読んだり書いたりすることが苦手でやや無気力である。夏休みから一冊も本を読まなかった学習者の一人である。

1　〔第一次〕単元の目標をつかみ、本単元の具体的な進め方を知る（二時間）

これまで、人権学習など様々な場面において「命の重み」ということを投げかけてきた。三学期に入って、本単元のあらましを「今、みんなとぜひやりたい学習」として紹介し、資料集めの経過報告や資料紹介を経て、期待感が芽生えるのを待って本単元の学習に入った。

導入として、兵士や戦地で暮らす全ての人にかけがえのない家族や生活があるということに気づかせたいと考え、絵本『せかいいちうつくしい ぼくの村』の読み聞かせを行った。そして〈学習の進め方の手引き〉を用いて、「地球上に生活しているいろいろな子どもたちのことを知り、考えること」を目標として「読書会」をすることを確認し、『トットちゃんとトットちゃんたち』を手渡した。一時間かけて読み進め、「読者会の担当希望調査」に第三希望まで記入させ、提出させた。

> Aは、あまり興味のないそぶりで、本のページをめくっていた。そこで、単行本の『トットちゃんとトットちゃんたち』（講談社一九九七年七月）を見せた。この本には文庫本にない写真が多く載っており、資料が豊富である。そこからカンボジアとベトナムについて書かれた五章の、アメリカ軍が使った枯れ葉剤によって生まれつき目のない女の子の写真を見つけた。「ほんなん、むごすぎる。」と口にし、心底驚いたようであった。友だちにも「ちょっと、これ、見てみ。」と見せ、興味を持って読み始めた。「ほな、ここをやってみたら。」と声をかけたら、「ほうするわ。」と五章を第一希望に書いてきた。

2　〔第二次〕自分の担当する文章を読み、内容を整理して自分の考えをまとめる（三時間）

誰をどの章の担当にするかということについては、次の四つの観点から、①を中心に、章ごとに二〜四人になるように決定した。

①学習者の希望　②国語学力（読む力と話す力を中心に）③本単元についての興味・関心　④人間関係

②はどのグループも同じようにするのではなく、読む力の差、話す力の差が大きくならないようにした。第三次の学習において、読む力の差が大きいと作業にかかる時間に差ができ、どうしても力の強い学習者が主導するようになってしまう。また、話す力の差が大きいと、力の弱い学習者はどうしても発言しにくくなってしまい、努力しても発言していく余地が少ない。この二つの力がよく似ていれば、たとえ時間はかかってもそれぞれが活躍する場ができ、教師の手引きによって発表の内容を高めていくことが可能となる。

③については、それぞれのグループに本単元についての興味・関心の高い学習者ができるだけ均等にいるようにした。その学習者が刺激となり、活発な学習となると考えたのである。

④については、思春期であり異性に対する意識が学習の妨げにならないように配慮した。

担当する章を発表し、次の六つの観点ごとにカードを取りながら読み進めていった。この観点は、それぞれの章に共通し、読書会のテーマにもなりうるという点から考えたものである。学習者は〈カードを書くための手引き〉を参考にしながら、カードを取り、それをもとに内容を整理し、自分の考えをまとめていった。

1　紹介する国の現状	2　出会った子どもたち（どんな子か）	3　心に残ったできごと
4　問題を感じたこと・事実	5　心に響いたことば	6　みんなに伝えたいこと・考えてほしいこと

作業の間には、学習者の間をまわりながらカードの書き方や内容に関する質問に答えたり、感想を述べて話し合ったり、さらに読み深められるような質問をしたりした。

Aは、どうしてよいかがわからないとすぐに投げ出してしまい、なかなか集中力が続かない。また、自信がなかったり面倒なことがあったりしたら、すぐ手助けを求めてくる。付せんを貼る場所、カードの書き方など、一つ一つ確認しながら進め、一つできたら、「その調子」「やればできるね」とほめた。そのうちにやり方がわかり、次第に興味もわき、やや荒い内容ではあるがかたちとしては一通り終えることができた。最終的に、観点1（国の現状）を一枚、観点2（子ども）三枚、観点3（できごと）〇枚、観点4（問題となる事実）二枚、観点5（ことば）二枚、観点6（伝えたいこと）〇枚、合計八枚のカードを書いた。観点3、観点6については、できごとを決めかねていたり、まとめる時間が足りなかったりで書けていなかったが、話し合いの材料は用意できており、そのまま進めることとした。

3　〔第三次〕　担当者同士で話し合い、読書会の準備をする（三時間）

担当者同士で〈内容を整理するための手引き〉をもとに、読書会では何をどのように発表するかを話し合った。話し合いの具体的な内容については〈読書会資料作成の手引き〉を示し、参考にさせた。また、読書会の資料として、発表する内容を「報告書」に書かせた。本文は、聞いただけではわかりにくい地名や人名、用語や内容があり、発表の骨子を報告書として書くことで、話す側も聞く側もポイントの定めて進めることができると考えたからである。報告書作成にあたっては、担当者同士の一覧表とカードを見比べ、次の段階を踏んで考えるよう指導した。①同じものと違うものを分類する。②なぜ違いができたのかを考える。③何を中心に発表するか考える。④何を、どんな順序で伝えるかを考え報告書を書く。

Aのグループは、それぞれがカンボジとベトナムのうち興味のある国を中心にカードを取っていたので、国ごとに担当を決め、Aはベトナム担当となった。二人で内容に落ちがないかを本文で確認し合ったあと、どうしたらわかりやすいかを悩み悩み、私も相談に乗りながら、報告書を書いた。内容については、ポル・ポト政権による拷問や虐殺、ベトナム戦争の枯れ葉剤など、戦争では罪もない子どもたちが殺され、苦しめられてきたという事実から、戦争の不合理さを訴えようとしていた。

次に、読書会の形式であるパネルディスカッションの方法を全体で確認してから、アンケートを行い、次の四つのグループに分けた。

① 水をめぐって　（一章、二章、一〇章）
② 厳しい飢え・死んでいく子ども　（三章、七章、七章、九章）
③ ゲリラ・地雷・子どもたちの戦争　（四章、五章、六章、八章）
④ 子どもたちの苦しみ　（一一章、一二章、一三章）

学習者は発表原稿を書き、発表のリハーサルや想定した質問に対する答えの準備などをして、読書会に備えた。

Aは、反政府ゲリラや紛争、内戦による悲惨な状態と、子どもたちにとっての戦争の現状を報告しようとするグループである。Aは報告書を手に、どのような発表原稿を作ったらよいかと質問してきた。観点ごとのメモを報告書の順番に整理させせながら、いらないところは省き、必要なところは聞き手に伝わるかを考えさせながら、〈読書会の発言はこんなふうに〉の手引きを参考に原稿を書いていかせた。リハーサルは照れながらではあるが大きな声で堂々とできた。ベトナム戦争について説明できるようにしておくことと、日本では当たり前と思うことが、本当はとても幸せなことなのだということを伝えるよう助言した。

4　〔第四次〕　読書会をする（四時間）

読書会においては、次の点を意識させて話し合いをさせた。

①　友だちに届く声で、重要語句に注意して発言すること

②　パネルディスカッションに積極的に参加すること

・友だちの発表に答えるために、共感できる部分については支持する発言をすること

・質問は、相手の意見をふまえ、何を聞きたいかを明確に言うこと

このような話し合いの場合、学習者はとにかく何か質問をしたり意見を言ったりしなくてはと構えがちで、なかなか発言が続かないことが多い。しかし、発表者に敬意を表し、深まりのある話し合いにするためには、共感する部分についての発言が大切であり、それが言いやすくもある。「同感である」ということを積極的に伝えようと声をかけた。

話し合いにおいては、私が司会を務めたが、それと並行して、言いたいことはあるのだがなかなか言い出せない学習者に言い出しの言葉を与えそれに続けて発言させるようにさせたり、学習者が言おうとしている内容を小さな声で言って後押ししたり、私自身が学習者の一人となって発言し、次の発言を誘ったりした。

読書会においては、学習者はメモを取りながら真剣に聞き、考え、たくさんの意見が出た。

反省点としては、書かれている内容についての質問には答えることができたが、それ以外の質問についてはほとんど答えられなかったことが挙げられる。また、話し合いの場における即時的な指導においては、私自身が指導するタイミングをうまく捉えられずに必要な発言をうまく引き出せないようなことも多かった。

Aのグループも、大きな声で堂々と発表した。質疑においては、予測していた質問については答えられたが、それ以外はなかなか答えられず、発言の機会があっても十分にそれを生かしきれなかった。しかしAのこれまでの学習に対する取り組みとは違って、誠実に答えようと努力する姿が見られた。

5 〔第五次〕読書会を通して考えたことをまとめ、単元のまとめをする（一時間）

本単元のまとめとして『トットちゃんとトットちゃんたち』の「最後に」をいっしょに読み、読書会のメモや感想をもとに、自分の考えを書いた。〈まとめの手引き〉を用意して視点を与え、強く思ったり考えたりしたことを一つか二つにしぼって書かせた。書き上げた作文は学級で読み合い交流した。Aの作文を次に示す。

ぼくが印象に残っているのは、第五章の目のない女の子とベトちゃんドクちゃんです。

目のない子は、おでこからほっぺまで皮膚が続いているそうです。普通そんなことはないので、ほんとうにびっくりしました。ぼくがもし目のない子だったら、親や社会をうらんでやけになって自殺していると思います。けど、今回勉強した国や難民キャンプでは、自殺した人なんていないから、おどろきです。それだけ、必死に生きようとしている気持ちが伝わってきました。これからも一生懸命生きてほしいです。

ベトちゃんドクちゃんは、二重体児です。この子たちはちりょうを受けることができたので、とても幸せと思います。けど、二重体児はこの子だけではありません。いっぱいいます。

この子たちを、こんなふうにしたのは、アメリカがまいた枯れ葉剤でした。大人の勝手で戦争をして、苦しんでいるのは子どもたちです。それなのに、まだイラクで戦争をしているなんて、自分たちのやっていることをもっと考えてほしいと思いました。

この学習をして、ぼくたち日本人は、とてもぜいたくな人間と思います。平和ぼけして、命の大切さを忘れていると思います。だから、その発展途上国の人たちの分も一生懸命生きたいと思いました。

多くの学習者が、戦争の悲惨さに触れ、どうにかして止めたい、子どもたちを救いたいという思いを書いてきた。また、自分たちの生活に目を向け、まず自分の命を一生懸命生きることが大切なのだということに気づき、何か自分にできることを小さいことからでもやっていこうという思いを持つことができた。軽重の差はあれ、どの学習者も真剣に精一杯の自分の思いを書いた。

四、実践の成果と課題

1　実践の成果

本単元の学習指導についての考察から、本単元の成果として、次の三点を挙げる。

(1)　学習者の意識に沿う資料と種まきによって、学習者は期待を持ってこの学習をスタートした。また、はっきりしたゴールを示し、手だてを明確にすることで、課題意識を持って学習を進めることができた。

(2)　学習者は、伝えたいという思いと責任感を持って読書会に臨み、自分の意見を発表し友だちの発表を聞き話し合うことを通して、集団で一つの問題を読み深める楽しさを知ることができた。

(3)　まとめの作文においては、自分自身の生活や生き方を見つめると同時に、目を広く世界に向け、考えようとする姿が見られた。

2　実践の課題

(1)　**読書会の持ち方について…**本単元においては、一冊の本を中心に取り上げて読書会を行ったが、想定していなかった内容の発言や、この資料だけでは答えきれない質問も多く、それらに納得するような答を用意することができていなかった。内容の深まりという点から、実際にあったできごとを話題にする場合、様々な方向から考えることのできる複数の資料が必要であった。また、事前に学習者がどのような意見を持っているかをアンケートによって知り、私が司会にあたったが、十分に学習者の考えや発言を引き出せない部分があり、さらに一人ひとりを捉え、学習者の実態に沿う指導のあり方を考えていかなければならない。

(2)　**話し合いの学習指導について…**本単元は、一年間の学習のまとめとして構想した単元である。言いかえれば、本単元が成功するかどうかで、一年間の学習の成否を知ることができるのである。

本単元においては、ほとんどの学習者がおおむね目標を達成することができた。話すことの必然の場に立ち、伝えたいという気持ちを持たせることによって、納得できる内容で読書会を終えることができたのである。ただ、まだ自分の立場でしかものを考えられず発表以外の発言ができないものがいた。どこでつまづいているのかを知り、実態にあった指導を重ねていくとともに、教師自身の話す力・聞く力を修練していかなければならない。

また、今後の学習として、話し合い学習指導の次の段階として、問題解決的話し合いや、他の学習と話し合いを関連させた発展的な学習ができるようになることを視野に入れ、学習者の力を伸ばしていきたい。

参考文献

大村はま『大村はま国語教室　第七巻』（筑摩書房・一九八四年）
野地潤家『話しことば学習論』（共文社・一九七四年）

単元「兼好の人間を見つめる眼は?」(中二) の指導の実際

―「学習テーマ」にもとづく古典の教材編成と指導法の開拓を目指して―

実践当時／鳴門教育大学附属中学校　瀧川　靖治

一、実践研究のねらい

小・中・高等学校に共通する古典教育の目標は、「古典に親しむ子どもたちを育てること」にある。古典に親しませるためには、学習者の発達段階も考えながら、どのような古典の教材化のもとに、どのような学習指導を展開するかが問われなければならない。

現行教科書の教材化の仕方をみると、まず、教師の立場から、「有名な」と言われる古典作品を幅広く取り上げ、次に、学習者の興味・関心や発達段階などを考慮して、古典作品が細切れ的に教材化されるという教養主義的な教材化がされている。これはこれで、伝統的な古典教材の選び方ではあるが、細切れ的に古典作品の一部分を読むというのでは、古典作品の持つ魅力やおもしろを味わわせることはなかなか難しい。この課題を解決する方策としては、時間数の制約も考慮しながら、何か一つの学習課題（学習テーマ）のもとに、ある程度まとまった分量の教材を取り上げて読ませることが有効なのではないかと考えた。そこで、本実践では、「徒然草」を取り上げて、どのような学習課題（学習テーマ）のもとに、どのような教材化を図ると、学習者に「徒然草」のおもしろさを感得させることができるのかを究明したい。

　また、これまでの中学校における古典の授業は、古典教材を繰り返し音読して暗記させる授業や、現代語訳してその内容を理解させる授業が一般的であるが、これでは、学習者が意欲的、主体的に古典学習に取り組み、古典作品の持つ魅力やおもしろさを感得させることはなかなか難しい。この課題の解決のためには、やはり、学習者の興味・関心や問題意識をふまえた学習課題（学習テーマ）を設定して、学習者が学習課題（学習テーマ）のもとに、ある程度まとまった分量の教材を取り上げて、課題の解決を目指して、読む・書く・話す・聞く学習活動（言語活動）を展開する過程で、学習課題（学習テーマ）に対する認識の深化・拡充を図るとともに、読む・書く・話す・聞く言語能力や課題解決能力・自己学習力を育てる授業の創造が求められる。そこで、本実践では、学習者が主体的に古典学習に取り組む、古典の教材編成と指導のあり方を探っていきたい。

　なお、この実践は、今から一一年前、平成一九（二〇〇七）年度の第五二回鳴門教育大学附属中学校研究発表会で実践発表したものに少し手を入れたものである。

二、単元の構想

(1)　単元名　「兼好の人間を見つめる眼は?」

(2)　対象学校名・学年・組　鳴門教育大学附属中学校　第二学年　二組（男子二〇名、女子一九名、計三九名）

(3)　実施時期・時間数　平成一八（二〇〇六）年　一一月～一二月　一〇時間配当。

(4)　学習課題（学習テーマ）の設定と単元の教材編成

使用教科書（光村図書・二年用）の古文教材としては、「枕草子（春はあけぼの）」「平家物語（扇の的）」「徒然草（第五二段「仁和寺にある法師」）が取り上げられている。ここでは、特に、「徒然草」に絞って、学習者を意欲的、主体的に学習に取り組ませるために、中学生が興味・関心を強く抱く「人間のものの見方・考え方・生き方」に着目して、「兼好の人間を見つめる眼は？」という学習課題（学習テーマ）を設定して、次の二四の段を取り上げて教材化を図った。教材は、A失敗談、B名人・達人の言葉、C理想的な生き方、D理想的な心の持ち方、E悟りの難しさ、Fその他という六つの観点から、次のような段を選定した。

A失敗談（戒め）	第五二段＝「仁和寺にある法師」／第五三段「これも仁和寺の法師」／第五四段「御室にいみじき児の」／第八九段「奥山に猫またといふ」／第二三六段「丹波に出雲といふ所あり」
B名人・達人の言葉	第九二段「或人、弓射る事を」／第一〇九段「高名の木のぼり」／第一一〇段「双六の上手と」
C理想的な生き方	第一八段「人は己をつづまやかに」／第四〇段「因幡国に何の入道」／第四七段「或人、清水に参りけるに」／第五九段「大事を思ひ立たん人」／第六〇段「真乗院に盛親僧都」／第二一五段＝「平宣時朝臣」
D理想的な心の持ち方	第三一段「雪のおもしろう」／第三二段「九月廿日の頃」／第一四二段「心なしと見ゆる者も」／第一五〇段「能をつかんとする人」／第二三一段＝「園の別当入道は」
E悟りの難しさ	第一一段「神無月の頃」／第一〇六段「高野証空上人」
Fその他	第四五段「公世の二位のせうとに」／第一一七段「友とするにわろき者」／第一三七段「花はさかりに」

なお、第五二段「仁和寺にある法師」は共通教材、それ以外は自由選択教材として準備した。限られた配当時間数を考えて、テキストは、本文の右左に傍注を付した「傍注資料」を作成して、全二四段分を「徒然草」の配列順に冊子にして配布した。傍注資料は、次のように工夫した。

本文は、単語に分けて、右側には漢字の読みを歴史的仮名遣いで、左側一行目には▷印を付して、左側二行目には現代語に訳すときに補充すべき語を（　）の中に付し、同じ二行目に本文の傍線部の現代語訳を書き入れた。ゆっくりと本文を音読するのを聞きながら、左側の現代語訳を読むと、大体の意味内容が分かるように工夫した。

> 仁和寺に▷（いた）ある法師▷（が）、年寄るまで石清水（いはしみづ）〔石清水八幡宮〕を拝まざりければ〔なかった　ので〕、心うく覚えて〔残念に　思われ〕、あるとき思ひたちて、ただ一人、徒歩（かち）〔徒歩　で〕より詣で（まう）けり〔参拝し　た〕。極楽寺（ごくらくじ）・高良（かうら）などを拝みて、かばかり〔これだけ〕▷（もの）と心得（こころえ）〔思い込ん〕て帰り〔帰っ〕にけり〔たのであった〕（中略）少しのことにも、先達（せんだち）〔（その道の）先導者〕はあらまほしき▷こと〔あってほしい　もの〕なり〔である〕。

(5) 単元の指導目標

① 〈認識に関する目標〉

徒然草に登場する人物を兼好がどのように見つめたかを読み取り、兼好の捉える人間理解の深さや面白さをとらえることができるようにする。

② 〈技能に関する目標〉

ア　興味・関心に応じて選択した段（「傍注」を施した学習材）を繰り返し読み、「登場する人物」を兼好がどのように見つめたかを読み取ることができるようにする。

イ　文例を比較検討し、パンフレットの内容に必要な要素である「兼好のとらえる人間理解の深さやおもしろさ」を読み取ることができるようにする。

ウ　パンフレットの内容として必要な要素である「兼好のとらえる人間理解の深さやおもしろさ」を的確にとらえ、原稿を書くことができるようにする。

③〈意欲・態度に関する目標〉

学習者一人ひとりの興味・関心にもとづいて選択した段を繰り返し読み、兼好のとらえる人間理解の深さやおもしろさをとらえ、徒然草紹介パンフレットに取り入れようとする。

⑹　単元の指導計画と単元の構造

本実践では「目標・指導・評価」の一体化を図るために「逆向き設計」の考え方に沿って授業実践を行う。

第一次〈導入〉…〇・五時間配当

（1）単元最終の活動目標と学習の進め方を提示する。「徒然草」を読んで、兼好のとらえる人間理解の深さやおもしろさを探り、最後に、図書紹介パンフレットを作成する単元の展開を理解させる。

第二次〈展開Ⅰ〉…一・五時間配当

（2）教科書教材（五二段）に登場する人物像を表現に着目してとらえさせ、兼好がその人物をどのように見つめているかを考えさせる。（→この学習は、次の個別学習のために学習の仕方を身に付けさせるモデル学習として位置づけてある。）

（3）〈展開Ⅱ―1〉（個別学習・二時間）学習者一人ひとりの興味・関心に応じて自由に選択した段（テキスト＝傍注資料）を⑵の段階で学習した方法を用いて読んで、その段に登場する人物を兼好がどのようにとえているかを読み取らせる。

第三次〈展開Ⅱ〉…五時間配当

（4）〈展開Ⅱ―2〉（一斉学習・三時間）学習者相互の意見を整理したり、関連づけたりして、兼好のとらえる人間理解の深さやおもしろさについて認識を深めさせる。具体的には登場する人物を、失敗する人、名人や達人、徳の高い高僧などのカテゴリーに分けて、兼好がそれらの人物を通して人間をどのように見ていたのかを考えさせる。

第四次〈展開Ⅲ〉…二時間配当

(5)〈展開Ⅲ―1〉…（一時間）図書紹介パンフレットの文例（四例）を比較させて、すばらしい（A）、おおむねよい（B）、不十分である（C）の三段階で個別に評価させる。そして、その結果を全体の場で検討させることで、評価するための判断基準を持たせ、パンフレットの内容に必要な要素を理解させる。

(6)〈展開Ⅲ―2〉…（一時間）パンフレットの内容として必要な要素である「兼好のとらえる人間理解の深さやおもしろさ」を取り入れたものを作成させる。作成したパンフレットの代表的なものは、図書室に「徒然草コーナー」をつくり、徒然草関係図書とともに展示し、全校生徒が手に取って閲覧できるようにする。

第五次（まとめ）…一時間配当

(7) 図書紹介パンフレットに書いた内容を文章化し、それを冊子にしてクラス全員に配布する。

右に挙げた単元の指導計画を図表にすると、次のとおりである。

活動	学習形態	次	学習	段階
活動目標の確認共通教材「五二段」の学習	（一斉学習）	第一次		導入
	（一斉学習）	第二次	《モデル学習》	展開Ⅰ
自由選択教材の学習	（個別学習）	第三次（1）	《応用学習》	展開Ⅱ―1
	（一斉学習）	（2）		展開Ⅱ―2
パンフレット作り	（一斉学習）	第四次（1）	《発展学習》	展開Ⅲ―1
	（個別学習）	（2）		展開Ⅲ―2
文集作り		第五次		まとめ

三、単元の展開

1　第一次〈導入〉単元構想と学習の進め方を理解させる（一斉学習、〇・五時間）

単元の導入段階では、その単元が、何のために、何を目指して、どのように学習を進めていくのかを明確にしておくことが大切であると考えて、単元構想図を用いて、「徒然草」のさまざまな章段を読んで、兼好のとらえる人間理解の深さやおもしろさを探り、単元の最終段階で、図書紹介パンフレットを作成するという学習の進め方を提示した。

2　第二次〈展開Ⅰ〉兼好の登場人物のとらえ方を探る方法を学ばせる（一斉学習／モデル学習、一・五時間）

教科書教材「**仁和寺にある法師**」（五二段）の傍注資料をテキストにして、兼好がこの段に登場する法師をどのように見つめているかをとらえさせる授業を展開した。歴史的仮名遣いに注意して本文（傍注資料）を音読させた後、①兼好は「少しのことにも、先達はあらまほしきことなり。」と考えたのはなぜか、②勘違いの原因は何か、③仁和寺の法師の人物像を考える、④兼好は「ある仁和寺の法師」を通して、人間をどのように見つめているか、この四点を話し合わせた。その際には、必ず、本文を的確に読み取る力を身につけさせるために、そのように考えた理由・根拠を文中の表現を押さえて述べるように仕向けた。

なお、この学習は、次の個別学習のための学習の方法を学ばせる「モデル学習」として位置づけた。

3　第三次〈展開Ⅱ〉兼好のとらえ方を探る方法を応用させる（一斉・個別学習／応用学習、五時間）

(1)〈展開Ⅱ―1〉（一斉学習・一時間）

第五二段「仁和寺にある法師」を学習した後、全二四段の傍注資料（冊子）を配布し、「朝の読書」の時間などを活用して目を通しておくように指示した。これを受けて、この時間は、一つの段を二回ずつ読んでいった。一回目は、教師が、内容理解に必要な簡単な説明を挟みながら、本文をゆっくりと音読していく。学習者はテキスト（傍注資料）の傍注にも眼をやりながら聞いて大体の内容を把握していく。二回目は、教師が一文ずつ音読するのに従って、学習者もゆっくりと音読していく。このような形で、取り上げた二四の段をひたすら音読していった。その途中で、学習者一人ひとりが興味があるなと思う段には付箋を付けさせた。

この時間の最後に、宿題として、次の時間までに付箋を貼った段を中心に、自分の選択する段を決めておくように指示した。なお、選択する段は一つの段だけではなく、内容の共通する複数の段や内容の相反する複数の段を選んでもよいことにした。

(2)〈展開Ⅱ―2〉（個別学習・一時間）

二時間目は、各自の選択した段について、第五二段「仁和寺にある法師」で学習した読みの方法を用いて、「発表のための覚書カード」に、①各自の選択した段数と見出しを、②その段を選んだ理由を一文で、③大体の内容を三〇〇字以内で、④その段に見られる「兼好のものの見方・考え方」を二〇〇字以内で、それぞれ書かせた。

この個別学習の間、教師は、「発表のための覚書カード」に書かれた内容を読んで、誤読があれば指摘し、改めて本文（傍注資料）を読み返させて、書き改めさせた。この過程で、内容を読み取る力を付けさせるように仕向けた。

なお、余裕のある学習者には、自分の選んだ段の内容と共通する内容の段や、相反する内容を持つ段も選ばせて、それぞれの段の「発表のための覚書カード」を作成させた後、どこが共通し、どこが相反する内容か、発表できるように準備をさせた。また、一斉学習の場で発表する準備として、黒板の幅に近い長さの短冊に「兼好のもののの見方・考え方」を書かせるとともに、発表の仕方の手びきを配布して、発表の練習をするように仕向けた。

(3)〈展開Ⅱ―3〉（一斉学習・三時間）

①失敗段を取り上げる（→戒め）

教科書教材「仁和寺にある法師」（第五二段）が失敗した人の話（失敗談）であったのを受けて、同じような「失敗談」を描いた段を選択した学習者に、①その段の大体の内容、②失敗の原因は何か、③兼好のものの見方・考え方をそれぞれ発表させた。学習者は、模造紙に③の内容を一〇〇字程度にまとめたものを黒板に提示して、「発表のための覚書カード」をもとに、各自が選択した段を取り上げてそれぞれ①②③について発表したが、ここでは、③に絞って発表し話し合った結果、学習者がまとめたものは次のとおりである。

第五三段「これも仁和寺の法師」	人間は、調子に乗って軽はずみなことをすると、悲惨な結果を招くことがある。
第八九段「奥山に猫またといふ」	人間は噂を信じ恐怖心を抱いていると、後から考えると、とんでもない行動をすることがある。
第二三六段「丹波に出雲といふ所…」	人は思い込みが激しく独りよがりになると、とんだ思い違いをしてしまうことがある。
第五四段「御室にいみじき児の」	むやみに興をそそるようなことをするよりも、まず自由にふるまうことが大切である。

それぞれの「失敗談」を挙げることを通して、兼好の考え方を発表させまとめて終わろうとしたところ、第四五段「公世の二位のせうと」を取り上げた学習者から、第四五段も「失敗談」の例ではないかという意見が出た。その内容を話し合った結果、この段は、良覚僧正の失敗談ではなく、良覚僧正は僧侶として徳を備えた最高位の人であるにもかかわらず、怒りっぽく世間の評判を気にする人で、世間の人からあだ名をつけられると、そのたびごとに反応する、そのギャップに兼好は面白さを感じて書いた段ではないかというようにまとめた。

今思えば、この四つ段の「失敗談」をただ並列的に学習して終わるのではなく、まとめの学習として、これらの「失敗談」を相互に比較して、どのような人物の失敗談を取り上げているか、兼好はどのような目線に立って「失敗談」を取り上げているかなどについても考えさせればよかったと思う。そうすれば、もっと兼好のものの見方・考え方を深く掘り下げられたのではないかと反省している。

②名人・達人を取り上げる（→教訓）

まず、第九二段「或人、弓射る事を」を取り上げた学習者に、この段における兼好の考え方を発表させた。A「何事においても、後を当てにしないで、現在の一瞬を大切にして励めということ」、B「人間は自分の怠け心に気づかず、すぐには行動できないものだ」、C「どんなにまじめな人にもなまけ心がある」という三つの意見が出て、それを検討させたところ、文章表現を押さえながらCとBに対して否定的意見が出て、最終的に、Aの意見が多くの支持を得た。教師から、後段の最後の一文には、兼好のどのような思いが潜んでいるかを考えてみようと問題を投げかけ、検討した結果、最終的に、「人間には、本人も自覚できない懈怠の心が潜んでいるので、何かを成し遂げようとすれば、今の一瞬を大切にしてすぐに行動することが必要である。しかし、これはなかなか難しいことである。」とまとめた。

次に、第一〇九段「高名の木のぼり」を取り上げた学習者に発表させて、「人間の過失を生ずる原因は、その行為の危険さにあるのではなく、心の緩みにある」と考えている兼好を考え方を読みとらせた。また、第一一〇段「双六の上手と」取り上げた学習者が、双六名人の言葉を受けて、兼好は「人は勝負事をするときには、負けまいという気持ちが大切である」という考え方を持っていると発表したが、第九二段の場合と同じように、最後の一文に見られる兼好の考えを付け足すべきだという意見が出て、最終的には、「人は、何事においても、それを成就しようとすれば、うまくやろうとするのではなく、どうすれば失敗しないか、その手立てを慎重に考えることが大切である。」と学習者たちはまとめた。

今思えば、兼好から見れば、自分より低い階層の人が言った言葉でも、その道を極めた人の言葉の中に、人間の真相・真実を発見した兼好の柔軟で深い洞察力を学ばせることができたらよかったと思う。また、ただ段の内容を読み取るだけでなく、学習者たちが共鳴・共感を覚えた段とその理由、また、自分のおなじような体験談など、学習者の感想・受けとめ方を少しでも発表する機会を設けて交流を図っておけば、単元の最終段階で「徒然草」の紹介文を書かせるための書くべき内容を育てることができたのではないかと反省している。

③理想的な生き方を取り上げる（↓理想とする生き方）

まず、兼好が「理想的な生き方」を述べている段として、第一八段「人は己をつづまやかに」を取り上げた学習者に発表させた。この段の内容と共通する段として、第二一五段＝「平宣時朝臣、老の後」を取り上げた学習者がその共通点を取り上げたのは、と　第五九段「大事を思ひ立たん人」、第六〇段「真乗院に盛親僧都」、第二一五段＝平宣時朝臣」の四段であった。

学習者は、これら兼好の考え方が共通するものとして、第一八段と第二一五段で、兼好は、あらゆる欲望を否定して無一物の生活を求めていて、贅沢を排し、できるだけ質素で簡素な生活を送るように願っていることを読みとらせた。第六〇段を取り上げた学習者は、学識もあり才芸にも秀でた高僧が、あまりに非常識で勝手気ままな自由奔放な生き方をしながら、人から嫌われないでいる僧都に対して、兼好が深い共感とあこがれを持っているようなので、理想的な生き方を示す段ではないかと考えたが、自分には盛親僧都のどこがよいのか、よく分からないという発言があった。そこで、兼好は世捨て人であること、世捨て人はあらゆる欲望・煩悩を否定して、仏道修行に専念することが求められるものであること、そういう兼好だから、盛親僧都の何事にもとらわれないで自由奔放的な生き方を仰ぎ見ているのではないかと教師が補足した。

以下、④理想的な心の持ち方、⑤理想的な心の持ち方、⑥悟りの難しさ、⑦その他の順に、同じような学習を展開したが、その具体的な内容は紙面の都合で省略することとしたい。

4　第四次〈展開Ⅲ〉図書紹介パンフレットを書かせる（一斉・個別学習、二時間）

⑴〈展開Ⅲ―1〉（一斉学習・一時間）

学習者が図書紹介パンフレットを作成するにあたって、パンフレット作成に必要な要素・基準を把握させるために、まず、個別に、指導者の準備した次ページに挙げた「四文例」を吟味して、「すばらしい（A）、おおむねよい（B）、不十分である（C）」の三段階で評価し、そのように評価した理由を書かせた。次に、それをもとに、ペア学習、全体学習、個別学習を進めた結果、図書紹介パンフレットを書くために必要な要素・基準を三〇〇ページの表のように、明らかにすることが出来た。なお、傍線を施した個所が基準の違いに関係する箇所である。

（「兼好の人間の見つめる眼は？」—兼好のとらえる人間理解の深さやおもしろさを探り、図書紹介パンフレットを作ろう—　資料）

【課題】次の4文例を比較して「すばらしい(A)」、「おおむねよい(B)」、「不十分である(C)」の三段階で評価しよう。

【文例１】

『徒然草』は読めば読むほど奥が深い！！

〈なぜ？　不思議？〉

師匠から譲り受けた住居を売り払って芋にかえ、すべて食べ尽しても僧都は嫌われない。この理由は？

第６０段に登場する盛親僧都は、いもがしら（里芋の親芋）が好きでたくさん食べていた。仏典の講義をするときでも、いもがしらを山盛りに盛って、ひざのそばに置いては、食べながら仏典を読んだ。また、師匠が死にぎわに、譲ってくれた銭と住居をいもがしらにかえて、食べ尽くしてしまった。しかし、こんな一見すると非常識な僧都が人々から嫌われない。兼好自身もこんな生き方を理想としている。これはなぜだろうか。

〈不思議の答えはこれだ！〉

この僧都は仏道に懸命に励む人物で、一見非常識に見えるが、兼好や人々は仕事に身を打ち込める一途さを賛嘆しているからである。

★　兼好の理想と考える人間像の一面がみえた。
★　あなたは兼好のこの考え方どう思いますか。

【文例２】

生きるためのバイブル『徒然草』
—　教訓・戒め満載　—

木登りの名人、すごろくの名人、弓矢の名人から学べることは？

○　人間は油断大敵と言われるように優しくて安易なことほど失敗しやすい。（１０９段）
○　勝負は負けないようにしていくと勝つことができる。（１１０段）
○　人間は怠け心に気付くことが難しいので、なすべきことを一瞬にして行動することは難しい。（９２段）

人々の失敗談から学べることは？

○　人の噂を気にしすぎるとかえって悪い結果になってしまうものだ。（４５段）
○　調子にのって軽い行動をとると痛い目にあってしまうものである。（５３段）
○　あまりにもおもしろくしようとすると、かえってつまらなくなるものである。（５４段）

【文例３】

『徒然草』の紹介

★作者紹介「兼好法師」

兼好の似顔絵

俗名は卜部兼好。吉田神社の神官の家に生まれ、博学で和歌や書もこよなく愛した。

青年のころ、宮中に出仕し、後二条天皇に仕えたが、天皇の死後、宮廷を退出して出家の身となり、諸国を行脚してから、仁和寺の近くの双が岡に住んだ。

★成立

成立の時期については、いろいろな推定説があるが、鎌倉時代末期の元徳二年（１３３０年）の末から翌元弘元年（１３３１年）の秋にかけて、すなわち、兼好が四八、四九歳のころに書かれたものと考えられる。

★内容

『徒然草』にとりあげられている内容は、自然に関するもの、教訓的なもの、学問的なもの、世間のうわさ話を書き留めたもの、ユーモアや批判精神に富んだものなど多方面にわたり、作者の高い知性と教養がうかがわれる。

【文例４】

兼好の理想の生き方はこうだ！、だが・・・。

★〈18段〉

唐土の許由は全く身につけた貯えがなくて、水も手ですくいあげて飲んでいた。それを見た人がひょうたんを与えたところ、ある時、木の枝にかけてあったのが、風に吹かれて鳴ったので、やかましいと言って捨ててしまった。そして、また水を手ですくいあげて飲んだ。・・・

↓

世間的な名誉や利益を求めずに質素倹約的な生活をするのが理想である。

ところが

★〈１１段〉

ある山里に人を訪ねた折、質素で風流な生活をしている庵を見つけ、その主人の生活態度に感心したが、庭にある柑子の木が、実をとられないようにと、まわりを厳重に囲ってあるのを見て興ざめした。

↓

人間は物欲を捨てることは難しい！！

○すばらしい「A」　複数の観点から「兼好の捉える人間理解の深さや面白さ」を的確に捉え、原稿を書くことができる。
○概ねよい「B」　選択した段を繰り返し読み、「その道の達人からの教訓」や「失敗談からの戒め」、「理想とする生き方」等を読み取り、原稿を書くことができる。
○不十分だ「C」　教師や友だちが作成したパンフレット例を参考にしながら、兼好の捉える人間理解の深さや面白さを捉え、原稿を書くことができる。

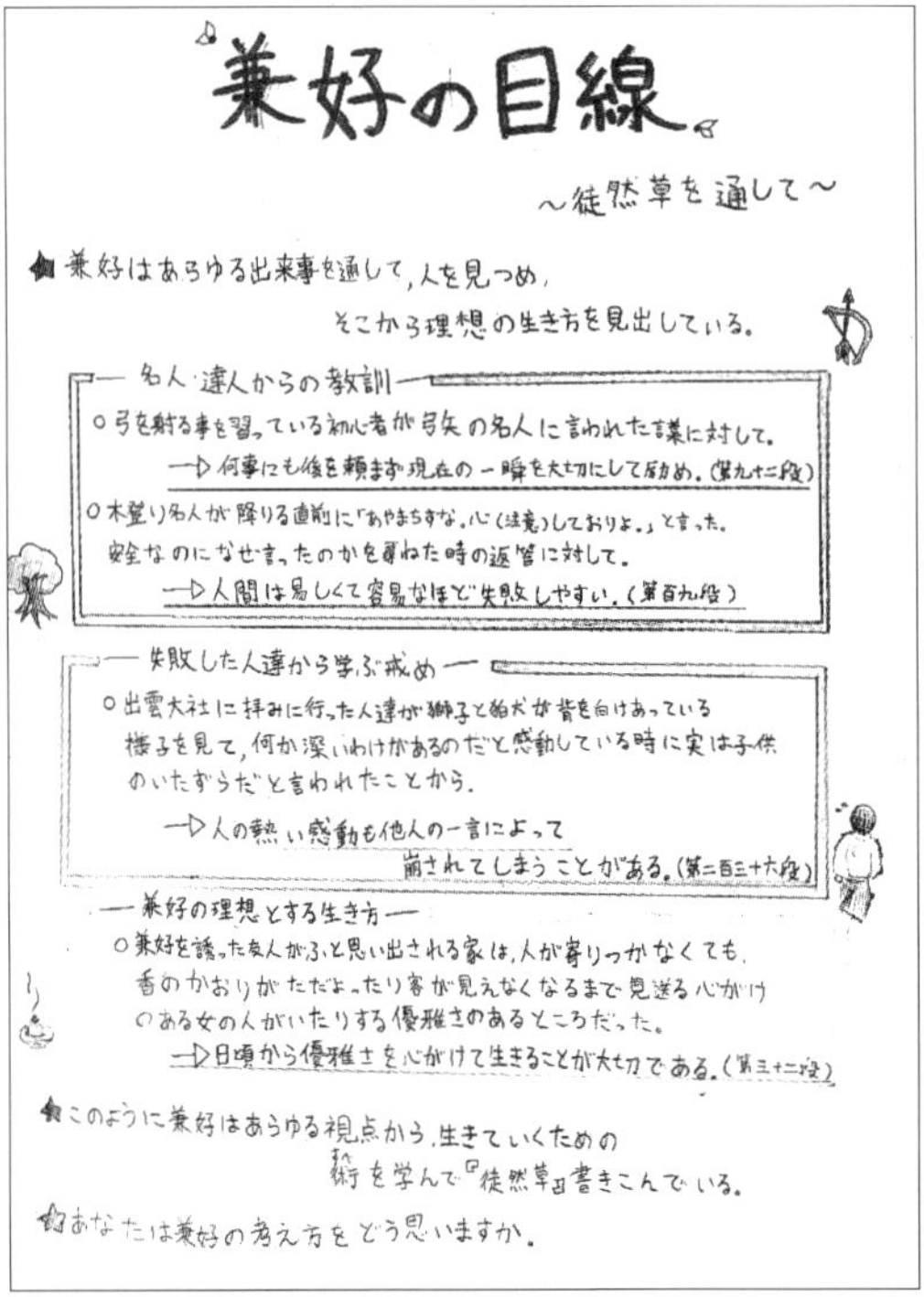

兼好の目線
～徒然草を通して～

兼好はあらゆる出来事を通して，人を見つめ，そこから理想の生き方を見出している。

―名人・達人からの教訓―
○弓を射る事を習っている初心者が弓矢の名人に言われた言葉に対して。
→何事にも後を頼まず現在の一瞬を大切にして励め。（第九十二段）
○木登り名人が降りる直前に「あやまちすな。心（注意）しておりよ。」と言った。安全なのになぜ言ったのかを尋ねた時の返答に対して。
→人間は易しくて容易なほど失敗しやすい。（第百九段）

―失敗した人達から学ぶ戒め―
○出雲大社に拝みに行った人達が獅子と狛犬が背を向けあっている様子を見て，何か深いわけがあるのだと感動している時に実は子供のいたずらだと言われたことから。
→人の熱い感動も他人の一言によって崩されてしまうことがある。（第二百三十六段）

―兼好の理想とする生き方―
○兼好を誘った友人がふと思い出される家は，人が寄りつかなくても，香のかおりがただよったり客が見えなくなるまで見送る心がけのある女の人がいたりする優雅さのあるところだった。
→日頃から優雅さを心がけて生きることが大切である。（第三十二段）

このように兼好はあらゆる視点から，生きていくための術を学んで『徒然草』書きこんでいる。

あなたは兼好の考え方をどう思いますか。

(2)　**〈展開Ⅲ―2〉**（個別学習・一時間）

前時の学習を踏まえ、学習者それぞれが選択した段（他の段を重ね合わせてもよい）について、「兼好のとらえる人間理解の深さやおもしろさ」を紹介するためのパンフレットを作成した。上に掲載している生徒作品は、「すばらしい（A）」と判断したものである。実践を行った生徒数は当該の学級以外にも三クラスあり、生徒総数は一五六名であった。その内、「A」に該当するパンフレットは一四七作品、「B」に該当するパンフレットは八作品であった。

なお、作成した図書紹介パンフレットの代

表的なものは、図書室に「徒然草コーナー」をつくり、関連図書とともに展示し、全校生徒が手に取って閲覧できるようにした。

5　第五次（まとめ）各自の書いた図書紹介パンフレットを紹介させる（一斉学習、一時間）

単元の最後に、図書紹介パンフレットに書いた内容を文章化し、それを冊子にしてクラス全員に配布して、読み合わせた。学習者の書いた一例を示すと、次のようである。

> マイナスの人間像について、兼好は四十五、八十九、二百三十六段のこっけいな話を取り上げています。それぞれの段落の主人公は良覚僧正、連歌法師、聖海上人といずれも男の僧です。この三人に共通してる点は、少しかわり者で噂や珍しいものに敏感な人だということです。
>
> 兼好は、前に挙げている三人を見つめて、噂や珍しいものに敏感なことはいけないことだと見ています。また、物事は慎重に考えるべきだと見ている段もあります。このようなことを踏まえた上で、徒然草の中に出てくる他の「マイナスの人間像」の段と照らし合わせてみました。そこで考えた兼好の人柄は「珍しい変わったものやわざとらしさを好まず、自然なもの、素直なもの、落ちついたものを尊重する。迷信にとらわれず、合理的な考え方をする人」だということです。もし、兼好が「プラスの人間像」として人物を見つめた場合、前に挙げた人柄などを参考に、「物欲がなく、人間性のある人」ではないかと考えました。
>
> 最後に、徒然草を学習して、僕は「兼好」の人を見る深さに感動し、興味を引かれていったのではないかなあと思います。人を見る力というものの大切さもよくわかりました。兼好は人を一人ずつじっくり、見つめ、奥深い考えを一段一段に記していますが、僕もいろいろな人を見つめ、考えて、これからいろいろなことを学んでいけたらなあと思いました。そして、物欲がありすぎてはいけないという兼好の意見に共感することができたので、自分自身も物欲のありすぎない落ちついた考えを持つ人になりたいと思いました。

四、実践の成果と課題

(1)　**学習課題（学習テーマ）の設定と教材編成について**…人間の生き方に関心を持つ中学生にとって、「兼好の捉える人間理解の深さや面白さを探る課題」を設定し、その課題を追求、解決する課題解決型の学習を展開したことは意義があった。つまり、目的的、主体的、総合的な単元を展開し、古典作品の持つ魅力を味わわせるとともに、「生徒に求められている力」を身につけさせることが重要であることがわかった。

(2)　**ある程度まとまった教材と傍注資料の作成について**…教材として、教科書教材以外に、二十数段の古典作品を準備し、「兼好の捉える人間理解の深さや面白さを探る」という課題を持たせて、複数教材を読ませた。このことが『徒然草』そのものの持つ魅力や面白さを味わわせることになった。従って、テーマに沿った教材を複数段準備することは意義があると言える。ただし、限られた時間の中で複数段の古典作品を読ませることとなるので、「傍注」を施した教材を準備する必要がある。

(3)　**モデル学習の位置づけについて**…個別学習の前にモデル学習を位置づけ、学習方法をしっかり身につけさせてから、個別学習を展開させた。教科書教材を用い、一斉学習の中で学習方法を学ばせ、その後、課題解決的な学習を個別に展開させた。モデル学習が学習過程の中に位置づいていたため、その後の個別学習が確かなものになったと言える。

(4)　**評価の判断基準の見直しについて**…実践前に設定した評価の判断基準は、複数の観点から課題について考えられていたら「A」で、一つの観点からだと「B」、自分の力で考えるのが難しいと「C」としていた。しかし、生徒の作品をもとに質の違いを考えてみると、次のように違いがあることが分かった。（傍線を施した部分。）

○すばらしい「A」　登場する人物を兼好がどのように見つめたかを読み取り、整理・分類し、さらには自分と比較・検討し、原稿を書く。
○概ねよい　「B」　登場する人物を兼好がどのように見つめたかを読み取り、それを「その道の達人からの教訓」や「失敗談からの戒め」、「理想とする生き方」などに整理・分類し、原稿を書く。
○不十分だ　「C」　登場する人物を兼好がどのように見つめたかを読み取り、読み取ったことのみで原稿を書く。

つまり、「ものの見方、感じ方、考え方を深めたり広げたり」するには、読み取った事実のみで考える段階（C）、いくつかの読み取った事実を整理・分類し考える段階（B）、読み取った事実を整理・分類し、さらに自分と比較・検討する段階（A）の三段階があることが分かった。したがって、次の実践での評価基準はこのことをふまえたものにしていきたい。

国語科・音楽科の横断的合科的な学習指導の実際
――単元「合唱コンクールで最高の合唱を」（中二）の場合――

大阪府豊中市立第十六中学校　和田雅博

一、実践研究のねらい

本校では、毎年度末（三月）、学校行事として、学年ごとに「合唱コンクール」を実施している。一、二年生にとっては、学年の総仕上げ、三年生にとっては、卒業直前の、中学校生活最後の特別な学年行事である。熱心に歌う生徒の姿を見ると、時間をかけ、これまでに積み上げてきた成果を、心を込めて表現する合唱には、「こんなにも人の心を揺さぶるものがあるのか」と感動する。

これまで、本校の合唱コンクールは、音楽科教師が、歌詞の意味とことばの発音、楽譜を根拠にしたリズム・高低・仕組み、歌詞と楽譜全体を通したイメージづくり、パート分けとパート練習、全体の合唱練習などを行っていたが、音楽科授業が週一時間しかないので、歌詞の意味内容の把握にはあまり時間をかけることができなかったようである。本年度は、特に、国語科と音楽科が協力して、教科横断的合科的な形をとった実践に取り組み、これまでよりも充実した合唱大会を目指すことになった。

そこで、このたびの実践では、国語科が課題曲の歌詞を分析・解釈して、作詞者の思いを把握することを担当することになった。実践研究の第一のねらいは、国語科による「歌詞の読みの学習」がどのように合唱の質を高めることに働いたのかを明らかにすることである。第二は、合唱コンクールという最終ゴールを目指して、生徒たちが話す・聞く・読む・書く学習活動（言語活動）を展開する過程で、国語科独自の目標である、話す・聞く・読む・書く言語能力をどのように育てていくかということである。

なお、本実践は、平成二八（二〇一六）年度の二学期から三学期にかけて実践したものをまとめたものである。

二、単元の構想

⑴　単元名　「合唱コンクールで最高の合唱を」

⑵　対象学校名・学年・組　大阪府豊中市立第十六中学校　第二学年　四学級（男子七〇名、女子七〇名、計一四〇名）

⑶　実施時期・時間数

・国語科・音楽科授業…平成二八（二〇一六）年一二月〜平成二九（二〇一七）年二月　二〇時間配当。

・総合的な学習の時間…平成二九（二〇一七）年　三時間配当。

・学年全体交流会……平成二九（二〇一七）年　一時間配当。

・合唱コンクール……平成二九（二〇一七）年　二時間配当。

⑷　単元の構想

①　学年合唱コンクールと課題曲（教材）の選定

本校の合唱コンクールは学年ごとに開催され、学年で設定された「課題曲」と学級ごとに歌われる「選択曲」の二曲を歌う。毎年、学年末の三月に実施されるために、一年間の総決算意識も強く、コンクールに対する生徒の思い入れはたいへん強い。今年度の第二学年の課題曲は、第八二回NHK全国音楽コンクール・中学校の部の課題曲「プレゼント」(作詞＝SAORI・作曲＝TAKAJINタカジン)である。この曲について、作詞・作曲者は、「人生は難問がいつも目の前に立ちはだかる」「今はまだ辛い思いをしている人に一生の宝物になれば」と語っている。この課題曲は、例年どおり、音楽科の教師が選んだものである。

その歌詞は、三一二ページに提示した「ワークシート②」を参照されたい。

② 単元の指導目標

〔音楽科〕

ア 音楽を形作るさまざまな要素を理解し、知覚・感受したことをもとに、自ら課題を見つけ、創意工夫し、他者と関わりながら音楽で表現する力を育てる。

イ 互いの存在と役割を認め合い、よりよい合唱ができるように協力する態度を育てる。

〔国語科〕

ア 課題曲「プレゼント」の歌詞を分析・解釈し、読みとったことを交流し合うことを通して、ものの見方・感じ方・考え方を豊かにすることができるようにする。

イ 単元の最終ゴール「合唱コンクール」を目指して、学習者が目的的な学習活動（言語活動）を展開する過程で、次のような読む・書く・話す・聞く能力を育てるようにする。

○ 語句や表現の仕方（対比や変化）などに着目して、歌詞の内容を読みとることができるようにする。

○ 歌詞の内容を読みとったことを構造図に書き表すことができるようにする。

○ 自分の考えを根拠を挙げて、相手にわかりやすく説明することができるようにする。

○　相手と自分の共通点や相違点に着目して、相手の考えを的確に聞きとることができるようにする。

③　単元の指導計画　（国語科授業＝週四時間、音楽科授業＝週一時間）

11月　12月　1月　2月　3月

《国　語　科　（八時間配当）》

第一次》導入＝単元の構想と学習の進め方の把握

(1)　単元の構想と学習の進め方を理解させる。（一時間）

第二次》展開Ⅰ＝課題曲「プレゼント」の分析・解釈

(2)　課題曲「プレゼント」の歌詞を分析・解釈して、歌詞に託した作詞者の思いをとらえさせる。（三時間）

第三次》展開Ⅱ＝課題曲と自分の選んだ本との比較分析

(3)　課題曲の歌詞の内容を実感的に把握させるために、自分の周りにある本の内容と比較させる。（三時間）

第四次》展開Ⅲ＝学年・全体交流会（二月九日／一時間）

(1)　第十六中学校版ビブリオバトル…図書委員代表四名が、「合唱コンクール課題曲『プレゼント』の分析に活用した本が私の考えに影響を与えたこと」というテーマで発表する。

(2)　ワールドカフェ…「課題曲の歌詞の中で『いいね（わかる）！』」と思う部分はどの言葉か、自分の考えをわかりやすく説明する。

《音　楽　科　（一二時間配当）》

(1)　音楽担当者が「課題曲」を、各クラス「選択曲」を決定する。

(2)　課題曲「プレゼント」の「プレゼント」の合唱練習とパート練習をする。（四時間）

(3)　各クラス、選択曲の合唱練習とパート練習をする（四時間）

(4)　各クラス、課題曲・選択曲の合唱練習とパート練習をする。（四時間）

⇐

(6)　（二月下旬～合唱コンクール当日まで）各クラスが、「総合的な学習の時間」を使って練習をする。（三時間）

・各クラスが指揮者を中心に課題曲・選択曲の合唱練習を行う。（↓音楽科教師は各学級を順次に指導する）

⇐

《第五次》（三月一七日）合唱コンクール（二時間）

④　学習指導上の工夫

ア　思考の過程を可視化する構造図法と「ワークシート」を有効に活用する。

本校の校区内の小学校では、問いを作るとき、問いを整理・分析するときに「ベン図」「Yチャート」を活用している。それを受けて、本校では、生徒一人一人の思考がどのように広がり、深まり、高まっていくか、その過程を可視化するために「思考の過程を可視化する構造図」法を考案した。個別学習のほかに、さまざまな交流学習の場で「ワークシート」に構造図を書き込み、それを綴じていくようにさせる。学習者は自らの考えと他者の考えを比べることを通して、自らの思考を揺さぶられ、広げられるが、やがて徐々に取捨選択が行われて、自らの考えが磨き上げられ、明確な根拠を持つ考えへと高められていく。学習者はその学習（思考）過程を書き込んだ「ワークシート」を通して自己評価をする。指導者は、毎授業後、学習者から「ワークシート」を提出させ、学習者一人ひとりの学習の実態を把握し、学習者一人ひとりへの指導・援助の手立てを考え、それぞれを伸ばす個別指導を展開するようにしたい。

イ　国語係・図書委員を育てて活用する。

国語科授業においては、「問い」によって、ペア、班、クラス内、二クラス合同と、多様な形態の交流活動を取り入れる。すべてのグループの交流が闊達になるように、四クラスの国語係（時には班長、図書委員も加えて）が集まり、昼休みの時間等に合同国語係会議を開き、前時に各クラスで出された意見を持ち寄り、それぞれの意見の根拠を述べ合うことを通して、学習が深まるように仕向けられる国語係の育成を目指している。これらの生徒は、平素から国語科にかかわるアンケートの実施・集約・発表、学年集会での模範プレゼンテーションの実演、学外の討論会への参加を通して、各クラスにおけるより主体的な学習を牽引する存在となるように育てている。

このたびの実践でも、「第四次の学年・全体交流会」「第五次の合唱コンクール」における司会進行の係を担わせたいと考えている。

ウ　聞き手を鍛える。

生徒同士が豊かな交流を図るためには、生徒一人一人に自分の意見を持つように仕向けることは言うまでもないが、聞き手を育てることも必要であると考え、本年度四月から、聞き手を鍛える指導を展開してきた。話し合いを充実させるためには、聞き手が相手の話す内容を的確にとらえること、聞き手が価値ある質問をして話し手の発言の質を高めさせること、話し手に自分の話を聞いてくれているという実感と安心感を抱かせることが大切である。そこで、「聞き手の三つのポイント」と称して、次に掲げる三種類の問い（質問）を提示して、それを活用した話し合いができるように仕向ける指導を展開してきた。

①　読み取ったことに対する考えを話し手に問う。
・特に印象に残ったことを答えてください。
・（　　）を他の言葉で言い換えてください。
・（　　）が起こったのはいつですか。

②　読み取ったことのつながりを話し手に問う。
・（　　）は（　　）にどんな影響をもたらしましたか。
・（　　）と（　　）の関係を説明してください。
・（　　）と（　　）を比較してみるとどうですか。

③　読み取ったことから応用したことを話し手に問う。
・（　　）がもつ意味は何ですか。
・（　　）から何を学びましたか。
・（　　）について、あなたの意見はどうですか。

エ　さまざまな交流の場を位置づける。

よりよい交流を実現するためには、生徒一人ひとりに、自分の思いや考えを言語化して、他者とつながろうとする力が求められる。自分の考えの根拠を明らかにして、相手に分かりやすく伝える力が必要になる。一方で、自分のことを外化することだけなく、相手の個性を尊重し、多種多様な意見を受け入れて、よりよい判断をしていく力も必要である。そこで、このたびの実践において、「ペア」「グループ」学習だけでなく、十六中学校版の「ビブリオバトル」「ワールドカフェ」と、多様な交流の場を授業展開に取り入れていきたい。

三　単元の展開

1 〔第一次〕【導入】単元の構想と学習の進め方を把握させる（一時間）

(1) 〈一斉学習〉課題曲「プレゼント」の歌詞を書いた「ワークシート①」（B４判）一枚を配布し、「学年・合唱コンクール」までの学習の進め方を説明した。（→今考えると、単元の学習の進め方は「ワークシート①」に書き入れて提示させる方がよかったと思う。）

(2) 〈個別学習〉この課題曲「プレゼント」の歌詞を繰り返し読んで、重要だと思われる語句を○印で囲んだり、気づきを書き入れたりさせた。このとき、困っている学習者には繰り返しの語句や対比になっている語句に着目するように助言した。

(3) 〈個別学習〉最後の五分間は、二人一組になって、各自の書き入れた内容を紹介し合わせた。自分とは違った考えに出合って、今後の考える課題が生まれた学習者も出る。

(4) 最後に、「ワークシート①」を提出させて授業を終えた。「ワークシート」は毎時間提出させて、学習者の実態を把握するとともに、次時の授業に役立てるようにした。

2　〔第二次〕【展開1】歌詞を分析・解釈して作詞者の思いをとらえさせる（三時間）

【第一時】

(1)〈一斉学習〉前時の「ワークシート①」を返却する。ワークシートは各自綴じて、自分の学習の過程を把握できるようにさせた。次に、学習のねらいと歌詞を自由に分析するために余白を大きく取った「ワークシート②」（B4判を配布し、今後の学習の進め方を説明した。）

(2)〈個別学習〉歌詞を分析するために、「分ける」「比べる」という視点と方法を提示した。「比べる」方法としては、A「歌詞の一番と二番」の比較、B「繰り返されている語句」の比較、C自分でみつけた視点からの比較という三つの方法を提示し、A～Cのいずれか、自分の好きな方法を選択して、歌詞の分析にあたらせた。学習者の九割以上が「C」を選択し、学習者は既習事項を生かして、単語、文・段落（構成）・題名・作者に着目して分析を始めた。学習者が自ら設定した比較・分析の視点は、次の表のとおりである。

学習者は歌詞の中で比較の対象となる部分をマーキングすることから始める。次に、それぞれを線で結んでどんなつながり」を発見したのかを記入する。それらを、大きなまとまりとしてグループ化して、自分の気づき・解釈を書き込んでいくようにさせた。

・指示語が指す内容の違いを比較する分析 ・対照的な意味をもつ文に着目した分析 ・過去、現在、未来で分類した分析 ・曲名『プレゼント』に近い言葉と遠い言葉の比較	・繰り返される語句のもつ意味の違いとその変化を追う分析 ・作者独自の主張が含まれた段落と一般的な意見を含んだ段落 ・作者が自分に向けた書いた段落と聞き手に向けて書いた段落の比較 ・作者が「気づかなかった時間」と「気づいてから時間」の比較　等

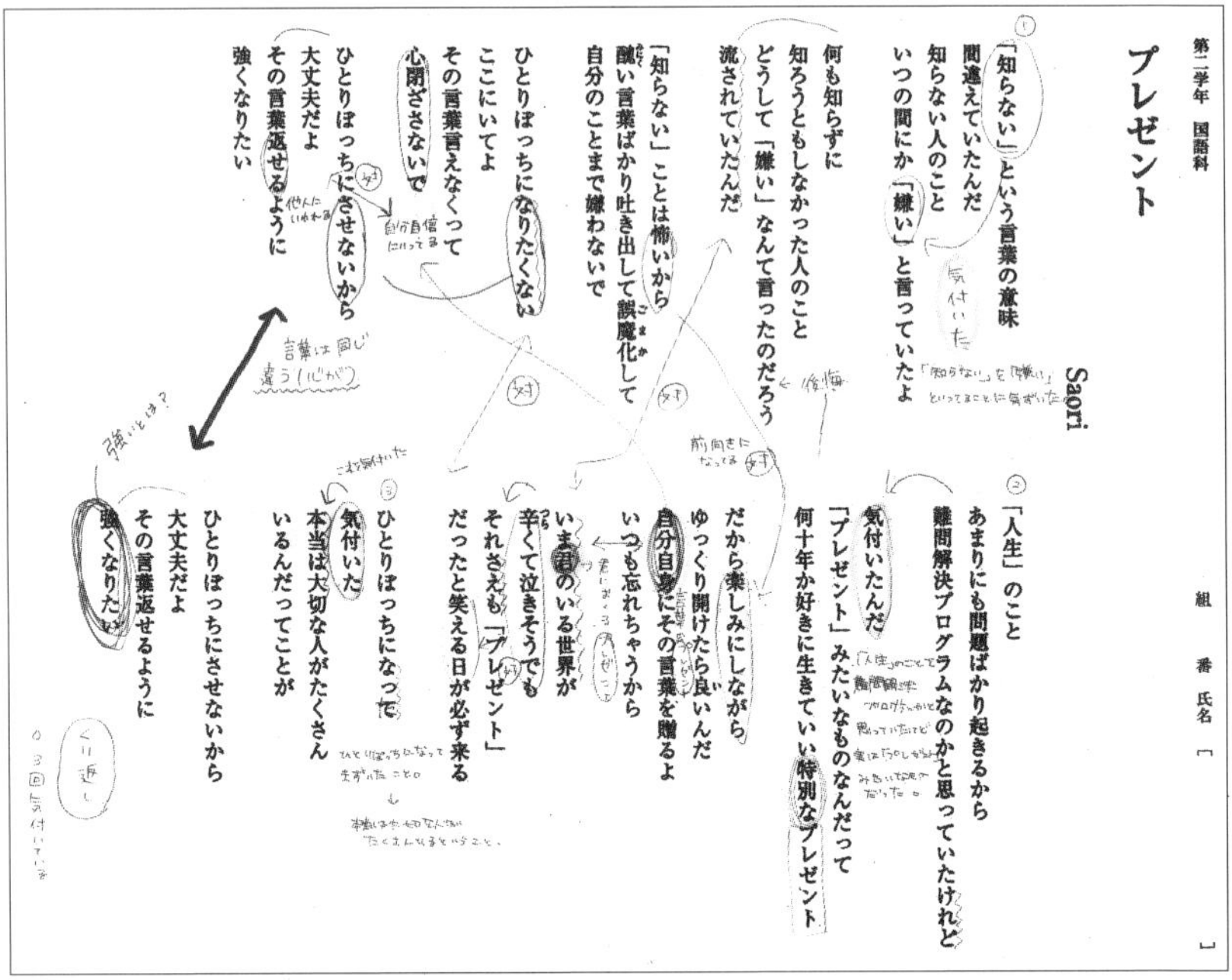
第二学年　国語科

組　番　氏名〔　　　〕

プレゼント

Saori

①「知らない」という言葉の意味
間違えていたんだ
知らない人のこと
いつの間にか「嫌い」と言っていたよ

何も知らずに
知ろうともしなかった人のこと
どうして「嫌い」なんて言ったのだろう
流されていたんだ

「知らない」ことは怖いから
醜い言葉ばかり吐き出して誤魔化して
自分のことまで嫌わないで

ひとりぼっちになりたくない
ここにいてよ
その言葉言えなくって
心閉ざさないで

ひとりぼっちにさせないから
大丈夫だよ
その言葉返せるように
強くなりたい

②「人生」のこと
あまりにも問題ばかり起きるから
難問解決プログラムなのかと思っていたけれど
気付いたんだ
「プレゼント」みたいなものなんだって
何十年か好きに生きていい特別なプレゼント

だから楽しみにしながら
ゆっくり開けたら良いんだ
自分自身にその言葉を贈るよ
いつも忘れちゃうから

いま君のいる世界が
辛くて泣きそうでも
それさえも「プレゼント」
だったと笑える日が必ず来る

③ひとりぼっちになって
気付いた
本当は大切な人がたくさん
いるんだってことが

ひとりぼっちにさせないから
大丈夫だよ
その言葉返せるように
強くなりたい

ワークシート②

【第二時】

(1)〈個別学習〉各自、返却された「ワークシート②」の構造図に、新たに気づいたことを加筆する。

(2)〈交流学習〉違うペアで二回、交流学習を行って、学習者の思考を広げさせた。ペアの構成は「分析の視点が似ている二人」「研究が進んでいる二人」「分析の視点が全く違う二人」と様々であるが、前時に提出させていた「ワークシート②」を見て、より学びが広がる相手となるように、教師が意図的に組み合わせた。

(3)〈個別学習〉交流を通して学び合った考えもふまえて、さらに構造図に加筆させた。構造図に加筆するときには、次の三点に重点をおいて学習者に助言した。

①　図、表やグラフ、ときには絵でも表現する…ひと目でパッと全体像が把握でき、描きながら自分の思考を明確にすることができる。交流の際には、自分の考えを短時間に複数人に同時に伝えることができる。

②　実線で囲む…話しのまとまりを枠で囲んで、固まりとして見えやすくなるように描く。問いに対する自分の視点がいくつあるのかがすぐにわかる。また、その枠の大きさで重要性が表現できる。

③　矢印でつなぐ…関係性や構造が直感的にわかるので、さらに深い思考を行うことができる。文章では伝えにくい構造を視覚的に伝えることができる。交流の際には、学習者に、これらの記号の意味を言語化して説明することも課題としている。

二時間目に「ワークシート②」の最後にまとめていた内容は、前ページの図のようであった。さらに、この学習者は、自分の考えを次のようにまとめていた。

> 繰り返される語句のもつ意味は同じではない。これらの語句の意味の変化は、周囲に流されていた「自分」が「他者」について考えられるようになったことを表現している。ここから、「ひとりぼっちにさせないから　だいじょうぶだよ」の二回の繰り返しは、一回目＝自分で精一杯だけど、この自分から抜け出したいと思っている、二回目＝いろいろ気付いて、他人に目を向けることができる心の広さがあるという、登場人物が何かに気付いて変わっていくストーリーであるとわかった。

今考えると、この学習者のように、すべての学習者に構造図だけでなく、そこに読みとった内容を文章の形でまとめさせておけばよかった。そうすれば、他の人と交流するときにも説明しやすかったと思う。

【第三時】

この時間は、どの組の授業においても、四組すべての学習者の「ワークシート②」を持参し、学習者に「まわし読み」をさせ、学年全員の思考を広げることをねらった。休み時間には廊下で、「あの意見は参考になったで。」という会話を聞くことも少なくなかった。

3　〔第三次〕【展開2】身のまわりにある本と読み比べて、その共通点や相違点を見出す（三時間）

課題曲「プレゼント」の内容をより実感的に、より身近に感じられるようにしたいと考えて、「ワークシート③」を配布し、「課題曲の歌詞と共通点のある本を、自分の身のまわりから見つけて比較しよう。」という課題を設定して、学習者が、今までに読んだ本の中で最も大切にしている本や、自分に大きな影響を与えた本と読み比べさせた。教室は、学習者が持参した絵本、物語、小説、エッセイ、歌集、百貨店の広告等、実に幅広く、個性豊かな本や資料であふれた。友だちがどんな本を選んでいるか興味津々で、授業前には、自発的に互いの本を交換して読み合ったり、その本に出会ったエピソードを熱心に語る姿も見られた。

授業の展開は、第二次と同じく、第一時は構造図づくり。第二時はペアの交流と構造図の加筆、第三時は学年全員の「ワークシート③」の回覧と構造図の仕上げを行った。学習者は、自分の選んだ本と課題曲との共通点を探る過程で、それぞれ違った本を選んでいるのに、「友情」「命」「生き方」という「人生」にかかわるテーマに、さらには、それらが歌詞「プレゼント」にもつながっていることを発見して、議論が盛り上がっていた。

4　〔第四次〕【展開3】学年・全体交流会（二時間）

(1)　事前準備（一時間）…〈グループ学習〉課題プリント「合唱コンクール課題曲「プレゼント」の歌詞の中で『いいね(わかる)!』と思う部分はどのことばですか。自分の考えをわかりやすく説明してください。」（→「ワークシート④」）を配布し、各自が個別に構造図を書き入れた後、学年各組とも、四人からなるグループ（基本グループ）編成をして、それぞれの書いたことを交流し合う。次に、「ワークシート④」とそれに書き込んだ学習者の例を次のページに掲げておきたい。

(2)　学年・全体交流会（二時間）…体育館に生徒一四〇名と教員一〇数名のほかに、他校の先生方や保護者二〇余人が参加して開催された。生徒は入場するときに、各組から一人ずつ四人で一グループ（混成グループ）になるように着席させた。国語係代表の司会進行のもとに、交流会は次のように進行した。

①　十六中学校版ビブリオバトル…「合唱コンクール課題曲『プレゼント』の分析に活用した本が自分の考えに影響を与えたことを説明する」という課題について、図書委員代表四名が登壇して、第一回目は、童話『手ぶくろを買いに』（新美南吉）を取り上げて課題曲の歌詞と比較した図書委員の一人が、キツネの親子の「成長」が「プレゼント」の歌詞と共通するという発表を行った後、それをめぐって、ほかの委員三名と壇上で質疑応答を展開した。第二回目は、絵本『ビロードのうさぎ』（マージェリィ・ビアンコ）を取り上げた図書委員の一人が、絵本の中から「ほんもの」というキーワードを拾い出し、それを根拠として自分の考えを述べたところ、会場から、「課題曲の歌詞との相違点は?」「自分にとっての『ほんもの』は何ですか?」など、核心をついた質問が出たが、発表者は自分なりの考えを述べることができていた。壇上の四人の生徒は、事前に、発表原稿を書き、何度もリハーサルをして、その場では、原稿どおりではなくアドリブも入れたみごとな答え方であった。

②　十六中学校版ワールドカフェ…体育館に入場したときの四人一組の混成グループごとに机の上に模造紙を置いて、「プレゼント」の歌詞の中で「いいね（わかる）！」と思う言葉を説明する課題について、第一回目の交流会を持つ。どのグループも、進行係は一組が担当し、模造紙への書き込みは二組が担当する。第二回目は、事前準備の時と同じ基本グループ編成に戻り、第一回目の交流内容を報告し合い、最後に、全体の

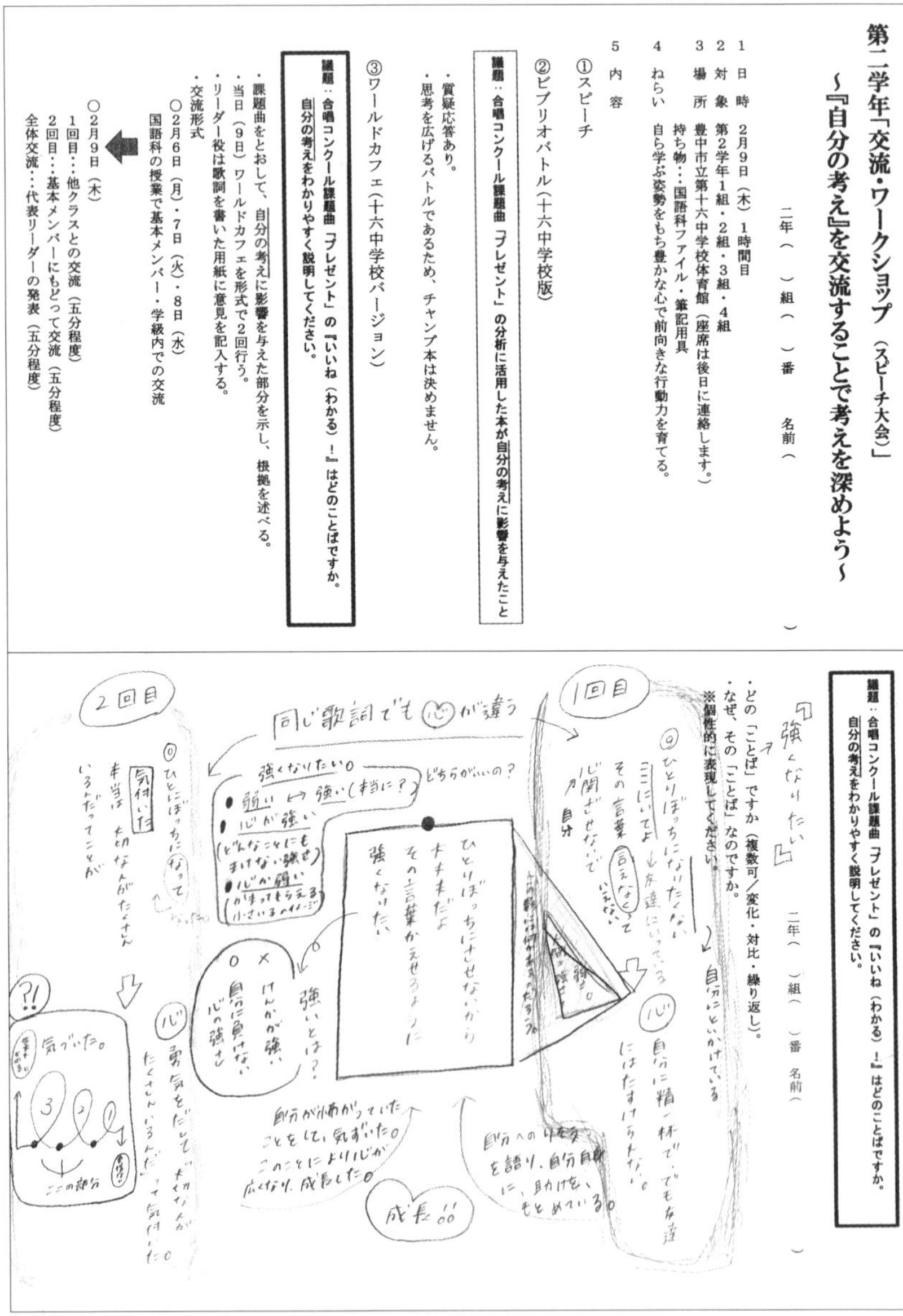

第二学年「交流・ワークショップ（スピーチ大会）」
~『自分の考え』を交流することで考えを深めよう~

二年（　）組（　）番　名前（　　　　）

1 日時　2月9日（木）1時間目
2 対象　第2学年1組・2組・3組・4組
3 場所　豊中市立第十六中学校体育館（座席は後日に連絡します。）
持ち物…国語科ファイル・筆記用具
4 ねらい　自ら学ぶ姿勢をもち豊かな心で前向きな行動力を育てる。
5 内容
①スピーチ
②ビブリオバトル（十六中学校版）

議題：合唱コンクール課題曲「プレゼント」の分析に活用した本が自分の考えに影響を与えたこと

・質疑応答あり。
・思考を広げるバトルであるため、チャンプ本は決めません。

③ワールドカフェ（十六中学校バージョン）

議題：合唱コンクール課題曲「プレゼント」の『いいね（わかる）！』はどのことばですか。自分の考えをわかりやすく説明してください。

・課題曲をとおして、自分の考えに影響を与えた部分を示し、根拠を述べる。
・当日（9日）ワールドカフェを形式で2回行う。
・リーダー役は歌詞を書いた用紙に意見を記入する。
・交流形式
○2月6日（月）・7日（火）・8日（水）
国語科の授業で基本メンバー・学級内での交流
○2月9日（木）
1回目…他クラスとの交流（五分程度）
2回目…基本メンバーにもどって交流（五分程度）
全体交流…代表リーダーの発表（五分程度）

議題：合唱コンクール課題曲「プレゼント」の『いいね（わかる）！』はどのことばですか。自分の考えをわかりやすく説明してください。

二年（　）組（　）番　名前（　　　　）

・どの「ことば」ですか（複数可／変化・対比・繰り返し）。
・なぜ、その「ことば」なのですか。
※個性的に表現してください。

ワークシート④

場で意見の交流を行った。

ほとんどの学習者が、「プレゼントだったと笑える日が必ず来る」を取り上げていた。学習者は、この一節を自分自身に向けられた言葉であるととらえて、問題ばかり起きる人生も自分に特別に送られたプレゼントで、それを「笑える日が必ず来る」というところに、励ましを強く感じたものであろう。

(3)最後に、「『プレゼント』まとめ」プリントを配布して、次の時間までに、「①『プレゼント』の研究を通して、どんな国語科の力が、自分につきましたか。②あなたは、『プレゼント』という曲をどのようにうたいますか。」という二つの課題に答えて、それを提出する指示した。

5　〔第五次〕【展開Ⅳ】学年合唱コンクール（二時間）

(1)直前の合唱練習（二月下旬～合唱コンクール当日まで）…各クラスが「総合的な学習の時間」を使って、指揮者を中心に課題曲・選択曲の合唱練習を行う。国語科の授業で課題曲の歌詞の分析を通して、歌詞に託された作詞者の思いを探る学習を展開したので、歌詞に対する解釈をふまえてどのように歌うべきかについて、それぞれの学級で選抜された指揮者を中心に熱い議論が交わされた。学習者の意見には、

ア．主人公が「知らない」「嫌い」から強くなって助けてあげたいと思うように成長した部分を、はっきりと強調して「晴れた青空」のように優しく歌いたい。
イ．最後のサビの部分が、最も重要だと考えた。ここには「希望」という意味が隠れており、それを込めて高らかに歌うほうがよい。
ウ．曲の前半は、登場人物がプレゼントに気付いていないので全力でもがいているように歌うことが必要である。後半

では気付いているので慣れたような歌い方が適切だと思う。
エ．一から四連までは、少し悲しく、後悔している感じを出す。五連の「ひとりぼっち……」は強く、決意したように。六～九連は明るく、元気に。一〇連～一一連は強く歌う。

などがあった。これらの意見は、歌詞の分析を生かして、歌詞の内容をイメージしながら歌うというものであったが、楽譜の示す符号どおりの歌い方ではなく、自分たちの歌詞の解釈を生かした歌い方をしたいという、次のような意見も出された。

オ．国語の授業で、歌詞の内容や表現について深く考えたのを生かして、場面をイメージしながら歌うのだが、楽譜に書いてある記号以外にも強弱や高低をつけて歌うのがよいと考える箇所もあるので、それをふまえて歌うようにしたい。
カ．今までは、楽譜に強弱符号があれば、それに従って強弱をつけて歌っていたが、自分の考えを歌で伝えるとなると、表出ではなく表現することが必要になります。楽譜の指示だけでは自分の考えを伝えにくいことが出てきました。自分の表現したいことと楽譜の指示と、どちらを優先すべきなのでしょうか。自分の最も伝えたい箇所は自分の表現したいように歌うが、あとは、楽譜の指示のとおりに歌うことで妥協すべきでしょうか。

この「オ」「カ」の意見は、歌詞を受けて作曲者が作曲した結果としての楽譜と、学習者が歌詞を分析した結果としての解釈とは、必ずしも一致するものではないとしている。そこで、各クラスとも、指揮者を中心にして、楽譜の指示と歌詞の分析の結果を比較して検討した結果、根拠を明確に説明できれば、自分たちの考え（解釈）を優先してもよいことにして、合唱練習に入った。

(2)　学年合唱コンクール（二時間）…三月一七日、体育館において、本校教師や保護者、地域の方々を迎えて、すべて各クラスの国語係の司会進行のもとに盛大に開催された。合唱コンクールは、①開会の挨拶（生徒・国語係代表）、②四組→三組→二組→一組の順に課題曲と選択曲を合唱する、③合唱コンクールの講評（音楽科教師）、④成績の発表、という順序で行われた。生徒たちは、各クラスとも練習の成果を発揮したすばらしい合唱コンクールであった。

四、実践の成果と課題

このたびの実践における成果と課題を、次の三点に絞ってまとめておきたい。

(1) **国語科と音楽科の横断的合科的授業について**…これまでの音楽の授業では、歌詞の内容を把握する時間があまり取れず、楽譜どおりに歌詞を歌うことが多かったようだが、このたびは、自分たちの力で歌詞を分析して歌詞の内容を深く把握したので、歌詞の内容を頭の中で豊かにイメージしながら歌うことができるようになっただけでなく、自分たちの歌詞の解釈にもとづいて、楽譜の指示（強弱・長短など）を超えた歌い方を求めるようになった。指揮者は様々な要求を整理して一つの方向にまとめていくのに困ることがあったが、学習者が自らの力で歌詞の解釈を生かした歌い方をしようとしたことは評価したい。ただ、歌詞の内容を理解しても、それをどのような音声でどのように表現すればよいのか、その点が大きな課題として残った。

(2) **読む・書く・話す・聞く言語能力の育成について**…この実践では、歌詞を読む、身のまわりの本と読み比べる、自分の考えを構造図に書く、「ペア」「グループ」「ビブリオバトル」「ワールドカフェ」などで話す・聞く多様な言語活動を展開する過程で、読む・書く・話す・聞く言語能力の育成を目指した。学習者一人ひとりにそれぞれの言語能力がどのように習得されたかについては、ポートフォリオ的な「ワークシート」（四枚）やどんな力が身についたかを振り返って書かせた資料、さらには、さまざまな交流の場における個別の観察を通して把握するように努めたが、十分とは言えない状態であった。どのように学習者一人ひとりを把握するかは、単元学習実践の大きな課題である。今後は、ルーブリックなどの評価法を導入することも考えていきたい。

(3) **生徒の思考過程を可視化する構造図法について**…学習者が構造図を作成していくことが、歌詞の読みを深めるのに有効であったと言えるが、これまでの学習をふまえて、比較的自由に構造図を書かせたが、記号の使い方やまとめ方をさらに改善していきたい。また、構造図は思考がかなり拡散した形になって、その図を見ながら他の人に説明するのは難しいので、構造図の後に自分の考えを文章化することも取り入れていきたい。

最後に、音楽科の大矢珠生先生のご協力を得て、このような実践ができたことを心より感謝申し上げたい。

学び合いかかわり合う「書くこと」の授業
――単元『編集して伝えよう――広島のガイドブック』（中二）の実践――

広島県廿日市市立大野東中学校　木　村　千　佳　子

一、実践研究のねらい

　これまで、「書くこと」の授業は、できるだけ「実の場」を意識した「書く必然」のある課題を用意し進めるよう心がけてきた。そうすれば、生徒も意欲的・主体的に学習すると考えたからである。今回の実践を行う一年前の第三学年「書くこと」の授業では、「編集して伝えよう――『日本文化』のガイドブック」という教科書（東京書籍「新しい国語3」）にある単元を実践した。この単元は「海外で日本語を学んでいる外国人向けという設定で、日本文化を紹介するガイドブックを作ってみよう。」という課題が設定されており、記事の書き方を工夫する力、読み手を意識して表現を整える力を身に付けることを目標としている。「書く必然」のある学習にしたかったので、書いた作品を実際に海外に住む外国人に読んでもらおうと考えた。そこで、オーストラリアに住む友人の高校生の娘（母親が日本人、父親がオーストラリア人）に作品を送り読んでもらった。相手が実在することで、「どのくらい日本語が分かるんだろう?」「日本のどんなことに興味があるだろうか?」など、学習者も、相手意識・目的意識をもって活動を進めることができた。しかし、彼ら自身、日本文化についてはそこまで詳しいわけではないので、まず自分たちが知るところから始めないといけない。調べることによって様々な発見をすることはできたが、その「よさ」を実感することは難しく、なかなか「ぜひ伝えたい」という意欲にはつながらないという課題が残った。

書くことの活動には、「相手に伝えたい」という思いが必要である。そこで、引き続き第三学年の担当になったので、「相手に伝えたい」という思いを持たせるために、ガイドブックのテーマを「日本文化」から「広島」へと変えた。「広島」であれば学習者にとっても身近なので、「広島のよさを伝えたい」「ぜひ広島に来てほしい」という思いを持ってガイドブックを作ることができると考えたからである。

何か文章を作り上げていく上で、「推敲」は大切な作業である。中学生にとっては、まだ、自分自身での推敲が十分ではないので、クラスメイトの力を借りての推敲作業が有効となる。このたびの実践では学習者同士のかかわり合いを大切にしながら意欲的・主体的に書く力を身に付ける授業を展開したいと考えた。

二、単元の構想

(1) **単元名**　編集して伝えよう―広島のガイドブック

(2) **対象学校名・学年・組**　広島県廿日市市立大野東中学校　第三学年　二組（男子一六名、女子一八名、計三四名）

(3) **実施時期・時間数**　平成二七（二〇一五）年　一〇月〜一一月　六時間配当。

(4) **単元設定の理由**

①　学習者の状況

全体的に落ち着いた態度で授業を受け、どの教科に対しても前向きである。国語科に対する意欲も高く、与えられた課題に対しては、意欲的に取り組むことができる。国語の基礎的・基本的な力は身に付けているものの、それらを活用し、課題を解決していく力はそれほど高くない。また、「書くこと」に課題を感じている生徒が多く、四月に行われた全国学力・学習状況調査の国語の平均正答率も全国平均、県平均を上回ってはいるが国語B「書くこと」の平均正答率はかなり低く、四三・九％であった。

②　教材の価値

ガイドブック作りは、原稿用紙に文章を書き進んでいくことと比べると、字数をあまり意識することがないので、長く書くことが苦手な学習者にとっても抵抗が少ない。また、広島のガイドブック作りなので、テーマ自体が身近で自らの体験も情報として取り入れることができる。今回の単元は「編集して伝えよう」という単元である。中学校学習指導要領解説国語編（平成二〇年九月）の第3学年「B書くこと」⑵内容②言語活動例には「『編集する』という言語活動は、一つの文章を書く力だけではなく、幾つかの文章を書いて組み合わせることを通して、総合的に考えたり伝えたりする力を高める上で効果的である。」とある。したがって、今回の単元は、今までに身に付けた基礎的・基本的な書く力を活用するのに適していると言える。

③　指導の工夫

本単元では、「広島のガイドブックを作る」ことを単元のゴールとして、外国人に広島のよさを伝えるガイドブックの一ページを作成させる活動を設定した。まず、ガイドブックを読んでもらう相手を具体的に学習者に示し、その人に読んでもらうことを前提に題材を決めさせたり内容を吟味させたりする。作品作りには、一年前の「編集して伝えよう―『日本文化』のガイドブック」の単元で作らせた作品やその作品に対する読み手のコメントを参考にさせる。読み手のコメントを参考にしながら一年前の作品を評価し合うことによって、分かりやすいガイドブックのポイントを全員で共有させ、その視点をもとに、下書きを書かせる。

さらに、書いた下書きを交流し、推敲して清書を完成させる。これらの活動を通して、読み手を意識した文章作りの過程を身に付けさせたい。

(5) 単元の指導目標

① 読み手が関心を持ちそうな内容を選び、分かりやすく興味深いガイドブックになるよう工夫して書こうとする。
② 広島のガイドブックを作ることを通して改めて郷土の魅力を再認識し、郷土を愛する気持ちを深めている。
③ 下書きを検討して分かりやすくなるように文章を直したり、読み手をひきつける小見出しを付けたりしている。
④ 相手や目的に応じて適切な語彙を用いて文章を作成している。

(6) 単元の指導計画

① 第一次　学習の見通しを持たせ、題材を決定させる。……二時間
ア　本単元のゴールのイメージを持たせ、題材を決定させる。
イ　伝えたい内容を絞り、どのように書くか考えさせる。
② 第二次　外国人に広島のよさを伝えるガイドブックの一ページを作成させる。……三時間
ア　分かりやすいガイドブックのポイントを考えさせる。
イ　書いてきた下書きを交流し推敲させる。
ウ　改善すべき点を意識して清書を書かせる。
③ 第三次　完成した清書を交流させる。……一時間
ア　お互いに作品を読み合い、感想を交流させる。

④　授業外　生徒から評価の高かった作品と指導者が選んだ作品数点を日本在住の外国人に評価してもらう。

三、単元の展開

1　〔第一次〕学習の見通しを持たせ、題材を決定させる（二時間）

(1)　本単元のゴールのイメージを持たせ、題材を決定させる。

単元の最初に、これからの学習の流れを説明した。広島は外国人には人気の観光地で、特に学習者の住んでいる廿日市市にある「世界遺産・厳島神社」は外国人に人気が高い。しかし、今回作成するガイドブックは、誰もが知っている「広島」だけではなく、地元に住んでいるからこそ知っている「広島」を紹介するものとした。学習者には、ガイドブックの対象者を「日本に住んでいる外国人」とし、「おそらく、広島の有名な観光地は訪れているだろう。」という推測のもと、題材や内容を選ぶよう説明した。そして、出来上がった作品は実際に日本に住んでいる外国人に評価してもらうことも説明した。評価は、京都精華大学人文学部長（二〇一五年当時）ウスビ・サコ教授にお願いした。サコ教授は、マリ共和国出身で日本在住二七年と、対象者としては日本在住が長すぎるが、前回評価をお願いしたオーストラリアの高校生が、日本語があまり得意でなかったため、評価がなかなか戻ってこなかったので、日本語に堪能な外国人がよいと考え、著者の弟が勤務する大学の関係者にあたってもらったところ、サコ教授が快諾してくれた。

教科書では、グループで一枚作成させるような学習になっていたが、本実践では、一人一枚作成させることにした。グループだと内容を相談しながら進められるよさはある。しかし、今までの「グループで書く」実践では、書く力のある学習者に引っ張られる形で学習が進んでいくことが多かった。そのため、個々の書く力を高める学習になかなかならず、学習者によっては作品を完成させた達成感を味わうことができなかった。そこで今回の実践では、個々の書く力には大きな差があるが、学習過程で交流することで何とか一枚自分で完成させたという達成感を味わわせたいと考えた。

題材についてはあらかじめ考えさせておいたが、なかなか決められない生徒も多くいたので、近くの公立図書館から借りてきた広島に関連する書籍や、近くの駅や宮島へ渡るフェリーの乗り場に置いてある無料のパンフレットも用意し参考にさせた。学習者は、それらの中にある、自分たちが作成するガイドブックの題材になりそうな素材を熱心に探していた。彼らが決めた題材は下の通りである。

ガイドブックなどでもよく紹介されているものが多いが、中には、「けん玉」のように、廿日市市の特産品や、

題材一覧

1　広島県の地域・名所・文化財を題材にしたもの
・尾道2
・庄原
・大久野島2
・しまなみ海道2
・宮島弥山2
・原爆ドーム2
・広島城

2　広島県の特産品を題材にしたもの
・もみじ饅頭2
・もみじ饅頭（揚げもみじ）
・けん玉2
・広島かき4
・お好み焼き3
・桐葉菓（菓子）
・瀬戸内海の幸
・熊野筆
・あなご飯

3　その他広島県ならではのものを題材にしたもの
・広島神楽
・広島電鉄2
・広島東洋カープ2
・ミヤジマトンボ

「桐葉菓」のように、廿日市市に本社のあるもみじ饅頭会社が作っている菓子を紹介した学習者もいた。「広島かき」や「あなご飯」「瀬戸内海の幸」なども、瀬戸内海がすぐ近くにある本校の生徒ならではの題材だと言える。

(2) 伝えたい内容を絞り、どのように書くか考えさせる。

題材が決まったら、ウェビングでその題材に関わる項目を思いつくまま書き出させた。そして、その中で紹介したいことを絞るようにさせた。図のようなウェビングを作成した学習者は「庄原についてにしようと思う。『庄原を遊ぶ』という大きな内容にするか、『庄原の食』という感じに内容を絞るかは考え中。」と、ノートの「振り返り」に書いていた。ウェビングは、一つのキーワードから内容を「広げる」ことに有効なだけでなく、内容を「しぼる」ことにも有効である。内容の絞り方については、教科書も参考にさせた。

2　〔第二次〕外国人に広島のよさを伝えるガイドブックの一ページを作成させる（三時間）

(1) 分かりやすいガイドブックのポイントを考えさせる。

下書きを書かせる前に、一年前にその時の三年生に書かせた作品を参考にさせた。まず、同じ「和菓子」という題材で書かれた二つの作品を小グループで比較しながら評価した。「いきなり『ひなもち』と言われても外国人には理解できないのではないか。」「和菓子の種類が書かれているが、実際の図がないのでイメージがしにくい。」「『四季おりおりのお菓子』の紹介は日本らしくて興味を持ってもらえるのではないか。」等、学習者はいろいろな意見を述べていた。さらに、オーストラリアに送った何枚かの作品に添えられたコメント（英語だったので、英語科の教員に和訳してもらった。）も紹介した。それによると、情報をあまり詰め込みすぎていないシンプルな構成の作品や適度にイラストが添えられている作品が高評価であることがわかった。特に評価の中にたびたび出てくるのが、「読み進めやすさ」で、「書く方向の変更は混乱する。」というコメントから、外国人にとっては、縦書きと横書きが混じっているものは読みにくいということを知ることができた。指導者自身、一年前の作品では外国人に読んでもらうという意識があまり高くなかったように思う。実際に外国人に読んでもらって初めて気づいたことも多かったので、今回の学習者にも気づかせることができるよう学習を工夫した。小グループでの気づきは、全体交流で共有化を図った。共有化した気づきと、教科書の「推敲のポイント」（①曖昧な表現や難解な語句は避け、別の表現に言い換える。②説明が不足していると思

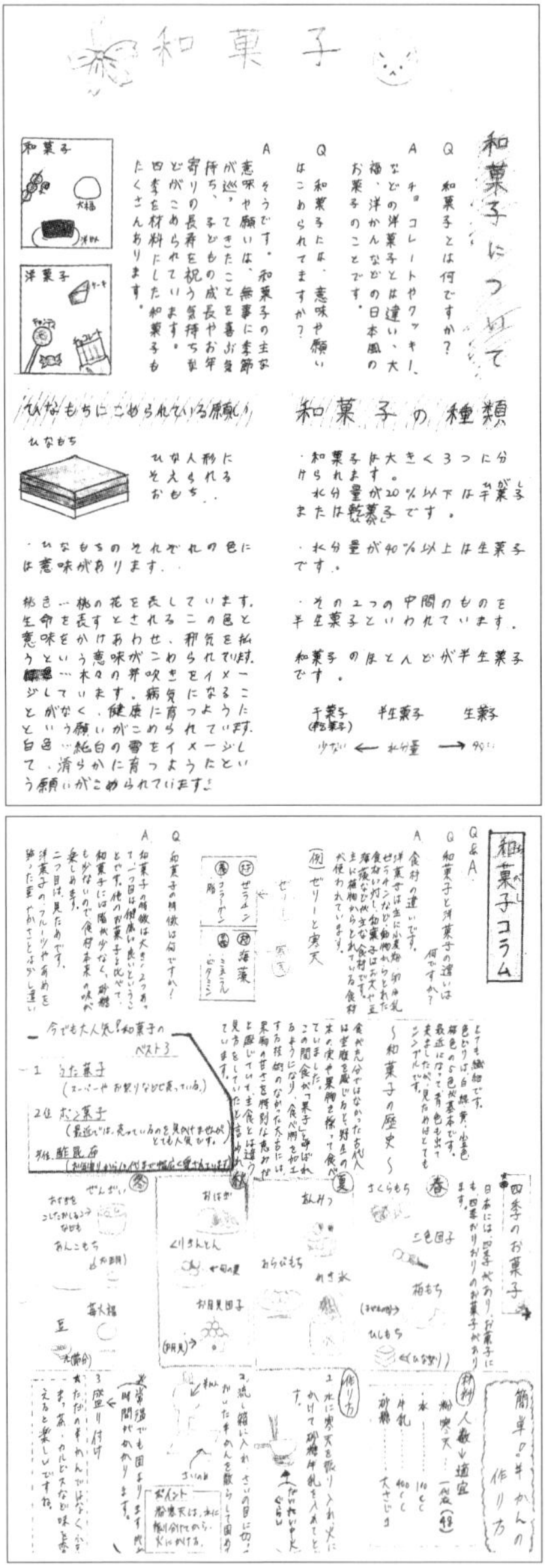

分かりやすいガイドブックのポイントを考えさせるのに使った一年前の作品

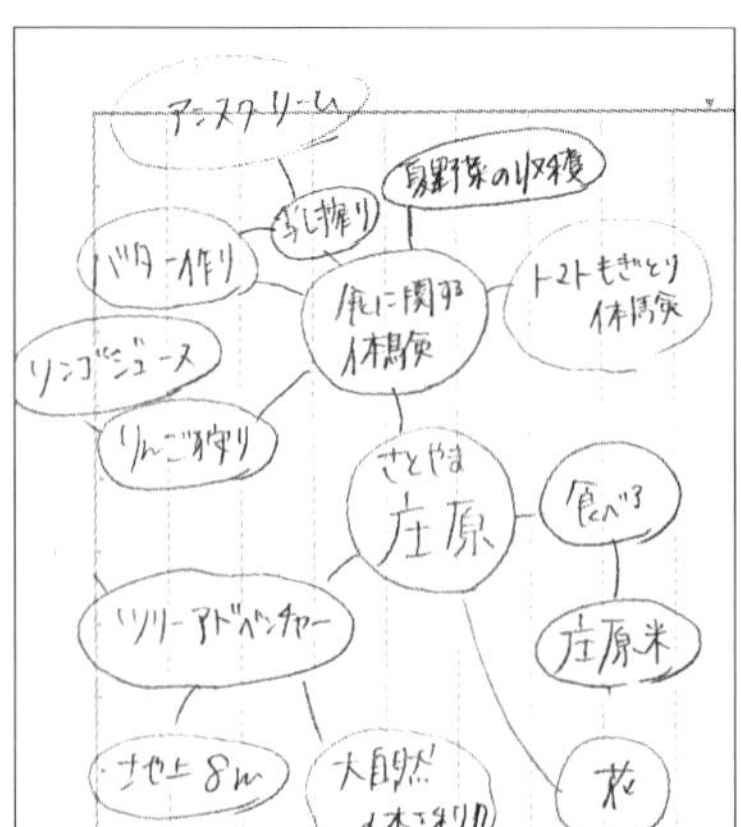

われる所は、より丁寧に説明する。③余分と思われる所は省いて簡潔にする。④本文を読みたいと思わせるように、小見出しの表現を工夫する。）を意識させながら下書きを書かせた。

(2)　**書いてきた下書きを交流し推敲させる。**

前時の後半には下書きを書き始めさせたが、それ以上は下書きの時間は授業では取らなかった。間に書写（毛筆）の授業を三時間はさみ、クラス全員の下書きが完成するのを待った。書写の授業の時間の最初に下書きの進捗状況をチェックし、どうしても下書きが完成しそうにない学習者は放課後、個別に支援した。

下書きの交流は小グループで行った。共有化を図った「分かりやすいガイドブックのポイント」や教科書の

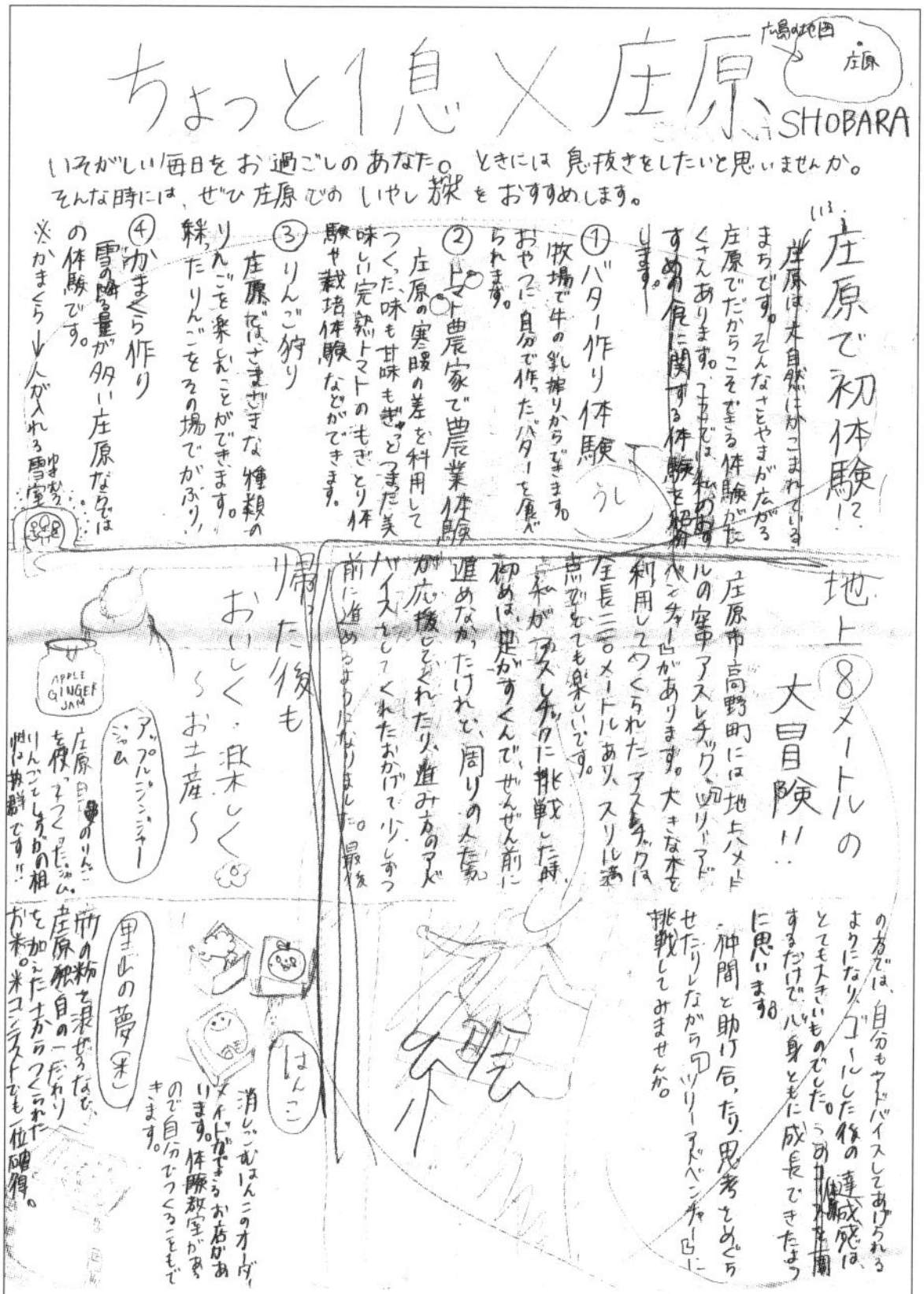

付箋に書かれたコメント

「よいところ」

・タイトルもおもしろそうでとても読みたくなる。
・「かまくら」についての説明がしてあって外国人に伝わりやすいと思う。
・小見出しで、自分が興味のあることを見つけやすい。
・体験が、説得力があってもっと知りたくなる。

「改善した方がよいところ」

・「大冒険」のところと「おみやげ」のところがちょっと見づらいからレイアウトを変えた方がよいと思う。
・レイアウトを分かりやすくした方がいい。
・「おみやげ」のところが、きゅうくつでちょっと読みにくい。

「推敲のポイント」を再度確認させ、下書きを交流させた。二色の付箋を用いて、ピンクの付箋には「よいところ」を、黄色の付箋には「改善した方がよいところ」を書き、下書きに貼らせた。学習者は積極的に友達の下書きにコメントを書いた付箋を貼っていった。下書きの交流は、友達の下書きを読み改善点を指摘するだけでなく、友達の下書きを読むことによって自分の下書きの改善点に気付くことができる。学習者は、友達のアドバイスや自分の気づきをもとにして、推敲を行っていった。

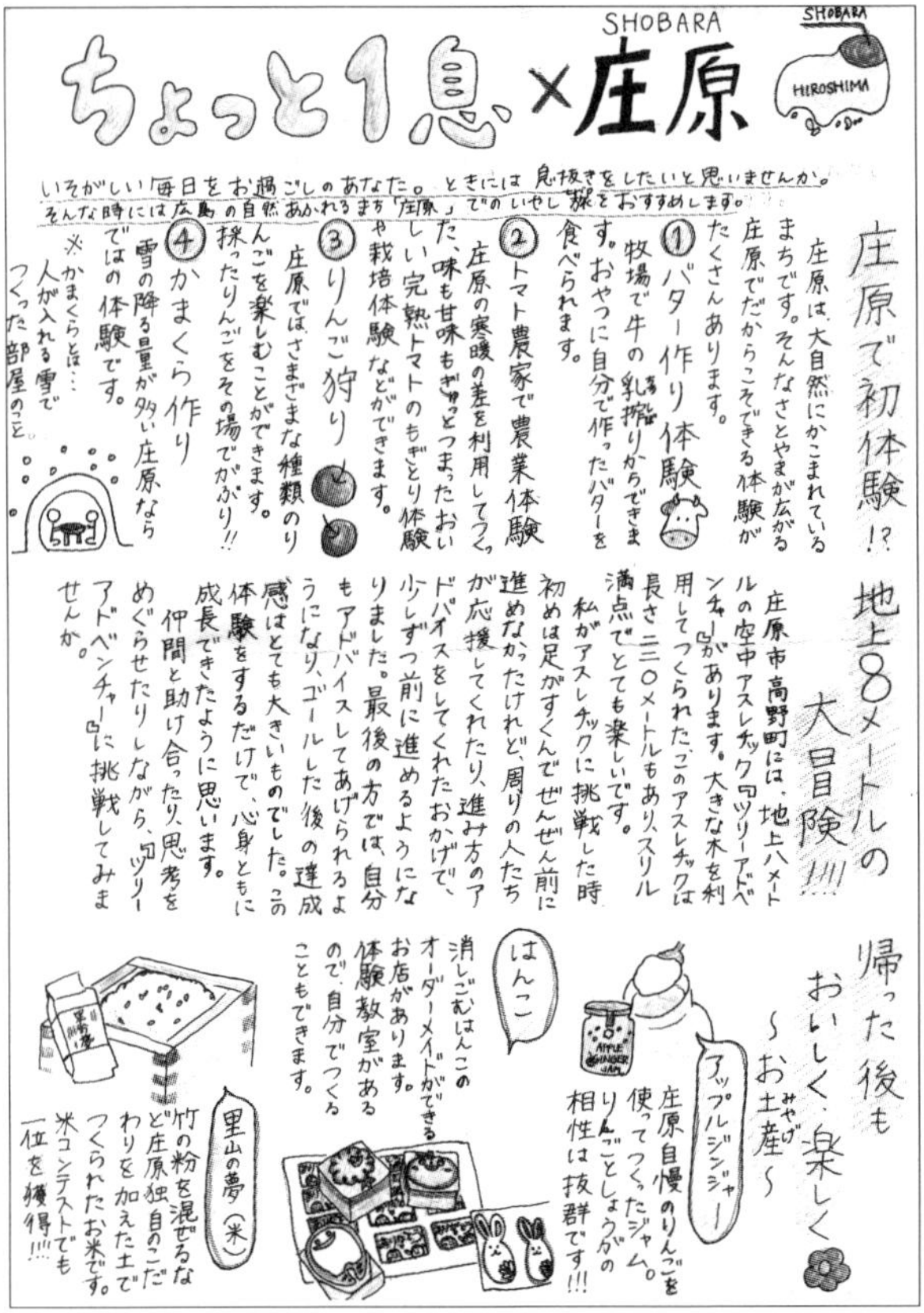

(3) 改善すべき点を意識して清書を書かせる。

前頁の作品の下書きは、「庄原」を題材にして書いた学習者のものである。彼女は、下書きの下にあるようなコメントを友達からもらったため、その点について吟味して清書を書いていた。「下書きに対して友達からアドバイスをもらったり友達の作品を読んだりすることを通してどのようなところを改善し、工夫したか。」について、「①レイアウトを変えた。文章がどこにつながっているのかわかりにくいという意見をもらったので、一段に一つの内容を収めた。②題名からすぐに内容に入るのではなく、リードを入れて、「庄原」とはそもそも何なのか（広島県内の「まち」であること）を最初に伝えるようにした。」と書いていた。

3　〔第三次〕　完成した清書を交流させる（一時間）

完成した作品は自由に読み合い、作品に対する感想・気づきをワークシートに記入させた。どの生徒も興味深く作品を読んでいた。感想・気づきは「読み手が関心を持ちそうな内容を選んだか。」「形式を工夫しているか。」「分かりやすい表現で書かれているか。」「読み手をひきつける効果的な小見出しを付けたか。」の四点を中心に書かせた。生徒から評価も高く、内容・表現ともによくできている作品十数点を選び、京都精華大学サコ教授に送り、外国人の視点で評価してもらった。外国人だからこその視点などもあり、新たな気づきを得ることができた。

四、実践の成果と課題

(1)　今回の単元では、教科書と同じように「外国人向けガイドブック」を作った。「外国人」が読み手というのは相手意識を明確にするのには適していると思うが、出来上がったガイドブックを読んでもらう相手を探すのが難しく、あまり実用的なものにならないように思う。より役に立つガイドブックにすることを考えれば、本校に入学予定の小学六年生を読み手にした「大野東中学校ガイドブック」を作っても良かったと思う。

【評価の具体例】

■お好み焼きの旅

テーマ設定…広島の文化を物語る食を取り上げ、その特徴を図やイラストなどで説明することが特徴である。

内　　容…広島風のお好み焼きの作り方をイラストで説明したところは分かりやすい。また、観光客としていつも困るのは、ガイドブックのおすすめの場所にがっかりすることである。地元目線からおすすめの店の紹介、またおすすめのお好み焼きが提示されていることは、観光客としてありがたいと思う。

ページ構成…内容ごと（特徴、作り方、おすすめの店、おすすめのメニュー、特製ソース）にレイアウトされている点が全体を見やすくしている。

そ　の　他…これから、様々な食文化（豚肉は食べない、ベジタリアンなど）を持つ人が訪れることが考えられるので、それに合わせた店の紹介あるいはメニューの紹介があればより楽しい紙面になる。

(2)　下書きが一通り完成してから他の学習者と下書きの交流をしたが、下書きに入る前の、書く内容を絞る段階で一度交流をした方がよいと感じた。自分が書きたいと思った内容は果たして相手にとって必要な情報か吟味するために、他の学習者の意見は参考になると考える。ただし、「外国人にとって必要な情報かどうか」は、想像するしかない。

(3)　どうしても、調べた情報をそのまま写しただけのような作品しか書くことができない学習者がいる。一年前の作品を評価することはできるのに、それを自分の作品になかなか活用することができていない。自分の題材で内容を絞り書き始める前に、練習として、全員に同じ題材の同じ情報を提示し、簡単なガイドブックのようなものを一人一人に書かせても良かった。それをお互いに交流すれば、よく書けている学習者の作品から書き方を学ぶことができるのではないだろうか。同じ材料だと比較しやすいし、意見も述べやすい。

(4)　今回の単元だけでは、読み手に分かりやすい文章を書く力を高めることはできない。今後、国語科で学んだことを他教科や総合的な学習の時間で活用できるように、指導計画等工夫していきたい。

一年間を通して古典に親しませる指導の実際
――帯単元『古典に親しむ――生活から古典へ、古典から生活へ――』（中三）の場合――

実践当時／小松島市小松島中学校　生長　まち

一、実践研究のねらい

現代社会で育った生徒にとって、古典は遠い過去もので、古語も難解だと思うようである。さらに、古典に見られる美しい自然や繊細な季節感までも、古典に親しみにくい要因の一つになっていると感じられる。古来より四季折々の風物を見つめる日本人の繊細なものの見方は、古典の中に文化として息づいている。古典に親しみ、先人のものの見方に学ぶことは、自分の生活を見直し、より豊かに生きることにつながっていくと思う。

中学校の古典の学習は、二学期から三学期にかけて、まとめて行うようになっている。しかし、年一回の学習では、学習者一人ひとりを本当の意味で古典に親しませることはできない。国際化が進み、日本の伝統文化の価値はますます高まっている。そのような国際社会であるからこそ、学習者の日常生活と古典を結び付けて、生活から古典へ、古典から生活へという学習指導を展開し、より多く古典を読み、古典に親しむ姿勢を育てていきたい。

一年間を通して古典に親しませるために、帯単元の形をとって、古典学習を展開していきたい。実際に古典学習を展開するにあたっては、月に一回、一時間程度、国語科授業の中で、また、随時、掲示板や学校放送などを通して、様々な場と機会を使って、学習者自身の生活と古典を結び付けていきたい。

なお、この研究は、平成八（一九九六）年八月三日開催の日本国語教育学会第五十九回国語教育全国大会で発表し、同学会誌『月刊国語教育研究』（二〇〇〇年三月号）に掲載した論考に手を入れて書き改めたものである。

二、単元の構想

(1)　単元名　帯単元「古典に親しむ―生活から古典へ、古典から生活へ―」

(2)　対象学校・学年・組　徳島県小松島市小松島中学校　第三学年　八組（男子一九名、女子一八名、計三七名）

(3)　実施時期・時間数　平成八（一九九六）年　四月～平成九（一九九七）年三月　二二時間配当。

(4)　単元設定の理由

ゆっくりと自然に接する機会が乏しくなっている現代社会では、季節に敏感に反応する感覚を失いがちで、古典との距離がより遠くなっているようである。そこで、身の回りにある四季折々の自然や風物を取り上げて、古典と結び付けて学習させることにより、古典を身近なものとして親しむことができる態度を育てたい。この中で、自分の生活を見つめ、自然や四季の良さを発見していく主体的な目や感性を養いたい。また、古人のものの見方や考え方に学び、より豊かに生活する力としたい。そのためには、一年に一度の古典学習ではなく、折に触れ、より自然に古典に接する機会を作り、より多くの古典を読むことが大切ではないかと考えて、この単元を設定した。

(5)　指導目標

①　生活の中から古典へ古典から生活へと身近に古典に親しむことができるようにする。

② 自分の生活と比較する中に、古人のものの見方や考え方に学ぶ姿勢を養う。

(6) 指導上の留意点

① 学習者の身の回りにある四季折々の自然や風物の中から題材を取り上げ、学習者が興味と感心を持ちやすく親しみやすいものとする。

② 学習者を古典に親しませるためには、古典苦手意識の原因となる「言語の壁」を除く工夫が大事である。「傍注資料」（本文の左右に傍注を付した資料）によって、原文をゆっくり音読すると大体の内容が分かるようにする。

③ 音読・朗読を繰り返して、原文の持つことばの響きと調べを楽しむことができるようにする。

④ より多くの古典作品に読み慣れさせるとともに、古人の物の見方・考え方を理解できるように仕向ける。

⑤ 古典に親しむ学習の過程で、読む活動だけでなく、聞く・話す・書く活動も組み入れられるように工夫する。

(7) 教材編成の観点と教材化の実際

① 人間の生活に密着した自然や風物を素材とする。

② 昔の日本人が心を向け、関心を示し、古典文学の中に表現されているもので、現代人との共通点や相違点が見られるもの。

③ 学習者の発達段階に応じて、興味関心が持てるような教材を集める。実際には、「歳時記の分類」に即して、次のような素材を取り上げることとした。

［自然］時候（春・夏・秋・冬）・天文（五月雨・立秋の風・月・露・時雨・雪）・地理（青田）・植物（桜・梅・紅葉・秋の七草）

［人事］行事（衣替え・七夕・正月）・その他（愛・旅立ち）

(8)　帯単元実践の機会と場

①　国語科の授業（月一回程度。十分から二時間の範囲内）で実践する。
〇　他の単元が終わったあとに実践する。
〇　他の単元の中に位置づけて実践する。
〇　他の単元と関連づけて実践する。
②　掲示板を活用する。
③　学校放送を活用する。
④　学年通信（国語科通信）を活用する。

(9)　一年間の古典指導の実際

教科書所収の古典単元は、二回に分けて授業を行った。次の表の中で、太線枠で囲んである箇所が教科書教材を取り上げて実践した授業の概略である。それ以外は、国語科の授業の中で、また、掲示板、校内放送、学校・学級通信を通して、すべて帯単元の形で、一年間、古典指導を展開した。

月	機会と場	素材	指導目標	教材（☆印は教科書に掲載）〇指導の流れ
4	(1)　授業 （一時間）	散る桜	①　桜への思いを比較できるようにする。 ②　三代和歌集の歌風の違いに気付けるようにする。	・　雉なく高円の辺に桜花散りて流らふ見む人もがな［万葉一八六六］ ・　ひさかたの光のどけき春の日に静心なく花の散るらむ［古今八四］ ☆　花さそふ比良の山風吹きにけりこぎ行く舟の跡みゆるまで［新古今一二八］ ①　年間の帯単元について説明する。 ②　校庭の散る桜を見た後、資料配付。教師の範読後、生徒が音読する。

				③ 傍注により意味の説明を聞き、古人の思いを書かせる。 ④ 自分の思いと比較しながら発表できるようにする。 ⑤ 発表を聞き、三大和歌集の違いに気付けるようにする。
5	(2) 掲示板	おくの細道旅程図	① 旧暦の季節の違いや『おくの細道』に興味をもてるようにする。	・行く春や鳥啼き魚の目は泪　〔おくの細道〕 ☆ 草の戸も住み替わる代ぞ雛の家 『おくの細道』の芭蕉の旅立ちが「弥生も末の七日」新暦五月十六日なので、旅程図を掲示し、芭蕉と共におくの細道への旅立ちができるようにする。旅立ちから、終点大垣（一〇月中旬）までに詠まれた俳諧を順次掲示する。
	(3) 授業（一時間）	衣替え	① 制服と衣の白を共通点とし、夏の訪れを共感できるようにする。 ② 口語詩で感動を身近に感じさせる。 ③ 歌風の違いに気付けるようにする。	☆ 春過ぎて夏来たるらし白妙の衣ほしたり天の香具山　〔万葉二八〕 ・春過ぎて夏来にけらし白妙の衣ほすてふ天の香具山　〔新古今一七五〕 ① 白い制服のさわやかさを褒める。 ② 資料配付。音読して、意味を確認する。「虫干し」の説明をする。 ③ 感動の中心を確認し、何に夏を感じているかを発表させる。 ④ 表現技巧に触れる。 ⑤ 参考詩の不足を補いながら口語詩に直すことができるようにする。 ⑥ 教師の詩も参考に下段に添付できるようにする。 ⑦ 新古今の「けらし・てふ」より、直接的な万葉と観念的な新古今の違いを発見できるようにする。 ⑧ 口語詩を数点選び、次時に印刷して配布する。
6	(4) 授業（五分）	時鳥	① 鳥の声に関心を持たせる。	・教師の話 朝早く起きると裏山で時鳥が一生懸命鳴いているのに気付いた話。
	(5) 授業（一時間） ・俳句導入	五月雨	① 季語や暦に関心を持ち、陰陽の暦、季語、気象上の季	・五月雨を集めてはやし最上川　〔おくの細道〕 【俳句の導入】 ① 句を板書、季節と五月雨について問う。

7			
		節の違いを理解できるようにする。	② 資料を配付し、季語のクイズをする。 ③ 陰暦・陽暦・季語比較表を配布し、季語や季節の理解を深める。 ④ 五月雨が六月の雨で梅雨であることを発見できるようにする。 ⑤ 「集めて早し」をイメージ化できるようにする。
(6) 校内放送（五分）	時鳥	① 時鳥は身近な鳥と知る。	・時鳥の鳴き声 ・「夏は来ぬ」の歌 ・時鳥の説明（原稿準備）
(7) 授業（二十分）	梅雨 五月雨 時鳥 テープ	① 梅雨の思いを共感できるようにする。 ② 時鳥の声の自分の聞こえ方を古人と比較できるようにする。	・かくばかり雨の降らくに時鳥卯の花山になほか鳴くらむ ［万葉一九六三］ ・五月雨に物思いをれば郭公夜深く鳴きていづちゆくらむ ［古今一五三］ ・時鳥雲居のよそに過ぎぬなり晴れぬ思ひの五月雨のころ ［新古今二三六］ ・ほととぎす声横たふや水の上　芭蕉 ・うす墨を流した空や時鳥　一茶 ① 雨を見ながら生活記録の文章を紹介 ② 時鳥の声テープを流す。 ⑥ 資料を各自で読み、聞こえ方を記入し古人と比較できるようにする。
(8) 掲示板	蛍	① 蛍を見に行くきっかけを作る。	・草の葉を落つるより飛ぶ蛍かな　芭蕉 ・大蛍ゆらりゆらりと通りけり　一茶 ・近づくだけ吾に近づき蛍過ぐ　誓子
(9) 授業（二時間） 俳句単元発展	夏をさがそう 夏の季語	① 歳時記を知り語彙を増やす。 ② 夏を肌で感じ、俳句を楽しんで作	・（俳句の発展）夏をさがそう（二時間） ① 俳句を作りたい声があった旨を告げ「夏をさがそう」と提案する。 ② 自分で感じる夏を五分間でできるだけたくさん書き出す。 ③ グループで一〇分間話し合わせ、より多くの語彙を集める。

			る態度を養う。	④歳時記の説明をし、夏の季語集を読み知っている語に印をつける。 ⑤校外に出て夏を探し、俳句を作って提出できるようにする。 ⑥句集にして配布。句集の題は季語集より生徒各自が選びつける。
8	登校日 ⑽学級通信	風 立秋	①繊細な季節の境目の表現を理解できる。	・夏と秋ゆきかふ空のかよひぢはかたへすずしき風や吹くらむ〔古今一六八〕 ・秋きぬと目にはさやかに見えねども風の音にぞおどろかれぬる〔古今一六九〕 ①夏と秋の境目、暑中見舞と残暑見舞等、日常生活に近づけて考えさせる。
	登校日 ⑾掲示板	星 七夕	①七夕は秋の季語と知り、星に関心を持つ。	・七月七日は七夕。旧暦八月二十日。 ・星はすばる。彦星。みゃう星。夕づつ。よばひ星をだになからましかば、まして（現代語訳付き）〔枕草子二三九段〕
9	⑿授業 （三時間）	掲示参考集を作ろう	①季節や場にふさわしい掲示物を考えることができるようにする。 ②条件に添って情報を選び活用できるようにする。	・掲示用作品例として提示【短歌・俳句】【詩・韻文・ことわざ・訓辞…略】 ・秋の野に咲きたる花を指折りかき数ふれば七種の花〔万葉一五三七〕 ・萩の花尾花葛花なでしこが花をみなえしまた藤袴朝顔が花〔万葉一五三八〕 ・肩にきて人なつかしや赤蜻蛉　夏目漱石 ・美しく暮るる空あり赤とんぼ　遠藤湘海 ・とどまればあたりにふゆる蜻蛉かな　中村汀女 ①掲示が不十分だった一学期の反省を踏まえ、皆で活用できる便利な掲示資料集を作ろうと呼びかける。 ②掲示用作品例を示し、掲示板にふさわしい内容を考え話し合う。 ③一人一つの作品を作り、掲示資料帳として活用できるようにする。

月	形態	題材	ねらい	内容
10	⒀ 校内放送	虫	① 虫の音に秋を味わう。	・虫の声テープ　・「虫の声」の歌 ・虫は…［枕草子五十段］
	⒁ 授業 （二〇分）	月 月齢表	① 月の呼び名を知り、古人の月に寄せる思いを理解できるようにする。	☆東の野に炎の立つ見えてかへり見すれば月傾きぬ［万葉四八］ ・月は有明。東の山の端にほそうて出づるほどあはれなり［枕草子二二八段］ ① 美しい月の話。月齢表を示し、三日月、満月、新月に印をつける。 ② 枕草子を板書し、有明の月とはどんな月か考える。 ③ 十六夜月・立待月・居待月・臥待月について説明する。 ④ 万葉の月はどんな月か考え、情景を理解できるようにする。
11	⒂ 校内放送	雁	① 雁の鳴き声を知らせる。	・雁の鳴き声　・「秋の夜半」の歌
	⒃ 授業 （三〇分）	紅葉 露 時雨	① 紅葉の色彩の変化に露や時雨が関わることを理解できるようにする。	☆しら露の色はひとつをいかにして秋の木の葉をちぢにそむらむ［古今二五七］ ・見る人もなくて散りぬる奥山の紅葉は夜の錦なりけり［古今二九七］ ・白露もしぐれもいたくもる山は下葉残らず色づきにけり［古今二六〇］ ・龍田川紅葉流るるかんなびのみむろの山に時雨降るらし［古今二八四］ ・風吹けば落つるもみぢば水きよみ散らぬかげさへ底に見えつつ［古今三〇四］ ① 新聞等の紅葉狩りの記事を提示。 ② 短歌を読み、時雨や露により色彩の変化する美しさを味わう。
12	⒄ 教科書 古典単元 （八時間）	〔単元〕 人を思う 歌	［単元設定のねらいと計画］ 1 単元名「人を思う歌」 2 単元設定のねらい 教科書掲載の歌の中には、様々な愛の形が見られる。古人の人を思う思いの深さや切なさ等を	

万葉
古今
新古今

伊勢物語
（東下り）

理解させたい。万葉集・古今和歌集・新古今和歌集から三〇首の歌を傍注資料を作ってテキストとし、各自の好きな歌を選ばせて、推薦文を書いて発表できるようにする。

【歌の分類】

ア　恋人を思う歌　　イ　夫や妻を思う歌　　ウ　子を思う歌
エ　父母を思う歌　　オ　旅先で家を思う歌

3　授業の展開

(1)　教材編成「万葉・古今・新古今より」計三〇首（具体的には省略）

万葉集の歌…教科書四首、他教科書より一一首
古今和歌集の歌…教科書二首、他教科書より二首、補足四首
新古今和集の歌…教科書一首、他教科書より三首、補足三首

① 単元設定の構想を理解させる。
② 傍注資料のテキストで繰り返し三〇首を音読させる。
③ 三〇首の歌が右の分類ア～オのどれに該当するかを判別させる。
④ 長歌と反歌、贈答歌の対になっている歌を判別させる。
⑤ 一首を選び、推薦文を書かせる。
⑥ 全体の場で発表させる。

(2)　『伊勢物語』の「東くだり」を読む

① 『伊勢物語』は「歌物語」であることを説明する。
② 「東下り」に取り上げられている三首の歌を繰り返し読む。
③ 歌の分類ア～オのどれに該当するか、判定する。
④ それぞれの歌がどのようないきさつで詠まれた歌かを読み取らせる。
⑤ 都を離れるに従い、都に残した女性を思う気持ちがどのように深まるかを考えさせる。

1

⒅　授業（一時間）

古典の遊び

① 百人一首を知る。

○ 百人一首の遊びを通して、古人を身近に感じ、和歌に親しませる。

月				
	(19) 掲示板	新年	① 新年の願い、季語を知る。	☆ 新しき年の初めの初春の今日降る雪のいや重け吉事 〔万葉四五一六〕 ・新年の季語
2	(20) 教科書 古典単元（五時間）	〔単元〕旅と旅立ち 夏草 〔単元〕論語	単元 旅と旅立ち 夏草 ○ 芭蕉が『おくの細道』の旅に出かける意気込みや決意を読み取り、夏草の中に見られる芭蕉の尊敬する故人の漢詩や和歌をあげながら、芭蕉の理想とした境地に迫らせる。VTRの映像で「おくの細道」を体験する中、芭蕉の生き方考え方を理解して、卒業を目前に旅立とうとしている自分の生き方を見つめさせる。 ・松尾芭蕉の旅 VTR ☆『おくの細道』より「夏草」 ・漢詩の資料 単元『論語』…「学びて時にこれを習ふ」 ○ 論語を読み、自分の生活と結びつけて古典を生活の中で役立てる態度を養う。 ☆『論語』より「学びて時にこれを習ふ」 ・論語より補助資料	
3・2	(21) 授業（一〇分）	敬語	① 敬語の特徴を知る。	・古典に見える敬語 ① 教師の古典の敬語についての話を聞き、現代の敬語との違いを知る。
	(22) 掲示板	梅・鶯	① 梅と鶯に寄せる思いを知る。	・春さればまづ咲く宿の梅の花ひとり見つつや春日暮らさむ 〔万葉八一八〕 ・梅が枝に鳴きて移ろふ鶯の羽白細に沫雪ぞ降る 〔万葉一八四〇〕 ・冬ごもり春さり暮らしあしひきの山にも野にも鶯鳴くも 〔万葉一八二四〕 ・人はいさ心も知らずふるさとは花ぞ昔の香ににほひける 〔古今四二〕

三、「五月雨」の単元の展開

(1) 日　時　平成八（一九九六）年六月一〇日

(2) 機会と場所　授業（一時間）、教室

(3) 目　標　① 季語に興味と関心を持たせる

② 季節について、陰暦・陽暦の違いや俳句の季語設定、気象上の違いを理解する。

(4) 教材編成　季語クイズ　季節（旧暦・新暦・気象上）の比較表

(5) 指導の実際（生徒の反応）

① 「五月雨を集めて早し最上川」を板書し、俳句の授業に入ることを告げる。

② この句の季節を問い、「五月雨」はどんな雨かを問う。

・生徒は、季節が春と答えた者が二十数人、夏と答えた者が一〇人ほどであった。五月雨については、細かい春に降る雨、晴れた空に時々降る雨、

資料（生活記録と古典をつなぐ）

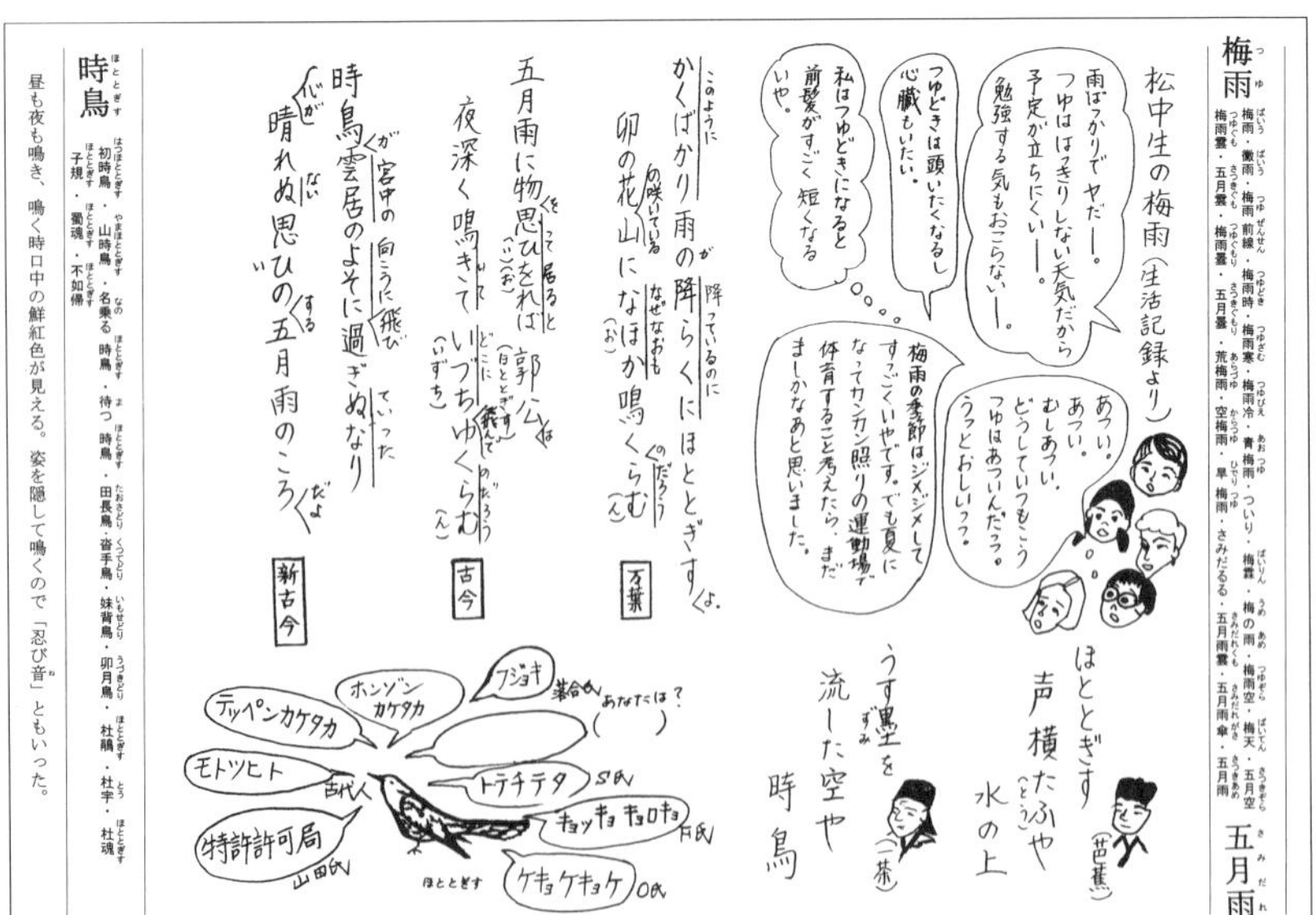

晴れた後にザーと降る雨等が出て、梅雨と答える者はいなかった。なんとも不可解な顔をしている。

③　資料を配付して、現代俳句の季語クイズをする。

・　喜んでプリントのクイズをする。

④　答えを一人ずつ発表する。

・　大部分の問いにクラスの半数以上が季節を間違えている。生徒も教師も季節感がないと感じている。

⑤　次の資料で俳句の季節について概要を説明する。

⑥　五月雨が今の六月の雨で、梅雨であることを発見させる。

・　生徒は五月雨について、実感し、納得できたようである。

⑦　「集めて早し」をイメージ化させる。

・　「ザーザー降る雨が川に流れ込んで、川の水が増えて、どんどん流れているということですね。勝浦川もこんな様子だった。サイレンが鳴って、ダムの放水が始まって…」と授業が終わった後に話かけてくる生徒がいた。

四、実践の成果と課題

まず、「散る桜」では、生徒が三つの歌を自然に受けとめていたのが印象的だった。その後古文を多く渡したが、難しいと言ってくる者がほとんどいない。古文がすっと生徒の中に入っていくようである。生活の中で時宜を得た題材を学ばせるので、古人と同じ物を見て、子どもたちは何かを思い、古人の思いと重ね、すぐに、今と昔の共通点や相違点を比較できるようである。共通体験により古文の壁がなくなり、自然に昔の人々の物の見方や考え方に触れられたようである。

また、「時鳥」について、生徒はほとんど知らなかった。実際の鳴き声を聞かせると、翌日の生活記録に「我家の裏山でも鳴いています。」「朝早く起きて聞きました。」等と書いてきた。身近にあっても知らなかったものに対して、関心を持ち、今と昔の違いに対する疑問が多く出された。「昔はたくさん歌に詠まれ親しまれていた鳥が、今ではなぜこんなに知られていないのだろう。どこか遠くの山で鳴いている鳥かと思っていたが、すぐ近くで鳴いていたとは。」等、これも古典に親しんでいることになると思う。

授業外で古典の授業について話しかけて来る生徒が増えてきた。「おくの細道は大垣で終わるのでしょう?芭蕉はどんな句を詠んだのですか。」「先生、俳句を作りましょう。」「青田という季語は完全に分かりましたよ。」「ふくろうも鳴いている。ホウホウ　ゴロスケホウホウって。」生活と古典が少しつながり始めたように感じられる。

盛りだくさんな教材は「古典から生活へ」と教師指導型になっていたと思う。掲示板活動などで、子どもから話題が提供されると、より古典に親しめると思う。また、一つのまとまった教材を全文を「傍注資料」で読むことも今後は継続して実践したい。

今回の教材編成で教師自身の豊かな古典知識のストックがいると実感した。韻文が多くなったが、地の文も併せて読むことも必要であった。「五月雨を集めて早し最上川」の例では、地の文「最上川は陸奥より出でて、山形を水上とす。（中略）白糸の滝は青葉の隙隙に落ちて、仙人堂、岸に臨みて立つ。水みなぎつて、舟危ふし。」を提示できれば理解もより深まったと思う。

古典は長い年月に渡り培われ守られてきた日本のすばらしい文化である。国際化時代であるからこそ、海外で高く評価される日本の古典について、生活に根ざして、大事に学んでいきたいものである。

第四章　高等学校における国語科授業実践例

高等学校における読書生活指導の実際
――単元「私たちの読書会」（高一）の場合――

長崎県私立活水高等学校　岩永　克子

一、実践研究のねらい

本校は、私立のキリスト教主義の女子校で、九五パーセント以上が進学するが、同系の大学・短大へ推薦入学することが多く、生徒たちは比較的のどかな学校生活を送っている。この春、三年間持ち上がりの学年を卒業させて、再び新一年生を担当することになった。この新一年生には、「読書生活を確立させること」と「話しことばを豊かに育てること」に重点をおいて、この三年間、国語科授業の実践研究を進めることにした。

よく、「高校生の読書ばなれ」が話題になるが、ほんとうに高校生は本は読まないのだろうか。生徒の読書傾向をみると、少女漫画や少女小説がもてはやされ、週刊の漫画雑誌を回覧し、教室でも漫画本が読まれている。生徒たちの漫画に対する情熱こそ、読書生活への足がかりになるのではないか。「本を読まない」というよりも、読むべき本が見い出せないでいるのではないか。教師もまた読ませるべき本を真剣に探し出さないで、「名作」を課題図書に掲げて、読み終えた後は、読書感想文を書かせて終わるという読書指導を行っているのではないか。

この感想文を書いて終わる「読書指導」から、読みたい本を選ぶ、簡単な読書日記をつける、読書に関する情報を集める、私の読んだ本を整理するなど、自らの読書生活を豊かにする「読書生活指導」へと転換を図りたい。そのために、二学期に「高校生による読書会」を開くことを位置づけて、年間の読書生活指導を構想していきたい。

具体的には、二学期の単元「私たちの読書会」では、生徒一人ひとりがどんな本を読んで、どのような形の読書会をするか、そこで、どのような話し合う場を設定するかを明らかにする必要がある。そのために、一学期当初から、読書習慣を身につけさせるために、また、読書の楽しさ、面白さを感得させるために、どのような読書生活の充実をはかっていくか。これと並行して、話す・聞く力、話し合う力をどのように育てていくか。これらが実践研究上の大きな課題である。

二、単元の構想

(1)　単元名　単元「私たちの読書会」

(2)　対象学校名・学年・組　活水高等学校　第一学年　F組（女子四〇名）

(3)　実施時期・時間数　平成二（一九九〇）年一〇月～一一月　一五時間配当。

(4)　単元「私たちの読書会」設定の理由

読書には、娯楽・趣味のための読書、自己形成のための読書、課題解決のための読書など、さまざまな読書が考えられるが、本校のほとんどの生徒の読書は、少女漫画本、週刊漫画雑誌、少女小説などを読む娯楽のための読書の段階にとどまっている。高校三年間を通して、もっと本格的な自己形成のための読書や課題解決のための読書ができるように仕向けたいと考えた。そこで、まず高校一年の段階では、生徒たちが身近に感じる「面白くて、しかし軽くはない児童文学作品」を取り上げた読書会を開きたいと考えた。

まず、教師が推薦する「面白くて、しかし軽くはない児童文学」三〇冊の中から、各自が興味・関心を惹く作品を選んで読み浸らせる。各自、読書した後は、自分の選んだ作品はどのような視点から読むとよいか、その理由を整理して、どこがお薦めであるかを「視点の一覧表」「読み取りカード」に書かせる個別学習を展開する。次に、読書会では、生徒たちが司会進行し、同じ作品を選んだ生徒たちは、その作品はどのような視点から読むとよいか、その理由を発表し合う討論の場を設ける。事前に、司会者と発言者への発言の仕方の手引きを配布して、読書会が生徒の手でもうまくいくようにし向けたい。この一連の学習過程で、同じ作品を読んでも多様な読み方があることを生徒たちに気づかせるとともに、その作品の紹介の場にもなるよう支援したい。このような考えに立って、単元を設定した。

(5) 単元の指導目標

① 同じ作品を読んでも多様な読み方があること、また、読みの交流を通して読みが拡充・深化することを認識させる。この一連の学習を通して、読書の楽しさ、読書の面白さを感得させる。
② 読書する習慣を身につけさせる。
③ 本を選ぶ方法など、読書の方法と技術を身につけさせる。
④ 読書に関する知識を整理し、豊かにして、読書生活を確立するようにする。

(6) 単元の指導計画

① 単元「私たちの読書会」までの指導計画

一学期の初めから、二学期の単元「私たちの読書会」がうまくいくように、「夢中になって読書する態度を育てる」ことと「話す・聞く力、話し合う力を養う」ことが達成できるように、次のような学習指導を展開する。

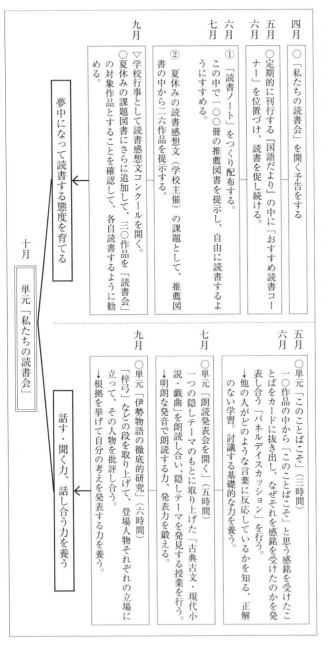

月	学習指導
四月	○「私たちの読書会」を開く予告をする
五月 六月	○定期的に刊行する『国語だより』の中に「おすすめ読書コーナー」を位置づけ、読書を促し続ける。
六月 七月	①「読書ノート」をつくり配布する。この中で一〇〇冊の推薦図書を提示し、自由に読書するようにすすめる。 ②夏休みの読書感想文（学校主催）の課題として、推薦図書の中から二六作品を提示する。
九月	▽学校行事として読書感想文コンクールを開く。 ○夏休みの課題図書にさらに追加して、三〇作品を「読書会」の対象作品とすることを確認して、各自読書するように勧める。

→ **夢中になって読書する態度を育てる**

月	学習指導
五月 六月	○単元「このことばこそ」（三時間） 一〇作品の中から「このことばこそ」と思う感銘を受けたことばをカードに抜き出し、なぜそれを感銘を受けたのかを発表し合う「パネルディスカッション」を行う。 ↓他の人がどのような言葉に反応しているかを知る、正解のない学習。討議する基礎的な力を養う。
七月	○単元「朗読発表会を開く」（五時間） 一つの隠しテーマのもとに取り上げた「古典古文・現代小説・戯曲」を朗読し合い、隠しテーマを発見する授業を行う。 ↓明朗な発音で朗読する力、発表力を鍛える。
九月	○単元「伊勢物語の徹底的研究」（六時間） 「梓弓」などの段を取り上げて、登場人物それぞれの立場に立って、その人物を批評し合う。 ↓根拠を挙げて自分の考えを発表する力を養う。

→ **話す・聞く力、話し合う力を養う**

十月　単元「私たちの読書会」

② 単元「私たちの読書会」の指導計画

第一次（一〇時間配当）
(1)（一斉学習）単元「私たちの読書会」の学習の進め方を確認させる。
(2)（一斉・個別学習）各自、選んだ作品を読んで、次の作業をさせる。
ア．推薦図書三〇冊の中から各自の読みたい作品を選び、読み通しては、「読み取りカード」にどの視点から読むとよいか、三分類するとともに、作品の内容や抜粋、要約などを書き込ませる。
イ．最後に、その作品はA～Kの一一の視点のどれに当たるか、また、A「この視点こそ一番大切だと思う視点」の場合は番号①を、B「やはり取り上げなければならないと思われる視点」の場合は番号②を、C「部分的に取り上げたい視点」の場合は番号③を、それぞれ記入させる。
(3)（一斉学習）最終時に、教師がまとめたクラス全員の「視点一覧表」を配布し、クラス全員の読みの結果を把握する。
第二次（六時間配当）
(4)（個別・一斉学習）単元「私たちの読書会」の学習の進め方、司会の仕方、発言の仕方を「学習の手引き」を用いて学ばせる。
(5)（一斉学習）「私たちの読書会」を五回程度開催する。
第三次（一時間配当）
(6)（個別学習）学習のまとめを「学習ノート」に書いて提出させる。

(7) **指導の上で工夫したこと**

① 推薦図書の選定と自分の読みたい作品の選び方について

生徒一人ひとりに読書の面白さを体験させるためには、どのような作品と出合わせるかが問題となる。本校の生徒には、前述したように、多くの生徒が少女漫画や少女小説をよく読むという実態がある。この現実を受けて、高校一年生の女子生徒が、夢中になって読めるものとして、まずは児童文学作品を取り上げて、「面白くて、しかし軽くはない児童文学作品」を一〇〇冊取り上げ、推薦図書とした。この単元の実践のためには、さらに絞って、生徒一人ひとりを意識しながら、易しいものも、難しいものも取り混ぜて、三〇冊の作品を選定した。読み続ける姿勢を育てるために、また、読後の充実感を味わわせるために、できるだけ長編作品を多くした。選定した図書は、次の三〇冊である。「その他」は自分で選んだ作品でもよいことにした。学級文庫には、生徒たちが読みたいのに読めないという事態が起こらないよう配慮して、同じ本を四冊ずつ買い込んだ。

	読書会のための選定作品一覧
1	ゲド戦記Ⅰ影との戦い（ル・グウイン）
2	ゲド戦記Ⅱこわれた腕輪（ル・グウイン）
3	ゲド戦記Ⅲさいはての島へ（ル・グウイン）
4	モモ（M.　エンデ）
5	はてしない物語（M.　エンデ）
6	ナルニア国ものがたり（4）（C.　S.　ルイス）
7	星の王子さま（サン・テクジュベリ）
8	飛ぶ教室（E.　ケストナー）
9	あらしの前（ドラ・ド・ヨング）
10	あらしのあと（　〃　）
11	伝説の日々（幻の馬Ⅰ）（ハイウォーター）
12	かかし（ロバート・ウエストール）
13	サティン入江のなぞ（フィリィパピアス）
14	クラバート（プロイスラー）
15	光の六つのしるし（スーザン・クーバー）
16	ある小馬裁判の記（J.　オルドリッジ）
17	忘れ川を越えた子どもたち（マクアグリーペ）
18	バラの構図（ペイトン）
19	ふくろう模様の皿（アラン・ガーナー）
20	遠い日の歌が聞こえる（ローズマリー・ハリス）
21	ジョコンダ夫人の肖像（E.　L.　カニグスバーグ）
22	始原へノ旅立ち（Ⅰ）（ジーン・アウル）
23	フォークス・ホール（アイバン・サウスオール）
24	私のアンネ・フランク（松谷みよ子）
25	太陽の子（灰谷健次郎）
26	冒険者たち（齋藤淳夫）
27	ニングル（倉本聡）
28	家族（吉田とし）
29	つの笛がひびく（堀直子）
30	忘れられた島へ（長崎源之助）
	その他
	（　　　　　　　　）
	（　　　　　　　　）

生徒たちは、この三〇冊の推薦図書の中から、自分の読みたい作品を選ぶのである。本を選ぶときの方法は、これまでに『国語だより』などを通して指導してあったので、この単元では、それを応用して、自分の読みたい作品を選ばせるようにした。

② 自覚的な読みを促す「視点の一覧表」と「読み取りカード」の作成について

このたびの実践のポイントは、生徒に「視点一覧表」と「読み取りカード」を書かせるところにある。生徒たちは、まず、自分の選んだ作品は、何を最も描きたいのか考えながら、また、後掲の「視点一覧表」にある「A～K」一一の視点のうち、どの視点から読んだらよいかを意識しながら、通読していく。次に、自分の選んだ作品をクラスの人たちに、どんな視点から読んでほしいのか、また、それはどんな理由によるのかなどを「視点の一覧表」と「読み取りカード」に書く。その書き方を後掲の「視点の一覧表」の例で説明すると、紹介する本は「ゲド戦記Ｉ」、この作品を紹介するに当たって、この作品は「Ｅ　自分とのたたかい・自己発見」という視点に重点をおいて読むとよいと考える場合には、番号①をＥ視点欄に書き込む。さらに、この作品は、「Ｄ　冒険・旅」の視点からもはりとりあげられなければならない」と考える場合には、番号②をＤ視点欄に書き入れる。また、この作品の中には、Ｃの視点からも「部分的に取り上げたい」という場合には、番号③をＣ視点欄に書き込むようにするのである。

「読み取りカード」には、まず、自分が読んで紹介する作品は、どのような視点から読むとよいと考えるか、それは①②③のどのレベルかを書き込む。次に、そう考えた理由は何か、その理由に当たることを、簡単にその内容を書くか、または、本文を抜粋するか、どちらでもよいことにした。「読み取りカード」は、視点①の場合は赤色のカード、視点②の場合は緑色のカード、視点③の場合は黄色のカードというように、三種類のカードに書かせるようにした。

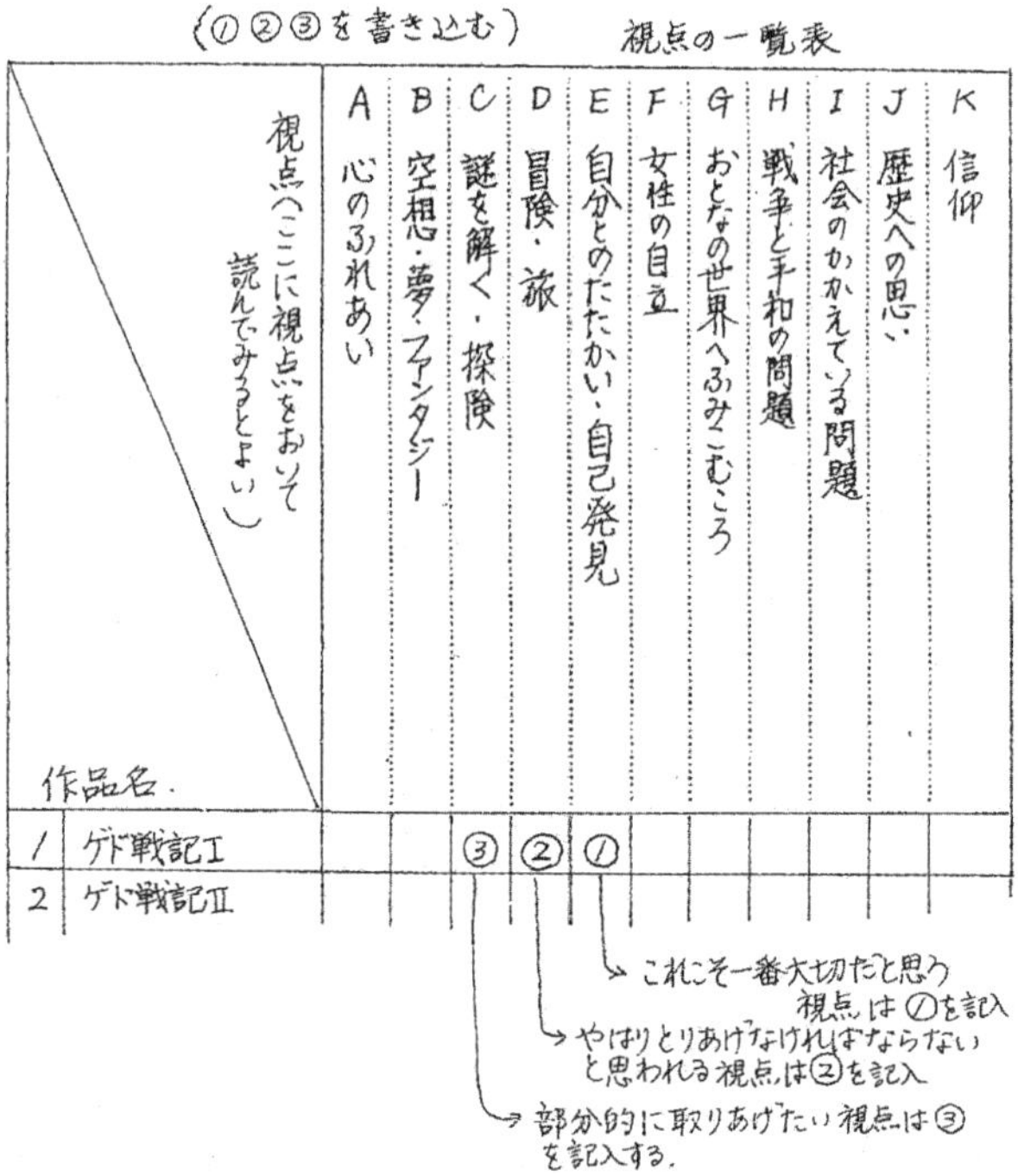

（①②③を書き込む）
視点の一覧表
視点（ここに視点をおいて読んでみるとよい）
作品名
A 心のふれあい
B 空想・夢・ファンタジー
C 謎を解く・探険
D 冒険・旅
E 自分とのたたかい・自己発見
F 女性の自立
G おとなの世界へふみこむころ
H 戦争と平和の問題
I 社会のかかえている問題
J 歴史への思い
K 信仰
1 ゲド戦記Ⅰ ③ ② ①
2 ゲド戦記Ⅱ
これこそ一番大切だと思う視点は①を記入
やはりとりあげなければならないと思われる視点は②を記入
部分的に取りあげたい視点は③を記入する。

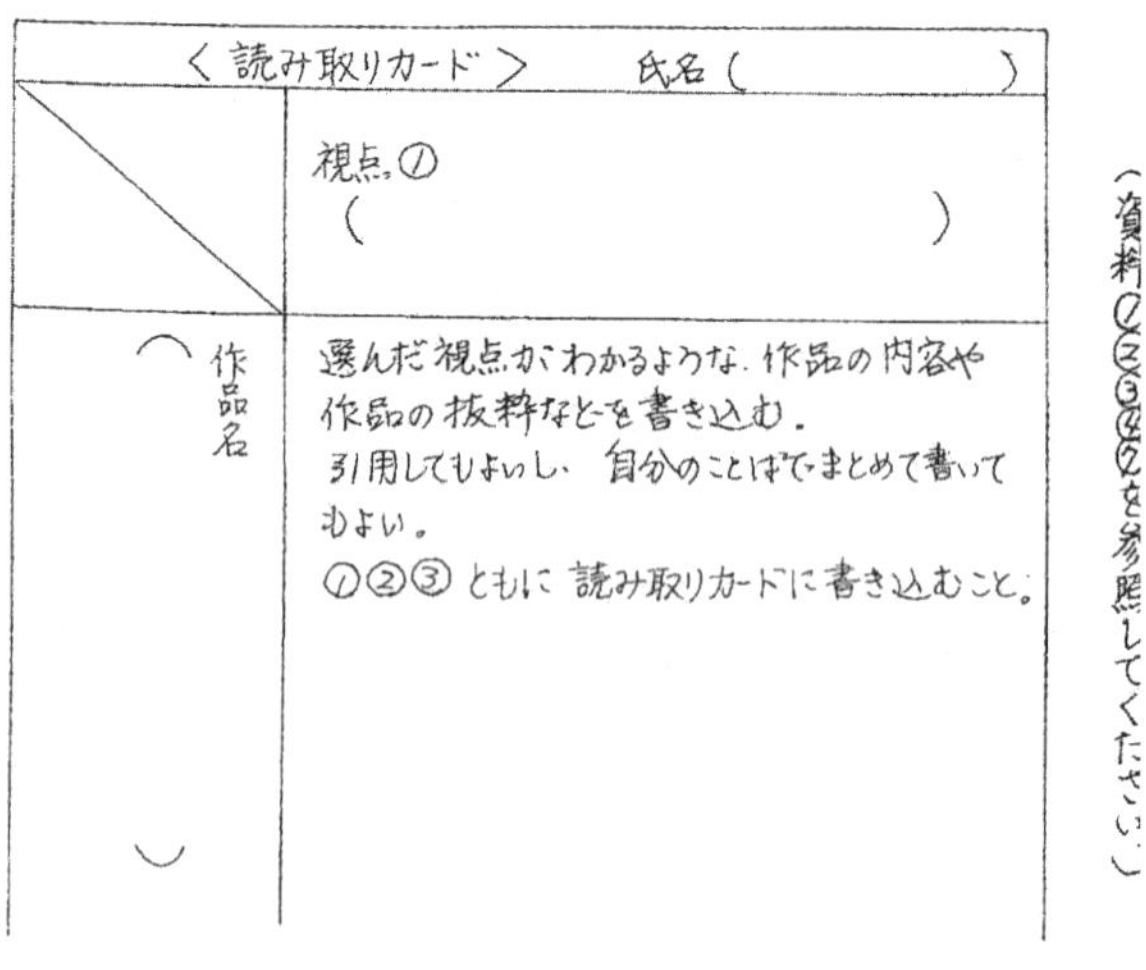

〈読み取りカード〉　氏名（　　　）
視点①
（　　　）
作品名
選んだ視点がわかるような、作品の内容や作品の抜粋などを書き込む。
引用してもよいし、自分のことばでまとめて書いてもよい。
①②③ともに読み取りカードに書き込むこと。
（資料①②③④⑤を参照してください）

なお、この「読み取りカード」は、選んだ理由欄には、誰が読んでもわかるように書くことを指示した。このカードを見ると、生徒一人ひとりが、選んだ作品をどの程度読みとっているか、どういう視点から読んでいるかがよく分かるものである。生徒一人ひとりの読み取り方を評価する手がかりにした。

③「読書会」における司会者・発言者の発言を活発にするために

話し合い・討論を指導する場合には、生徒一人ひとりに、話すべき内容を豊かに育てておくことと、どのように話したらよいか、その方法を手引きしておくことが大切である。

このたびの実践では、「読み取りカード」と「視点の一覧表」を書かせることを通して、生徒一人ひとりの読みを深めることと、発言するときの視点と発言内容を明確にすることをねらった。また、クラス全員のものをまとめた「視点の一覧表」によって、司会者は、この本について誰が発言できるかすぐ分かるので、読書会の前に、指名計画や司会進行計画が立てやすくなる。

どのように話したらよいか、その手引きとして「発言の手引き」を作成した。この手引きによって、司会者も、発言者も、どのような発言の仕方をすればよいか、その手引きになったことと思う。「発言のための手引き」は、次のようなものである。

読書会の「発言の手引き」

〈司会者〉

＊ただ今から○組の読書討論会を始めます。

＊今日の討論は作品○○……を中心に行う予定です。

＊今日の討論は作品○○から○○までをとりあげたいと思います。

＊今日の討論は視点○○○というところから始めます。

＊はじめに多くの人が感じている視点として○○を取りあげます。

＊作品○○○については、○○○の視点が多く取りあげられていますので、その視点について述べてください。○○さんの意見を聞かせてください。

＊今の○○さんの発言では少し不明瞭な点がありました。とくに○○○ということについては読んでいない人にはわかりにくいと思いますので、わかりやすくもう一度補って説明してください。

＊今の○○さんの発言について質問はありませんか。

＊この作品については読んだ人が少ないので、〇〇さんに少し内容の紹介をしてもらったらと思います。どうぞ内容について、特に面白いと思われる点について発言してください。

＊〇〇さんは、誰も取りあげない視点を取りあげていますので、その点を聞いてみたいと思います。

＊〇〇さん、〇〇の視点を取りあげたわけを述べてください。

〈発言者〉

＊〇〇という作品について発言します。私は視点として〇〇を取りあげました。その理由は・この作品が……という性格を持っているからです。

・この作品の〇〇の場面で……という風に表現されているからです。

・この作品に具体的に表わされているわけではありませんが、登場人物や、筋の運び方からして、……を感じるからです。

＊〇〇という作品について発言します。この作品は……という話です。そこで、一番目の視点として〇〇を取りあげました。

＊私は〇〇という作品についてもっと聞きたいと思いますので〇〇さんの話の〇〇という点をわかりやすく話してください。

＊私は〇〇という作品について、わかりやすく話したいと思います。この作品は……。

＊私は〇〇という作品について〇〇の視点を取りあげましたが〇〇さんは〇〇の視点を取りあげています。その点について聞かせてください。

＊〇〇さんの視点の取りあげ方について、説明と視点とが一致しないと思います。その点でもう少し、意見を聞きたいと思います。

＊〇〇さんの説明ではむしろ別の視点を取りあげた方がいい思うのですが、その点はどうでしょうか。

＊〇〇さんの発言に関連して。聞きたいと思います。私も〇〇ということを考えたので、それも含めて、述べてください。

＊私は残念ながらこの作品を読んでいませんので、だれかわかりやすく内容について述べてほしいのですが。

三、単元の展開

当初、この単元には一五時間を配当していたが、実際には一六時間かかった。指導の実際は次のとおりである。

次	時数	指導目標	学習活動	教師の働きかけ
事前		○読書に対する意欲を喚起する。 ○本を選ぶ方法を理解させる。	(1)「読書会」を開くまでの授業計画を知り、学習の見通しを持つ。	①「読書会」を開くまでの授業計画だけでなく、どんな読書会をするかにも簡単に触れた。 ②『国語だより』（毎週二回発行）を通して、適宜、読書の面白さや本の選び方、速読の仕方、教師自身の読書体験などに触れて、生徒の読書意欲を喚起するように仕向けた。 ↓『国語だより』で指示されたことは各自責任を持って実行すること、それ以外は参考にすることでよいと約束している。したがって、教室では特別必要な時以外繰り返し説明しない。
			(2)推薦図書の中から自分の読みたい本を選択して読書する。 （個別学習）	○教室の学級文庫に推薦図書一〇〇冊、図書館に五〇冊用意し、教室には貸し出しコーナーを設置し、貸し出しカードに記録を残させるようにした。

第　1　次
10
○本の選び方を再確認させる。 ○各自の選んだ本に読み浸らせ、「読み取りカード」「一覧表」に必要事項を書かせる。 ○長編物に読み浸らせる体験をさせる。 ○自ら進んで読書する意欲と態度を養う。
⑴単元「私たちの読書会」の学習の進め方を確認する。（一斉学習） ⑵各自、選んだ本を読んで、次の作業をする。（一斉・個別学習） ア．推薦図書三〇冊の中から各自の読みたい本を選び、読み通しては、「読み取りカード」に、どの視点から読むとよいか、三分類するとともに、作品の内容や抜粋、要約などを書き込んでいく。 イ．最後に、その作品はA～Kの一一の視点のどれに当たるか、また、番号①②③を書き入れ。 A「この視点こそ一番大切だと思う視点」 →番号①を記入する。 B「やはり取り上げなければならないと思われる視点」 →番号②を記入する。 C「部分的に取り上げたい視点」 →番号③を記入する。
①単元の最終の読書会を目指して、どのように学習を進めるのかが全生徒に把握されるよう仕向けた。 ②前書き・目次・後書きなどに着目して本を選ぶ方法を実際に一冊の本を取り上げて体験させた。 ③『国語だより』第24号（一〇月一七日）を発行して、読書するときの心構えや用意するもの（読書ノート・読み取りカード・自分の選んだ本）、「視点一覧表」の書き方などを手引きした。特に「視点一覧表」の書き方については、授業の中でも一例を示したが、後は各自が責任を持って指示どおりに準備させるようにした。 ④「読み取りカード」の書き方については、『国語だより』第27号（一〇月二七日）所収の「カードの書き方」を手引きとして配布したので、教室では、この内容については説明しないで、個別学習に入った。 ⑤個別学習では、次のように支援した。 ○本の選択に苦労する生徒には、生徒の性格や興味・関心、本の分量や難易度などを考慮して、本人が自ら選んだという気になる支援の仕方をした。

(3)最終時に、教師がまとめたクラス全員の「視点一覧表」の配布を受け、クラス全員の読みの結果を知る。（一斉学習）

○全生徒の書いた「視点カード」に目を通し、全くの見当違い以外はその生徒の読み方を尊重するように配慮した。
○全生徒の書いている「視点カード」を見てまわりながら、その内容をめぐって、生徒一人ひとりと対話し、相手の話をうまく引き出して、自らの読みを自覚させていくように仕向けた。この過程で、読書会で発言する内容が次第に固まっていった。
○生徒の希望が重なって読みたい本が不足した場合には、生徒の意欲を低下させないために、できるだけ本を補充するようにした。
⑥最後に、全生徒から、各自の読んだ本の「視点一覧表」を提出させた。「読み取りカード」は、次の読書会の時に用いるので、各自の手もとに残させた。

○全生徒から提出された「視点一覧表」を整理してクラス全体の「視点一覧表」を作成して、クラス全員に配布した。
→これを見ると、生徒の読書の好みの傾向や、どの視点からその作品を読むとよいと生徒が考えているかなどがよく分かる。

次	時	目標	学習活動	指導
第　2　次	5	〇その作品がどのような視点からよむことができるかを見出す力を養わせる。 〇他者の読みと交流することを通して新たな読みを発見する体験をさせる。 〇発声や発音に注意してわかりやすく話す力を養わる。 〇司会進行する力を養わせる。 〇二つ以上の考えを比較して、共通点と相違点を聞き取る力を養わせる。	(4)「私たちの読書会」の進め方、司会の仕方、発言の仕方を「学習の手引き」をもとに学ぶ。 （個別・一斉学習）	①「私たちの読書会」の進め方を説明した。 ②読書会における司会の仕方と発言の仕方を「学習の手引き」を配布して、少し解説を加えた。 →発言するには、話す内容を豊かに育てておくことが大切であるが、それは「読み取りカード」「視点一覧表」の作成を通して育ててあるので、ここでは、司会はどのような発言をすればよいのか、また、発表者はどのように発言すると、聞き手にわかりやすいのか、それぞれの、さまざまな発言の仕方を例示した手引きを配布した。
			(5)「私たちの読書会」を開く。 （一斉学習） ①第一回＝「星の王子さま」の読書会 ②第二回＝「モモ」の読書会 ③第三回＝「クラバート」の読書会 ④第五回＝「私のアンネ・フランク」の読書会 ⑤第五回＝「冒険者たち」の読書会	①生徒の座席は、読書会の討論参加者を中心に囲んで、その周囲に聞き手の生徒は座るようにした。 ②生徒が取り上げた人数が多い順に、外国文学と日本文学に分けて、五回の読書会を開いた。 ③司会者には、「発言の手引き」を参考にしながら、多くの人が発言できるように配慮させた。また、「視点一覧表」をもとに、事前に誰々に発言をどんな順序で発言を求めるか、指名計画を立てさせるようにした。 ④討論参加者は、「発言の手引き」を参考にしながら、また、「読み取りカード」をふまえて、発言すべき内容を整理して、発声・発音にも気

事　後	第３次	
	１	
	○自らの学習を自己評価する力を育てる。	視点一覧表

視点一覧表

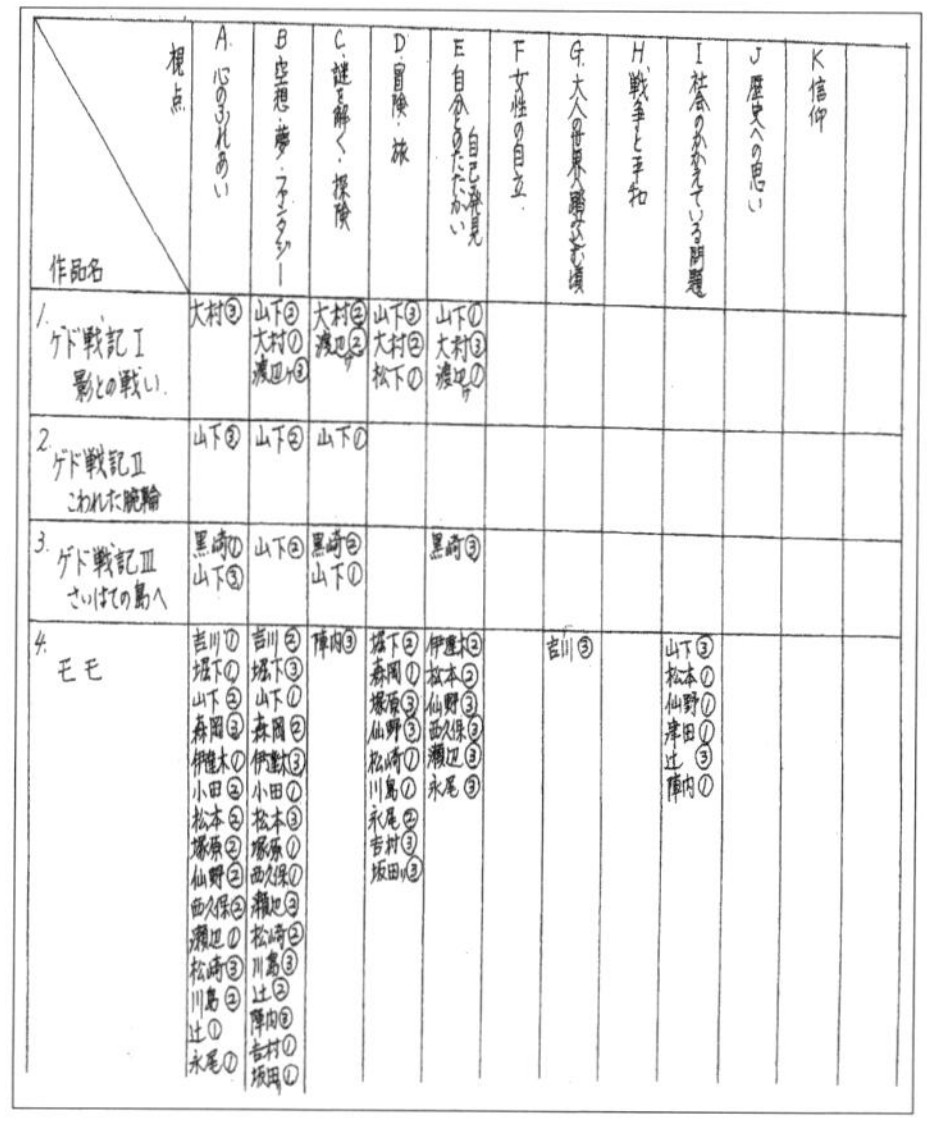

視点／作品名	A.心のふれあい	B.空想・夢・ファンタジー	C.謎を解く・探険	D.冒険・旅	E.自分とのたたかい 自己発見	F.女性の自立	G.大人の世界へ踏みこむ憤	H.戦争と平和	I.社会のかかえている問題	J.歴史への思い	K.信仰	
1. ゲド戦記Ⅰ 影との戦い	大村③	山下② 大村① 渡辺③	大村② 渡辺②	山下③ 大村② 松下①	山下① 大村③ 渡辺①							
2. ゲド戦記Ⅱ こわれた腕輪	山下③	山下②	山下①									
3. ゲド戦記Ⅲ さいはての島へ	黒崎① 山下③	山下②	黒崎② 山下①		黒崎③							
4. モモ	吉川① 堀下① 山下② 森岡③ 伊達木① 小田② 松本② 塚原② 仙野② 西久保② 瀬辺① 松崎③ 川島② 辻① 永尾①	吉川② 堀下③ 山下① 森岡② 伊達木③ 小田① 松本③ 塚原① 西久保① 瀬辺③ 松崎② 川島③ 辻② 陣内③ 吉村① 坂田①	陣内③	堀下② 森岡① 塚原③ 仙野③ 松崎① 川島① 永尾② 吉村③ 坂田③	伊達木② 松本③ 仙野③ 西久保③ 瀬辺③ 永尾③		吉川③		山下③ 松本① 仙野① 津田① 辻③ 陣内①			

事　後	第３次	
(1)今後の読書計画を立てて、継続的に読書を進める。 (2)『読書ノート』に読書記録を書き残していく。	(6)学習のまとめを「学習ノート」に書いて発表し合う。（個別学習）	
①途中の段階で、生徒一人ひとりの読書生活の実態を把握するようにする。 ②『読書ノート』に記録し続けることを通して、各自の読書生活の確立を図るようにさせる。	○これまでの一連の学習を振り返って、自らの学習に対する自己評価をさせた。 ↓特に、学習の前後で変化したことと今後の読書生活への課題と展望は必ず書くように仕向けた。	をつけて、わかりやすく発言するように仕向けた。 ⑤討論の聞き手には、『読書ノート』の「読書会の記録」に、討論を聞いた感想や気づきなどを書き込むようにさせた。 ⑥「国語Ⅰ」の授業は一週間に五時間連続してあるので、その週は集中して読書会を行うことになる。 ↓毎日話し合いを続けることにより加速度的に話し合いが広がったり深まったりしていくとともに、司会力、討論力、発言力が日ごとに上達していった。 ↓五回の読書会は、まだその本を読んだことのない生徒にとっては、またとない図書紹介になった。

四、実践の成果と課題

このたびの実践の大きな成果として、読書嫌いであった生徒たちが、次の生徒たちの感想のように、大きく変わったことを挙げることができる。実践者として、まことにうれしいことである。

> ○　私は本を読むのがあまり好きな方ではなかったので、本というものを自分から読んだりすることはありませんでした。そういう私にとって今回の授業はとてもつらいものでした。でも、つらいのは初めのうちだけで、そのうちだんだんと本を読むという楽しみがわかってきて、今では自分で時間をみつけて読むほどになりました。（A・T）
>
> ○　最近読んだ本といったらマンガばかりだったので久しぶりにきれいに並んだ活字を読みました。私はあまり読書が好きではなかったので本をきらっていましたが、久しぶりに読んでみると読み終えるまでやめられないほど夢中になりました。そして読書が少し好きになりました。（K・A）

しかし、今後に残された課題も多い。以下、四点に絞って、今後の実践上の課題を挙げておきたい。

(1)　このたびの実践では、読書生活指導の一環として、『国語だより』による読書生活通信、『読書ノート』による読書生活記録、本の選び方の学習、読書会などを実践したが、改めて、「読書生活指導」とは何か、その「指導すべき内容」には何があるかなど、その根本を問い直す必要がある。大村はま先生が、昭和四〇年代初め、情報化時代を生き抜く読み手を育てるために実践された読書生活指導、中でも、「中学校三年間の読書生活指導カリキュラム（→『大村はま国語教室第七巻』）に学んで、高校三年間の読書生活指導カリキュラムを編成していきたい。年に一回、一つの読書単元を実践するだけでは、読書習慣を身につけ、読書の楽しさ、面白さを感得させることはできない。やはり、長期的な見通しをもった読書生活指導を展開する必要がある。

(2)　このたびは、少女漫画や少女小説など、軽い読み物を読んで楽しむ「娯楽・趣味のための読書」から、生徒にとって親しみがあり、読み応えのある児童文学作品を取り上げて読んでいく「自己形成のための読書」へと脱皮する一つの試みを行ったが、今後は、本格的な文学作品を取り上げた読書や、人間形成に資する評論や随想などを取り上げた読書、さらには、問題発見のための読書、課題の解決を図るための読書など、幅広い視野に立ったさまざまな読書指導の実践を積み重ねて、読書指導の体系化を図ることができればと考える。

(3)　このたびの読書討論会では、他人と自分の読み取り方を比較することによって、多様な視点からの、多様な読み方、多様な価値観があることを発見するとともに、読書の面白さ、楽しさに目を開かれていった。その結果、このような読書討論会をまたやりましょうという声もたくさん聞かれるに至った。また、他の人の発言の仕方に接して、何を、どのような順序で、どのように説明すると聞き手にわかりやすくなるのか、それをつぶさに体感することができたようである。読書会が回を重ねるごとに発言の仕方が伸びていった。生徒たちは、なによりも生徒たち自身から深く学んだいった。それは教師の立てた予想をはるかに越えたものであった。

今後の課題としては、読書会のもさまざまな形がある。今後は、「あらかじめ一つのテーマを決め、それに関係した本を選び、分担して読んでくる。そのテーマに関して自分の担当した本の内容を紹介しあい、テーマについての考えを話し合う。」といった読書会も実践してみたい。

(4)　このたびの実践の大きなポイントは、自覚的な読みを促すことをねらいとして、「視点一覧表」と「読み取りカード」を書かせることにしたところにある。この「視点一覧表」と「読み取りカード」は、読書会で発言する内容を豊かにするために書かせようとしたものであるが、生徒たちにとっては、これらの表やカードを完成する過程で、作品に対する読みが深まっていったようである。結果的に言うならば、このたびの学習の最も大きな成果は、この二つの表とカードの作成によって産み出されたものであると言えるだろう。ただ、視点の分類のついては、まだ検討の余地があろう。

最後に、この単元の学習後、生徒たちが読みたい本を回し読みしながら、根気よく読み続けているのを見て、教室のうしろの学級文庫を拡充しつつある。また、退学したがっていた生徒が、この学習後、生きる元気がでたと言って、退学を思いとどまったのは、嬉しい反応であった。

本実践研究は、今から一四年前の、平成一七（二〇〇五）年二月に刊行した『水脈　第18号』（ながさき水脈の会機関誌）に掲載した実践報告を書き改めたものである。

小説「こころ」の学習指導の試み（高二）

――他者との交流による読みの拡充・深化を目指して――

実践当時／広島工業大学附属広島高等学校　福伊利江

一、実践研究のねらい

野地潤家先生ご指導の「漱石作品の読書会」に参加するようになり、他の参加者の読みを聞いて、自分ひとりで読んでいるだけでは気づけなかった漱石作品の奥深さに目を開かれた。この読書会は、担当者が自らの読みを発表し、それをもとにして、参加者が各自の読みを出し合って、最後に、野地潤家先生の助言があるという形であった。このような読書会に出会って、私も、生徒たちが互いの読みを交流し合って、自分の読みが深まっていくのを生徒が自覚できる授業を行いたいという思いを抱くようになった。

これまでの私の「小説の読みの授業」は、学習プリントを使って、小説の内容を叙述に即して読み取らせた後、最後に生徒の感想や創作を発表させるという形が多かった。読み終えてからの感想や話の続きの創作などを交流すると、他者の考えが聞けておもしろいという声が多く聞かれた。しかし、作品の読み取りを終えてからの交流であるため、他者の読みを生かして自分の読みを変容させるということには至っていない。

そこで、このたびの実践では、小説教材「こころ」を取り上げて、叙述に即して内容を読み取る学習を展開しながら、同時に、生徒がのびのびと自分の読みと他の生徒との読みとの交流を図ることを通して、自らの読みの拡充・深化を図っていく授業を実践したい。このような考えに立って、私は、毎時間、生徒が授業に集中して、楽しく小説「こころ」を読み味わう実践を試みたいと考えた。

（1）小説「こころ」は「朝日新聞」に連載された小説で、読者は、その日の内容を読んで、次の日はどのような内容になるか、予想・想像・期待しながら、次の日の新聞を待っていたと思われる。生徒には、「先を読まないように」と指示して、毎時間、新聞掲載一回分にあたる教科書教材を取り上げて、当時の新聞の読者と同じように、本文に期待感を持って出合うように仕向ける。

（2）毎時間、その時間に取り上げる新聞掲載一回分の「学習プリント」を配布する。この「学習プリント」をもとに、あらすじや登場人物の心情、描き方などを読み取り、それを空欄に書き込んで、少人数あるいは全体の場で交流し合って、生徒一人ひとりが自らの読みを深めていく授業を展開する。

なお、この授業は、今から約一〇年前の、平成一九（二〇〇七）年二学期に実践し、広島大学附属中・高等学校『国語科研究紀要第三九号』（平成二〇年一〇月）に掲載した実践報告を書き改めたものである。

二、単元の構想

(1) 単元名　夏目漱石の「こころ」を読む

(2) 対象学校名・学年・組　広島工業大学附属広島高等学校（現・広島なぎさ高等学校）
第二学年　一組（男子一七名、女子二一名、計三八名）

(3) **実施時期・時間数**　平成一九（二〇〇七）年　一三時間配当。

(4) **教　材**　「こころ」（大修館教科書『現代文Ⅰ』「下」三三章～三七章、四〇章～四七章）

(5) **単元設定の理由**

生徒は、ほぼ全員が大学進学を目指している。文系クラスであり、小説を読むのは好きで、自分の読みを書くことにも積極的に取り組む。クラスは人間関係が良好で、男女の仲もよく、他者の考えをよく聴き、尊重し合う雰囲気ができている。

これまでの読みの交流は、たとえば、「山月記」において、「生き物のさだめを痛感したとき」「人間の記憶が徐々に消えていくことを自覚したとき」などのいくつかの場面を提示し、各自が最もつらいと感じるものを発表させるというような、読み取りとは一線を画したものであった。そこで、今回の実践では、叙述に即して的確に読み取らせた上で、読みの交流を図ることを通して、他者の読みを自分の読みに生かすということに主眼をおいた授業を展開したいと考えた。具体的には、教材「こころ」の全体を通読するのではなく、新聞掲載の一回分ずつに区切って読み進めていくこととし、一時間ごとに読みの交流を行い、それぞれの読みに違いがある場合でも、そこで議論をするのではなく、自分の読みと他者の読みとを重ねて、次の時間の自分の読みの拡充・深化を図ることに役立たせるような授業を目指す。

そのためには、授業者は、自分の読みに生徒たちを導くのではなく、生徒一人ひとりの読みを大切にして、生徒たちが、多様な読みのあることを認め合いながら、他者の読みに刺激を受けて、自分の読みを変容させていくのを、支援することを心がける。

(6) **単元の指導目標**

① 〈技能に関する目標〉

ア　作品（文章）の叙述に即して内容を読み取る力を育てるとともに、描かれている作品の世界を読み味わうことができるようにする。
イ　読みの交流が円滑に行えるように、場に応じて話す力や集中して聞く力を身に付けることができるようにする。
ウ　読み取りに必要な主要な語彙を身に付けるとともに、比喩表現や情景描写の効果についても考えることができるようにする。
②〈認識に関する目標〉本文を丹念に読み、描かれている人間の「こころ」を読み取ることを通して、利己心について自らの生き方と重ね合わせて考えることができるようにする。
③〈態度に関する目標〉小説を読む面白さを味わうことを通して、意欲的に読書に取り組む姿勢を育てる。

(7) 単元の指導計画（全一三時間）

第一次　教科書に記載されたあらすじをもとに、『こころ』全体の構成を明らかにするとともに、「下　先生と遺書」の登場人物を押さえ、教科書収録(1)～(3)（下三三～三五）を読み、「学習の手引き①」をもとに、「私」、「K」、「お嬢さん」の三人の関係を把握する。……………………一時間
第二次　教科書収録(4)～(14)（下三六・三七、四〇～四七）を章ごとに読む。……………………一〇時間
第三次　「学習プリント⑫」をもとに、作者が描こうとした「こころ」について発表し合う。……………………二時間

(8) 指導にあたって工夫したこと

①　「学習プリント」について

発問・応答型による一斉授業では、主体的な読みの学習は成立しにくく、生徒一人ひとりの読み取りを把握することも難しい。そこで、「学習プリント」（一二枚）を準備して、生徒が主体的・能動的に読み、考え、表現できる

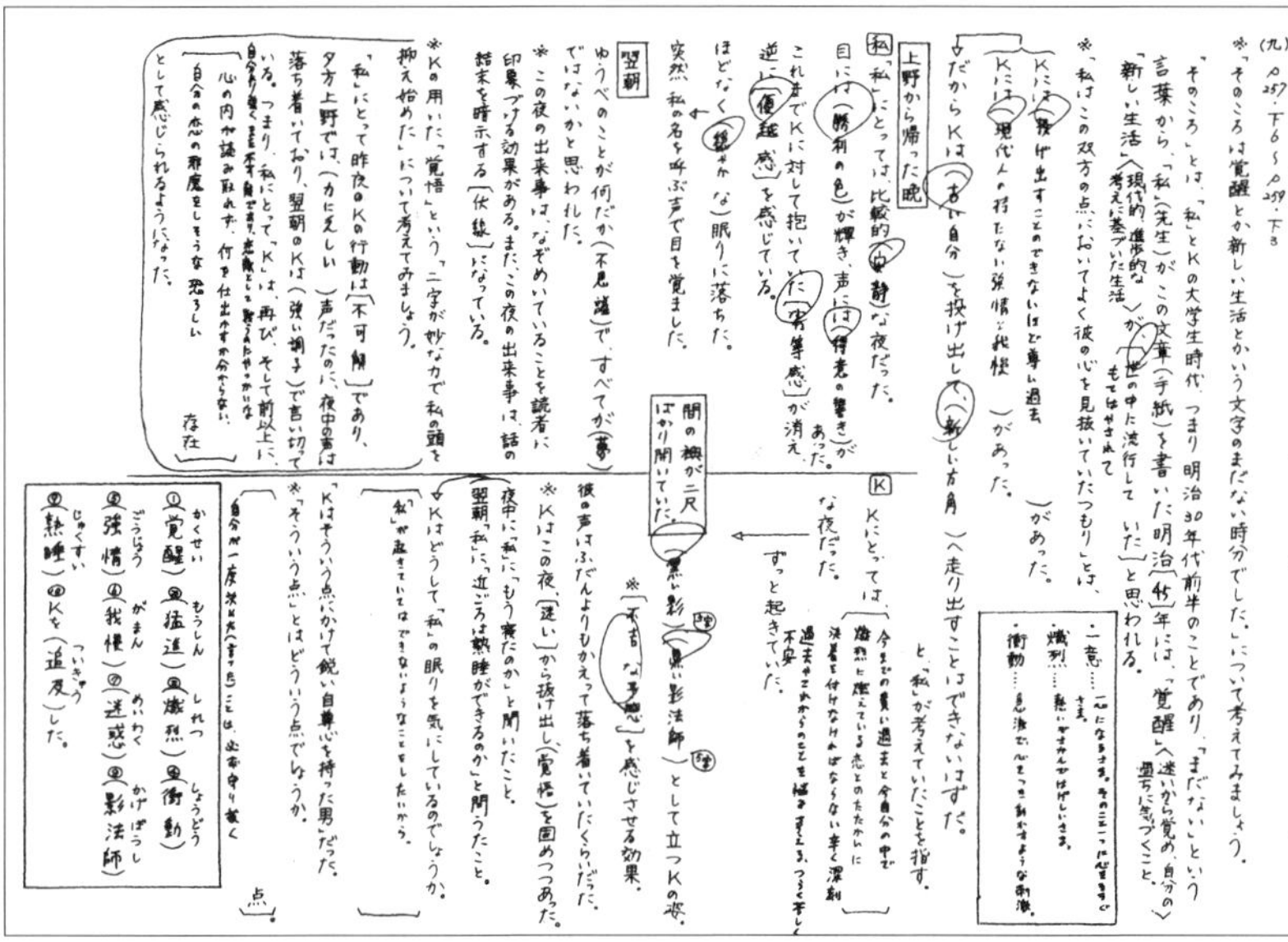
こころ⑥　2年1組（　）番（　）
（九）P257・下6～P259・下3
※「そのころは覚醒とか新しい生活とかいう文字のまだない時分でした。」について考えてみましょう。
「そのころ」とは、「私」とKの大学生時代、つまり明治30年代前半のことであり、「まだない」という言葉から、「私」（先生）がこの文章（手紙）を書いた明治（45）年には、「覚醒」〈迷いから覚め、自分の過ちに気づくこと〉「新しい生活」〈現代的、進歩的な考えに基づいた生活〉が（世の中に流行していた）と思われる。
・一意…一心になるさま。
・熾烈…熱いまで激しいさま。
・衝動…
※「私はこの双方の点においてよく彼の心を見抜いていたつもり」とは、
Kには（投げ出すことのできないほど尊い過去）があった。

Kには（現代人の持たない強情と我慢）があった。

だから、Kは（古い自分）を投げ出して、（新しい方角）へ走り出すことはできないはずだ。

と、「私」が考えていたことを指す。

上野から帰った晩
私　「私」にとっては比較的（静か）な夜だった。

目には（勝利の色）が輝き、声には（得意の響き）があった。

これまでKに対して抱いていた（劣等感）が消え、逆に（優越感）を感じている。

ほどなく（穏やかな）眠りに落ちた。

突然、私の名を呼ぶ声で目を覚ました。
K　Kにとっては、（　　）な夜だった。
ずっと起きていた。
不安
間の襖が二尺ばかり開いていた。
（黒い影）（黒い影法師）として立つKの姿。
※（不吉な予感）を感じさせる効果。
彼の声はふだんよりもかえって落ち着いていたくらいだった。
翌朝
ゆうべのことが何だか（不思議）で、すべてが（夢）ではないかと思われた。
※この夜の出来事は、なぞめいていることを読者に印象づける効果がある。また、この夜の出来事は、話の結末を暗示する（伏線）になっている。
※Kはこの夜、（迷い）から抜け出し、（覚悟）を固めつつあった。
夜中に「私」に「もう寝たのか」と聞いたこと。

翌朝「私」に「近ごろは熟睡ができるのか」と問うたこと。

Kはどうして「私」の眠りを気にしているのでしょうか。

「私」が起きていてはできないようなことをしたいから。

「Kはそういう点にかけて鋭い自尊心を持った男」だった。
※「そういう点」とはどういう点でしょうか。
自分が一度決心したことは、必ず守り抜く点。
※Kの用いた「覚悟」という二字が妙な力で私の頭を抑え始めた」について考えてみましょう。
「私」にとって昨夜のKの行動は（不可解）であり、夕方上野では（力に乏しい）声だったのに、夜中の声は落ち着いており、翌朝のKは（強い調子）で言い切っている。つまり、私にとって「K」は、再び、そして前以上に、心の内が読み取れず、何を仕出かすか分からない存在として感じられるようになった。
①覚醒（かくせい）②猛進（もうしん）③熾烈（しれつ）④衝動（しょうどう）⑤強情（ごうじょう）⑥我慢（がまん）⑦迷惑（めいわく）⑧影法師（かげぼうし）⑨熟睡（じゅくすい）⑩Kを（追及（ついきゅう））した。

ように配慮する。「学習プリント」の工夫した点は、次のとおりである。

ア　重要漢字や難語句の意味を書き込む欄を設けた。基礎的な漢字の読み・書き取り、難語句の意味などを、教科書や辞書で確認させ書き込ませる。

イ　一枚のプリントが、その章の小説の流れの順に並べてあり、空欄を埋めると、その章の大体の内容がとらえられるように工夫してある。

ウ　（　）には、場面や心情をつかむ手がかりとなる重要な言葉を本文から抜き出して書き入れさせる。

エ　〔　〕には、文中から言葉を抜き出すのではなく、自分で考えて書き入れさせる。「どのような状態」「どのような気持ち」「どのような存在」など自分の考えを問う問い、「どういうこと」「どういう意味」など言い換えさせる問い、「なぜ」「どうして」など根拠を問う問い、に対する各自の考えを書き込ませる。

オ　上記の例のように、「私」と「K」を対比して考えるとよい場合には、上段と下段とを対比する形にして、登場人物の心情の変化を読み取りやすくする工夫もした。

②　授業展開の工夫について

このたびの授業展開は、次に挙げるように、A・B二種類の方法をとる。

A型＝①〔一斉学習〕その時間に取り上げた章を授業者が朗読する。→②〔個別学習〕生徒は、「学習プリント」に従って、あらすじや登場人物の心情などを読み取って空欄に書き入れていく。→③〔交流学習〕書き込みが終わり次第、生徒は近くの生徒と書き込んだ内容を交流し合う。（→この①②の学習の間、授業者は個別指導を行いながら、この後の生徒の発表順を考えておく。）→④〔一斉学習・交流学習〕生徒たちの読みが拡充・深化するように心がけながら、指名し、発表させていく。生徒は、発表を聴いて自分の気づかなかった読み、参考になると思った読みは自分の「学習プリント」の中に書き込んでいく。

B型＝①〔一斉学習〕その時間に取り上げた章を授業者が朗読する。→②〔個別学習〕生徒は、「学習プリント」に従って、あらすじや登場人物の心情などを読み取って、空欄に書き入れていく。→③〔交流学習〕書き込みが終わり次第、生徒は近くの生徒と書き込んだ内容を交流し合う。→④〔「学習プリント」の提出〕最後に、生徒一人ひとりがその時間に様々に書き込んだ「学習プリント」を提出する。→⑤〔次の時間＝発表交流会〕事前に、提出された「学習プリント」の記述内容を検討し、類似の読み、相反する読み、観点の違う読みなどに整理して、生徒たちの読みを拡充・深化させられるように考えた順序に発表させていく。その際、全員が少なくとも一回は発表するように配慮し、発表の際には、聞き手が他者の読みを整理して聞くことができるよう授業者が言葉を添える。生徒は、発表を聴いて自分の気づかなかった読み、参考になると思った読みは自分の「学習プリント」の中に書き込んでいく。

三、単元の展開

1　〈第一次〉小説『こころ』の全体の構成と「下三三～三五章」の登場人物の人間関係を把握する（一時間）

⑴　『こころ』全体の構成と教科書教材までのあらすじを把握させた。

⑵　教書教材⑴～⑶（下三三～三五）を取り上げ、授業者が通読した後、「学習プリント①」をもとに、〈私〉、〈K〉、〈お嬢さん〉の三人の関係を把握させた。

2　〈第二次〉「下四〇～四七章」を読む（一〇時間）

この「第二次」の授業の進め方は、すでに「授業展開の工夫」で紹介したように、A型とB型の二種類の方法をとった。ここでは、紙幅の関係もあって、「第二次」一〇時間の授業をすべて報告するのではなく、A型（↓三時間目）の授業とB型（↓四・五時間目）の授業を報告して、それぞれの授業を分析・検討したい。

⑴　**第三時間目（A型）の授業の実際**

第三時間目は、教科書教材（二五一頁上四行目～二五二頁上一五行目）を取り上げて読む。授業の初めに、「学習プリント③」を配布した。以下、A型の授業展開を記す。

①　〔一斉学習〕授業者が本文を朗読（通読）し、生徒は聞きひたる。

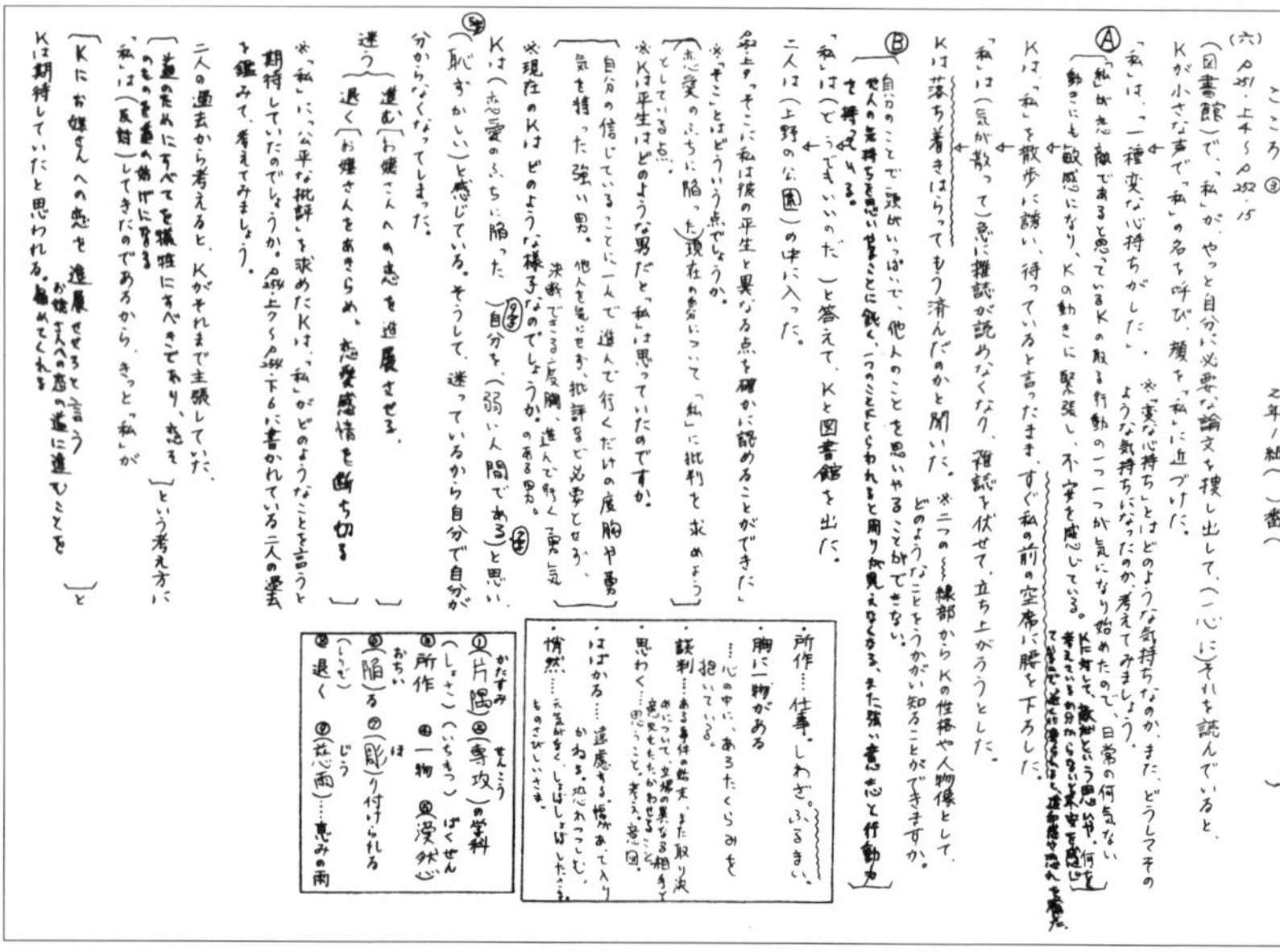

② 〔個別学習〕生徒は「学習プリント」に従ってあらすじや登場人物の心情などを読み取り、空欄に書き込む。

上記の「学習プリント」を見ると、「『変な気持ち』とはどのような気持ちなのか。また、どうしてそのような気持ちになったのか。」という問いに対して、この生徒（A子）は、「『私』が恋敵であると思っているKの取る行動の一つ一つが気になり始めたので、日常の何気ない動きにも敏感になり、Kの動きに緊張し、不安を感じている。」と書き込んでいることがわかる。

③ 〔少人数交流学習〕書き込みが終わり次第、自然発生的に、座席の近い者同士の読みの交流が生まれ、活発な議論が行われる。他者の意見に触発され、再び本文を読み返したり、問いの答えを再考したりする。

なお、生徒が②と③の学習をしている間、授業者は、生徒一人ひとりの相談に乗ったり、助言したり、一人の読み手として議論に加わったり、また、この後、どのような順序で、誰に発表させると、読みを深めることができるか、生徒の指名計画を立てたりしていた。

④〔一斉学習・交流学習〕生徒たちの読みが深まるように心がけて、指名し、発表させる。

ここでは、前ページに掲載している「学習プリント③」の、図書館においてKが「すぐ私の前の空席に腰を下ろした」「落ち着きはらってもう済んだのかと聞いた」という行動をとったことから「Kの性格や人物像としてどのようなことをうかがい知ることができますか。」という問いに対して、一斉学習の場で、どのように生徒の読みの交流を図ったか、そのときの教室の様子を再現しておきたい。

Ｔ１　まず、Ｐ１さんお願いします。
Ｐ１　他人のことが見えず、自分のことを考えるだけで精一杯である。
Ｔ２　ありがとう。ほぼ同じように書いている人が他にもいます。Ｐ２さんお願いします。
Ｐ２　自分のことで頭がいっぱいで、他人のことを思いやることができない。
Ｔ３　ありがとう。Ｐ１さんとＰ２さんは、Ｋの置かれている状況に注目していますね。それを「性格」としてとらえた書き方をしている人もいます。Ｐ３さんどうぞ。
Ｐ３　一つのことにとらわれると周りが見えなくなる性格。
Ｔ４　ありがとう。問いは「性格や人物像」なので、Ｐ３さんのように、「性格」で終わる答えが望ましいですね。Ｋの性格や人物像をマイナスイメージでとらえている人は他にも多くいました。Ｐ４さん、Ｐ５さんお願いします。
Ｐ４　Ｋは「私」が自分に対して思っていることや「私」のお嬢さんへの思いにも気付いておらず、自分がいることで「私」の邪魔になることにも気付かない鈍感な人。
Ｐ５　他人の気持ちを読み取ることができず、自分自身の気持ちで行動する。
Ｔ５　ありがとう。逆に、Ｋの人物像をプラスイメージでとらえている人もいます。Ｐ６さん、Ｐ７さんお願いします。
Ｐ６　強い意志と行動力を持っている人物。
Ｐ７　常に冷静で自分に自信を持ち、堂々としている。
Ｔ６　ありがとう。ほかに、普段の性格と置かれている状況の影響の両者に触れている答えもありました。Ｐ８さんどうぞ。
Ｐ８　思いついたら行動し、最後までやりとげるという思いが強く、さらに、思い悩みを抱えているため、周りの人を思いやることができなくなっていること。
T7　ありがとう。一つの行動からいろいろと性格や人物像が読み取れますね。

この授業展開をみても分かるように、机間指導をしながら生徒の学習プリントに目を通し、この問いに対して、四つの受け止め方があることを事前に把握しておいて、読みの交流を図った。ここで特に述べておきたいことは、それぞれの読みを紹介させてはいるが、議論して一つの方向に収斂するのではなく、すべての読みを受容していることである。生徒の学習プリントを見ると、多くの生徒が自分の答えの横に他の生徒の読みを自発的に書き込みをしているのだが、他者の読みを聴いて自分の読みにどう生かすかは、生徒の裁量に任せていた。

先ほどのA子の例に戻ると、A子は、他者の発表を聴いて「Kに対して敵だという思いや、何を考えているか分からないと不安を感じているので、近くに寄られると違和感や恐れを感じた。」という読みを書き添えている。恐らく、A子は、自分は「不安」を感じていると考えたのに、「不安」を超えて「違和感や恐れ」まで抱いているとする読みに強く刺激されて、書き添えたのであろう。

授業感想の中に、「先生の授業になると、みんな活発になって意見とかをたくさん出してるし、あんなに発表するのは現国の授業だけだし、いろいろな人の読みとり方について近くの人と議論したり、みんなが先生とも議論することもあって、あの授業の雰囲気がすごく好きでした。」とあるのも、この授業の進め方に、生徒が共感してくれた結果かと思う。

(2) 第四・第五時間目（B型）の授業の実際

この二時間は、教科書教材（二五二頁下一八行目～二五五頁上九行目）を取り上げて読む。授業の初めに、「学習プリント④」を配布した。以下、二時間のB型の授業展開を記す。

〔第四時間目の授業〕

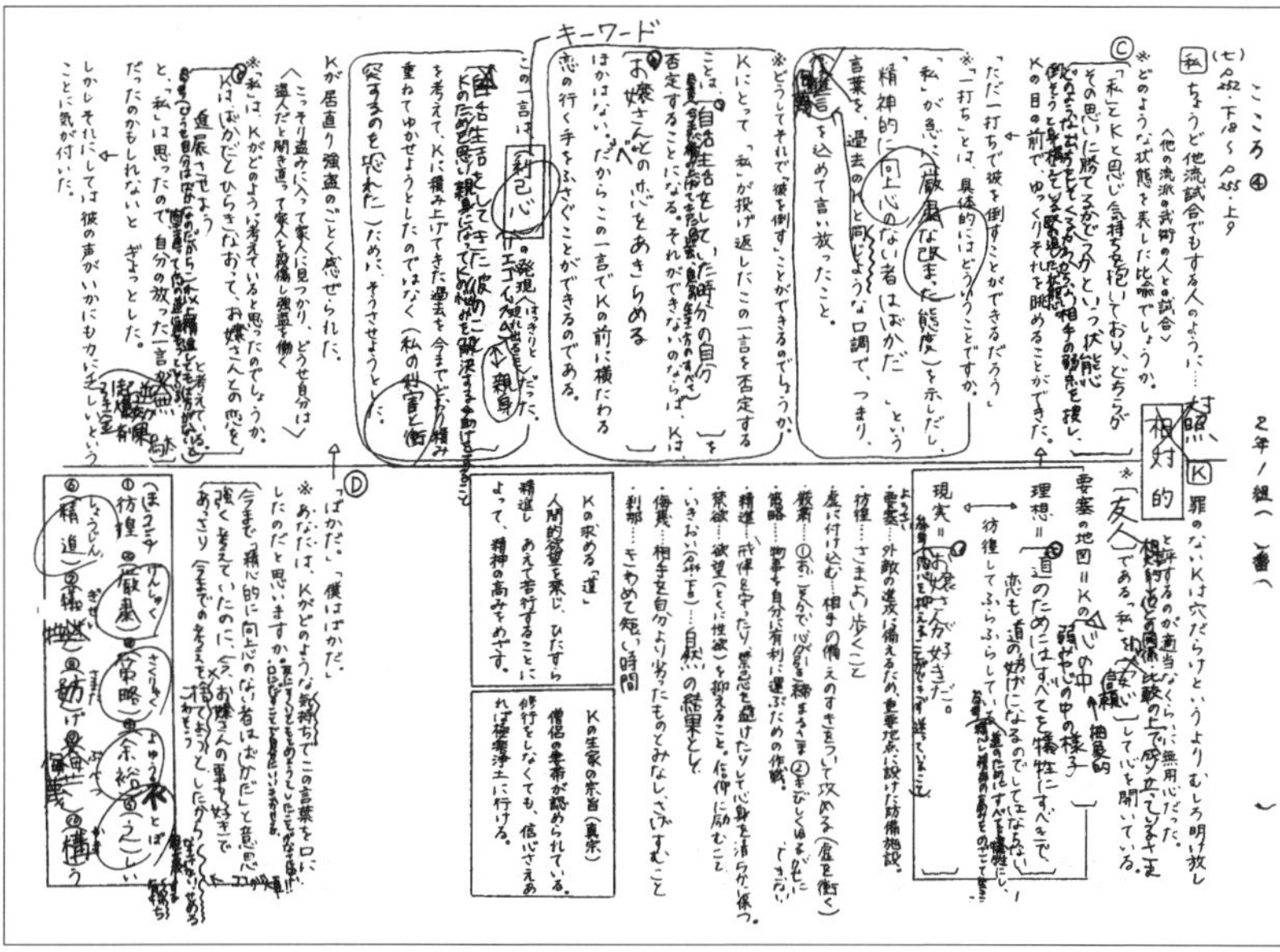

①〔一斉学習〕授業者が本文を朗読し、生徒は聞きひたる。
②〔個別学習〕生徒は各自で本文を読み返したり、辞書を引いたりしながら空欄を埋めていく。
③〔少人数交流学習〕書き込みが終わり次第、自然発生的に座席の近い者同士の読みの交流が生まれ、再び本文を読み返したり、問いの答えを再考したりする。
④〔「学習プリント」の提出〕最後に、生徒各自がその時間に書き込んだ「学習プリント④」を提出する。

〈教師の支援〉

教師は机間指導をする。その際「Kの理想」について、「恋の成就」と書いている生徒がいた場合は、周りの生徒も含めて声をかけ、意図的に読みの交流を行うように仕向けた。なかには小グループ同士で議論している場面も見られたため、本文の手がかりとなる箇所に目を向けるように声をかけたり、「道のためには全てを犠牲にすべきものだ」と書いている生徒に根拠を言わせたりした。その結果、改めて本文を読み直し、自ら書き直す姿が見られ、「学習プリント」を提出させた時点で「Kの理想」を「恋の成就」ととらえている生徒は皆無であった。
次時の授業における発表順は、前述（P三七〇）の配慮をし、あらかじめ決めておいた。

〔第五時間目の授業〕

「学習プリント④」の中で、特に多様な読みが見られた、「僕はばかだ。」について「あなたは、Kがどのような気持ちでこの言葉を口にしたのだと思いますか。」という問いに対する生徒の読みの発表を紹介したい。

この問いについては、次の四通りの読み方が生徒から出された。

① 「お嬢さん」に恋心を抱いたことに対して

・あきらめるのが困難になるまで恋心が募った自分を軽蔑する気持ち。
・理想とは異なっている現実の自分に落胆しながらも、お嬢さんへの恋をあきらめられない、複雑な気持ち。

② 今までの間違った自分に気づいて

・せっかく今まで積み上げてきたものを自ら壊そうとしていたことに気づき絶望している。
・「私」の言葉をきいて今までの自分はまちがっていたと気づき、今までの自分を責める気持ち。

③ 「私」に相談したことについて

・「私」に相談すれば恋への道が開かれると思っていたのに逆に閉ざされてしまい、「私」に相談してしまった自分を責める気持ち。
・お嬢さんへの恋心から道に迷い、そればかりか友の言葉に救いを求めようとした自分は愚か者だという気持ち。

④ 独創的な面白いとらえ方

・自分の愚かさに気づき、「僕はばかだ。」と口に出して言うことでその言葉を自分に何度も浴びせ、体に刻み込み、その屈辱を二度と受けないようにしようという反省を込めて言ったと思う。

〈発表交流会後に提出させた「学習プリント」の分析〉

三七五ページの生徒（B男）の場合には、抜き出しの言葉や一単語で表現する問いを訂正していたり、他者の読みを聞いて加筆している跡が見られる。たとえば、「相対的」に×を付け、「対照的」と書き直していたり、「無駄」に×を付け、「逆効果」「起爆剤」「引き金」と書き加えている。「復讐」を「侮蔑」と書き直している箇所には根拠となる「同じような口調」に波線を引いている。また、自分の答えに◎を付けた上で、参考として他者の言葉を書き入れている箇所もある。「僕はばかだ。」については、自分の答えが「気持ち」になっていない点を訂正し、他者の読みをいくつも書き足している。全体の読みの交流によって、誤読を改めることができ、いくつかの視点から捉えることができていることがうかがえる。議論をする時間は設けず、一つの読みに収斂せずに他者の読みを聞いて自分の読みにどう生かすかは、生徒の裁量に任せていたことは、〈A型〉の授業と同様である。

3　〔第三次〕作者が描こうとした「こころ」について発表し合う（二時間）

紙幅の関係上、ここでは生徒の感想を一つ掲載するだけにとどめておきたい。

「こころ」を読み、登場人物達の心の醜さや愚かさを嘲りながらも、それでも共感し、嫌いになることができなかった。

例えば、「私」。「私」の行動もとても人間味があり、否定することができない。自分の想い人を他の人が好いていたら、それが親友であっても除外しようと思うのは当然であり、恋をしたことがある人なら一度は経験したことがあると思う。だからこそ「先生」になった「私」の「恋は罪悪ですよ」という言葉には重みがあり、心に深く突き刺さってくる。私も、誰しも、その大きさ重さは異なれど、恋の罪悪を犯したことがあるからだ。だから、「私」は私である。

例えばK。Kはとても純粋で真面目で、悪く言えば堅い。Kの姿は、恋をする前の人間と恋を知った後の人間を代弁しているように思う。恋を知る前は「精神的に向上心のないものは、ばかだ（だから恋など不要だ）」などと言っていても実際に恋をしてしまうと価値観はがらりと変わってしまう。恋を知る前の女が「仕事と私とどっちが大切なの」と問う女はナンセンスだと言っていても恋をしてしまうと「仕事よりも私を大切にしてほしい」と思うように。だから、Kは私である。

例えばお嬢さん。お嬢さんの行動も、女なら誰しもしてしまう行動である。「もっと私を見てほしい。じれったい。」相手を傷付けてしまうと分かっていてもついつい自分勝手な想いが渦巻いて心にもないことをしてしまったり、言ってしまったりするものである。ちょうど恋する女が好きな人の前で他の男の名を口にするように。だから、お嬢さんは私である。

結局のところ、「こころ」という物語は、一人の人間をいくつにも分解して構成した物語なのだと思う。「こころ」は、「私」の心であり、Ｋの心であり、お嬢さんの心であり、私の心であり、その他たくさんの人々の心なのだ。

四、実践の成果と課題

(1)　**毎時間、新聞連載の一回分を取り上げて読ませたことについて…**毎時間の授業を新聞掲載一回分に限定し、先を読まないように指示したために、回を追うごとに授業を楽しみにする生徒が増えていった。「先を読みたい」という気持ちを抑えきれずに、休憩時間や家庭において教科書の最後まで読む生徒が多く現れ、さらに、『こころ』全編を最初から読み始めていた生徒も四人いる。これは、実は、授業者のひそかなねらいであった。読みたくてたまらないという気持ちで「こころ」を読ませたいというねらいである。先を読むことは容認したが、「新聞の読者と同じように一回ごとを楽しむ読み方」を妨げることのないように、発表の際には先が分かる部分は発言しないよう言葉を添えるなどの配慮をし、授業を展開した。

(2)　**「学習プリント」の内容について…**「学習プリント」には、漢字の読み・書き取り、難語句の意味など基礎的な言語事項に関する問いから、小説の筋の展開、場面や登場人物の心情、比喩などを読み取る問いに至るまで、小説教材の読みの力を育てる問いを幅広く設定した。登場人物を対比して読み取らせるなど、紙面づくりにも工夫をした。また、本文中から言葉を探して空欄に書き入れるだけでなく、本文に書いてあることをもとに自らの考えを書く空欄も設定した。これらの工夫によって、指導目標にある「叙述に即して内容を読み取る力を育てる」ことはおおむね達成できたと思う。今後の課題は、他の生徒の読みと交流して、どのように変容したかが把握できるように書き込む欄を設定することである。

（3）**他者の読みと交流することによって自己の読みを深めさせることについて**…これが本実践の中心的ねらいであった。他の生徒との交流として、少人数の交流学習と全体での交流学習とを行えたことが、このたびの実践の大きな成果であるが、「学習プリント」の問いの設定の仕方が並列的であった。その場面ではどの問いに重点を置き、他の問いはそれとどのように関連させていくか、問いの重層化を図ることが今後の課題である。また、全体を通して生徒自身が「読みが深まったのを感じる」という感想を書いているが、生徒一人ひとりが、初めはどのような読みをしていたが、誰のどのような読みに出会って、自分の読みがどのように変容したかを書き入れる欄を「学習プリント」に作って、その変容を自覚化させることも、今後の大きな課題である。

（4）**生徒の学習後の反応について**…学年末に「一年を振り返って」書かせたところ、「心に残っている教材」として二七名の生徒が「こころ」を挙げていた。最後に、生徒の感想を四つ挙げておきたい。

・自分で読解して発表することが多かったのも楽しかった。私が国語を好きな理由の一つに、「答えが一つじゃないから」というのがあります。今回の授業で、たくさんの人の見解を知り、考え方を教えてもらったのは、本当に大きな経験だったと思います。改めて、国語の無限の可能性を感じました。
・読みを一番深めることができたのは「こころ」だと思う。初めて読んだ時は、話がよくわからなかったけれど、読み進めていくうちにだんだんと楽しくなって、一つ一つの言葉や文章からいろいろな意味をとるのが楽しかった。
・心に残っているのは「こころ」です。今までの教材の中で一番楽しんで読むことができたし、問題の答えも人によっていろいろあったのでおもしろかった。夏目漱石のほかの作品も読んでみたいと思いました。
・「こころ」は深い読みができた気がする。深い読みをするために他の人の意見を聞くことは大切だと思った。

単元「ふるさと五島の小冊子を作ろう」（高二）学習指導の実際

――「国語表現」における単元学習の試み――

長崎県立五島南高等学校　川　浪　玲　子

一、実践研究のねらい

平成四（一九九二）年度、平成五（一九九三）年度の二年間にわたって、長崎県立五島南高等学校は、県文化課による「長崎学推進校」に指定された。五島南高校では、「長崎学」を「五島学」ととらえ、生徒たちには「自分たちの住む郷土・五島のことについて主体的に調べ、学習すること」と示した。一年目は社会科を中心に基礎となる研究をすすめ、二年目は学校全体として取り組んだ。それを受けて、二年「国語表現」を担当していた私も、「五島学」に関連した単元を計画した。生徒が五島に対して持っている劣等感をなくし誇りと自信を持って五島に根づくような、そして、今までの生き方を揺さぶるような教材に出会わせたいと思ったのである。

生徒が意欲的に学習に取り組む過程で国語学力を育てるためには、単元学習の実践しかないと考え、これまでも実践を積み重ねてきた。この単元でも、生徒の興味・関心や問題意識をふまえた学習課題を設定して、その学習課題を解決する過程で、生徒の学習課題に対する認識の深化・拡充を図るとともに、「読む・書く・話す・聞く」言語能力、また、課題解決能力・情報活用能力を育てることを目指した。そのためには、どのような学習課題を設定すればよいのか、どのような教材編成をすればよいのか、どのような学習活動を組織して言語能力を育てていけばよいのか、どのような学習の手引きを準備すればよいのか。この観点から以下述べていきたい。

なお、この実践は平成五（一九九三）年九月～一〇月及び平成六（一九九四）年一月～二月に長崎県立五島南高等学校二年生を対象にしたもので、『月刊 国語教育研究』（日本国語教育学会・平成八〔一九九六〕年六月号）に掲載し、第五九回国語教育全国大会高等学校部会（一九九六年八月）で口頭発表したものを書き改めたものである。また、同趣旨のものを、全国高等学校国語教育研究連合会第三三回研究大会・長崎大会（平成一二〔二〇〇〇〕年一〇月）でも口頭発表した。

二、単元の構想

(1) **単元名**　「ふるさと五島の小冊子を作ろう」

(2) **対象学校・学年・組**　長崎県立五島南高等学校　第二学年　一組～三組

(3) **実施時期・時間数**　平成五（一九九三）年　九月～一〇月　一一時間配当。
平成六（一九九四）年　一月～二月　一一時間配当。

(4) **授業科目名**

「国語表現」（二単位）。この学年は、一年次で「国語Ⅰ」五単位、二年次で「国語Ⅱ」三単位と「国語表現」二単位、三年次で「国語Ⅱ」三単位と選択で「国語Ⅱ」か「国語表現」一～二単位を履修している。

(5) **単元の構想**

①　生徒の実態

長崎県の西に浮かぶ五島列島は西海国立公園に指定されていて、その中の一番大きい福江島に五島南高校はある。校区の中には『蜻蛉日記』に出てくる「みみらく」(三井楽)が含まれている。学校周辺には大きな店も書店もなく、バスの便もよくない。豊かな自然に囲まれたこの地域を、生徒は「何もないもの」と否定的に考えていて、都会への憧れが強い。高校を卒業すると、数名しか五島に残らず、大部分が長崎県を離れ、関西・中京・関東へと就職・進学していく。生徒数は年々減り続け、この学年は入学時九八名(定員一二〇名)であった。

②　学習課題の設定

生徒の興味・関心や問題意識は、生徒が今抱いているものに安易に迎合するのではなく、教師が持たせたいと思う興味・関心や問題意識に仕向けるものである。すなわち、生徒の興味・関心や問題意識は育てるものである。幸いなことに、昨年度から「ふるさと五島」について社会科で学習し、本年度は学校を挙げて「ふるさと五島」について取り組むことになっている。国語科では、生徒が五島に対して持っている劣等感をなくし、誇りと自信を持って五島を見つめることができるようにしたいと考えて、「ふるさと五島に関する小冊子を作ろう」という学習課題を設定して実践することにした。

③　教材編成について

本実践の二年次第一学期は、学校行事として「三分間スピーチ」が組んであるために、「国語表現」の時間にその原稿作りをすることになる。そこで、国語科における「五島学」関連の単元は、二・三学期に実施することにした。生徒は前年度、社会科(現代社会)の授業で、班活動による「五島学」の研究に取り組んだ。これを受けて、国語科では、前年度の社会科の授業とは違った視点から、「ふるさと五島」に対する考え方を深化・拡充させたいと考えて、次のような教材編成を行った。

1　自主教材「五島を知ろう」（平成五〔一九九三〕年九月～一〇月）
①「私の生まれ・育ち」（B5判・書き込み用罫線付プリント一頁）
②「自家製『いろはカルタ』――五島の風物・風俗・食べ物・他――」（B5判・書き込み用罫線付プリント二頁）
③「ある日のワタシとキミの会話――方言編――」「ある日のワタシとキミの会話――共通語訳」
④「五島に生まれ、育ち、よかったと思うことは」「私は五島の次のことを人にすすめます」
⑤「表紙作り」

2　自主教材「『五島の心』（平成六〔一九九四〕年一月～二月）
①「ルルドの河童」（『五島方言集』郡家真一・国書刊行会・一九七六年）
②「楠（くす）さん、楠さん」（『五島の史話と民話』五島文化協会・一九七二年）
③「五島弁」（『わたしの母　にっぽんの母』今井美沙子・理論社・一九九二年）
④「生まれてきてよかったっち心ん底から思うとたい」（『ばんばのつぶやき』今井美沙子・サンブライト・一九八一年）

なお、「自家製『いろはカルタ』――五島の風物・風俗・食べ物・他――」は、『ひとり学びのプリント50』（松谷英明・学事出版・一九九〇年）を参考にした。

④　単元の指導目標

ア　自分が生きている地域の自然や文化の実態に目を向けさせ、地域を客体化させる。
イ　自分の住んでいる地域を相対化することによって、そのよさを発見し所属感や連帯感を育てる。
ウ　自分の慣れ親しんでいる地域を相対化する中で、地域を愛する心を育て地域に対して誇りを抱かせる。
エ　自分の住んでいる地域を相対化する中で課題を見出し、よりよい地域社会をつくる意欲と態度を育てる。
オ　言語能力、言語事項に関する知識・技能を身につけさせる。

⑤　単元の指導計画

【第一次】「五島を知ろう」（二一時間配当）
① 単元の導入（冊子作り。全体の流れの説明。）……（一時間）
② 「私の生まれ・育ち」……（一時間）
③ 「自家製『いろはカルタ』――五島の風物・風俗・食べ物・他――」……（五時間）
④ 「ある日のワタシとキミの会話――方言編」「ある日のワタシとキミの会話――共通語訳」……（一時間）
⑤ 「五島に生まれ、育ち、よかったと思うことは」「私は五島の次のことを人にすすめます」……（二時間）
⑥ 「表紙作り」……（一時間）
⑦ 文化祭で展示
【第二次】「五島の心」（一一時間配当）
① 単元の導入（冊子作り。全体の流れの説明。）……（一時間）
② 「ルルドの河童」「楠さん、楠さん」……（五時間）
③ 「五島弁」……（二時間）
④ 「生まれてきてよかったっち心ん底から思うとたい」……（三時間）

⑥　指導上の工夫について

「国語表現」の授業は、単元ごとに小冊子（教材と手引きを一緒にしたもの）を作って、そこに書き込ませながら添削を行い、合格するまで提出させることを基本とする。単元の最初の時間に冊子を作らせ、その単元全体の流れを説明する。一つの教材ごとに提出の締切日を設けて期日は厳守させる。期日を守らなかったり、提出できなかったりした場合は、減点することを予め約束している。添削の視点は、誤字がないか、平仮名ばかりで文章を書いていないか、主述の呼応や副詞の使い方がおかしくないか、一文が長すぎないか、句読点のつけ方は適切か、文体は一致しているか、などである。常に国語辞典で確認することを求め、合格するまで何度もやり直させる。合格して初めて、次の教材に移ることができる。出来ていない者は放課後残して指導し、未提出者がいないようにした。

三、単元の展開

1　〔第一次〕「五島を知ろう」の学習（一一時間）

五島の自然や文化に目を向けさせ、五島を客体化・相対化させることによって、所属感・連帯感・誇りを抱かせたい。また、一人一人の文章を添削することによって、個々の言語能力や言語事項に関する知識・技能の向上を図りたい。

【第一時】単元の導入の授業（一時間）

(1)　昨年度社会科の学習を中心に、自分たちの住む五島について学習してきたことを振り返った後、今年度、国語科でも「国語表現」の授業の中で、二学期と三学期に「ふるさと五島」について学習することを説明した。

(2)　二学期には、「五島を知ろう」という課題のもとに、一〇時間余りの時間をかけることを説明し、Ｂ４プリント（教材と手引きを一緒にしたもので、表紙・裏表紙を含む）三枚を配付した。それを二つに折らせ、小冊子にさせた。その小冊子をもとに、どのように単元を展開して、中味を完成させるか、単元構想と具体的な授業の流れを説明した。

(3)　毎時間、その小冊子に必要なことを書き込んでいくこと、一つの教材ごとに提出の締切日を設けて期日は厳守することを説明し、期日を守らなかったり、提出できなかったりした場合は、減点することを約束した。

(4) 次時の課題として、予め自分の生まれた時のことや幼い時のことを両親などに聞いてメモしてくることを課した。

【第二時】「私の生まれ・育ち」の学習（一時間）

(1) 自分の生まれた時のことや幼い時のことを両親などに聞いてきたメモをもとに、上の資料のように、「書き出し」の続きを書き込ませた。地域における自分の育ちを客体化させることを念頭においた。

私の生まれ・育ち

五十二年八月二十二日五島で生まれる。両親の名前は父は茂、母は恵美子です。私の父も母も五島で生まれ、育ちました。だから私は、両親の幼かったころの五島の話などを聞くことができます。

両親の通った小学校は木造だったけど、私が入学した時にはコンクリートに変わっていて、両親のころはデコボコだった通学路も、私の通う時には、きれいに舗装されていました。両親は私にとって、同じ道を歩き、同じ学校に通った大先輩です。私には、二人の姉と一人の弟がいます。姉達も私の先輩で弟は後輩です。私はこういう関係をとても好きです。

今までで最も印象深いことは、自転車に乗っていて犬に追いかけられ、ガードレールにぶつかったことです。中学二年の五月四日、部活を終えて帰る途中でした。自転車はメチャクチャ、ジャージは破れ血が膝から流れました。私は、それから自転車を抱えて帰りました。あの時のきつさは一生忘れられません。

(1)

(2) 教師は、一時間中、生徒から内容についての相談の受けたり、表現上問題がないか見て回ったりする。特に、誤字や平仮名ばかりの表現、適切でない主述の呼応や副詞の使い方等について、国語辞典で確認させながら個別の指導に当たった。出来ていない者は放課後も残して指導し、書き上げさせた。

【第三時～七時】「自家製『いろはカルタ』――五島の風物・風俗・食べ物・他――」の学習（五時間）

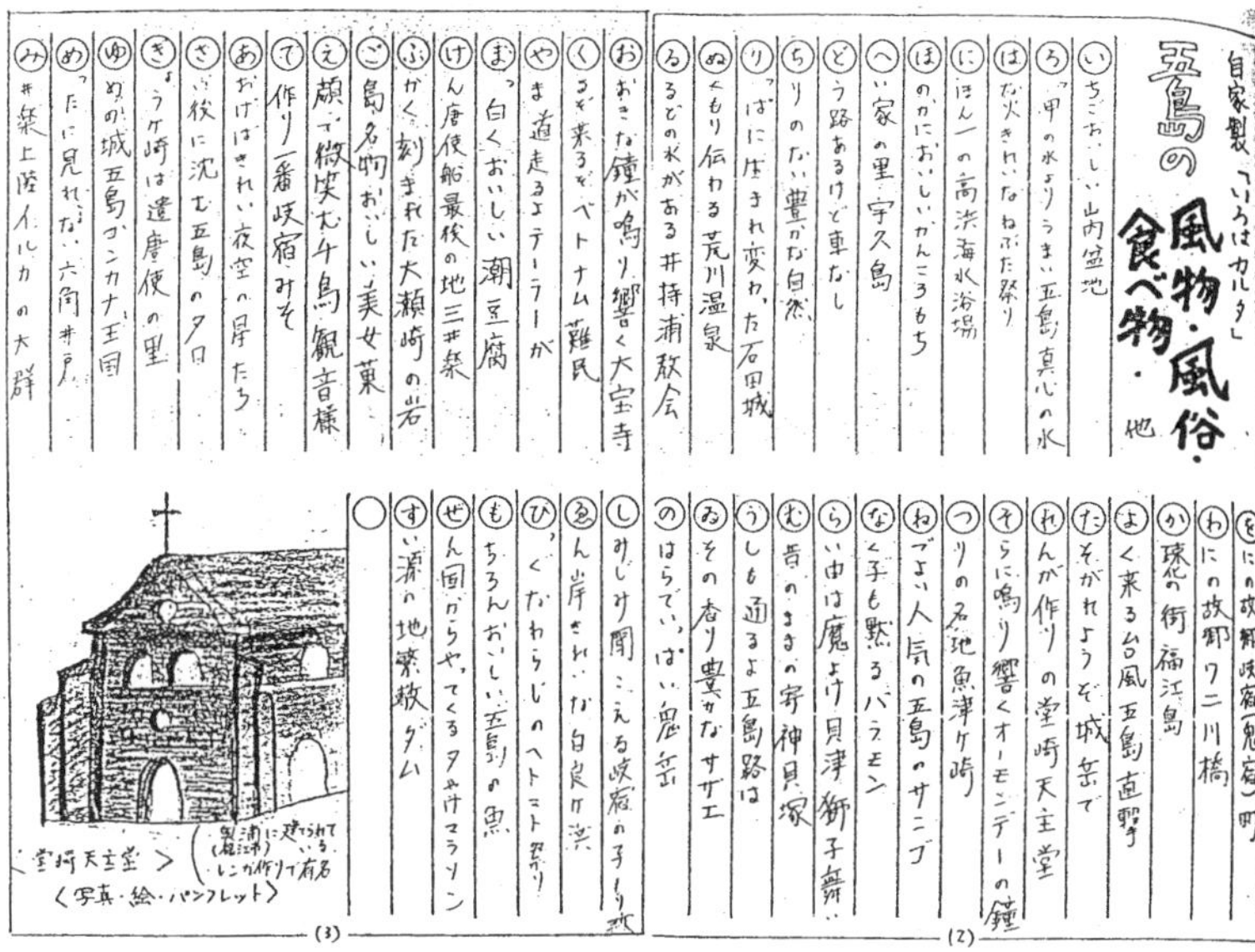
自家製「いろはカルタ」
五島の風物・風俗・食べ物・他

(い) いちごおいしい山内盆地
(ろ) 甲の水よりうまい五島真心の水
(は) なやきれいなねぶた祭り
(に) ほん一の高浜海水浴場
(ほ) のかにおいしいかんころもち
(へ) い家の里宇久島
(と) う路あるけど車なし
(ち) りのない豊かな自然
(り) っぱに生まれ変わった石田城
(ぬ) くもり伝わる荒川温泉
(る) るどの水がある井持浦教会
(を) にの故郷岐宿（鬼宿）町
(わ) にの故郷ワニ川橋
(か) 琉花の街福江島
(よ) く来る台風五島直撃
(た) そがれようぞ城岳で
(れ) んが作りの堂崎天主堂
(そ) らに鳴り響くオーモンデーの鐘
(つ) りの名地魚津ケ崎
(ね) づよい人気の五島のサニブ
(な) く子も黙るバラモン
(ら) い由は魔よけ貝津獅子舞
(む) 昔のままの寄神貝塚
(う) しも通るよ五島路は
(ゐ) その香り豊かなサザエ
(の) はらでいっぱい鬼岳
(2)

(お) おきな鐘が鳴り響く大宝寺
(く) るぞ来るぞベトナム難民
(や) ま道走るよテーラーが
(ま) っ白くおいしい潮豆腐
(け) ん唐使船最後の地三井楽
(ふ) かく刻まれた大瀬崎の岩
(ご) 島名物おいしい美女菓
(え) 顔で微笑む千鳥観音様
(て) 作り一番岐宿みそ
(あ) おげばきれい夜空の星たち
(さ) い後に沈む五島の夕日
(き) ょうケ崎は遣唐使の里
(ゆ) めの城五島ゴンカナ王国
(め) ったに見れない六角井戸
(み) 井楽上陸イルカの大群
(し) みじみ聞こえる岐宿の子もり歌
(ゑ) ん岸きれいな白良ケ浜
(ひ) っくなわらじのヘトマト祭り
(も) ちろんおいしい五島の魚
(ぜ) ん国からやってくる夕やけマラソン
(す) い源の地繁敷ダム
( )
〈堂崎天主堂〉
(奥浦に建てられている。レンガ作りで有名)
〈写真・絵・パンフレット〉
(3)

(1)　五島列島の中でも自分たちに身近な下五島（現在の五島市＝福江島・久賀島・奈留島・椛島・嵯峨島）の風物・風俗・食べ物等について調べる。まず、本校の所在地である岐宿町や隣の市である福江市(当時)の観光課・図書館等でパンフレットや資料を集めた。そして、自分たちが経験した地域の行事、訪れた史跡、他教科での学習成果等の資料も合わせ、情報をまとめさせた。（インターネットはまだ普及していなかった。）その過程で、生徒たちは五島について知らないことがあまりに多いのに気づき、驚いていた。

(2)　五島について調べた情報をもとに、「い」～「す」四七文字で始まる読み札を作成する。絵を描いたり、写真やパンフレットを貼る箇所を設けて、自分の冊子を楽しみながら作成するように仕向けた。この作業は思った以上に時間がかかった。教師は一人一人の生徒の相談にも乗りながら、ヒントを出したり、言葉遣いについて助言したりした。上の資料は、生徒が書いた一例である。

【第八時】「ある日のワタシとキミの会話――方言編」「ある日のワタシとキミの会話――共通語訳」（一時間）

まず、友人同士で、会話を方言そのまま発音どおりに書きとめさせる。次に、方言で話した会話をそれぞれ共通語に改めさせる。その後、二人の共通語訳を比較して、よりよい共通語に改めさせる。この一連の作業をとおして、生徒は五島方言の特徴に気づくことができた。次の資料は、その一例である。

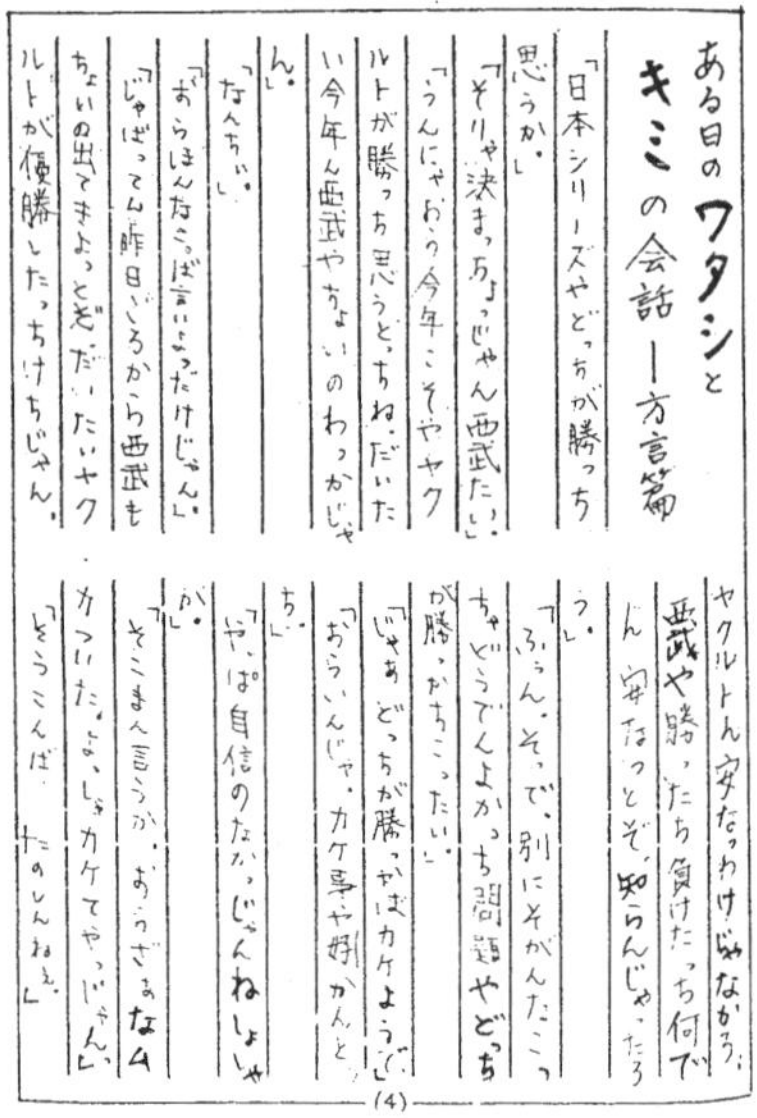
ある日のワタシとキミの会話―方言篇

「日本シリーズやどっちが勝っち思うか。」

「そりゃ決まっちょっじゃん西武たい。」

「うんにゃおら今年こそヤクルトが勝っち思うと。ちね。だいたい今年ん西武やちょいのわっかじゃん。」

「なんちい。」

「おらほんなこつば言いよっだけじゃん。」

「じゃばってん昨日ごろから西武もちょいの出てきよっとぞ。だいたいヤクルトが優勝したっちけちじゃん。ヤクルトん安なっわけじゃなかろう。西武や勝ったち負けたっち何でん安なっとぞ。知らんじゃったろう。」

「ふうん。そって、別にそがんたこっちゃどうでんよかっち問題やどっちが勝っかちこったい。」

「じゃあどっちが勝っかばカケようで。」

「おらいんじゃ。カケ事や好かんとち。」

「やっぱ自信のなかっじゃんねしょやが。」

「そこまん言うか。おらざぁなムカついたぞ。よしカケてやっじゃん。」

「そうこんば、たのしんねえ。」

(4)

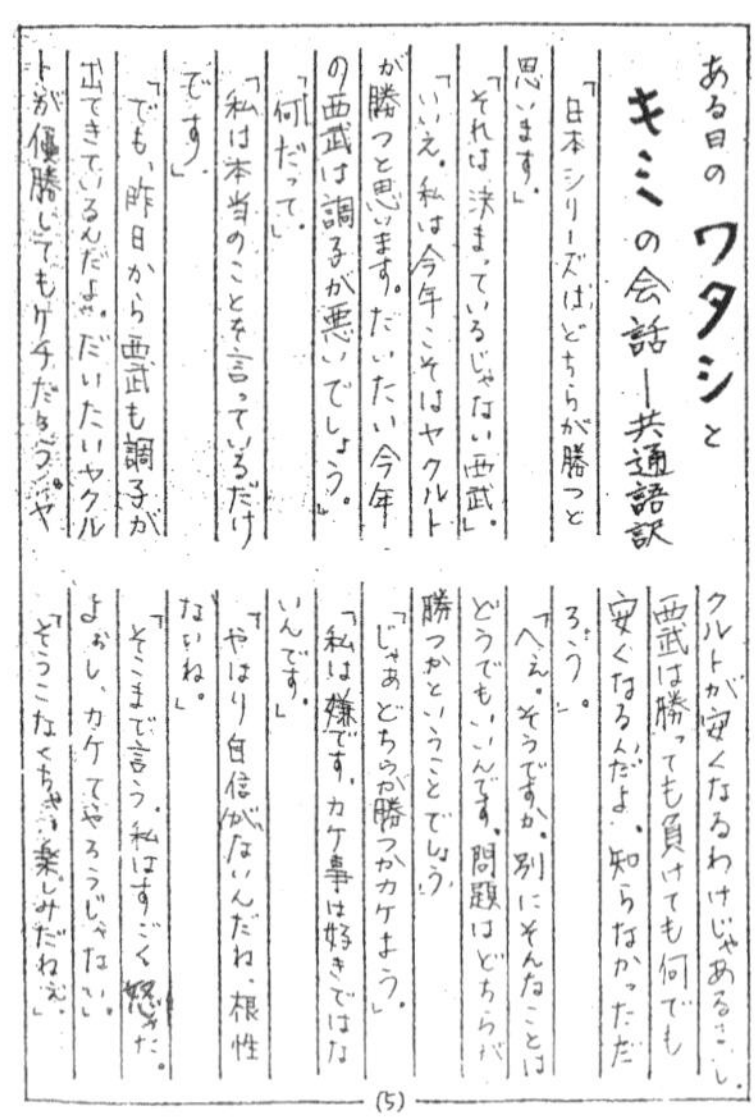
ある日のワタシとキミの会話―共通語訳

「日本シリーズはどちらが勝つと思います。」

「それは決まっているじゃない西武。」

「いいえ。私は今年こそはヤクルトが勝つと思います。だいたい今年の西武は調子が悪いでしょう。」

「何だって。」

「私は本当のことを言っているだけです。」

「でも、昨日から西武も調子が出てきているんだよ。だいたいヤクルトが優勝してもケチだろう。ヤクルトが安くなるわけじゃあるまいし。西武は勝っても負けても何でも安くなるんだよ。知らなかっただろう。」

「へえ。そうですか。別にそんなことはどうでもいいんです。問題はどちらが勝つかということでしょう。」

「じゃあどちらが勝つかカケよう。」

「私は嫌です。カケ事は好きではないんです。」

「やはり自信がないんだね。根性ないね。」

「そこまで言う。私はすごく怒った。よおし、カケてやろうじゃない。」

「そうこなくちゃ。楽しみだねえ。」

(5)

【第九時〜一〇時】「五島に生まれ、育ち、よかったと思うことは」「私は五島の次のことを人にすすめます」の学習（二時間）

五島に対する誇りを持たせるために、五島のいいところを、この二つの視点からまとめさせた。次の資料はその一例である。

五島に生まれ、育ち、よかったと思うことは

私は冊子を作る前まで自分の生まれ育ったこの五島を嫌いでした。理由は簡単で田舎と言うことからでした。牛などの動物が鳴いていたり見渡す限り緑ばかりだからです。しかし都会に住んでいる人達は皆口を揃えて、「五島は自然がたくさんあって羨ましい」と言います。私はこの言葉が理解できませんでした。

去年のお盆帰省していた親戚の人から聞いた話によると「都会に住んでいる人は隣に誰が住んでいるのか全く知らないしお盆に墓参する人など一人もいない」と言っていました。私はこの話を聞いてびくりしました。近所付き合いをしなかったら困った時はどうするんだろうと思いました。普段隣の人に何かとお世話になっている私にとっては考えもつかないことでした。「都会と言う所は人々の心が通じ合っていない孤独の世界で恐いなあと思いました。その点五島は心の温かい人ばかりで良かったと思いました。それに五島にはいろいろな歴史のある観光地などたくさんあるしこの自然の沢山ある五島列島に生まれ育って良かったなあと思いました。

(6)

私は五島の次のことを人にすすめます

・魚津ヶ崎公園（岐宿町）…西海国立公園内に位置する景勝地、遣唐使船寄泊地

・大瀬崎断崖（玉之浦）…水成岩地層が黒白の縞模様をなして約二十キロメートルも続く。高さ百メートルで百六十メートルの海蝕を受けた絶壁の続く五島随一の男性的景勝地。明治十二年以来点灯し続ける大瀬崎灯台が見える。

・鬼岳（福江）…鬼岳、火の岳、城岳、箕岳臼岳の五つの火山より形成された鬼岳火山群の主峰で標高三一七メートル全山緑の芝生でおおわれた山頂では草スキーが楽しめる。

・高浜海水浴場（三井楽町）日本一美しいと言われるこの砂浜は絵の産地としても有名

・井六（富江町）入口は幅六・五メートル高さ三・五メートルのアーチ状になっている屈曲しながら南に向けて徐々に下るが途中約五〇〇メートル地点で天井まで満水状態となり先が不明になっている

・堂崎天主堂（奥浦）…明治六年禁教令が解かれたあとマルマン神父が「かくれキリシタン」となって弾圧に苦しんでいた教徒を発見し明治十二年初代の堂崎天主堂を建立、昭和五十二年よりキリシタン資料館となっている

・明星院（福江）…真言宗の本山であり最古の歴史をもっている。国宝級の銅造薬師如来像など貴重な仏像や仏具が次々と発見されている天井には百二十一枚の絵はオーム極楽鳥など外国の鳥や花が描いてあり貴重な文化財である

(7)

【第一一時】「表紙作り」の学習（一時間）

生徒一人一人に「五島」を象徴する題名を考えさせて、題名に合った絵や写真等を付けさせ、一冊の小冊子を完成させた。上の資料はその例である。

「ヘトマト」は、福江市（現在は五島市）下崎山地区に伝わる、豊作、大漁、子孫繁栄を祈願する奇祭で、一月の第三日曜に行われる、国指定重要無形民俗文化財である。祭りの

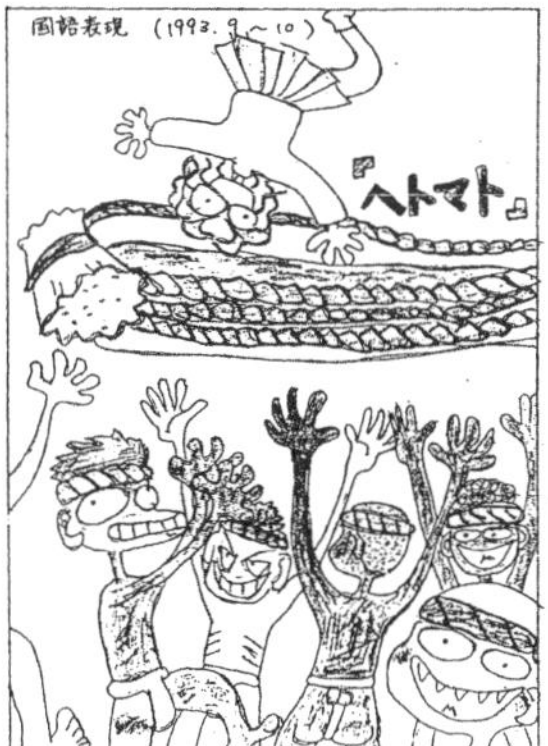

最後に長さ三メートルの大草履を若者が担ぎ、山城神社に奉納の途中、見物の娘さんを次々につかまえてはその上に乗せて何度も胴上げをする。表紙の絵はその様子である。「椿」は、「東の大島　西の五島」と並び称されるほど、椿の自生地として五島が名高いことから描かれている。見頃をむかえる二月には「五島椿まつり」が開催される。

なお、裏表紙には、各自の年・組・番号・氏名欄のほかに、一頁～七頁及び表紙に対するチェック欄が付してあり、合格したら検印を押すようにしていた。完成した小冊子は級友と交換して、それぞれの感想や気づきを話し合わせた。ささやかな小冊子ではあるが、生徒たちはそれぞれの学習を振り返り、感慨深そうであった。

【文化祭で展示】

これまで「国語表現」で学習してまとめた小冊子（三学級・九八名分）を文化祭で教室に展示した。国語科以外にも、社会科・理科・体育科・家庭科・音楽科、必修クラブ、部活動など、それぞれの分野で取り組んだ成果が展示された。学校挙げて五島について学習した成果の発表は壮観であった。

2　〔第二次〕「五島の心」の学習（一一時間）

五島に関する文章を読むことによって、第一次で捉えさせたことに加え、五島の今後のあり方まで考えさせたい。それが、地域の課題を見出し、よりよい地域社会をつくる意欲と態度を育てることに繋がっていく。そう考えて、三学期に第二次の実践に取り組んだ。一人一人の文章を添削することによって、個々の言語能力や言語事項に関する知識・技能の向上を図ったのは、二学期と同じである。

【第一時】単元の導入の授業（一時間）

(1)　二学期の「五島を知ろう」の学習を振り返り、自由に感想を発表させた後、三学期は「五島の心」という課題に取り組むことを説明した。

(2)　その後、B4プリント一六枚（表紙〔題目「五島の心」、年・組・番号・氏名欄、合格したら検印を押す八マス欄〕、裏表紙〔白紙〕を含む）を配付した。それを二つに折らせ、二八頁ある小冊子（教材と手引きを一緒にしたもの）にさせた。その小冊子をもとに、どのように単元を展開して、中味を完成させるか、単元構想と具体的な授業の流れを説明した。

(3)　二学期と同じように、毎時間、その小冊子に必要なことを書き込むこと、一つの教材ごとに提出の締切日を厳守することを説明し、期日を守らなかったり、提出できなかったりした場合は、減点することを約束した。

【第二時～第六時】「ルルドの河童」「楠さん、楠さん」の学習（五時間）

「ルルドの河童」（『五島方言集』所収「五島いろはがるた」郡家真一・国書刊行会・一九七六年）と民話「楠さん、楠さん」（『五島の史話と民話』五島文化協会編・一九七二年）を教材として、①五島弁の特徴を知り、五島弁に愛着を持つ、②共通語と五島方言を比べて気づきをまとめる、③共通語と方言の長所と短所について考える、④五島の民話を知る、という目標の達成を目指して授業を展開した。その教材と授業の概略は、次のとおりである。

(1)　「ルルドの河童」は、玉之浦町井持が浦のルルドの祝別式の日に、井戸に流された御聖水が河に流れきて、それを飲んでしまった河童の話が方言で書かれている。井持が浦は本校から約二七キロ離れた福江島西端地にある。明治時代の話である。

教材は、次頁の資料のように、上段に原文、下段に共通語訳する欄を設けた頁が五頁半、その後の半頁分、

一、③　ルルドの河童

明治三十二年四月二十日、フランスのルルドで大巡礼が行われた同日、同時刻に、玉之浦ん井持が浦でも、五島中の岩ば集めっ、日本で一番最初のルルドん出来たっぞな。

こん、ルルドば造ろや、ち、言いだしたっちゃ、ペルー神父で、こん神父どんが言い出してかっ、五年かかって、祝別式の日、ペルー神父どんがフランスかっ持って来たベルナデッタの御聖水ば井戸ん中入れたっじゃんな。そしたら、そん御聖水の細か筋ばなして、おっどが河さん流れっ来て、大ごとなったっじゃんな。こん水ば飲めば、どっなこちあなか、ち、わたしだ教えられちょったっで、立ち泳ぎばしいしい、頭ば挙げっ、口あ天に向けっ水ばのまんごっしちょったばって、あんまっ、つんかっ、つんに、御聖水の流れっ来っもんじゃけん、もう、腹んへってへって、ことっことっ入って、

〈共通語にしてみよう〉

明治三十二年四月二十日、フランスのルルドで大巡礼が行われた同日、同時刻に、玉之浦の井持ケ浦でも、五島中の岩を集め、日本で一番最初のルルドができました。

この、ルルドを造りましょう、と、言いだしたのは、ペルー神父でこの神父達が言い出してから、五年かかって、祝別式の日、ペルー神父達がフランスから持って来たベルナデッタの御聖水を井戸の中に入れました。そうすると、その御聖水が細い筋をなして、私達の河へ流れて来て、大変なことになりました。この水を飲むと、ろくなことはないと、私達は教えられていたので、立ち泳ぎをしながら、頭を挙げ、口は天に向けて水を飲まないようにしていましたが、あまりに、次から次へと、御聖水が流れて来たので、とうとう、腹がへり、とても疲れてしまいました。

上段に「共通語訳をするのに苦労した部分はどこか。（ページ・行も書く。）」、下段に「共通語訳をして思ったこと、考えたことを書け。」の欄が設けてある。

この共通語にさせる作業をとおして、当時の五島方言の特徴を実感的に把握させるとともに、その過程で気づいたことも書かせた。現代の五島方言にも残っている言葉、あるいは、失われてしまった言葉遣いなどを発見して、生徒は五島方言に親しみを感じながら学習した。

(2)「楠さん、楠さん」は、本校から南約一八キロ離れた富江町の民話である。大楠の洞穴で、生まれたばかりの自分の子どもの寿命が七歳の三月三日までと聞いた若い漁師が、苦慮の末、八八歳まで生きられるようにした話で、共通語で書かれている。教材は、綴じた冊子の六頁～一四頁（九頁分）に、「左頁に原文、右頁に方言に改める欄」が設けてある。なお、原文の欄の余白には、難語句の読みや意味を書く箇所が位置づけてある。

このテキストを用いて、共通語で書かれた文章を日頃使っている五島方言に書き換える作業を課した（次頁参照）。生徒は民話を楽しんで学習する過程で、五島方言の特徴に自然に気づいていった。

(3)(1)(2)の学習をとおして生徒が五島方言について気づいたことは、①五島方言には男性的と思われるものには

「ドン」、女性的なものには「ジョ」を語尾につける、②代名詞「あが」は方言で「おまえ」の意だが、共通語では「私」の意、③助詞「の（no）」は母音「オ（o）」が落ちて「ン（n）」となる、④共通語の助詞「を」とあるべきところが「ば」となる、⑤助詞「から」は「ら」がつまって「かっ」と発音される、⑥引用の助詞「と」は「ち」となる、などである。また、生徒が実感したことを冊子一五頁に書かせた。その一例を次に挙げる。


ば、拝まゆっぞ。」

そう云い残して、ポカンちして見上ぐっ、子供ば、残して、岩ん上かっ海に、どび込んだったな。して、みるみる遠か海に潮騒ば、起して、姿ば消してしもたっじゃんな。猟師や、桃ん林かっ駆け出して、岩ん上にゃ、まだ夢みたごちゃっ顔ばしちょっ子供ば抱きしめたったな。

「よかったかよ！よかったかよ。」ち云いながら泣き出したったな。して「あがん寿命や今日迄ち、神様かっきかされちょったったい。そっが、八十八迄生きらるっちや、何ち、あがや、運のよかやっじゃろ。皆ば呼んで、鍋釜売ってでん、こん祝や、せんないなかよ。」ち、申したち云うこっじゃんな。して、そん子や、目出度く八十八迄長生きばしたち、云うこっちたな。元や、富江町山下ん、じんじやばんばが、孫どもに、してきかせすっ話たたな。

14

が、拝めるぞ。」

そう云い残すと、ポカンとして見上げる、子供を、残して、岩の上から海に、とび込みました。そして、みるみる遠い海に潮騒⑩を、起して、姿を消して終（しま）いました。猟師は、桃の林から駆け出すと、岩の上に、まだ夢みた様な顔をして居る子供を抱きしめました。

「よかったね！よかったね。」と云いながら泣き出しました。そして、「お前の寿命は今日迄と、神様から、きかされて居たのだよ。それが、八十八迄生きられるとは、何と、お前は、運のよい奴だろう。皆を呼んで、鍋釜売っても、この祝は、しなけりゃならぬ。」と、申したと云うことです。

そして、その子は、目出（めで）度く八十八迄長生きをしたと、云うことです。

これは、富江町山下の、じんじや、ばんばが、孫たちに、してきかせる話です。

駆ける（かける）

⑩潮騒（しおさい）（潮のみちてくるときに波が音を立てて騒ぎ立つこと

① 共通語と方言、それぞれの長所と短所をまとめよ。（作業を通して実感したことを書くこと。）
○ 共通語……〈長所〉全国共通なので、誰にでも分かる。〈短所〉あたたかさがない。
○ 方　言……〈長所〉あたたかさが話していて伝わってくる。〈短所〉その地方の人だけにしか理解できない。
② 五島弁について思ったことを書け。
○ 五島弁を共通語に訳すことは簡単だったけれど、共通語から五島弁に直すのは少し難しかった。また、五島弁から

共通語の単語と同じ意味の言葉を探すのも難しかった。書くのはまだ簡単だったけれど、声に出して読むとなると、恥ずかしいだろうなと思った。けれど、自分がいつも話している言葉を書くので、一人で笑ったりして楽しかった。

【第七時～第八時】「五島弁」の学習（二時間）

「五島弁」（『わたしの母　にっぽんの母』今井美沙子・理論社・一九九二年）は、「五島へ帰って来たら五島弁ば使わんば。」「（電話の向こうの人が）五島弁じゃろ。ああ、仲間じゃと思うもん。」と言う母のことを、会話（五島方言）中心に描いた文章である。

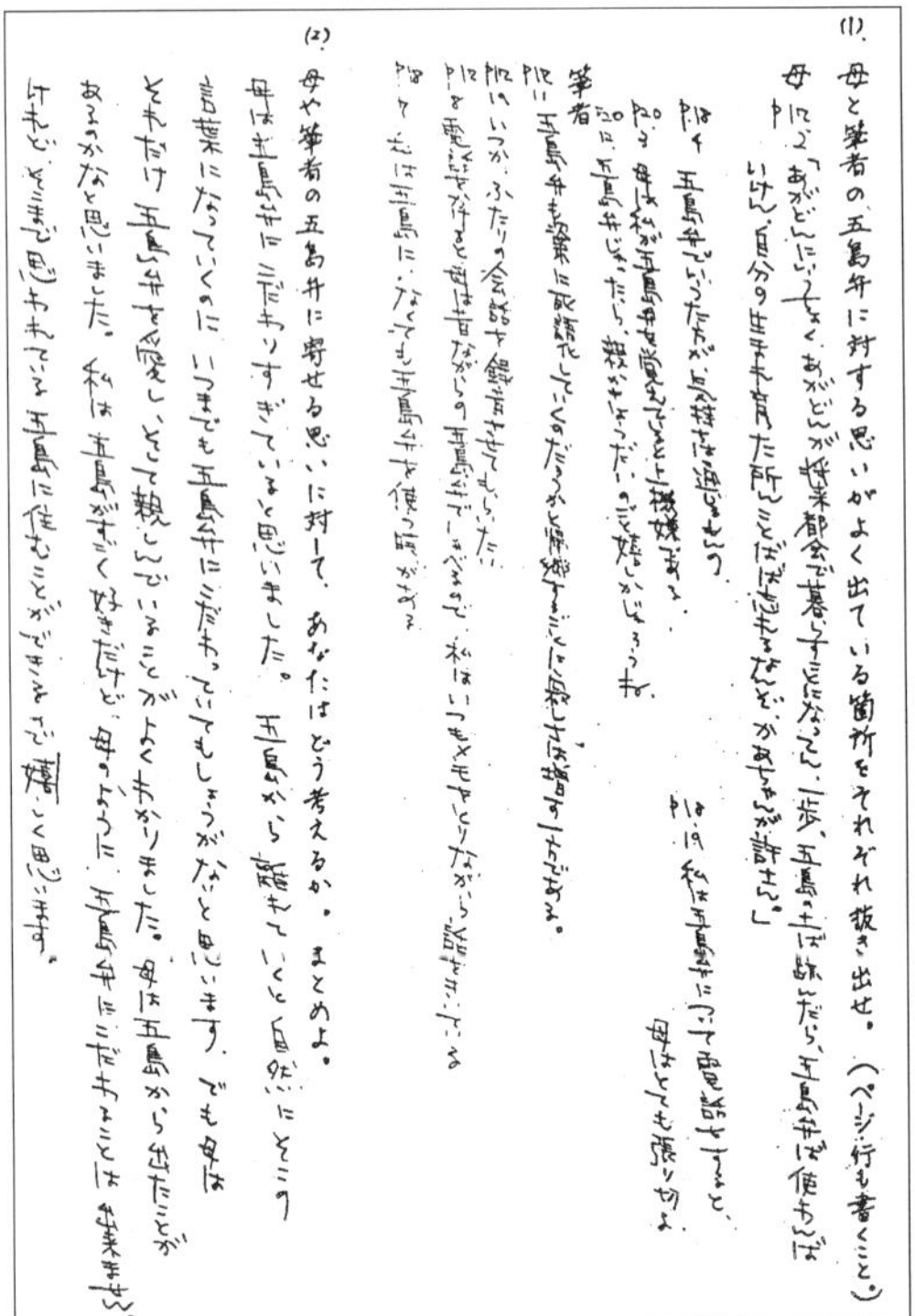

(1). 母と筆者の五島弁に対する思いがよく出ている箇所をそれぞれ抜き出せ。（ページ・行も書くこと。）
母 P.12 3「あがどんにゃっちょく あがどんが将来都会で暮らすことになっても、一歩、五島の土ば踏んだら、五島弁ば使わんば いけん。自分の生まれ育った所んことばば忘るるなんぞ、かあちゃんが許さん。」
P.18 19 私は五島弁について電話をすると、母はとても張り切る。
P.18 4 五島弁でしゃべった方が気持ちは通じるもう
P.20 3 母は私が五島弁を覚えていることを[illegible]である。
P.20 12 五島弁じゃったら、親がなっとるだい、嬉しかじゃろうね。
筆者 P.12 11 五島弁も簡単に標準語化していくのだろうかと想像すると、寂しさは増す一方である。
P.12 14 いつか、ふたりの会話を録音させてもらった。
P.12 8 電話で弟と母は昔ながらの五島弁でしゃべるので、私はいつもメモをとりながら話をしている
P.18 7 私は五島に[illegible]なくても五島弁を使う時がある

(2). 母や筆者の五島弁に寄せる思いに対して、あなたはどう考えるか。まとめよ。
母は五島弁にこだわりすぎていると思いました。五島から離れていくと自然にそこの言葉になっていくのに いつまでも五島弁にこだわっていてもしょうがないなと思います。でも母はそれだけ五島弁を愛し、そして親しんでいることがよく分かりました。母は五島から出たことがあるのかなと思いました。私は五島がすごく好きだけど、母のように、五島弁にこだわることは出来ません。けれど、そこまで思われている五島に住むことができるので嬉しく思います。

21

(1)　教師がテキストを音読しながら、傍線を引いた難語句の読みと意味を確認して、「五島弁」の概要を読みとらせた。

(2)　母と筆者の五島弁に対する思いがよく出ている箇所を冊子に抜き書きさせた後、全体の場で話し合わせた。

(3)　母や筆者の五島弁に寄せる思いに対して、どう考えるかまとめた。

上の資料は、(2)(3)の課題について自分の意見を書いた生徒の一例である。ここには、よそに行けば、その土地の言葉を使うようになるのは自然なことであるとしながら

も、この母親ほど五島弁を愛しているわけではないが、五島に住んでいることは嬉しく思うと書いている。ほとんどの生徒がほぼ同じような意見を書いていた。

【第九時～第一一時】「生まれてきてよかったたっち心ん底から思うとたい」の学習（三時間）

「生まれてきてよかったたっち心ん底から思うとたい」（『ばんばのつぶやき』今井美沙子・サンブライト・一九八一年）は、「わたしがここを離れやえん、大きかわけが、ほかにあるとよ。墓は守らんばいけんちいうことと、教会が近かっちいうことが一番の理由たいね。」という、トメばんばの生き方を方言のままで書いた文章である。

(1)　教師がテキストを音読しながら、傍線を引いた難語句の読みと意味を確認して、「五島弁」の概要を読みとらせた。

(2)　トメばんばが五島を離れたくない理由を冊子に箇条書きにまとめさせた後、全体の場で話し合わせた。生徒から出された理由は、「先祖の墓を守らなければならないから」「五島は教会が近くにあるから」「都会には新鮮なものがないから」「他の所では安心して寝られないから」「五島を離れると子供達の帰ってくる所がなくなるから」などが出された。

(3)　五島にはトメばんばのような老人がたくさんいると思われるが、それをどう考え、どう行動すればよいかを考えさせた。

次に挙げた例は、「五島の心」の学習を経て、五島に対する思いが変化した生徒が書いたものである。

・五島は田舎なので良いところといっても何もないと思っていたけれど、五島について考えていて考えが変わりました。五島には良いところがあって、それを私たちが守っていかなければならないということなど、今まで何とも思っていなかったことを考えるようになりました。

・私は都会へ行きたいという願望ばかり強かったのですが、今はここにいたいなという気持ちです。「国語表現」を勉強していて分かったような気がします。
・今まで「早く就職して五島を出よう」と考えていたが、今回の授業をしていく中でこの考えが少しずつ変わってきた。しかし、五島には仕事が少ないので、五島に住むのは無理でも、せめて長崎県内での仕事を見つけて、思い出のつまった五島を大切にしていきたいと思う。

四、実践の成果と課題

この実践をとおして、生徒たちは、「五島に住みながらも五島に無関心で何もわかっていなかったことを思い知らされたようだった。」「五島なんて離れ島のド田舎で出身地を言うのも恥ずかしいと思っていたけれど、五島という島は宝島みたいなすばらしい島なんだと、だれにでも胸をはって言えるような気がしてきた。」など、それぞれに大きな変容を遂げたように思う。もちろん、これは学校を挙げて取り組んだ成果でもあろう。

以下、実践の成果と今後の課題を三点に絞って述べたい。

(1)　学習課題の設定については、前年度から、「ふるさと五島」について幅広い視点から学習を展開していたので、生徒たちは、五島について調べて冊子にするという課題には一定の興味・関心や問題意識を抱いた。そのため、導入段階でほとんど苦労することはなかった。

(2)　国語科（国語表現）で習得させるべき言語能力や生徒の興味・関心をふまえて、五島に関するどのような教材を発掘するか、これには大変苦労した。今回は、言語文化としての五島の方言、民話、五島出身者の書いた随筆から教材化を図った。当時出版されていなかった作品も入れるならば、「隠れキリシタン」のことを描いた『遠藤周作と歩く長崎巡礼』（遠藤周作他・新潮社・二〇〇六年）や、『私の日本地図5 五島列島』（宮本常一・同友社・一九六八年）など、幅広い文種の文章を取り上げて教材化していくことも考えられる。

(3)　単元の展開に当たっては、生徒一人一人に書かせることを主な活動とした。各活動ごとに提出日を設け、合格するまで添削を繰り返した。早く合格した生徒はなかなか合格しない生徒の手伝いをしていた。三学期は、一斉授業と個別の添削が半々ぐらいであった。この方法で、全員が確実に全作業（活動）をこなし、全ての生徒が冊子を完成することができた。しかし、「話す・聞く・話し合う」活動（言語活動）をもっと取り入れて、例えば、個別学習で書いたものを全体の場で発表し合うとか、文化祭の場でポスターセッションなどを位置づけるとかすれば、生徒の視点が更に広がったのではないかと思う。

単元「同級生・語り部・記念館―他者理解から文化参加まで」（高二）の授業

――社会参加を前提とした単元学習の創造を目指して――

実践当時／長崎県私立活水高等学校　草野十四朗

一、実践研究のねらい

近年、他者との共生・共存や主権者（市民）としての社会参画が、教育課題としての重要性を増してきた。本実践は、二十年近く前の「国語表現」における取り組みだが、言葉を用いて個と個との関係をつむぎ、さらにはそれが地域における社会実践につながることを意図した点で、その先駆的なものだと考えている。

まずそこに必要なのは、生徒たちの共感的理解や自尊感情を育む環境とともに、協働して地域の課題に向き合う、社会と地続きの学びの場、いわゆる「実の場」であった。そこでは、生徒がいかにして課題解決のために主体的に活動して言語能力や諸能力を培うかが鍵であり、総合単元学習を構想することは必然の流れともいえた。無論、これを支えるのは国語科における、読む・書く・聞く・話すという言語活動の指導であることは論を俟たない。

このようなことを踏まえれば、実践研究のねらいとしては、以下のようなことが挙げられる。

①生徒の問題意識を喚起するとともに社会実践としての文化参加につながるような学習課題をどのようにして設定し、外部を含めた学習資源を活用するか。

②課題解決の過程で、どのような学習活動（言語活動）を設定して、言語能力・課題解決能力・情報活用能力の育成と課題に対する認識の深化・拡充を図るか。
③一連の学習過程と評価活動を主体的に行わせるために、どのように「学習の手引き」を工夫するか。
④一・二学期を見通した総合単元学習のカリキュラムはいかにあるべきか、特に小単元同士の有機的な関連・系統化をどう図るか。

なお、この実践は、二〇〇〇年、総合的な学習の導入を前に、その試行的取り組みとして行ったものである。発表の初出は、活水中学・高校の研究紀要『樟　第13号』（二〇〇一年三月）で、その後、ながさき水脈の会機関誌『水脈　第18号』（二〇〇五年二月）に抄録を掲載したものを、今回、本書掲載のお誘いを頂いた。感謝したい。

二、単元の構想

(1) 単元名　「同級生・語り部・記念館—他者理解から文化参加まで—」

(2) 対象学校名・学年・組　活水高等学校（中・高併設の私立女子校）
第二学年　二組（女子二四名）

(3) 実施時期・時間数　平成一二（二〇〇〇）年　四月〜一〇月　配当時間（週二時間）

(4) 授業科目名　「国語表現」（二単位）

(5) 単元の目標

①　同級生や記念館の語り部にインタビューして、冊子記事の編集やポスターセッションをしたり、自分の考

える記念館の企画をプレゼンテーションをすることを通して、同級生や語り部、記念館に対する認識を深めるとともに、コミュニケーション能力（特に、話を聞く力・思いや考えを的確に表現する力）を育てる。

② 学習課題の解決を図ることを通して、課題解決能力（特に、直面する課題に対し、自分なりの解決方法や計画を考え出す力）・情報活用能力（文献・メディアを調査する能力、取捨選択する力、編集する力、発信する力）を育てる。

③ 一連の表現活動を通して、自分の考えやまとめたことを発信することの社会的意義を自覚できる。

(6) 単元の構想

次に掲げた図表は、単元の構想（小単元・実施時期・学習活動・目標）をまとめたものである。

① 単元の基本的な考え方について…本単元は、総合単元学習として、個の発達や地域固有の問題といった生徒自身の問題意識を喚起する学習課題を設定し、その解決を図る学習活動（言語活動）を展開する過程で、生徒の認識の深化・拡充を図るとともに、言語能力、および課題解決能力・情報活用能力を育てる。

② 学習課題の設定について…小単元ごとに、生徒自身の問題意識を喚起しうる学習課題を設定する。第一小単元では、四月早々の時期、不安定な人間関係の中で未知の相手との関係を構築していくという趣旨のもと、同級生にインタビューした記事を冊子に編集するという学習課題を設定する。第二小単元では、平和を希求し活動する人々への共感とその社会的意義の理解を深め、長崎の原爆に関する各種記念館の語り部の人にインタビューして、取材したことをもとにポスターを作成し、文化祭の場で展示して、ポスターセッションを行おうという学習課題を設定する。第三小単元では、第一・第二小単元の学習をふまえて、生徒が自分の創りたいと思う記念館を企画して、プレゼンテーションを行うという学習課題を設定する。

③ 身に付けさせたい言語能力について…単元全体を通して、コミュニケーション能力、課題解決能力・情報

記念館をつくろう	記念館の語り部たち	同級生紹介インタビュー	小単元	
9月下旬～10月下旬	5月下旬～9月中旬	4月初旬～5月中旬	時期	
Ⅰ　個人で記念館原案をまとめる ① つくりたい記念館のアイデアを練る ② 記念館の原案をまとめる Ⅱ　グループ・個人でプレゼンテーションする ③ 記念館の企画をつくる ④ プレゼンテーションをする	①取材の依頼状を書く Ⅰ　語り部にグループでインタビューする ② ライフヒストリーを聞く ③ 記念館について取材する ④取材の礼状を書く ⑤レポートをまとめる Ⅱ　グループでポスターセッションする ⑥ ポスターを作る 文化祭展示 ⑦ ポスターセッションをする	①折り句で自己紹介をする Ⅰ　同級生にインタビューする ② ライフヒストリーを聞く ③ 人生観・趣味について取材する ④テープを聞いて内容をまとめる ⑤冊子記事を編集する	学習活動	
① 過去の取材内容を応用できる ② 独創的な案が立てられる ③ 総合的な案が調整できる ④ 興味を引く説明ができる ④ 目的に応じたメディアを使用できる ④内容を評価した上で質問できる	①④形式を踏まえた手紙が書ける ② 共感しつつ話が聞ける ③ 要点を押さえて話が聞ける ⑤ 取材内容を的確に編集できる ⑥ 発表資料を制作できる ⑦ 説明が的確にできる ⑦内容を評価した上で質問できる	① 興味を引く自己紹介ができる ② 共感しつつ話が聞ける ③ 要点を押さえて話が聞ける ④ 内容を的確に要約できる ⑤ 冊子記事を編集できる	達成目標	
1．コミュニケーション能力 2．情報活用能力 3．課題解決力 4．言語知識（語彙力・書字力）	1．コミュニケーション能力 2．情報活用能力 3．課題解決力 4．言語知識（語彙力・書字力）	1．コミュニケーション能力 2．情報活用能力 3．言語知識（語彙力・書字力）	分節単元	到達目標
1．コミュニケーション能力（話を聞く力、思いや考えを的確に表現する力） 2．情報活用能力（文献・メディアを調査する能力、取捨選択する力、編集する力、発信する力） 3．課題解決力（直面する課題に対し、自分なりの解決方法や計画を考え出す力） 4．言語活動を軸にした文化参加・文化創造			総合単元	
読解力　① 聴解力　⑤ 要約力　⑤ 叙述力　②　③　④ 話表力　④ 構想力　② 評価力　⑤ 修辞力　④ 言語知識　④　⑤ 共感の体験	読解力 聴解力　②　⑦ 要約力　③　⑤ 叙述力　①　④　⑤　⑥ 話表力　⑦ 構想力　⑥ 評価力　⑦ 修辞力　⑥ 言語知識　①　④　⑤　⑥　⑦ 共感の体験　②	読解力 聴解力　② 要約力　④ 叙述力　④　⑤ 話表力　① 構想力　⑤ 評価力　③ 修辞力　①　⑤ 言語知識　② 共感の体験　②	向上目標	

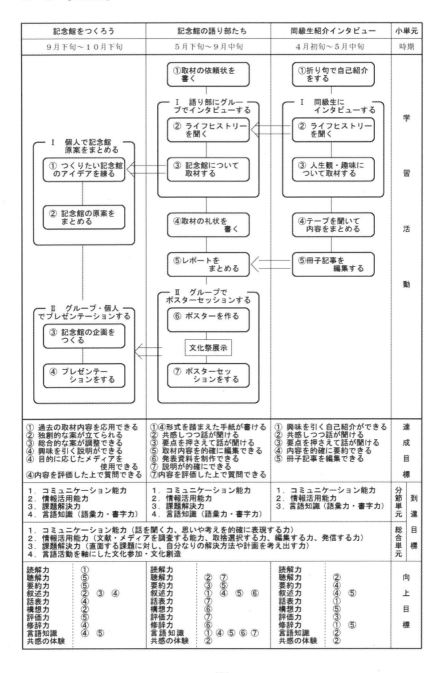

活用能力が、文化参加・文化創造するという目的のための有効なツールとして機能する。図表の「達成目標」「向上目標」に掲げた力の育成を目指したい。

④　大単元の指導計画について…それぞれの小単元は、次のように展開する。

前掲の図表にも示したように、前の小単元で学習した成果を次の小単元で生かせるように、活動をスパイラルに組み上げている。

〔第一次〕小単元「同級生へインタビュー」…面識のなかったクラスメイトを対象に、そのライフヒストリーを中心にしたインタビューを行い、雑誌記事の体裁にしてまとめる。他者に対する共感的理解の態度を育てるとともに、「聞きとり」や「編集」の技能を育てる。

〔第二次〕小単元「記念館の語り部たち」…長崎市内の平和記念館の主宰者に、自身のライフストーリーと記念館のコンセプト・内容についてインタビューし、レポートとしてまとめた上でポスターセッションを行う。聞き取りの対象が語り部に代わることで、その意味は「平和への意志と知恵」の継承という文化実践の意味も持つことになる。

〔第三次〕小単元「平和記念館をつくろう」…これまでの学習の成果を生かし、新たなコンセプトの記念館づくりを企画し、プレゼンテーションの形で発表する。記念館の取材は自らによる文化創造へと展開する。

⑤　授業の進め方の工夫について…大単元全体として心がけたのは、「手引きによる指示を密にしておくこと」と「見本を提示すること」の二点である。

三、単元の展開

1〔第一次〕小単元「同級生へインタビュー」

(1) 導入「折り句による自己紹介」…四月、新しいクラスのために知らない生徒も多いので、折り句の形をとって、楽しみながら自分を紹介する文を書かせた。事前に指導者自身の折り句も提示している。

(2) 同級生へインタビュー…インタビューによる他者との出会いの場を設定した。従来の方法と大きく違う点は、エスノグラフィーの手法をとり入れたため、取材はメモを取らず録音に頼る点である。指導においては、次のような学習の手引きを用いた。

国語表現「同級生紹介インタビュー」の学習の手引き1
〈インタビュー記事作成の手順〉
テーマ＝未知の相手と出会い、知り、紹介する。

(1) 相手を決めよう
これまでつきあいの無かった未知の相手を選ぶ。

(2) 雑誌記事に学ぼう
＊特に以下の点について、プロの仕事を参考にしてみよう。
① 読者の興味をそそるようなインパクトのある内容を引き出す方法。
② インタビュー相手や記事の内容に親近感を感じさせる内容を記事にまとめていくタイプ。
→ここでは、一人語り方式かルポルタージュ方式がまとめやすいだろう。

(3) 相手の話から次の話題を引き出す技術を身につけよう。
顔見知りの友人を相手に、模擬インタビューをし、相手の人柄や考え方、これまでの経験などを引き出す質問の仕方を練習しよう。

(4) 予備知識を身につけておこう。
事前打合せをして、相手に関する予備知識を得ておこう。

(5) 質問項目と構成プランをたてよう。

ような編集方法。

③ しっかりとした表現方法。

〈参考〉表現方法

・一人語り方式…インタビュアーは姿を消し、簡単な経歴のあとはすべて相手の語りでとおしていくタイプ。

・対談方式…インタビュアーと相手が一問一答式に話を進めていき、それを忠実に進めていくタイプ。

・ルポルタージュ方式…インタビュアーによる相手の経歴の説明、相手の様子の描写を手始めにして、聞き出した

○ それをやっていて本当によかったと思われたのは、どんな時でしたか（相手がやりがいをもっていること、大事にしている価値観を聞き出す）

予備知識をもとに、質問項目を整理し、質問の大まかな流れを考えておこう。その上で、その場に応じた質問で内容を深めていこう。

〈参考〉インタビューを深めるその場での質問の例

○ それは例えばどういうことですか。（具体化）

○ それは、〜という意味ですか。（自分の受けとめた内容を相手に示し、さらに対話を深めていく能動的な聞き方）

○ なぜ、そうなのですか。（原因に迫る。真意を聞き出す）

○ それはどうやって〜するのですか。（方法を詳しく聞く）

○ つらい時もあったと思いますが、その時支えになったのは何ですか。

国語表現「同級生紹介インタビュー」の学習の手引き2

学習課題＝模擬インタビューから本インタビューへ

1. 模擬インタビューの注意点

(1) 相手に応じた質問項目を用意しておくこと。

① 模擬インタビューの場合は相手のことをよく知っているので、流れも想定しやすい。相手と相談しながら、質問項目を決めていく。

（逆に先入観や固定観念が入りやすく、かえって新鮮なインタビュー内容となりにくい場合もあるので、できるだけ未知の部分をを引き出すように工夫する）

② 事前に用意した質問は話の流れに応じて変えられ

模擬インタビューの目的は聞き手としてだけではなく、話し手の立場になった場合、どのようなことをどのように話すか、など、インタビビューを受けた際の内容を想定しておく。

2. 模擬インタビューのまとめ

(1) 記事の整理：大きな流れをつかみながらまとめていく。編集の際は、①インタビューのタイトル②小見出しなどによって整理していく。

3. 次回の本インタビューまでに用意しておくもの。

① テープレコーダーの予約（クラス讃美歌用がマイク内蔵で使い易い）

るようにしておく。
(2) 話し手としての応答内容を心に留めておくこと。

＊インタビュー会場は交渉中である。

国語表現「同級生紹介インタビュー」の学習の手引き3
学習課題：本インタビューの準備

1. 心得
(1) インタビューはその人を理解する行為でもある。聞き手以外にもその人の人柄や考え方が伝わるように聞き取りや編集は入念に行うこと。
(2) 聞き取りの基本的態度は、相手の人生や人生観（考え方）に敬意を払うことが重要。礼儀も重視。

2. 聞き取りの目的と方法
(1) 情報を得るための聞き取り
こちらで用意した質問を行い、意図する流れをできるだけ維持する。
(2) 語り手のライフヒストリーを知る聞き取り
語り手と聞き手の自由な会話をもとに展開される。あらかじめ用意するのは大きな流れにとどめ、状況に応じて質問を用意する。（語り手が自分の人生や過去の体験をどのように意味づけ、解釈しているかを重視する）

3. 聞き取る上での注意点と聞き方の技術
(1) 聞き手が語り手の話が阻害されないようにする。
① 必ずテープでの記録をとる。語り手に聞き返したり、話をストップさせたりしない。
(2) 語り手の応答を引き出す言葉を工夫する。
① 応答者が答えている間に、インタビュアーは
ア　移行に適切な場で、ことば（「そうですね」）や声（「あぁ」「えぇ」）やしぐさ（うなずく）を途中にはさんで語りを継続させようとする。
イ　移行に適切な場で自分から（話の）選択をする。
② インタビュアーの質問している間に、話し手が聞き返してよいというルールを確認しておく。
(3) 話題内容の一貫性に注意を払う
話題やテーマについて会話のつじつまがあっていることを確認する。

4. 編集の方法
(1) 記事の整理：大きな流れをつかみながらまとめていく。編集の際は、①インタビューのタイトル／②小見出しなどによって、整理していく。
(2) 写真をレイアウトする。

(3) 冊子記事編集：取材した内容を雑誌記事にまとめる。そこで培われる構成意識や記述力もさることながら、編集という作業が取材対象へのさらに深い共感的理解に向かわせる効果も見逃せない。

2〔第二次〕小単元「記念館の語り部たち」

(1) 語り部へのインタビューと記念館の取材

被爆地長崎には、平和をテーマとした多くの記念館が存在する。それらのほとんどは、原爆被害の体験や日本の加害事実を継承することによって、次代の日本や世界をよりよいものにしようという志のある方たち、いわゆる語り部によって主宰されている。

インタビューの対象がこの語り部となることで、学習内容も、「戦争」および「記念館」という社会性をもったものとなる。インタビューという行為が、「平和への意志と知恵の継承」という「文化実践」の意味を帯びてくるのである。これは後の「平和記念館をつくろう」いう学習の重要な伏線ともなってくる。

生徒は、「学習の手引き」の指示に従って、自らの学習活動を進めていく。ここでは、その「学習の手引き」の抜粋や項目を引用しながら学習活動を跡づけたい。

まず、「学習の手引き1」（省略）では、インタビューの目的として、次の項目を示している。

ア　語り部のライフヒストリーについて聞く…①被爆体験あるいは戦争体験　②記念館・資料館との関わり

イ　記念館について聞く…①記念館のコンセプト・設立目的　②展示・活動の特徴・社会的役割

「学習の手引き2」（省略）は、語り部と記念館の住所・連絡先一覧他を示した。また、生徒には、取材例の見本として、①『二十歳のころ』（立花隆他、新潮社）所収の「下平作江氏」の項と、②『世界の平和記念館』（ほるぷ出版所収の「アンネフランク館」の項をプリントして渡している。班編制は、三名を原則とした。

次に挙げる「学習の手引き3」では、依頼状の執筆の仕方を示した。手紙の書き方については、『国語便覧』

を用いて指導し、評価基準も示して自己評価できるようにした。ここでは項目のみ示す。

記念館の語り部たち学習の手引き3
◇取材申し込みの手紙執筆と取材日程
1．手紙執筆の方法
(1)　資料を参考にして依頼の手紙を書く。
(2)　先生のチェックを経て投函する。
(3)　着いた頃を見計らって依頼相手に電話をし、日程等の交渉・確認
2．手紙の評価
〈形式面〉
(1)　書式は定められた形式をふまえているか。
(2)　失礼のない言葉遣いが用いられているか。
(3)　定型的な表現の中に自分なりの工夫した表現をしているか。
(4)　誤字や脱字を辞書等を使ってチェックしているか。
〈内容面〉
(5)　送り手（自分たち）の紹介（所属その他）は分かりやすく書かれているか。
(6)　取材の意図（なんのための取材か）はうまく説明されているか。
(7)　取材の諸条件（時間・場所等の希望、関連する資料―特に記念館について―の要望等）は確認されているか。
3．今後の日程（省略）

「学習の手引き4」（省略）では、「(1)インタビュー・取材対象の確認、(2)依頼文書の見直し、(3)依頼確認の電話練習、(4)インタビューの打ち合わせ」、「学習の手引き5」（省略）では、インタビュー内容の打ち合わせについて手順を示した。

依頼文書の送付に際しては、各班の一番よいものを選んだが、それでも不備があって、書き直させることもあった。礼状の時には改善され、全員分をそれぞれの語り部に出した。中には打ち合わせの行き違いから、私が電話で内諾を得ていた日時と生徒の依頼した日時が食い違い、先方に迷惑をかけることもあった。反省材料である。取材対象と担当者については、次のとおりである。

	記念館・資料館	語り部	担当者
①	永井隆記念館	永井誠一	浦、町田
②	コルベ神父記念館	小崎登明	田辺田川松尾山口ナ
③	岡まさはる記念館	柴田利明	川場、出岐、中村
④	長崎平和研究所	鎌田定夫・信子	近藤、糸山、川口

	記念館・資料館	語り部	担当者
⑤	長崎の証言の会	浜崎均	井上、濱野、座間味
⑥	小国民の部屋	高浪藤夫	石田、岩佐、富松
⑦	城山小学校記念室	内田伯	山口シ、上田、一ノ瀬
⑧	長崎原爆資料館	内田伯	谷、荒木、下川

(2)　文化祭展示

文化祭での展示資料は、それぞれのレポートを持ち寄り、班の発表内容として模造紙二枚でまとめさせた。これはそのまま文化祭後のポスターセッションの資料となる。「学習の手引き6」では、文化祭展示の打ち合わせについて、「学習の手引き7」には、今後の日程について指示した。

文化祭の展示内容は、(1)語り部のプロフィールとライフヒストリー、(2)記念館について＝①記念館のコンセプト・設立目的、②活動の特徴・社会的役割、③展示方法の特徴（レイアウト、特徴的　展示物等）、④関連したエピソード、である。ポスターセッションの流れは「学習の手引き8」、口頭発表方法と手順は「学習の手引き9」に示した。

ポスターセッション学習の手引き8（抜粋）

1．内容

(1)　ブース別展示（第一時）

①　発表者は、ポスター（資料）を展示する

②　参観者は、資料を見ながら、レポート（ワークシート）をまとめ、質問事項を担当者に渡す。

③　担当者は次回の口頭発表で質問事項に答えられるように準備しておく。

(2)　口頭説明（第一時・第二時）

①　発表者は、班ごとに自分たちの調べたことについて発表。その際、質問事項への回答を中心に、系統立てて発表する。

②　聴取者は、回答への再質問（疑義等）や新たな質問をする

ポスターセッション口頭発表の方法と手順学習の手引き9

1．説明項目の整理
(1)項目別に重要事項を整理する。
①担当した記念館の特徴となる項目を整理する。
②主宰者やテーマとなっている人物のエピソードなどについてもふれる。
(2)質問を汲み上げる
①提出された質問に目を通し、重要な質問は説明の中に回答を組み込む。
②説明の中に組みこまなかった質問は発表の最後にまとめて回答する。
(3)説明事項を配列する
〔注意事項〕
①発表は個人評価の対象にもなるので均等に担当を割り当てること。
②記念館の全体像を理解しやすいよう、説明の流れを考える。

2．説明手順の整理
(1)分担をする。
①設立趣旨・コンセプト／②施設（立地）・設備・展示物
③主宰者・テーマとなっている人物／④対外活動
⑤要点が明確になるよう、構成を考えて話す。
⑥具体的な例やエピソードも交えて話す。
⑦質問の要点を的確につかんで、これに対応する回答をする。
⑧司会による紹介や担当ごとの交代等、進行をスムーズにする。
(2)質問をどれだけ出したかも、同じく評価の対象になる。
(3)ワークシートは今週中に提出。

なお、二学期「国語表現」のグループ中間考査は、次のように評価した。

２０００年度国語表現ⅡＤグループ中間考査

記念館レポート　20　配点

	提　出	期日に提出したか	5
内容	要点整理	重要な点が整理されているか	10
	調　査	十分な調査に基づいているか	
	説得性	具体例やデータなどで納得させているか	
構成	構　成	理解しやすいような流れで組み立てられているか	5
	その他	誤字、脱字、当用漢字の仮名書きなど	

ポスターrepo　25

	提　出	期日に提出したか	5
追究	内容検討（質問数	内容を検討し、不明な点について疑問を持つ	15
	内容検討（質）	優れた着眼点の質問をする	
構成	要点整理	重要な点が整理されているか	5
	その他	誤字、脱字、当用漢字の仮名書きなど	

ポスターセッショ　15

内容	調査内容の深さ		4
	質問事項への対応		
説明	導入	聞き手を惹きつけるような導入の工夫はあるか	8
	構成	理解しやすいような流れで組み立てられているか	
	話し方	声量、スピード、明瞭さ、態度	
	説得性	具体例やデータなどで納得させているか	
	まとめ	発表の要旨をわかりやすく要約しているか	
	その他	視点の独創性等はあるか	
資料	要点整理	重要な点が整理されているか	3
	視覚的効果	視覚的に見やすく構成されているか	
	その他	誤字、脱字、当用漢字の仮名書きなど	

40　記念館計画書　40

コンセプト	独創性	発想の独創性はあるか	15
	問題意識	平和に関する問題意識は高いか	
	説得性	記念館を建てる必然性を説明できているか	
その他	整合性	施設・メディア・活動はコンセプトに即しているか	15
	論証性	施設等は、具体例やデータなどで納得させているか	
	独創性	施設・メディア・活動に独自の工夫はあるか	
構成表記	要点整理	重要な点が整理されているか	10
	視覚的効果	視覚的に見やすく構成されているか	
	流れ	理解しやすいような流れで組み立てられているか	
	その他	誤字、脱字、当用漢字の仮名書きなど	

3　〔第三次〕小単元「平和記念館をつくろう」

これまでの学習経験が「記念館をつくる」という活動に昇華される。生徒たちは語り部から受け取った平和への思いと、みずからの取材や同級生たちの発表から知り得た知識を「記念館」という「メディア（表現手段）」の創造に生かし、プレゼンテーションという表現形式で発信していくのである。ここに文化実践としての意義が明らかになってくる。

さて、プレゼンテーションを構成するのは、四つの「P」（Plan＝計画、Prepare＝準備、Practice＝練習、Presentation＝発表）だという。ここでは、これに従って学習活動の流れを跡づける。

（1）プレゼンテーション原案（Plan）の作成

原案作成には、これまでの記念館についての学習が役立てられる。生徒たちはそれらをヒントに、独自の企画を「コンセプト」、「施設」、「メディア」、「対外活動」の四項目にわたって、まとめる（中間考査として正式提出）。提出後、企画の共通性が高い者たちは、グループでの取り組みへと企画内容を調整していく。この段階での活動は、ほとんど図書館での調査・検索活動である。幸い、平和学習用の図書は以前から充実を心がけており、生徒はそれらを活用することになる。また、関連する遺構や人物の関係者に質問に行った生徒もいた。

なお、見本として、実在する「永井隆記念館」をモデルに作成したプランを「学習の手引き2」（省略）として渡している。

手引き1　抜粋

＊プレゼンテーションとは、ある事業の計画について、機器などを用いて説明することです。

今回は、以下のような条件のもとで、「平和記念館」のプランを立て、プレゼンテーションします

1．プレゼンテーションの前提となるテーマ

次のいずれかを選んで、プランを立てる。

（1）「空き教室利用プラン」

趣旨：本校1号館の空き教室を利用し、本校ならではの記念館をつくる。

条件：①本校本校1号館の空き教室を利用すること。

②本校校舎の被爆の実態を知る、という点を必ず入れる。他は自由。

③さまざまな機器の導入については制限はない。

④電話・インターネット等の導入で記念館を拠点にした活動も可能。
⑤予算の見積りはしなくてよい。
（2）「こんな記念館あったらなプラン」
趣旨：枠に縛られず、これまでにない記念館のプランをつくる。

条件：①長崎市内に作ることを前提にする。
②基本コンセプトの明確なものにする。
③さまざまな機器の導入については制限はない。
④電話・インターネット等の導入で記念館を拠点にした活動も可能。
⑤予算の見積りはしなくてよい。

(2)　準備（Prepare）

第二次小単元ですでにポスターセッションである程度のイメージができているはずだが、違いも大きいので、私自身が模擬プレゼンテーションをして、プレゼンテーションの見本を示した。また、由井はるみ教諭の授業「コンビニをつくろう」も視聴している。

発表のイメージをつかんだ生徒たちは、提示用のカードと説明原稿とに企画をまとめ上げていく。従って、進行表には、提示用のカードを軸に説明・メディア操作の項目が加わる。

(3)　練習（Practice）

①　練習の留意点と評価

プレゼンテーションの方法と留意点学習の手引き3
(1)　プランづくりで考えること
①　時間的配分を考える。
②　相手を考える。（人数、どんな人か、どんな考えを持っていそうか）
③　内容の密度を考える。（何を盛り込むか）
④　内容の構成を考える。（どんな説明手順にするか）
⑤　ツールの種類と使うタイミングを考える。（どんな道具をどんな時に）
(2)　内容の構成方法
①　結論後発型：問題提起の導入から順を追って話を構成し、最後に結論を話す。

・長所…順序よく忠実に説明すればよいので、プランが立てやすい。
聴く方にとってもあまり抵抗感がなく受け入れやすい。
・短所…時間不足の際、結論がカットされてしまう。
②　結論先行型…初めに結論を話し、それからその内容の説明をする。
インパクトや意外性が薄くなる
・長所…目的がわかりやすい。全体と部分との関係がとらえやすい。
時間の調整がしやすい。（時間不足でも結論がカットされない）
(3)　まとめの大切さ—まとめが必要な理由—
①終わり良ければすべて良し。
②　ポイントになる重要な点を正しく認識しているかどうかを確認する。
③　聴き手とプレゼンターとの認識のずれを是正する。
④　全体のまとめ（要約）
⑤　重要な事柄は何回も繰り返して相手の頭の中に定着させる。
(4)　質疑応答集の作成
当然予想される質問に対する答え方を整理し対策を立てておく。
(5)　プログラムの標準的書式と作成上の注意＝プログラム作成のメリット。
①　全体の時間配分のチェック
②　話す内容を度忘れした時に思い出すためのきっかけの資料
③　ツールを使うタイミングをつかむ
(6)　プレゼンテーション・プログラムを書く書式（フォーム）に盛り込む。〔項目〕
①　時間配分／②主題（ねらい）／③内容／④ツールを使うタイミング
(7)　プログラムの用紙に書き込む場合の留意点
①　字を大きく書く。
②　筆記具は鉛筆のように光るものは避け、サインペンなどの少し太めに書けるものを。
③　比喩や事例などはその概要と出だしの部分を書いておく。
④　気のきいた表現で短文のものは全体を書いておく。
⑤　自分がわかる言葉は略語や省略した記号などで書いてもかまわない。
⑥　重要なところは赤いアンダーラインを引く。いろいろな色を使わない。
(8)　情報の視覚化とツール視覚化の効果
①　わかりやすい。
②　理解のスピードが早い。
③　情報量のコンパクト化

④　聴き手の理解のバラツキの是正
〔ツールの種類と特徴〕
①　黒板や模造紙などの古典的ツール
②　スライド、映画、ＯＨＰ、ＶＴＲなどのＡＶ（視聴覚）機器
③　コンピュータなどのエレクトロニクス機器
(9)　わかりやすい話し方の条件
①　発声発音
速さ、大きさ、明瞭さ、間、アクセント、イントネーション、歯切れの良さ
②　言葉使い
基本としての敬語
外来語の多用に注意する
耳障りな言葉癖と品のない言葉遣い
③　事例や比喩の活用
④　態度、マナー、服装、表情・視線、情熱・迫力
(10)　リハーサルでチェックすべきこと
①説得のポイント／②内容の構成／③内容の時間配分／④予定時間／⑤話の過不足／⑥話し方／⑦態度・表情、マナー、服装／⑧ＡＶ機器の使い方

②　機器使用…机上のカメラ映像がテレビ画面に映る提示器を用いた。これに「Power Point」ならぬ「Paper Point」と呼んでいるＢ６カードを映し出せば、文字・イラスト・写真がズームも含めて自在に提示できる。操作の習得も容易である。当時はまだパワーポイントを使用する環境が整っておらず、苦肉の策であった。

(4)　発表（Presentation）

この段階で気になるのは、発表する側よりも聴取する側の指導である。ポスターセッションの際と同じようなレポートを、聴取の際にまとめさせることにした。質問カードも、前回と同じく、発表者に直接渡す分と指導者に提出する分とを用意した。

プレゼンテーションの評価について　学習の手引き4（抜粋）
1. 発表者側
(1) 計画はよく練られているか→進行表の提出　(2) 内容の構成
(3) ツールの使い方　(4) 話し方・態度　(5) 質問への対応
＊詳細は前回の学習の手引き「プレゼンテーションの方法と留意点」参照のこと。
2. 視聴者側
(1) 聴取カードの記入
①内容の要約…発表の内容と印象に残った点を記入する。
②疑問点…発表における曖昧な点や深く知りたい点を書く
(2) 質問活動…聴取カードに基づき、発表者に質問する。
＊テーマ例＝見るだけで分かる原爆記念館活水平和資料館／渡辺千恵子記念館／松谷英子記念館／戦争体験実習館／平和の旅館／平和都市長崎平和記念館／片足鳥居と原爆クスの木記念館／長崎原爆遺構館／戦争と女性記念館／キリスト教とその女性たち館／戦争と女性記念館／活水平和資料館／千羽鶴記念館

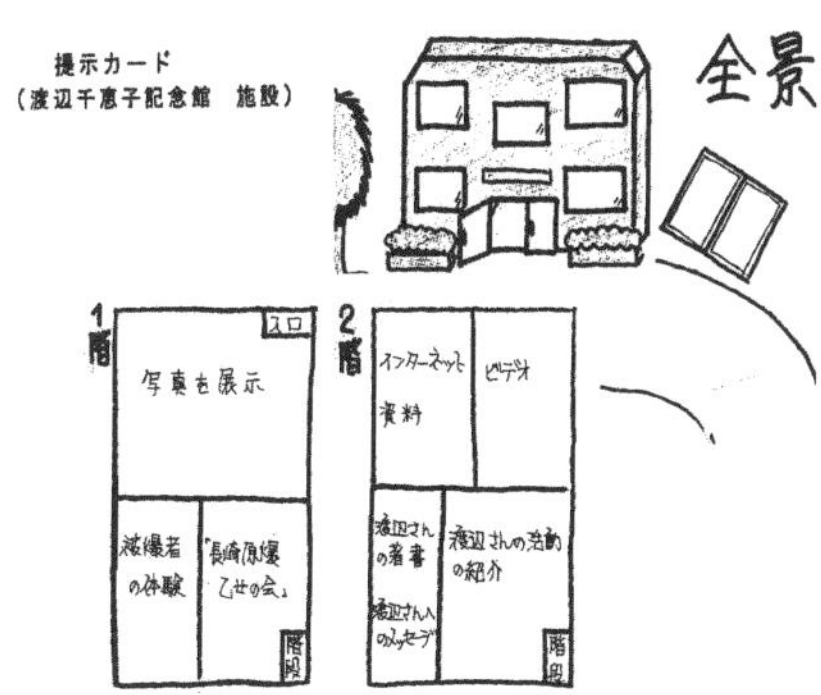

四、実践の成果と課題

(1) **単元構成と課題設定―「実の場」の設定**…「実の場」は「学習活動の必然性（目的性・切実性・文脈性）と有用感に裏付けられた学びの場」と定義したい。これには、地域社会や生活に根ざした課題と学校外の学習資源（施設・組織・人）が重要な条件になると考える。

「同級生へインタビュー」は、生徒たちに好評だっただけでなく、担任からも感謝された。新学期の不安定な人間関係という学校生活の切実な文脈の中で一定の役割を果たせたようだ。聞きあうことの重要性を改めて感じる。

「語り部たちの記念館」は、生徒たちが被爆地長崎という地域社会の問題に向き合い、語り部たちの目指す平和文化構築の営みを文化祭で一般の人に見てもらうという社会実践につながった。語り部や記念館という外部の学習資源は不可欠のものだった。最新の学習指導要領でも、ようやく外部の学習資源重視の方向を打ち出している。

(2)　**言語能力と課題解決能力・情報活用能力**…単元を終えての振り返りで、生徒たちは、「文章力、表現力とか皆の前で発表する力がついた」、「自分の思ったことを理解しやすく他人へ伝えることができるようになった」、「将来、大学や社会に出た時にプラスになる事だなと思います。」、「友だちと協力し合いいいものが作り出せた」、と自らを評価できるようになっている。

(3)　**手引きの工夫・活用**…手引きは、学習の指針となるだけでなく、ルーブリックとして、学習の自己評価の手段ともなる。言語能力や諸スキルを着実に習得できるように、生徒が主体的に学習にあたれる「学習の手引き」の開発に努めたい。

(4)　**評価**…学習成果の評価には、数値化が求められるが、発表や制作物の評価はこれに馴染まない。しかし、四〇九ページのような客観化・精緻化の試みも必要だ。広義の評価としては振り返りや相互批評などを随時取り入れたい。

(5)　**実践の発展**…この実践での「ＰＢＬ（プロジェクト学習）」ともいうべき学習の枠組みは、私が顧問を務める平和学習部の指導に活かされた。同部は、長崎市の外郭団体が主催する平和事業の企画コンペに参加し、七年連続で採用されている。提案された事業は予算もつき、生徒の手で企画・運営されている。そこにはさらなる「実の場」が控えている。

ろう学校高等部における「国語表現」の指導の実際

――単元「私の二十年の歴史」（専攻科二年）を中心に――

実践当時／長崎県立ろう学校高等部教諭　中村陽子

一、実践研究のねらい

長崎県立ろう学校高等部専攻科は、高等部本科三年を卒業した後、さらに専門的な職業技術を身につけ、社会的自立ができるよう設置された二年間の課程である。三歳の時からろう学校幼稚部に入学し、ろう学校という「温室」の中で学んできた生徒たちも、専攻科生になると、「社会の中で、聴覚障害者としてどのように生きていくのか」という大きな課題に正面から向き合わなければならなくなる。

聴覚に障害がある生徒にとって、「表現」にはさまざまな困難が伴う。耳からの情報が入りにくいということは、単にことばのやりとりができにくいというだけでなく、ことばの獲得に大きな影響を与えている。言語メディアとしては、読話（口の形を読み取り、話を理解すること）・発音発語（声を出して話すこと）・聴能（残された聴覚を活用すること）・文字・指文字（五十音を指で表現すること）・手話等があるが、ことばの獲得がうまくいっていない場合は、「読むこと（読解）」にも「書くこと」にも支障をきたす。また、聴覚障害者にとっての「話すこと」は、自分の音声や手話を使って自己表現することであり、これは、各自が自分の障害をどのように受容しているか、ということに大きくかかわっている。

これまでは、「手話」がろう教育の中で位置づけられておらず、そのため、「ことばの獲得」「自己表現」「障害の受容」の面にも課題があった。その課題を解決するには、手話をはじめあらゆる言語メディアを駆使しながら、情報を的確に把握し、目的や場に応じた自己表現ができる力を育て、生きていく自信につなげる指導が必要だと考えた。そして、それが障害の受容にもつながるのではないかと思われた。私の国語の授業においては、あらゆる言語メディアを駆使し、音声と手話を併用して発表する機会を多く設けた。

今回、専攻科二年の『国語表現』の最後の学習として、「私の二十年の歴史」という自分史の作成に取り組んだ。自分史をまとめる中で、周囲の人々との関係や、自分の障害や生き方を見つめ直し、今後の生きていくエネルギーにするとともに、コミュニケーションに苦手意識を持っている生徒に、「書くこと」「読むこと」「話すこと」（音声と手話を併用して）への自信をつけさせることが目標であった。

この学年の生徒たちとは、私がろう学校に赴任して二年目に、高等部本科一年時のクラス担任としてかかわった。それから五年。私が途中で出産育児のために教壇を離れた時もあったが、専攻科二年時に再び担任としてかかわることになった。ろう教育について全く無知だった私は、クラス担任として生徒たちの生活や思いに向き合ったり、保護者の方々の思いを受けとめたりすることにより、国語科の役割と重要性を痛感したのだった。そして、生徒たちとともに生活する中で、「自己表現」や「障害の受容」という課題が明らかになり、国語の授業の中で取り上げるようになった。この学年の取り組みは、私のろう学校の国語教師としての歩みでもあった。

なお、この実践研究は、今から二五年前の、平成五（一九九三）年一月～三月に長崎県立ろう学校高等部専攻科二年生を対象に実践し、日本国語教育学会第五七回国語教育全国大会（一九九四年八月）で発表したものを少し書き直したものである。

二、単元の構想

(1) 単元名　「私の二十年の歴史」

(2) 対象学校・学年・組　長崎県立ろう学校高等部専攻科　第二学年
一組五名・二組六名（男子五名、女子六名、計一一名）

(3) 実施時期・時間数　平成五（一九九三）年　一月～二月　一六時間配当。

(4) 単元の構想

① 本単元以前の「自己表現」と「障害の受容」に関する実践の歩み

ア　高等部本科一年　単元「劇『幽霊学校』」（昭和六三（一九八八）年度の実践）

・野田市太郎作「幽霊学校」をヒントに、舞台を戦時中と現代のろう学校に移し、先輩のろう者の話や資料をもとに、戦時中の長崎の聴覚障害の人々の生活を描いた劇として中村が脚色し、生徒に演じさせた。
・台本を読み、登場人物の心情を理解する。聴覚障害者の歴史や生きざまを受けとめる。
・手話と口話を併用して演じる。→文化祭での発表につなげた。（文化祭での発表の体験は、自分の声や手話に対するコンプレックスを軽くし、その後の表現活動への自信にもつながっていった。）
・大文化祭での発表後、感想文集を作成した。

イ　高等部本科三年「修学旅行記」「卒業文集」等の作成（平成二（一九九〇）年度の実践）

・「書く」力をつけるために、行事等を文章にまとめさせた。また、学級で手話と口話で発表させた。

ウ　高等部専攻科二年（一学期）単元「仕事と生き方」…ながさき水脈の会・片桐啓恵さんの実践を参考にした。
・『わたしの仕事』（理論社）の中から、自分の専攻している職業科に関連した仕事や興味のある仕事について書かれた文章の中から一つ選び、そこに書かれている仕事やその人の生き方についてまとめる。
・「私の紹介するこの人・この仕事」として、各自がまとめたものを冊子にし、手話と口話で発表させる。
エ　高等部専攻科二年（二学期）　単元「修学旅行・広島を学ぼう・広島で学ぼう」（平成四（一九九二）年度の実践）
・広島での見学希望地に、各自で資料請求等の手紙を書き、「修学旅行資料集」を作成する。
・自分が担当した場所について、手話と口話でみんなに説明する。
・広島のろうあ被爆者の掛谷長助さんの被爆体験記を読み、戦争・原爆を生き抜いてきた生き方を学ぶ。
・広島で掛谷長助さんに会い、直接体験を聞く。修学旅行後、「修学旅行記」を作成する。

②　単元設定の理由

社会に巣立つ前に、自分史をまとめる中で、周囲の人々との関係や自分の「障害」やこれまでの生き方を見つめ直し、今後の生きていく糧にしてほしい、また、コミュニケーションに苦手意識を持っている生徒に、「書くこと」「読むこと」「話すこと（音声と手話を併用）」への自信をつけさせたいと考えた。

「書くこと」が苦手な生徒たちにとって、自分の力だけで二〇年の歴史をまとめさせるのは困難である。そこで、保護者と恩師の方々にご協力いただいた。保護者には生徒が生まれた時のことや聴覚に障害があることが分かった時のこと、また、これまでどんな思いで育ててきたかということについて書いていただいた。さらに、今までお世話になった先生方五人に手紙を出し、当時の生徒の状況を教えていただいた。これらをもとに、二〇年の歴史を組み立てさせた。

このようなお願いを保護者にしたのは、「書くこと」のためだけでなく、親子のコミュニケーションを図ることも含まれている。高等部本科一年・専攻科二年と担任をする中で、保護者から多くのことを聞いた。我が子の聴覚障害がわかった時のことやいろいろな所へ相談に行ったこと、遠い自宅からろう学校まで毎日通ったこと、子育てのたいへんだったこと等、親の子どもへの深い思いを痛感した。しかし、子どもである生徒たちと話していると、こうした親の思いがあまり通じていないように思われた。親子でこうしたことを話すことはほとんどなかったようである。幼い時から家族と離れて寄宿舎生活を送ってきたことも原因として考えられるが、一番の原因は、親子でうまくコミュニケーションができないということだと考えられる。ろう学校では、聴覚口話中心の指導がなされており、最近まで、手話は聴覚口話の指導を妨げるものとして、ろう教育では認められていなかった。そこで、保護者にも「手話を使ってはことばの力が伸びないので、手話を使ってはいけない」という考えが植えつけられたようであった。しかし、子どもたちは、他の聴覚障害者たちと共に暮らしていく中で、音声言語を基礎としたことばだけでなく、手話ということばも獲得し、コミュニケーション手段をどんどん広げていった。音声や書きことばで表現しにくいことも、手話ならば表現できることもある。生徒たちにとっては、口話も手話も大切な表現方法だったのである。しかし、親たちは違った。子どもが幼い時に「手話は口話を妨げる」とろう学校の教師から言われ、「社会の中では手話は通じないから、社会で自立するためにも手話は使ってはいけない」と思い込んだ親たちにとっては、子どもが他の聴覚障害者と手話で話すのを「仕方がない」と容認するものの、自分たちも手話を使って話そうというまでには至らなかった。親子の会話が口話だけの場合、子どもが成長するに従い、親子の会話は少なくなり、必要なことしか話さないという状況になったようである。

「これまでの子育てについて親から話を聞く」ということは、単なる苦労話を聞くというだけには終わらない。生徒にとっては、自分の命がどのように育まれてきたかということを知ることになり、それは自分の存在に対する自信につながるのではないかと考えた。また、親にとっても、子どもの卒業を前にした時が、今までのことを語るいい機会になるのではないかと思われた。案の定、それぞれの生徒たちの手元に、親からの思いがびっしり書かれた手紙が届けられ、生徒たちも親の思いをうけとめることになった。恩師からも返信が届き、生徒たちは多くの人の思いを受けとめながら、自己を見つめることになった。

(3)　単元の指導目標

①　社会に巣立つ前に、自分史をまとめる中で、周囲の人々との関係や自分の「障害」や生き方を見つめ直し、今後の生きていく糧にさせる。

②　コミュニケーションに苦手意識を持っている生徒に、「書くこと」「読むこと」「話すこと（音声と手話を併用）」への自信をつけることができるようにする。

三、単元の展開

時間	学習活動	指導上の留意点・生徒の状況
事前	①「私の二十年の歴史」に取り組むことを予告。今までお世話になった先生五人に手紙を出すので、誰に出すかを決め、住所を調べておく。	・保護者には、家庭訪問やPTAの折に、卒業前に「私の二十年の歴史」に取り組むので協力をお願いしたいということを話し、心の準備をしてもらっていた。 ・恩師が在職している場合は、教職員住所録で調べることができたが、退職された場合は、同僚だった教師や家族に尋ねて住所を調べた。

4	②自分の親に、自分が生まれてからこれまでのことについて書いてくれるようお願いする手紙を書く。 ③自分の恩師に、当時の自分の様子を教えてほしいという手紙を書く。 ④返信用封筒を同封して、手紙を発送する。	・保護者の中には、思いはあるのだが書くことに負担を感じられる方もいらっしゃると思い、生徒からのお願いだけでなく、国語担当者からも依頼の手紙を出した。 ・「自分の気持ちを文字で伝えること」は、聴覚障害者とって、音声でも手話でも通じない場合の大切なコミュニケーション手段である。書く力をつける指導の一環として、これまでにも何回も手紙を取り上げてきたが、今回は、手紙学習の締めくくりでもあった。（手紙の書き方の確認・敬語の使い方等指導） ・書く内容を全体で確認し、その後、各自が書いたものを添削する。なかなか書けない生徒には、教師が書いた例文を参考にさせ書かせた。
1	⑤構成メモを作る。どの時点の、どんな自分のことについて書くのかをメモする。	・「私の二十年の歴史」は、文集にはせず、一人ひとり冊子にしたものを原本を本人が持ち、一冊だけコピーしたものを私が保管することを話し、生徒の了解を得た。 ・どこから書けばいいか迷っている生徒に対しては、小さい頃のことや嬉しかった、悔しかったこと等の話を聞き出しながら、構成のアドバイスをした。
6＋家庭での学習	⑥保護者や恩師からの手紙（返信）を読む。 ⑦返信をもとに、構成メモをまとめる。 ⑧構成メモや保護者・恩師からの手紙をもとに、自分の歴史をまとめていく。	・保護者や恩師からの手紙を自分で読みこなすことができた生徒は、その内容に感動し、涙を流したり、私に嬉しそうに報告してくれた。 ・恩師からの手紙は、生徒の読解力を考慮して書かれてあり、生徒たちも読みこなすことができた。一方、保護者の手紙の中には、子育てのことや子どもへの思いがびっしり書かれているのだが、生徒の読解力が及ばず、親の思いを十分に読み取ることができないこともあった。 ・手紙の内容を理解できない生徒には教師が説明を加えていった。 ・生徒が書いた文章を生徒と話し合いながら添削を進めていった。

家庭での学習	⑨添削された文章をもとに、清書していく。手紙や写真等も入れて、編集する。 ⑩まとめたものを提出。	・生徒が提出した原稿を、一人ひとり色の違う表紙を使って製本して、卒業式の日に手渡した。 ・提出が遅れた生徒もいたが、全員「私の二十年の歴史」を完成させた。
2	⑪「私の二十年の歴史」をもとに、卒業式での全員（一一名）による答辞の草案作り。 ・構成や担当について話し合う。 ・自分の一番の思い出を出し合う。	・生徒一人ひとりの「私の二十年の歴史」が完成した時、この思いを表現する場として、卒業式の「答辞」で表現することを提案。生徒・先生方にも了解を得、自分が一番伝えたいことをもとに答辞の草案作りをした。
3	⑫答辞を、口話と手話をはじめ体全体を使って表現する練習。	・十分な時間はとれなかったが、生徒たちは、各自がしっかりと自分の担当箇所を覚えこみ、短時間でまとめることができた。生徒たちの意気込みが感じられた。
卒業式当日	⑬手話と口話を併用し、体全体を使っての、卒業生一一名による答辞。	・あらゆるコミュニケーション手段を使い、誰にでも分かるように表現するために、答辞の原稿を、ＯＨＰでも映し出した。 ・生徒たちは、緊張しながらも堂々と表現した。 ・小学校の時、級友たちに声を笑われて、人前で声を出せなかったＴ君が、この時は大勢の人の前で声を出して話した。

四、単元「私の二十年の歴史」で見られた生徒の変容

⑴　親の思いを受けとめた生徒たち

〈S君とK子さんの「私の二十年の歴史」から〉

母の手紙を読んだ時、知らないことがありました。僕は、障害のことを考えず、遊びばっかりしていました。母が話す時は、手話を使わず、声を出すだけですが、声を出してもわからない時は、手まねを少ししてくれました。祖父と祖母と兄弟は、手話は使わないで、声だけ出しているのですが、だいたいわかります。でも、僕が声だけで話す時、相手がわからない場合は、字書きをしました。今から、僕の家族が、手話を少しずつ覚えてほしいなあと思います。

S君やK子さんだけでなく、生徒全員が親への思いを書いていた。家庭の事情で母親と離れて暮らしていたR子さんは「この手紙を読んで、母さんは今まで苦しみを耐えて壁を越えてきたと思います。母さんに感謝します。」と書いた。愛されながら育ってきたとわかった時、生きる勇気がわいてくる。

お母さんは、私の耳が聞えないので、どうすればいいか分りませんでした。私も一緒に連れて、大変ですが、病院に行ったり、いろんな所を回っても、どうすることもできませんでした。お母さんが私のために一生懸命して回りましたが、なかなか見つかりません。お母さんは、大変でした。でも、お母さんが私を産んでくれてよかったと思っています。ありがとうという気持ちをもっています。佐世保ろうで寄宿舎に離れて暮らし、私は泣き虫でした。お母さんも私がいないので泣いて帰ったそうです。中学部から高等部まで、帰省しても話す時間がないこともありました。通学生になったら話を十分することができます。これが一番うれしかったことでした。

(2)　手話への思い・・・障害を受容し、家族の中で聴覚障害者としての自分をアピールし始めた生徒たちの親への思いは深いものの、家族の中でのコミュニケーションについては、不満が大きかったようである。幼い時から、学校の先生や両親に手話を厳しく禁止され、こそこそと手話を使っていた生徒たち。幼い時から今まで、家族に「手話を使って」ということも言えなかった生徒たち。家族の中で、思う存分コミュニケーションをとることができなかった生徒たちが、今、手話の必要性を訴え始めた。

S君は、「僕の家族も手話を覚えてほしいなあ。」。M子さんは、「お母さんとの口話だけの話はおもしろくありませんでした。お母さんは、私の心の中をわかってくれませんでした。本当は、手話を使ってほしいという気持ちがいっぱいたまっていました。今でもこうした気持ちです。・・・他のお母さんが、手話を使って子どもに話しているのを見て、羨ましかったです。母に手話を使ってほしい、わかってほしいという気持ちでいっぱいです。」。それまで厳しく手話を禁止していた父親が、手話を使ってくれた時の喜びをA子さんはこう書いています。「私は、今、お父さんが手話で語ってくれるようになり、話がわかるようになりました。心からありがとうと言いたいです。」。

これまでは、生徒たちにとって親や家族は、ことばを教えてくれる人であり、常に自分を守ってくれる人たちであった。しかし、今は、「対等な関係でありたい」という思いが生徒たちにある。今後、親子でどのようなコミュニケーション手段を用いていくかは、今後の保護者の「障害の受容」のあり方が問題になってくると考えられる。「障害の受容」のあり方で、親子や家族のコミュニケーションのあり方が違ってくる。生徒たちの生き方も違ってくる。ろう教育に携わる者として、教師の「障害の受容」のあり方も問われている。

(3)　自分の一番苦しかった時のことを、じっくり見つめ直す

T君は、「普通」中学校から、高等部一年の時にろう学校に入学してきた生徒だった。家族の前ではよくしゃべるが、学校では全く声を出さない生徒だった。T君が声を出せなくなったのは、人から声を笑われたからだということを少しだけ話してくれていたが、詳しいことはこの五年間わからなかった。しかし、この「私の二十年の歴史」作成をきっかけに、T君は当時の担任の先生に手紙を出し、それをもとにして、自分が声を出せなくなった時のことと向き合うこととなった。以下、T君の文章から表記もそのまま抜粋。

〈小学校五年生の時に笑われたこと〉

僕は、小学校五年生になって、クラスがバラバラに変わりました。一組と二組と三組と四組に分かれています。僕は、五年三組になりました。知っている友達は、少なく、ほとんど知らない人ばかりでした。先生も変わりました。友達が変わった時、僕は、いやだなと感じました。僕は、耳が聞こえない人は、僕一人だけど、変わった友達は、僕のことを全くわかりません。先生がみんなに一人一人、名前を呼ばされました。僕の席は、後ですが、となりの人は知ってるから大丈

夫だなと思います。先生が名前を呼ばれた時、僕は、ハイと返事をして、みんなから笑われました。その時、僕は、体があつくなって、緊張しました。後の方の男子生徒から、「声が赤ちゃん見たい。」とか、「女見たい。」と言われました。となりの友達が、僕のことを、「耳が聞こえない。」と言いました。僕は、きずつきましたが、がまんをしました。いろいろおしゃべりをしたり、あそんだりしました。僕は、いつも、女の子から、かわいがられたこともありました。いじめもされました。男の子からもいじめられました。くやしくて、僕は、泣きました。

さらに、T君の苦しみは中学校へと続いていく。

〈中学校に入学したこと〉

僕は、中学生になった時、友達は全っく知らない人ばかりでした。知っている友達は、少ないです。小学校一年から、六年までは、ずっと弟といっしょでした。中学生になってからは、別になりました。僕は、一年九組になりました。先生がみんな一人一人、前に出て、自己紹介をさせました。みんなは、自分の名前、好きな食べ物、嫌いな食べ物、趣味などを言いました。順番がすすみ、僕が近づいた時、胸がドキドキしました。僕の番が来て、前に行って、紹介をしました。前の席の人は、小学校の同じクラスの人です。それで、前の人が、「言え」と言った時、僕は、頭の中に、急に小学校のことが思い出されてみんなから笑われるだろうと思いました。先生に、「いい。」と言われて、席にもどったら、先生が、「補聴器」と言われました。先生に、「補聴器を明日持ってきなさい。」と言われました。つぎの日になって、ずっと補聴器をはめました。だんだん、友達と話せなくて、悩んでいました。毎日、毎日、学校に行きたくないという気持でした。夏が終わった時、みんなが僕のことを嫌いになってきました。「声を出して。」と言われました。

九月か十月ごろ、お父さんが、家で僕の声をだまして、テープにとりました。つぎの日になって、先生がテープを持って来たので、僕はおかしいなと思いました。先生が僕のことを、「家では、歌ったり、おしゃべりをしている。」と言われました。僕はいやになりました。先生がテープをおして、みんなに聞かせました。僕は、先生の机の下に、ずっとかくれて、泣きました。声をはじめて、聞かれた時、みんなが少し笑った音がしました。後は笑いは止みました。僕は机の下にかくれた時、どうしてこんなになったんだろうと考えていました。また、死にたいという考えも、持っていました。それで、テープを止めて、泣いた時、友達が、僕をかばってくれました。僕は、弁当を食べる時も、仲間はずれにされたことがありました。一人で食べる時、僕は、泣きました。みんなは声を聞きたいと思って、僕のことをまっていました。

T君のこの文章を読んだ時、私は、彼の苦しみの深さを十分に理解していなかったことを、恥ずかしく情けなく思った。そして、T君が死さえも考えたように、私たち教師の一方的な思い込みが、生徒をこのように追い込んでいくのだということが痛感された。心無い「聞き手」は、「話し手」をつぶしてしまう。

T君は、五年の歳月を経て、一番苦しかった時のことを語り始めた。まだ、相手によって声を出したり、出さなかったりしているが、これからの出会いの中で、彼がさらに変わっていくことを期待したい。

T君のほかにも、この「私の二十年の歴史」の中で、聴覚に障害があるということで差別されたり、いじめられたり、悔しい思いをしたことを書いている生徒が多くいた。しかし、自分の苦しかったことを書けるようになったということは、そのできごとを客観的にとらえることができるまでに成長したのではないかと思われる。

また、こうした生徒たちの体験を聞くにつけ、障害者への周囲の人々のかかわり方についても考えなければならないと思う。「話し手」が生き生きと表現するには、「聞き手」も育てなければならない。障害のある人たちが生き生きと生きていくには、周囲の人たちへの教育も必要である。

(4)　障害の受容

陸上競技の長距離ランナーとして、聞こえる人たちと対等に試合をしてきた経験を持つY君は、次のような文章で自分の「私の二十年の歴史」を締めくくっている。「僕は、はじめは、なぜ耳が聞こえないのかとくやしかった。健聴者になりたくて、とっても悲しかったです。・・・自分の障害をきちんと受けとめることができるようになりました。障害者でも健聴者でもどっちもかまわない。どちらでも努力をすれば、りっぱな人生になるかもしれないので、頑張るつもりです。・・・就職が決まっているのでどんな人にも遠慮なく、話をしながら、仕事をやろうと思います。」また、R子さんは、「これからは、誰かに助けてもらうより、誰かを守ってあげられるようなやさしい女性になりたいです。がんばります。」と結んでいる。「生徒たちに自分の障害を受けとめさせ、自信を持って生きていく力をつけること」はろう教育の中で、最も大切なことである。そして、そのためには、教える側がしっかりとした障害者観を持たなければならないと、生徒たちの「私の二十年の歴史」を読みながら痛感した。一人ひとりの歴史はずっしりと重く、また、私にさまざまな課題を投げかけた。

五、実践の成果と課題

長崎県立ろう学校は、年々生徒数が減少し、障害の程度やことばの力も個人差が大きい。今、学校で問題になっているのは、個に応じた授業をするために、能力別に分けたほうがいいのではないかということである。「個に応じた指導」は必要である。しかし、「個に応じた」ということは、「細かく分ける」ことではないのではないかと思う。大村はま先生の、生徒一人ひとりに寄り添い「優劣のかなた」に誘う「単元学習」の取り組みが、これからのろう学校の指導に必要なのではないかと思われる。

私がろう学校に赴任した昭和六二（一九八七）年頃には、手話はろう教育の中で認められていなかった。「生徒が障害を受容し、表現力を高めるには手話が必要である」ということを私はこれまでの取り組みの中で言い続けてきた。近年、ろう教育の中でも手話が認められるようになり、生徒たちの手話に対するコンプレックスも減少し、手話と口話を併用する表現が定着しつつある。一方、生徒の読解力の不足も大きな課題である。音声・手話・文字等のさまざまな言語メディアを駆使し、ことばの力を養っていくことが大切である。今後は、読書生活をどう築いていくかということをはじめとして、「読むこと」を充実させたいと思う。これからも、大村はま先生の実践を私の道標とさせていただき、「一人ひとりの力をのばす」「生活の中で生きて働くことばの学習」をめざして、試行錯誤を重ねていきたいと思う。

六、その後のこと

この論文で取り上げた生徒たちが、卒業二〇年後に四〇歳を記念しての同窓会を開いた。私も招待され、久しぶりの再会に盛り上がった。かつての生徒たちは、父親や母親として子どものことを話したり、それぞれの職場の話をしたりしてくれた。会場の手配やお店の方との応対も堂々とこなし、頼もしかった。「しっかりと生きているな」と実感できたひとときであった。また、別の学年だった卒業生から次のようなハガキが届いた。「・・・先日はじめて屋久島にひとり旅をしてきました。・・・滞在中は、屋久島の方々、旅人に支えていただきながら楽しく旅行ができ、予想以上の収穫となりました。・・・こうして無事楽しく旅行ができたのは、十五年前、修学旅行の準備で観光協会への問い合わせや情報収集、手紙の書き方など色々学んだお陰だと思っており、先生に本当に感謝しております。ありがとうございました。・・・」こうした卒業生の姿を見ると、「生きて働くことばの力」を育てることの大切さを改めて思う。私は、平成八年四月以降、ろう学校から「普通」学校で勤務することになったが、このろう学校での経験は、その後もずっと私の国語教師としての原点となった。「生きて働くことばの力」の育成は、生徒たちに障害があってもなくても、変わらぬ課題である。

読みに「深まり」を生み出す古文の授業

――「徒然草」（高二）の場合――

実践当時／広島大学大学院教育学研究科院生　西村　尚久

一、実践研究のねらい

古典嫌いの高校生は多い。これは実際に平成一七年度教育課程実施状況調査において、「国語の勉強が好きだ」という質問項目に対しての肯定的回答（「そう思う」、「どちらかといえばそう思う」と回答したもの）が四七・一％であることに対し、「古文が好きだ」という質問項目に対しての肯定的回答が二三・一％まで減少することからも明らかである。学習者の古典に対する距離感には様々な原因が考えられる。その代表的なものに、「古典の授業が訓詁注釈型になりがちである」というものが挙げられるだろう。

三浦は、古典学習の意義を以下の四点に整理している。「日本語の歴史をとらえること」、「民族の精神史をとらえること」、「文学として享受すること（リズム等言葉の美しさを感じる、現在の自分たちを発見する）」、「言語感覚や読解力等の言語能力を育てること」である（→「文字として味わう『古文』現代語訳・課題のあり方を中心に」『愛媛国文研究（六四）』愛媛国語国文学会・二〇一四、一～一二頁）。これら古典学習の意義を実践レベルでとらえると、「① 古文を自力で読む知識・技能を身につける」、「② 文学として読み解き、味わう」、「③ 古文を読書対象として楽しむ態度を養う」ということになり、特に「②」、「③」に関する指導が足りていないと指摘している。

右の調査結果や三浦の指摘からは、「訓詁注釈に終始することを脱し、古文を現代文のように扱う授業」が求められているということが言えるのではないだろうか。すなわち、古文教材を用いた「読むこと」学習指導において、学習者の思考に深まりを生み出していくことが求められるということである。以上の問題意識からは、古典教材を用いた授業において如何にして学習者の読みに「深まり」を生み出すのか、加えて、生まれた「深まり」をどのように表出させ、評価するのかという課題が生まれる。

そこで本実践研究ではリサーチ・クエスチョン（以下ＲＱ）として「古典教材を用いた『読むこと』の授業をどのように展開していけば、学習者の思考に深まりを生み、その内的思考プロセスを把握、評価することができるか」というものを設定した。

なお、本実践は、広島大学大学院教育学研究科教職高度化プログラムにおける課題解決実習Iを広島県立広高等学校で実施し、その成果をまとめたものである。

二、仮説の設定

「古典教材を用いた『読むこと』の授業をどのように展開していけば、学習者の思考の深まりを生み、その内的思考プロセスを把握、評価することができるか」というＲＱに対し、「① 学習者の思考に深まりを生むための授業方法の開発」、「② 学習者の内的思考プロセスを把握、評価するための方法と観点の開発」の二点に分けて仮説を設定する。

「①学習者の思考に深まりを生むための授業方法の開発」に関して、本単元では、「傍注資料を作成した上で学習を進めることで学習者の読みに深まりが生まれる。」という仮説Ⅰを設定した。

また、読みの段階を「理解→解釈→評価」の三段階で設定する。「理解の読み」は、本文に書かれた内容を正確に理解している読みの段階、「解釈の読み」は、本文に書かれた内容について、表現や周辺情報から筆者の意図を解釈している読みの段階、「評価の読み」は、「理解」、「解釈」の読みで読み取った内容を踏まえ、自らの経験や実生活に結びつけた上で、本文に書かれた内容を評価している読みの段階である。授業展開としては、この三段階に対応した課題を設定する。

「②学習者の内的思考プロセスを把握、評価するための方法と観点の開発」に関して、「『理解→解釈→評価』という読みの段階に対応した課題を設定し、それに答える形で記述物を作成させることで学習者の思考の深まりを把握、評価することができる。」という仮説Ⅱを設定し、また、この仮説に加えて、「本文読解前後にそれぞれ対応した課題を設定する」という手立てを講じる。

三、単元の構想

(1) **単元名**　吉田兼好の無常観を理解し、世界をとらえなおす。

(2) **対象学校名・学年・組**　広島県立広高等学校　第二学年　四組（理系クラス、男子二四名、女子一六名、計四〇名）

(3) **実施時期・時間数**　平成二八（二〇一六）年　五月〜六月　六時間配当。

(4) **教科書教材**　徒然草第七段「あだし野の露消ゆるときなく」

徒然草第七一段「名を聞くより」（第一学習社『高等学校古典B』）

(5) 授業の構想

① 教材観

『徒然草』の主題は「無常観」であると言われる。「無常」とは、人間の世界を支配する人知を超えた力、目に見えない力の存在を感じさせる言葉である。「無常観」とは、この世のすべてを「無常」と観る見方のことである。人間は自分の生死を思い通りにできないから、無常の中に暗い闇の力を感じ、否定あるいは忌避する。ところが、兼好は「世は定めなきこそ、いみじけれ」と述べるように、無常を積極的に受け入れ、そこから人生の価値をとらえ直している。

作品を右のようにとらえると、現代の学習者が『徒然草』を学ぶ価値が見えてくる。それは、作者兼好が無常を受け入れようと努めた跡をたどることによって、現代の学習者が激動する現代社会を生き抜いていくためのヒントを得ることができるということである。学習者が『徒然草』を読み、現代を生き抜くためのヒントを得るためには、兼好が対峙した「無常」を明らかにし、それをどのようにとらえ、受け入れようとしたのか理解した上で、学習者自身が生きる世界を解釈し、意味づけていく必要があるだろう。

本単元で扱う二つの章段から共通して読み取れることは、作者の人間心理への興味・関心である。常なるものに対する疑問を持ち続けた兼好だからこそ、常に変化する人間心理への関心を持ち、その考察を通して、より充実した生を目指すことができたのであろう。この単元を通して作者が無常と対峙した姿をとらえさせたい。

② 生徒観

学習者は通常、授業前に本文プリントを用いて予習に取り組んでいる。予習では、単語の意味を調べ、本文の現代語訳を行っている。授業前に観察した授業からは、意欲、習熟度ともに高く、授業に積極的に参加する学習者が多く在籍する教室であることが分かった。しかし、一方では、予習での現代語訳をインターネットなどで調べて行っている者もいる。本単元では、こうした学習者の意欲、習熟度の実態を踏まえ、単元を構想する際に、以下の配慮を行う。

学習者の意欲に関して、対象の学習者が、理系の生徒であることを踏まえると、学習者をどのように教材に出会わせるかという点に注意しなければならないだろう。そこで、古典教材で語られる内容が、自分たちが生きている現代の諸問題につながっているということを意識できるような問いを単元の中心に据える。具体的には、第七段「あだし野の露消ゆるときなく」では、学習者自らが現代における「無常」な事象を設定した上で、その事象をどうとらえるかを考えさせる。第七一段「名を聞くより」では、兼好法師がとらえた心の動きを、自らの日常経験の中から探させる。これらの問いを考えさせることで学習者は、現代を生きる自分たちにつながる内容を語るテキストとして古典教材を受容することができると考える。

学習者の習熟度に関して、学習者に馴染みのない文語表現による言語抵抗が考えられる。古文の言語抵抗を超えて直接内容に踏み込む方法として、傍注資料を活用したい。傍注資料を、以下の八点を意識しながら作成する。

①原文の左に文法的説明を示す。
②原文の右に言葉を補うと筋が明らかになるところに、◁印をつけて補う言葉を書く。
③原文の右に本文読解に必要な語句の意味を示す。
④本文読解に必要な知識（ここでは「あだし野」、「鳥部山」、を用いた歌等）は資料下部に注釈を掲載する。
⑤本文読解において特に重要な部分である作者の思想を表す形容詞を空欄にする。
⑥本単元の学習を通して理解すべき重要語句の意味は示さず、二重傍線を引く。
⑦本文における省略部分（「にや」に続く「あらむ」）は空欄を設け、省略されていることを意識させる。
⑧本文の構造を理解しやすいように意図的に改行を行う。

③　指導観

本単元で作品を読み深めていく過程を、前述したように以下のような三段階で構想する。

第一段階では、読解前に課題意識を持たせる。読解前に「無常」について考えることで、後の本文読解の際のキーワードを意識させる。

第二段階は作品内容の読解である。前述の傍注資料を用いることで、言語抵抗を減らした上で、章段の内容を読解する。この段階での読みは、単に書かれている情報を取り出すだけでなく、構造や形式、表現方法にも着目したものである。つまり、対句表現や、婉曲の助動詞を用いた意図などを考えさせる必要がある。そのような読みを通して、作者吉田兼好の思想に迫っていく。

第三段階は、第二段階で迫った吉田兼好の思想に対して、自らの意見を論述する。具体的には、第七段では、吉田兼好の対峙した無常を現実の状況にあてはめ、解釈し、意味づける活動、第七一段では、兼好が記した現象を自身の日常の事象にあてはめて考え具体例を考える活動である。その後自らの意見を他者と交流することで、自らのものの見方、感じ方、考え方を広げていく。第三段階での二つの活動を本単元の課題とし、学習者はその課題に対しての取り組みの中で様々な知識やスキルを応用・総合しつつ使いこなすことになる。

(6)　単元の指導目標

・古語の語彙と助動詞、表現方法を学ばせるとともに、古文の読解力を習得させる。
・吉田兼好の思想を明らかにした上で、自らの生きる世界を解釈し、意味づけることによってものの見方、感じ方、考え方を広げる。

四、単元の展開

1　第一時の実際

事前に予習として傍注資料「あだし野」（参考資料Ⅰ）を配付し、予習を行わせている。傍注資料は世羅（一九八七）を参考に作成した。予習では二重傍線部の単語を調べ、本文の大意をつかむという指示をした。傍注資料には脚注として以下の三点を示している。

①「あだし野…『暮るるまも待つべき世かはあだし野の葉の露にあらし立つなり』（『新古今集』雑下）など、古来より、人の命のはかなさを詠んだ歌に引用されている。」

②「鳥部山…『とりべやま谷に煙のもえたらばはかなく見えしわれと知らなん』（『拾遺集』哀傷）など、哀傷歌によく用いられる。」

③「四十…当時の平均寿命はおよそ三〇歳である。ま

徒然草　あだし野の露消ゆるときなく（第七段）

あだし野の露　消ゆるときなく、鳥部山の煙　立ち去らでのみ、

住み果つる　ならひ　なら　ば、いかに　もののあはれもなからん。

世は定めなきこそ、（　　）。

命あるものを見るに、人ばかり　久しきはなし。

かげろふの　夕べを待ち、夏の蟬の春秋を知らぬ　も　あるぞかし。

つくづくと　一年を暮らすほど　だにも、こよなう　のどけしや。

飽かず、惜しと　思は　ば、千年を過ぐすとも、一夜の夢の心地こそせめ。

住み果てぬ世に、みにくき姿を待ちえて、何かはせん。命長ければ辱多し。

長くとも四十に足らぬほどにて死なんこそ、（　　）。

そのほど　過ぎ　ぬれ　ば、かたちを恥づる心もなく、人に　出でまじらはんことを思ひ、

夕べの陽に　子孫を愛して、さかゆく末を　見んまでの命をあらまし、

ひたすら世をむさぼる心のみ　深く、もののあはれも知らずなりゆくなん、（　　）。

参考資料Ⅰ　傍注資料「あだし野」

た、年月日を明記した史料はないが、考証の結果、兼好の享年は七十余歳とされている。」

教室での読解に入る前に、ワークシートを配付し、読解前の「無常」に関する知識を確認した。これは読解後にも同様の内容を確認し、読みの深まりを把握するための仮説に関する手立てである。質問項目は「①『無常』とは何か」、「②現代における『無常』な事とは」、「③②で答えた『無常』な事をどう考えるか」という三点である。

記述物の多くに、現代における無常な事象に対して、「必然である」、「どうしようもない」、「怖い」、「悲しい」といったような否定的もしくは諦めの表現が見られた。反対に、少数ながら喜びを見出すような表現も見られた。学習者の「良いこともある」という記述は、本文を予習する段階で兼好の考えに影響を受けている様子が窺える。

一方で、一部の学習者の記述からは「無常」と「無情」を混同してとらえてしまっていることが読み取れ、次時に「無常」と「無情」の違いについて説明

二年　古典B　学習プリント①　「あだし野の露消ゆるときなく（徒然草　第七段）」

二年　四組　　番　氏名

☆本文を読む前に「無常」について考えてみよう。

①「無常」とは何か

②現代における「無常」な事とは

③②で答えた「無常」な事をどう考えるか

する必要があることが分かった。

その後、教室全体で第一段落を読解した。「あだし野の露」と「鳥部山の煙」が対句になっていること、これらの表現は哀しみを想起させる言葉であることを確認し、それらと対比する形で兼好が自らの無常観を語っていることを確認した。

2　第二時の実際

第二時は「無常」という言葉の意味を確認した後に、第二、三段落の読解を行った。「かげろう」、「夏の蝉」が対句表現になっていること、それらと対比する形で人間の命の長さが「人ばかり久しきはなし」と示されることを確認した。兼好法師は人間の命の長さを強調した上で、長き寿命が原因となり、「みにくき姿」、「辱多し」、「かたちを恥づる心もなく」、「ひたすら世をむさぼる心」が生まれたとし、「四十に足らぬほどにて死なんこそ、めやすかるべけれ。」、「もののあはれも知らずなりゆくなん、あさましき。」という考えを述べる。ここでは前述の傍注資料に付した脚注や文法書を用い、七〇代まで生きた兼好法師が婉曲表現を用いている事を確認した。

その後、ワークシートを用いて兼好の考えを、自らの立場を示した上でその理由を記述するという形で評価させた。「四十に足らぬほどにて死なんこそ、めやすかるべけれ」という兼好の考えに対しては、賛成四一％、反対五一％、どちらでもない八％、「もののあはれも知らずなりゆくなん、あさましき。」という兼好の考えに対しては、賛成五一％、反対一九％、どちらでもない三〇％であった。この数値からは、教室内の意見が分かれていることが分かる。学習者が現代的な価値観の中で兼好の「四十に足らぬほどにて死なんこそめやすかるべけれ」という考えを評価してしまわないよう、前述のように「当時の平均寿命がおよそ三〇歳である」こと、助動詞「む」が婉曲の意味で用いられていることを確認している。
「もののあはれも知らずなりゆくなん、あさましき」という兼好の考えに対しては、「情趣がわからなければ充実した人生を送り続けることは難しいかもしれない」という意見が見られた。当時の世界における「もののあはれ」について補足する必要があると考えた。

3　第三時の実際

第三時では、前時に回収したワークシートの意見を交流するために配付資料を作成した。ここでは、それぞれの意見としてどのようなものが挙がっているのか、その割合と具体的な意見を示した。さらに、「もののあはれ」について「当時の知識人（宮廷人）の中には「もののあはれ」という共通観念が確立しており、これを知らないようでは一人前ではないという意味合いがある。」という補足も示している。

加えて、田中（一九九八）を参考に、座席表指導案（参考資料Ⅱ）を作成した。田中は、「相互の意見の差異を視覚的に提示することによって、討論を活性化し発想の拡充を図」るために「座席表形式の意見一覧」としてこれを学習者に示しているが（↓『発見を導く表現指導　作文教育におけるインベンション指導の実際』右文書院・一九九八）、本実践では、提出できていない学習者や記述できていない学習者が見られたことから、配付することはせず、授業者が教室内の意見を整理し、学習者の意見を意図的に交流するためのツールとして活用した。

意見を教室内で交流させた後に、本文の内容を整理し、ワークシートに取り組ませた。ワークシートは、第一時に取り組んだ内容と同じ課題を、再び記述するという内容であった。教室内での記述は以下のようになった。

学習者	①無常とは、②現代における「無常」とは、③それをどう考えるか
A	①人の命のはかなさ、②人の命に永遠はなく、世代が変わっていくこと ③本文を読む前にこの問いを考えたとき、「人の一生が永遠でないからこそ命の大切さが分かると思う。」と書いた。本文を読んで、作者と同じ意見だと思った。自分にとって大切な人が亡くなってしまうのは嫌なことで、ずっと生きて欲しいと思うけれど、もし自分が死んでしまった時に悲しんでくれる人がいることはとても幸せで、良い人生であったと思えると思う。それがみんなお互い様だったら、人の命が有限であるからこそ、自分は大切な人や幸せを知ることができる。だから、作者と同じで「無常」であることは素晴らしいと思う。
B	①すべてのものは変化し続けて、永久不変ではない。人間の死 ②自然災害によって多くのものが壊れ、命が失われる ③常に何も失われることがなかったら、何も得ることができないと思う。無常であるからこそ新たなものが生まれて進歩していくことができると思う。災害が起こることで、その時に起こりうる問題を防ごうと新たな技術が生まれてくると思う。
C	①人の世は変わりやすい。命のはかなさ、②せみは一週間で死んでしまう ③せみは一週間で死んでしまうが、夏の間せみの鳴き声を聞くことで夏が来たと感じることができ、季節の変化を感じることができる。そんなせみが人間のように六〇年七〇年ずっと生きて泣き続けていたら、季節の変化を感じることができなくなってしまうので、このような命のはかなさはわびしさや楽しみにつながると考える。

	K.T. (①反,②反) 体は衰えても心は成長していく。	K.N (①賛,②賛) 長く生きると見苦しい行動が増えるばかりだから。	H.Y. (提出なし)	H.M (①賛,②賛) ・長生きすると多くの恥をかく。 ・欲望だけに執着する心だけが強くなってしまう。	
③MR (①ど,②賛) ・70くらいであれば… ・**祖父の話**	I.S. (①反,②反) ・**長い間生きているからこそ分かることがある。** ・**しみじみとした趣も長い間の経験が重なって深まるものだ。**	S.T. (①反,②賛) 四十で死ぬとこれからやりたいことができなくなってしまうし、子供が大きくなる前である。	Y.S. (①反,②(ど)) 死ぬことに年齢は関係ない。精一杯生きて限界の時に死ぬほうがかっこいい。	Y.R (①反,②反) **老いは決して醜いものではない、後世に遺せるものがあり素晴らしい。**	MK (①反,②反) できなくなる前に死ぬことはかっこ良いかもしれないが、できなくても頑張っている姿は決してかっこ悪くない。
④MK (①賛,②ど) ・自由がきかないのであれば、死んだほうが楽になる。 ・**もののあはれが分からないこと=生きる価値が無いわけではない。一方で情趣がわからない状態で充実した人生を送れるのか。**	T.R (①ど,②賛) 年をとると醜くなるのは当然だ。	NK (①賛,②ど) ・平均寿命を少し越えているぐらいが丁度よい。 ・一人ひとりの考えの捉え方で色々と変わってくるものだ。	Q.T. (①賛,②賛) 兼好の考えに賛同。	I.R (①反,②賛) ・恥が多くとも楽しい事はまだまだある。 ・**欲だけを持ち続けることは自分を苦しめている。**	K.D (①賛,②反) 平均寿命以上生きてもすることがなくなる。
K.T. (①反,②ど) 四十を過ぎると楽しみも増える。	Y.M. (①反,②賛) **恥をかくことによって学ぶこともある。**	⑦T.M (①賛,②ど) ・長生きすることが良いことだとは思えないが、身近な人には長生きしてほしいので複雑だ。 ・**もののあはれを忘れても本人が幸せだと感じていればそれで良いと思う。**	Y.Y. (①賛,②ど) ・どちらにせよ生きたことは同じなので見苦しくはない。 ・欲望だけが深くなり、気持ちもわからなくなっていくのはあきれることではない。	J.M (①反,②反) 長生きすることで知識が増える事は、素晴らしいことである。外見を恐れないでいることは決して情けないことではない。	K.A (①反,②反) 兼好のように最後を美しくしようとするより、自分にできることをできるだけしたい。
Q.H (①反,②ど) 人それぞれ人生を楽しめばよい。	J.Y. (提出なし)	①MQ (①賛,②賛) ・平均寿命を越えているので、人生の殆どを経験できている。 ・名誉や利益のために生きるのは嫌だ。	K.T. (①賛,②ど) 当時の平均寿命に対して四十は短くはない。	D.Y. (①反,②賛) 現代で考えると四十は早すぎる。	T.R (①賛,②ど) 長くても短くても生きていたことに変わりはないので見苦しく思う必要など無い。
Q.H (①賛,②賛) ・若いままでいられるわけではないから。 ・感情が分からなくなるのは悲しい。	F.R (①賛,②賛) ・長生きすれば苦しい思いをする。 ・感情が分からなくなることは悲しいことだ。	T.M (①反,②賛) ・長生きしたほうが幸せである。 ・欲望のために人間関係を崩したり、大切な物を売ったり、命を粗末にしたりするのは嘆かわしい。	U.D (①ど,②ど)	MK (①反,②賛) 人それぞれに寿命があり、死ぬべき目安を決めるのは間違っている。	F.N (提出なし)
T.M (①反,②ど) 人間が老いていく姿は醜いというより立派で美しい。	②I.D (①反,②賛) **四十を越えて今までできなかった事が出来るようになるかもしれない。**	⑤I.M (①賛,②賛) ・寿命が来てから死ぬのは別に見苦しくない。 ・**趣を知らずに死んでしまうのも人生を全うできていない感じがしてもったいない。**	MR (①反,②賛) ・四十はまだ若いし、生きてこそ楽しいことができる。 ・**情があるからこそ生きていて楽しいものだ。**	S.M (①反,②賛) **恥をかいたとしてもそこから学べばよい。**	⑥S.C (①賛,②賛) ・必死に生きるのに苦痛を伴うと、楽しさがなくなる。 ・**物事に対して何も感じなくなったり、考えなくなるのは死んでいることと同じだ。**

4　第四時の実際

第四時は、前時まで扱った「あだし野」のまとめとしてワークシートの内容を交流した。その後、傍注資料「名を聞くより」を配付し、読解を行った。「あだし野」では事前に配付し、予習を課していたが、「名を聞くより」は当日配付とすることで、予習は課さなかった。また、傍注資料「名を聞くより」には、脚注も付していない。

第一段落を授業者が発問応答の形で整理した後、ワークシートを配付し、第二、三段落を学習者自らの力で読解させた。ワークシートの課題は、「第一段落、第二段落、第三段落で挙げられている事例はどう異なるのか考えよう。」であったが、回収したワークシートを見ると、各段落の現代語訳までを行う学習者が大半で、相違点にまで言及できている者はほとんどいなかった。

5　第五時の実際

前時の反省を踏まえ、本時ではワークシートだけでなく、「『名を聞くより』まとめプリント」を作成し、配付した。まとめプリントには段落ごとの文法・語句に加え、「ヒント」として「『過去』、『現在』という言葉を用いて整理してみよう。」という文言を加えた。

ワークシート、まとめプリントを用いたグループ学習での読解の後、第二段落では過去の事象を現在に、反対に、第三段落では現在の事象を過去にあてはめている事を全体で確認した。

その後更にもう一枚のワークシートを配付し、兼好がとらえた心の働きについて具体的事例を、段落を選択させた上で記述させた。

6　第六時の実際

第六時は、前時に記述したワークシートの内容の交流と、授業者から授業の意図について説明を行った。ワークシートの内容を交流するために配付資料を作成し、授業者が紹介するという形で交流を行った。第一段落の具体を記述した学習者が五七％、第二段落が一〇％、第三段落が三三％であった。

五、実践の成果と課題

(1) **学習者の実態と変容**…仮説を検証するために、授業後にアンケート調査を行った。質問項目は「① 配付したプリントでの学習は分かりやすかったか。『分かりにくかった』と答えた場合は、その理由を記述してください。」、「② 普段の授業に比べてプリントへの記述はしやすかったか。回答の理由も併せて記述してください。」、「③ 今回の授業に関する感想を記述してください。」というものであった。なお、授業後には、「理解」、「解釈」、「評価」の読みについて説明を行った。

質問項目①、②、③に対する回答の中で共通して多くみられたのは、「普段の授業とは違ったので」という記述である。ここに学習者がこの授業を「分かりにくい」、「記述しにくかった」と感じた理由の原因がある。「普段の授業とは違った」と学習者が考える要素は大きく「課題の質」、「授業での確認事項」、「記述量の多さ」の三点である。

「課題の質」に関して、今回設定した「評価の読み」に関する課題がここに該当する。授業についての感想からは、今後「評価の読み」にかかわる能力を伸ばしていきたいと学習者が考えていることが読み取れる。また、学習者には、「総合的な学習の時間」では自分たちが「評価の読み」を行っているという自覚があるようだ。

「授業での確認事項」に関して、本授業では、自ら読み進める力の育成を期して、文法事項等の確認は、最小限度に留めた。授業者の意図としては、傍注資料を活用することで、学習者が「理解の読み」から、「解釈の読み」、「評価の読み」へと読みを深めていくという構造を単元の中に組み込んでいた。これに対しては、肯定的意見が七七・五％であった一方で、一部「助動詞の意味を踏まえて読解していくことができなかった」、「内容をしっかり理解していないと意見を書くことができなかった」という否定的意見も見られた。普段の授業での読解方法とも関連して、学習者がより「理解の読み」に到達しやすい要素を考えていく必要があるだろう。

「記述量の多さ」については、「自分の中で意見が深まっていない中で書くのは少し難しかった。もう少し考える時間が欲しかった。」という回答から、記述時間を確保することと同時に、記述しやすい手立てを考えていく必要があるだろう。ここでいう手立てとは、課題の問い方と、課題に至るまでの思考過程の双方から考える必要がある。

(2)　**仮説の検証**…仮説Ⅰに関して、傍注資料「名を聞くより」では、第一段落を授業者が発問応答の形で整理した後、ワークシートを配付し、第二、三段落を学習者自らの力で読解させた。ワークシートの課題は、「第一段落、第二段落、第三段落で挙げられている事例はどう異なるのか考えよう。」であったが、回収したワークシートを見ると、各段落の現代語訳までを行う学習者が大半で、相違点にまで言及できている者はほとんどいなかった。

ここからは、本実践において作成した傍注資料を用いた読解においては、学習者自らの力で「理解の読み」へ到達することは可能であるということが言える。これは学習者が授業後の「プリントも要所は自分で現代語訳しないといけなかったが、前後から推測できた。」、「記述をする際には本文の内容がしっかり理解できていたから。」という感想からも明らかである。一方で、この傍注資料だけでは、「解釈の読み」へは到達させることが難しかったということが課題である。

ここで言う、「理解の読み」と「解釈の読み」は、「本文に書かれた内容を正確に理解している読みの段階」と「本文に書かれた内容について、表現や周辺情報から筆者の意図を解釈している読みの段階」という形で定義しているが、より具体的に言えば、「理解の読み」は「本文に直接表現された内容を現代語訳できている」状態、「解釈の読み」は「本文に直接表現されていない内容を表現形式や既有知識を用いながら推測している」という状態である。つまり、「解釈の読み」へ到達させるためには、「表現形式を分析する」、「既有知識へと結びつける」という過程が必要となる。「表現形式を分析する」ためには、本文に用いられている文法事項や構造について理解するだけでなく、これらについて個人で考察し、その後グループで話し合うなどの活動が有効であると考えられる。「既有知識と結びつける」ためには、傍注資料「名を聞くより」では付さなかった注釈を加えるだけでなく、他の章段や他の作品の内容、さらに自己の経験と比較させるなどの手立てが有効になるのではないだろうか。

仮説Ⅱに関しては、一部の学習者の読みの変容とその要因をとらえることができたものの、読解前後の記述内容が対応せず、思考過程を把握できなかった学習者が存在した。この点に関して、稿者はOne Page Portfolio Assessment（一枚ポートフォリオ）理論を援用したＯＰＰシートの活用が有効ではないかと考えている。ＯＰＰシートを用いた文学的文章の実践は拙稿（二〇一八）にまとめているが[1]、古文を扱った授業での活用が今後の課題である。

参考文献

世羅博昭「大村はま先生による古典指導の創造と展開」（昭和六二年度大村はま国語教育の会研究発表資料・一九八七年）
堀哲夫『教育評価の本質を問う一枚ポートフォリオ評価ＯＰＰＡ一枚の用紙の可能性』（東洋館出版・二〇一三年）

注

（１）拙稿「中学校国語科における課題探究型学習指導―「握手」（中三）を用いて―」（『国語教育研究』五九号、広島大学国語教育学会・二〇一八年）

単元「私と世界と平和」（高二・三）学習指導の実際
──「被爆五〇年のナガサキ」を取り上げた新聞記事を多様な視点から読む──

実践当時／長崎県長崎市立長崎高等学校（定時制）　片桐　啓恵

一、実践研究のねらい

本校は、昭和五七（一九八二）年四月開校した、生徒数約二〇〇名、普通科と商業科の二学科からなる夜間定時制単独高校（就業年限四年）である。在籍者の八割近くが、中学校時代に不登校、または他の高校で不登校を経験した生徒たちである。学校を挙げて、「不登校生が生き生きとよみがえる学校づくり」をスローガンに掲げ、生徒一人ひとりの居場所をつくる教育の実現を目指して取り組んでいる。「不登校問題」をどうとらえるか、その原因・背景をどう考えるか、個々の現象の異なるケースをどう理解し、一人ひとりの生徒にどう接していくか、父母・家族とどう接するか、学校は学ぶ場としてどんな手助けができるのかなど、課題は山積みである。これらの課題の解決を図るために、本校では、「生徒一人ひとりの居場所をつくる、自己回復・自己発見の力を育てる」ことを教育の中核に据えて実践している。

国語科としては、「自分自身を見つめ、自己を語ることば」を育てること、高校卒業の時点で、生徒一人ひとりが「自分史」を明らかにする力を身に付けることを目標に掲げて、自我意識を核とする「ことばの力の体系図」（次

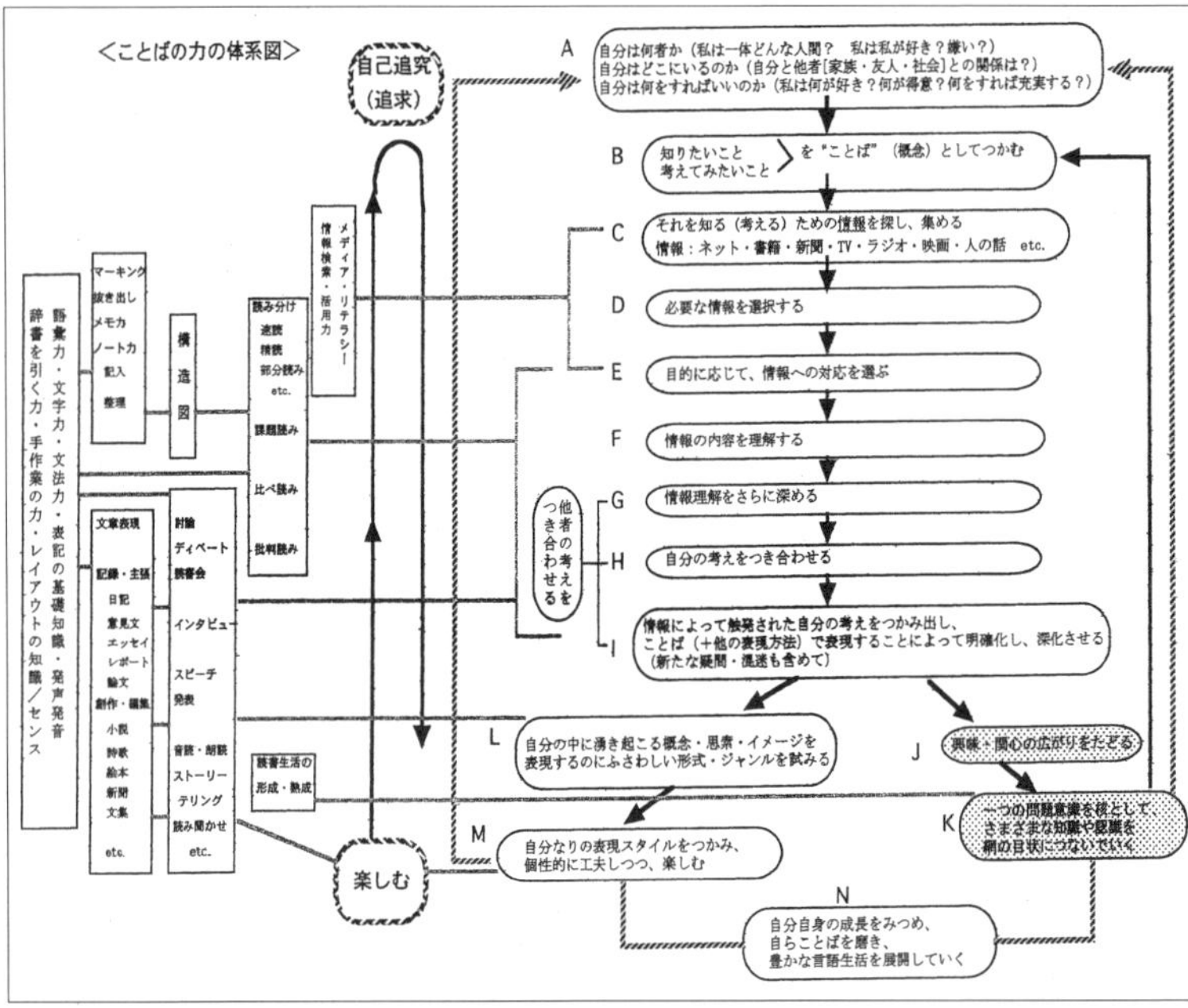

頁）にもとづく、「生活に生きて働くことばの学び手を育てる」実践の積み重ねが緊要の課題である。

これまで二〇年余り、私は大村はま先生の国語教室に学びながら実践研究を続けてきた。その過程で、《生徒たちが主体的、意欲的に国語学習に取り組み、生活に生きて働くことばの力をつけようとすれば、国語教室で学習することが生徒一人ひとりにとって、今、その教材を、その単元を学習する必然性がなければならない。そのためには、生徒たちの生活と関連させて、その教材を、その単元を学習する学習課題（テーマ）の設定が必須であるとともに、その学習課題の解決を目指して学習させる過程で、国語科の目標である読む・書く・話す・聞く（言語事項も含む）ことばの力を意図的、系統的、体系的に育てていかなかなけらばならない》と考えて、上図のような「自我意識を育てることばの体系図」を考案するに至った。この「ことばの力の体系」を身に付けさせるためには、三年間、あるいは四年間を見通した長期的な展望を持って、《生徒たちの生活→国語教室の学習→生徒たちの生活へ》と、国語教室で学習したことが生活に生きて働く国語カリキュラムづくりが必須の条件となる。

本単元の実践研究のねらいとしては、まず第一に、どのような学習課題（テーマ）を設定したら、生徒たちが興味・関心や問題意識を抱いて学習に取り組むか、第二は、その学習課題（テーマ）を解決する過程で、生徒たちの認識の深化・拡充をどのように図っていくか、第三は、学習課題（テーマ）の解決を図る過程に、どのような読む・書く・話す・聞く言語活動を位置づけて、読む・書く・話す・聞く（言語事項を含む）力を育てるか、第四は、本単元を他の単元と無関係に位置づけるのではなく、どのように長期的な展望を持って有機的な関連を図っていくか、の四点を設定して、実践研究を行いたい。

なお、この実践研究は、今から二三年前の平成七（一九九五）年二学期に行ったものである。この論稿は、広島大学教育学部光葉会『国語教育研究第四〇号』（一九九三年三月）に掲載された実践報告を書き改めたものである。

二、単元の構想

(1) **単元名**　「私と世界と平和」

(2) **対象学校名・学年・組**　長崎市立長崎高等学校（夜間定時制単独高校）

・第二学年普通科…一組（一六名）・二組（一六名）、第二学年商業科…三組（一五名）、第三学年普通科…一組（二六名）

夜間定時制単独校である本校の国語科のカリキュラムは、普通科は一年＝国語Ⅰ（四単位）、二年＝国語Ⅰ（三単位）、三年＝国語Ⅱ（三単位）、四年＝国語Ⅱ（三単位）、商業科は一・二年＝国語Ⅰ（各二単位）、三・

四年＝国語Ⅱ（各二単位）となっている。履修単位数の違う普通科と商業科、また異学年（二・三年）で同じ単元を同時に展開する理由は、第一は、普通科と商業科で単位数は違うが、実際には生徒の出席率が七〜八割程度なので、ワークシートによる個別学習を中心に授業を進めるので、クラスとしての授業時数の多少の違いはさほど支障にはならない、第二は、次の年、この二つの学年が一緒に修学旅行（行先は沖縄）に行く予定で、その平和学習につなげる意味でも、二学年同じ内容で学習する意味が大きいと判断したからである。

(3) 実施時期・時間数　平成七（一九九五）年　二学期（九月〜一二月）　約三〇時間配当。

(4) 単元の目標

① 「戦争五〇年」「被爆五〇年」問題に対するとらえ方にも多様な視点があることを理解し、それらを比べることを通して、「戦争五〇年」「被爆五〇年」問題に対する認識の深化・拡充を図るとともに、同時代を生きる自分なりの意見を形成させる。

② 「戦争五〇年」をめぐる「新聞記事」を読み比べて、それぞれの内容を読みとる力を付けるとともに、その過程で形成された自分の意見を文章に書き表す力を身に付けさせる。

③ 毎時間、教材に作業課題を付した「学習ノート」に従って学習を進めるとともに、意見文を書かせた定期考査の結果も綴じ込んだ「学習の記録」を製本化することを通して、自分の学習を自己評価させる。

(5) 単元の構想

① 生徒の実態について

本校では、ここ数年、毎年、在学生の約二五％（四人に一人）が退学していく。教師は生活面の指導で手一杯という状態で、学習環境をつくるのはきわめて難しい。一クラス二〇名前後の中に、大学進学を目指す生徒（能力も非常に高く、学習意欲も高い）から知能障害を持つ生徒まで、能力差が極めて大きい。年齢も、普通の高校と同じ一七歳から二〇歳前後、さらには四〇歳、五〇歳、中には七〇歳台の人もいる。中学校から直接入学した人、他の高校を中退して転校してきた人、長い人生の苦労の末、念願をかなえるために入学してきた人、何度も中退を繰り返していたが、「高卒」をあきらめきれずに四度目の編入学をしてきた人など、実に多様である。

②　学習課題の設定について

本校国語科の「自我意識を育てる」「自分と向き合わせる」目標を達成するためには、十分な準備段階が必要で、高校生にいきなり学習テーマに「自分探し」をもってきても成功しない。「自分と向き合う」ことは一番辛いことなので、初めは「ことばを楽しむこと」や「社会的な問題について考えること」から入り、学習者が自分の意見を持つことや自分を表現することに自信を付けてから、「自分探し」をテーマに据えることが大切である。したがって、一般の教科書に見られる「自分」から「社会」へという順序を逆にして、「社会」から「自分」へという順序で学習を展開したい。この基本的な考え方のもとに、本単元では、今年が「戦後五〇年」「被爆五〇年」にあたる節目の年であることにちなんで、被爆地長崎で〈現在(いま)〉を生きる生徒たちにとって、身近な社会的な問題である「戦後五〇年「被爆五〇年」について考えさせる単元を構想し実践していきたい。

なお、この学習課題は、次年度の沖縄への修学旅行も視野に入れ、二年間かけて、長崎と沖縄を結んで、戦争と平和の問題について生徒たちに考えさせておきたくて設定したものでもある。

③　教材編成について

この単元では、生徒たちが将来、新聞に親しむことができるようにすることを願って、新聞の特集「シリーズ記事」を中心に据えて教材を編成する。新聞記事はあくまでも取材者・編集者の視点からとらえた一面的なものであるが、特集「シリーズ記事」は、同時代の問題、タイムリーな話題を主題とする場合、一つのテーマをめぐって、様々な角度から、幅広い人々に取材した上で記事が書かれるので、生徒たちにとってきわめて価値ある教材となる。このたびの実践では、新聞の特集「シリーズ記事」を中心に、次のような教材編成を行った。

A　「世界は被爆体験を共有できたか」（長崎新聞）…第一部「広がる原爆論争～スミソニアンの波紋」①～⑤、第二部「アメリカ人の原爆観」①～⑫、第三部「アジア人の原爆観」①～⑩
B　「戦後五〇年アジア・太平洋から～激戦地を行く」（毎日新聞）①～⑩
C　「荒れ野の四〇年」（ヴァイツゼッカー元ドイツ大統領演説集より・岩波書店）

長崎新聞の第一部は、スミソニアン問題の過程・背景を通して現状を認識する総論的教材、第二部は総論の中で簡素に触れていた様々な立場の人を一回に一人ずつインタビュー記事としてまとめ、「アメリカ人」と一括りにできない多様な意見を浮かびあがらせる。第三部では、アメリカ人とは別の体験ゆえにさらに複雑な背景を伴うアジア各国のいくつかの意見がつきつけられる。第三部が投げかけるものは言いようがないほど重い。その根深さは、過去の歴史についての知識が浅くては理解できない。それを補うのが「毎日新聞のシリーズ記事」と「ヴァイツゼッカーの演説記録」である。前者は、アジア各国の人が日本との戦いをどのように受けとめているかを知るのに役立つ。後者は、同じ戦争を起こし、戦争に敗れたドイツの国がどのように戦争責任を考え、戦後どのような生き方をしようとしてきたかを知ることのできる。両者を読み合わせると、生徒たちの戦後を見る目が広がるとともに、認識を深めることができる。このように、教材の配列は、次第に認識の深化・拡充を図ることができるようにした。

④　習得させたい「ことばの力」について

本単元では、国語科が常に目指さなければならない、読む・書く・話す・聞くそれぞれの力とともに、言語事項（特に語彙）に関する力を育てることを視野に入れて、読む力としては、①それぞれの新聞記事の概要を読みとる力、②複数の新聞記事を読み比べてその共通点や相違点を読みとる力、③蓄積してきた知識・情報を総合・統合する読

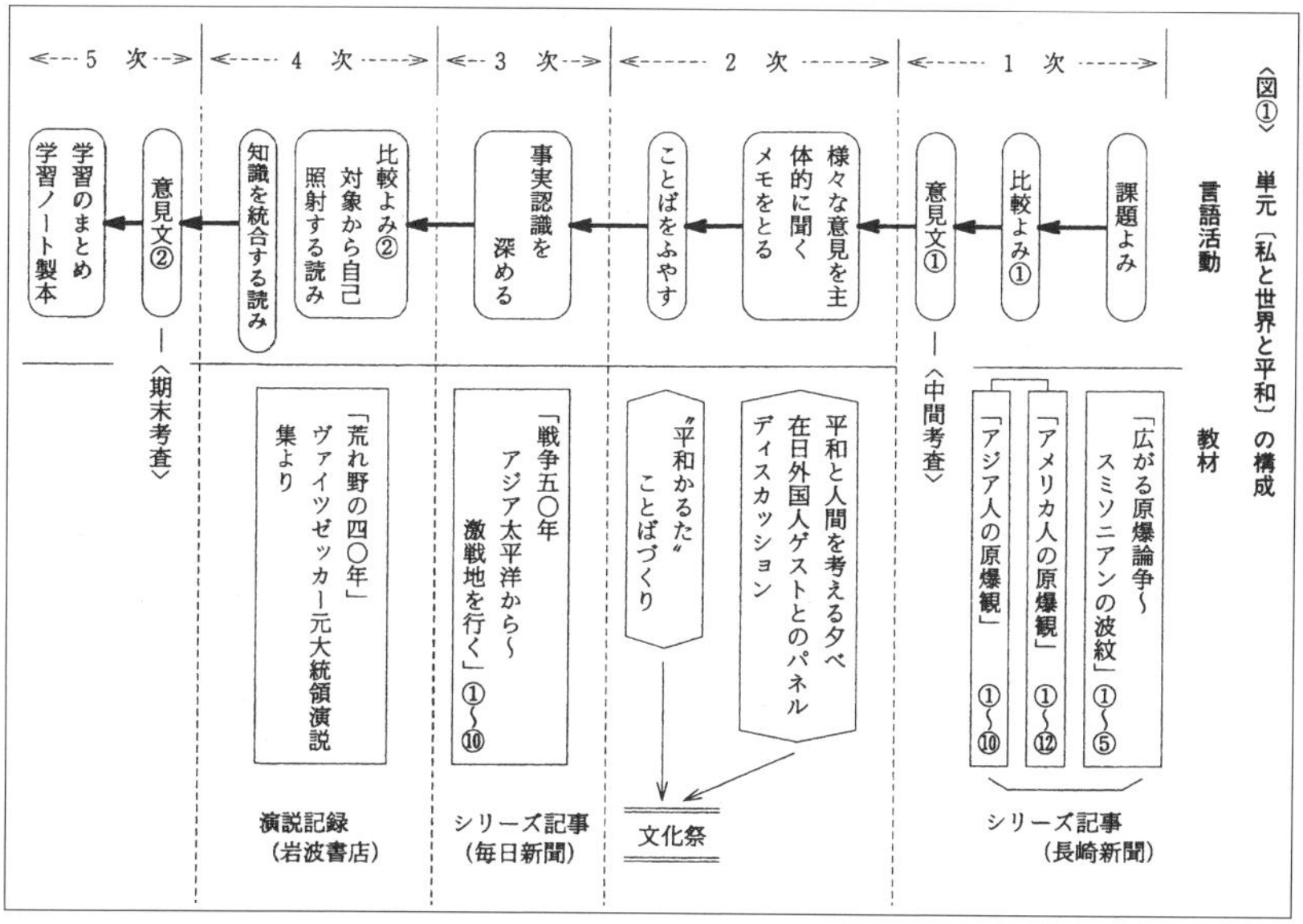

みの力、書く力としては、①メモととる力、②意見文を書く力、③自らの学習を記録する力、聞く力としては、パネルディスカッションの発言内容を聞きとる力、言語事項に関しては、使用語彙を豊かにすることを、それぞれの目標とした。

⑤　単元の構成と授業の進め方について

本単元は、上の図①のように、第一次～五次の展開からなる。生徒たちが新聞の「シリーズ記事」や「演説記録」を読み進めて、原爆や原爆観、戦争に対する認識を深めていく過程で、読む力を中心に、意見文を書く力、人の意見をメモする力を育てるとともに、語彙を豊かにさせる指導を展開する。その際、生徒たちが国語教室における学習に本気になって取り組むようにするために、学校行事（文化祭や全校パネルディスカッション）と結びつけて単元を展開する。

なお、生徒が多様で能力差が大きく、さらに出席状況が極めて不安定なので、発問応答型の一斉授業を展開することは難しい。教材に作業課題を付した「学習ノート」による個別学習を中心に授業を進め、最終的に、「定期考査」

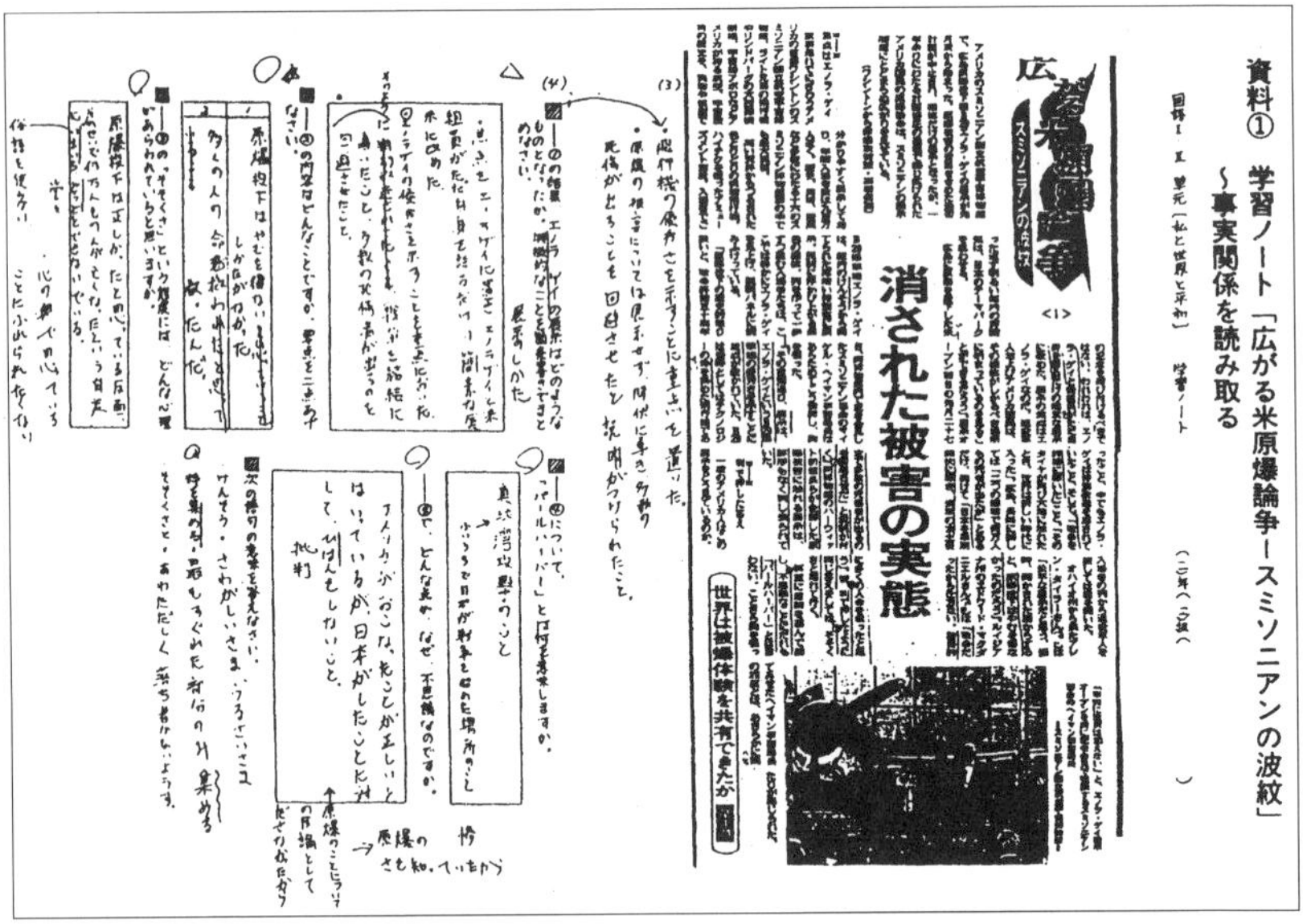

として意見文を書かせた結果も綴じ込んだ「学習の記録」を製本して終わる指導を展開したい。

三、単元の展開

1〔第一次〕長崎新聞のシリーズ記事「広がる原爆論争①～⑤」を読む

(1)「課題よみ」―事実関係を読みとる

上の資料①のように、教材と学習課題（問い）からなる「学習ノート」（五枚）を配布して、学習課題（問い）を手引きにして、文章中の事実関係を正確に読みとる「課題読み」を展開した。基礎的読解力育成の段階である。「学習ノート」の学習課題（問い）に答えることを通して、正確な読みを引き出すことが目標なので、この段階では、読み手（学習者）の意見は問うことはしなかった。学習課題（問い）はいずれも書かれている内容を正しく読みとるための学習課題なので、一つ一つの学習課題（問い）に対して的確に答えられているかどうかを丁寧にチェックして、文章を正しく読みとることができるように手引をした。この段階で、内容を正しく読みとる力が鍛えられていれば、次の「比較よみ」の段階で、多くの教材を与えても一人読みができるようになる。それだけに、この段階では、丁寧に個別指導を行っていった。

(2)「比較読み」①～意見文①（短い意見文）

「比較よみ」とは、文字通り複数の「シリーズ記事」を比較しながら読むことで、ある主題や事柄について多様な視点・考えがあることを認識し、自らの視野を広め、考えを深めていく読みである。したがって、この段階では、単に記事の内容を読み解くだけでなく、比較分析を通して、それぞれの記事の共通点・相違点を明らかにする読みなので、この「比較よみ」は、おのずから、自分自身の考えもつき合わせながら読むことになるので、「批判よみ」をも含むことになる。

長崎新聞のシリーズ記事「アメリカ人の原爆観」「アジア人の原爆観」は格好の比較読み教材であった。原爆肯定派、否定派、戦争体験の有無、世代の違い、白人系、アジア系、と様々な立場の人が登場する。比較読みのポイントは、①広島・長崎への原爆投下をどう考えているか、②スミソニアン展示問題をどう考えているか、③現在・将来にわたる世界の核状況をどう考えているか、以上三点である。その背後に各人の立場や体験がある。しかし、それは単純な因果関係ではない。同じ元軍人でも、原爆肯定派と否定派に分かれる。それはなぜかというところまで考える必要がある。

様々な立場があるとは言え、それでも、第二次世界大戦はファシズムと戦う「正義の戦争」だったと大多数が信じることができるアメリカ人。「正義」に誇りを持つからこそ、原爆が一般市民への無差別大量殺人兵器だったと認識すれば、原爆投下の非を認めもする。しかし、アジアの人々の視点は違う。「加害者・日本」への忘れることのできない思い、戦後五〇年たっても精算されない日本の戦争責任、今なおあまりにも深い傷跡と心の溝があるた

資料③　学習ノート　比較よみに自分の考えを加えて文章でまとめる

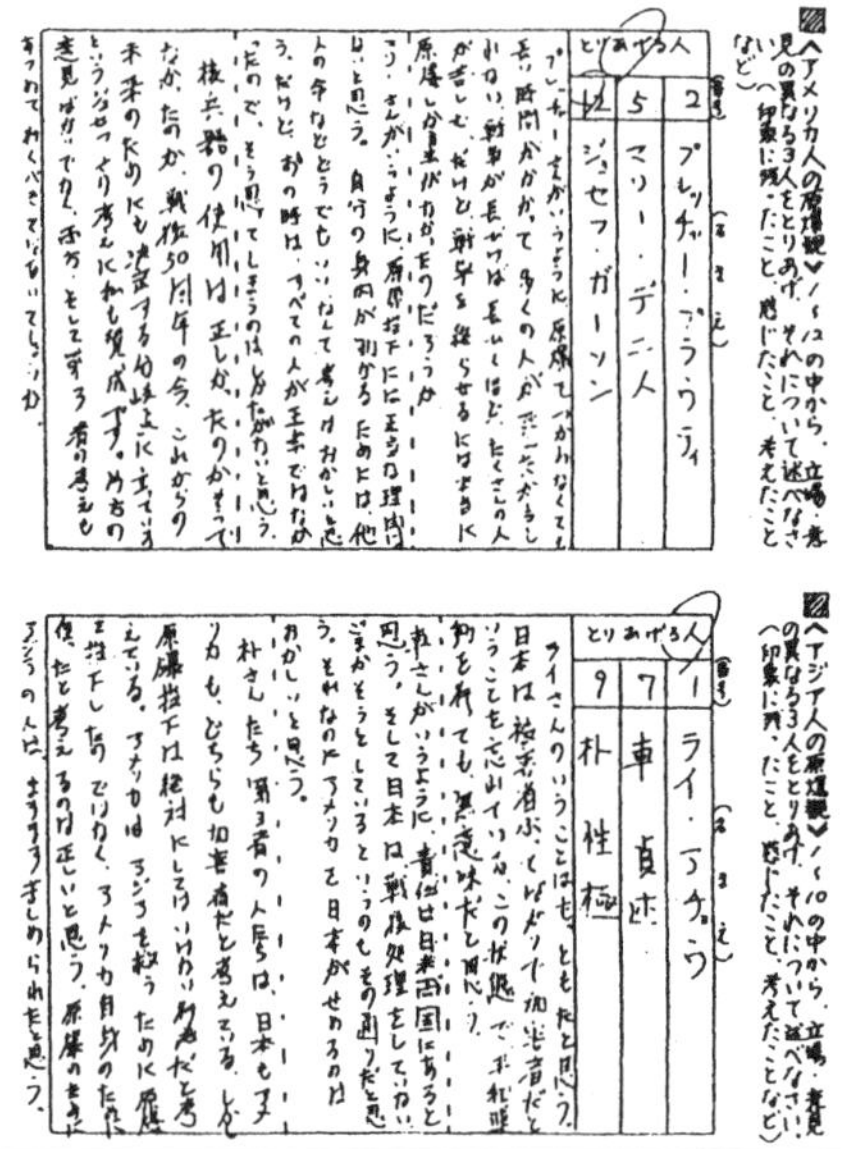

■〈アメリカ人の原爆観〉1〜12の中から、立場・意見の異なる3人をとりあげ、それについて述べなさい（印象に残ったこと、感じたこと、考えたことなど）

とりあげる人（番号）	（なまえ）
2	ブレッチャー・ブラウティ
5	マリー・デニス
12	ジョセフ・ガーソン

■〈アジア人の原爆観〉1〜10の中から、立場・意見の異なる3人をとりあげ、それについて述べなさい（印象に残ったこと、感じたこと、考えたことなど）

とりあげる人（番号）	（なまえ）
1	ライ・アナウ
7	車貞述
9	朴性極

資料④　中間考査　比較よみ→意見文

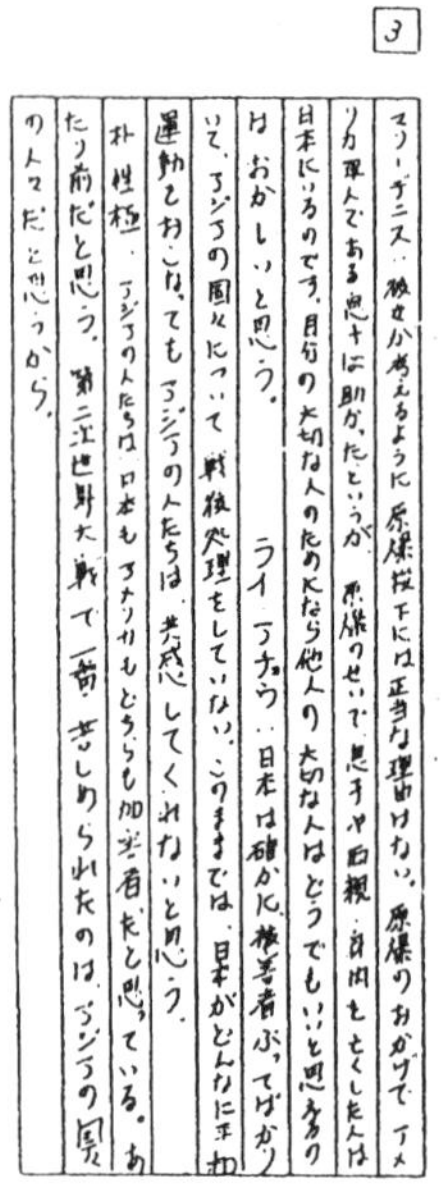

3

マリー・デニス：彼女が考えるように原爆投下には正当な理由はない。原爆のおかげでアメリカ軍人である息子は助かったというが、原爆のせいで息子や両親・身内をなくした人は日本にいるのです。自分の大切な人のためになら他人の大切な人はどうでもいいと思う方のはおかしいと思う。

ライ・アナウ：日本は確かに被害者ぶってばかりいて、アジアの国々について戦後処理をしていない。このままでは、日本がどんなに平和運動をおこなってもアジアの人たちは共感してくれないと思う。

朴性極：アジアの人たちは日本もアメリカもどちらも加害者だと思っている。あたり前だと思う。第二次世界大戦で一番苦しめられたのは、アジアの国々の人々だと思うから。

めに、「ヒバクシャ」との共感は隔てられる。

　この学習では、教材の記事が二二回分あるので、生徒たちの実態も考慮して、アメリカ人一二人の中から三人、アジア人一〇人の中から三人、それぞれ立場・意見が異なる人を各自で選んで、上の資料③のように「学習ノート」にまとめさせた。学習しやすいように、「アメリカ人の原爆観」「アジア人の原爆観」は色の違う紙にプリントし、独立した冊子として一度に渡した。

　「比較よみ」でまとめたものを教材として、自分の考えを加えて書く意見文を、この単元の中間のまとめとした。定時制では家庭学習を前提とした課題提出は設定できない。かつ、普段の授業出席率が安定していないという状況なので、どうしてもクリアさせたい学習課題は「定期考査」の中に設定するしかない。授業はさぼりがちでもテストだけは受けなくては、と思っている生徒たちの気持ちを、こちらとしても最後の砦として勝負をかけるのである。

　この段階の課題は、意見文と言えるほどもない短い文章だが、三者の異なる意見がきちんとまとめられ、それに対する自分の考えが述べられればよしとした。

2　〔第二次〕国語学習と学校行事を結ぶ

⑴　パネル・ディスカッションへの主体的傍聴参加

新聞記事で様々な人の意見を読み、知識として視野は広がっても、それはまだ見知らぬ遠い人たちである。身近な所で、実際にいろいろな国の大人たちの意見を聞いてみたらどうだろう。被爆五〇年にちなんで学習しているこの年、世界ではフランス・中国の強引な駆け込み核実験が問題となっていた。この点も含めて、直接いろいろな国の人の意見を聞く学習を組み込みたいと思った。

校内の同和・人権教育担当の先生から、今年の「平和と人間を考える夕べ」（前年度から本校で始めた学校行事）に何か企画はないかと持ちかけられた。そこで「今、授業の中で在日外国人ゲストを招いて、被爆五〇年をめぐるパネル・ディスカッションを計画しているが、よかったら学校全体の行事としてどうか」と誘った。その結果、一〇月下旬の一日（約在日外国人をゲストに招いたパネルディスカッションを行うことになった。学校行事として企画していく一方で、私自身は国語学習の一環として、どのような参加形態ならば、学習者の「ことばの力」を育てられるかを考えなければならない。

パネラーには、長崎市内在住の外国人五名（出身国…インドネシア、アメリカ、ザンビア、フランス、ニュージーランド）、それに本校生一名の計六名。パネラーとなる生徒以外は聞き手となる。質疑応答の時間を設けても、発言できるのは数名。これでは「主体的な聞き手」を育てる目標は達成できない。「主体的な聞き手」となるためには、話されるテーマ・内容についての知識と問題意識が必要である。新聞の「シリーズ記事」を使って、ここまで積み

資料⑤　学習ノート　〝平和と人間を考える夕べ〟（パネルディスカッション）に主体的に参加するための準備　～質問カード

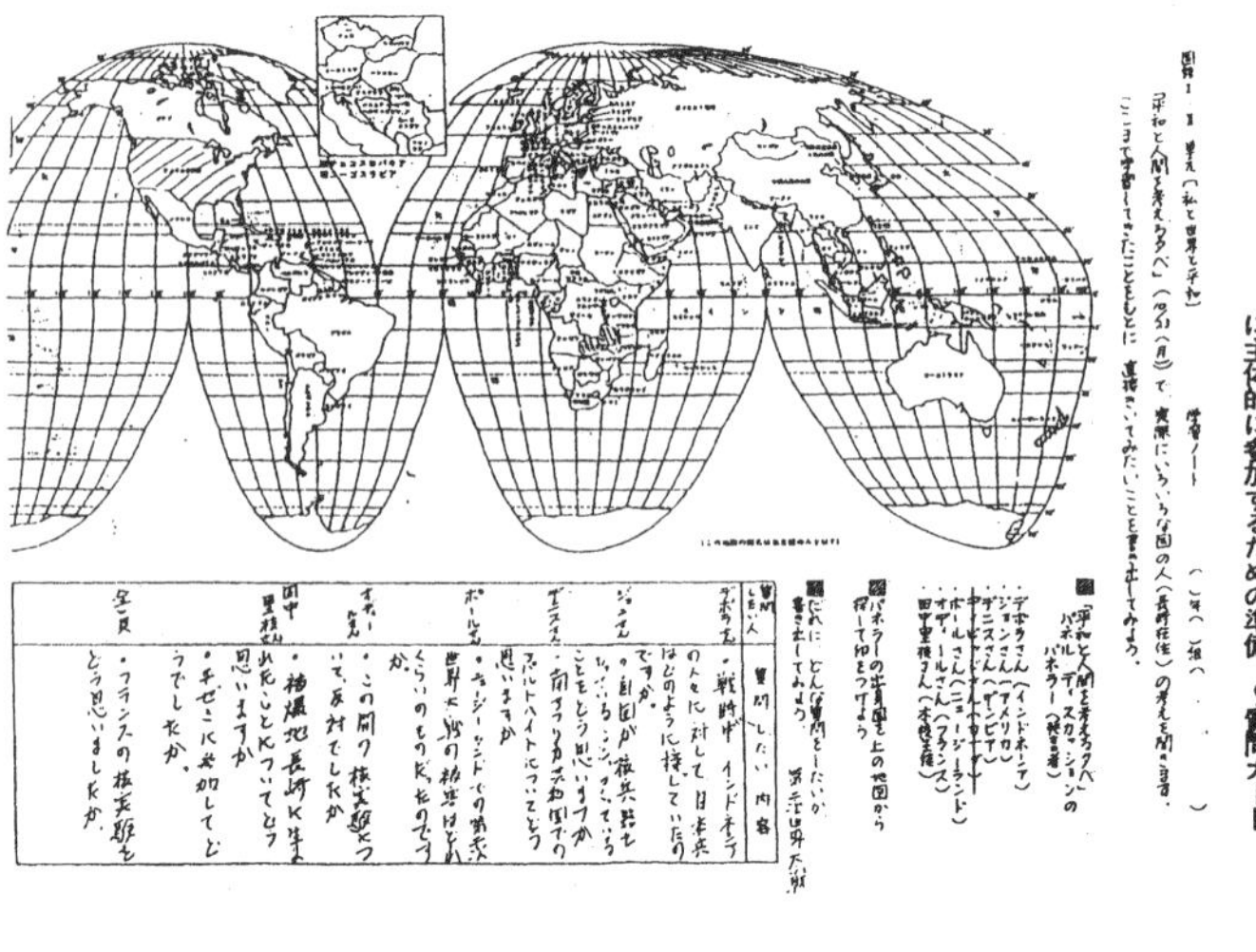

上げた学習が聞こうとする意欲を生み出しているはずだが、さらに、目の前に迎える一人ひとりのゲストへの関心を高めるために、資料⑤のように、パネラーに対する「質問カード」を作成させて、直接質問することはできないが、自分なら何を聞きたいかと考えることで、学習した内容とゲストと自分を結びつけていく。また、会場（体育館）でも「聞きとりメモ」を記入することで、傍聴者でありながら集中して参加するよう促した。

企画の段階では、他の教員から「普通の授業で十五分も集中できない生徒たちが、英語・日本語入り混じっての一時間以上のディスカッションに集中できないだろう」という不安も出たが、実際には一時間半の行事に生徒たちはしっかり集中していた。

(2)　「平和かるた」づくり - 文化祭展示の機会にことばを増やす

一一月上旬の週末に本校の文化祭は行われる。放課後も休み時間もほとんどない定時制としては、毎年かなり奮闘して充実した文化祭を創っている。私自身は教科としても学習成果の一端を展示などで示すことを年間計画の中に入れている。今回は授業関連の展示として、①アメリカ人の原爆観・アジア人の原爆観を比較読みしての意見文、②「平和と人間を考える夕べ」の記録、④「平和かるた」のことばづくり、の三つを入れた。

資料⑦　〝平和かるた〟（ことばづくり）作品例

あ	あいまいな日本列島どこへゆく
い	いさぎよく真実語る者（権力者）は無し
う	飢えしのぐ人のまだいる地球上
え	えらい人　えらぶるばかりで実がない
お	沖縄のあまりに大きい犠牲圏
か	核兵器我が住む処を灰にして
き	聞こえぬか　シラク馬耳東風のムルロアか
け	権力者　沖縄泣かす口ばかり
こ	国税も官官接待に消えてゆき
さ	先はなし　水俣被害者泣きねいり
し	幸せは世界平和と己が無事
す	すしのねた　マングローブを痛めつけ
せ	世話好きのボランティアの心意気
そ	走馬灯　きのうのニュースも止置かず
た	立ち遅れ　アジアに詫びの言えぬ国
ち	小さくとも声を出そうよ反核に
つ	つまらぬと選挙に行かぬつまらない人
て	手をつなぐ平和尊し差別なし
と	同士討ち　サラエボのオリンピックも夢の跡（ユーゴスラビア）
な	仲たがい　人死ぬ街死ぬ国も死ぬ（ユーゴスラビア）
ぬ	ぬるま湯の中の人間役立たず
ね	年月日　戦争終始の日がのこる
の	のれん押し　シラク押しても知らん顔
は	はがき出す　フランス大使へ抗議文
ひ	被爆者の悲しみの声老いてゆき
ふ	ふたたびの悲惨原爆ゆるすまじ
へ	塀壊す東ドイツに西ドイツ
ほ	ポイ捨てのタバコ地球を灰皿にして
ま	まつたけの値段ばかりの秋がゆく
み	みことのり　我が青春をふみにじり
む	虫メガネ　大臣の腹を探りたし
め	明快な答えの出ないお大臣
も	もうたくさん　戦争やめてよ人殺し
や	薬石の効なく逝きし父被爆

「平和かるた」ことばづくりとは、読み札のことばに当たる短文をつくるもので、「あ〜を」の五十音を頭につけた短文を考えるために、「シリーズ記事」の中で出会ったことばを取り入れたり、辞書を引いて語彙を増やしたりすることがねらいである。生徒の作成した「平和かるた」の一例が資料⑥である。

3　〔第三次〕疑問から認識を深める読みへ

第一次の学習で「アジア人の原爆観」を読んだ際、アジアの人々のここまで根深い日本不信・日本批判はどこから出てくるのだろうと思わされる。太平洋戦争について、日本の植民地支配について、知識がほとんどない生徒たちには、アジア人の原爆観の背景がわからない。その知識不足を補い、認識を深めるために、毎日新聞の「シリーズ記事」を読むことにした。ここでの目的は、太平洋戦争中、各地で起こった事実を認識すること、その事実が現在に与えている影響を記事から読みとること、その読みとった内容を既に学習したテキストの内容と関連させて思考すること、である。毎日新聞の「シリーズ記事」を読むことによって、生徒たちは、なぜアジアの人たちが日本不信・日本批判に走るのか、その一端を理解することができたようである。

4〔第四次〕「比較よみ」②（対象から自己照射する読み）——知識を統合する読み——

「比較よみ①」がテキスト（複数）そのものの中に比べるべき対象がある場合の読みとするなら、「比較よみ②」はテキストの中に直接比べるべき対象があるのではなく、テキスト中の事例から比較されるべき対象を読み手自身が引き合わせて読む活動として設定する。テキストの事例に引き合わせるのは、自分に関わるもの・こと、または自分につながってくるもの・ことであるから、「比較読み②」のレベルは「自己照射の読み」と考えてよい。

この単元では、最後のテキストとしてドイツ元大統領ヴァイツゼッカー氏の演説記録「荒れ野の四〇年」（抄）を読むことで、ドイツの事例に日本の事例を引き合わせ、氏の主張・指摘に自分の考え・生き方を照らし合わせていく。また、その過程で、これまでの教材で読んできたこと・考えてきたことがトータルに関連して生かされていく。（この演説記録はそういう力を持っている）つまり、これまでの学習で得た「知識を統合していく読み」として位置づけられる。

5〔第五次〕学習のまとめ

⑴　意見文②（やや長い文章）を書く〈期末考査〉

単元後半の材料を中心として、〈私と世界と平和〉というテーマで意見文（七〇〇～八〇〇字程度）を書く。第一次の意見文①は、メモを少しふくらませた程度のものだが、第五次の意見文②は、取材・構成・表現を意識的に行う活動として設定した。この単元では、意見文②のレベルを目標とするが、これは、次の単元で本格的に評論文

（二〇〇〇～三〇〇〇字程度）を書くためのステップとしても位置づけている。

資料⑥は、㋐取材メモ、㋑簡単な構成メモ、㋒完成意見文である。㋐の取材メモは、「取材しなさい」ではどこに眼を向けて取材すればよいのか、生徒たちは分からないので、「初めて知ったこと・改めてわかったこと（テキストを読んで）」「心に残ったことば・覚えておきたいことば（テキストより）」「私たちが歴史に学び心に刻まなければならないことば」「日本とドイツを比較して（ヴァイツゼッカーのことばからわかること）」「戦中世代がやるべきこと・若い世代がやるべきこと（各々自分のやるべきこととして）」「私と世界はどうつながるか（私の場合と将来に向けて）」という視点を示して、それぞれの視点からこれまでに学習したことを振り替えさせるように工夫した。㋑の構成メモは、「はじめ・なか・しめくくり」と簡単なものにした。資料には、教師の助言メモが書き込んである。これをもとに、生徒一人ひとりと対話しながら、書きたいことや書く順序などについて助言した。これを参考にして、期末試験時に意見文②を書かせた。

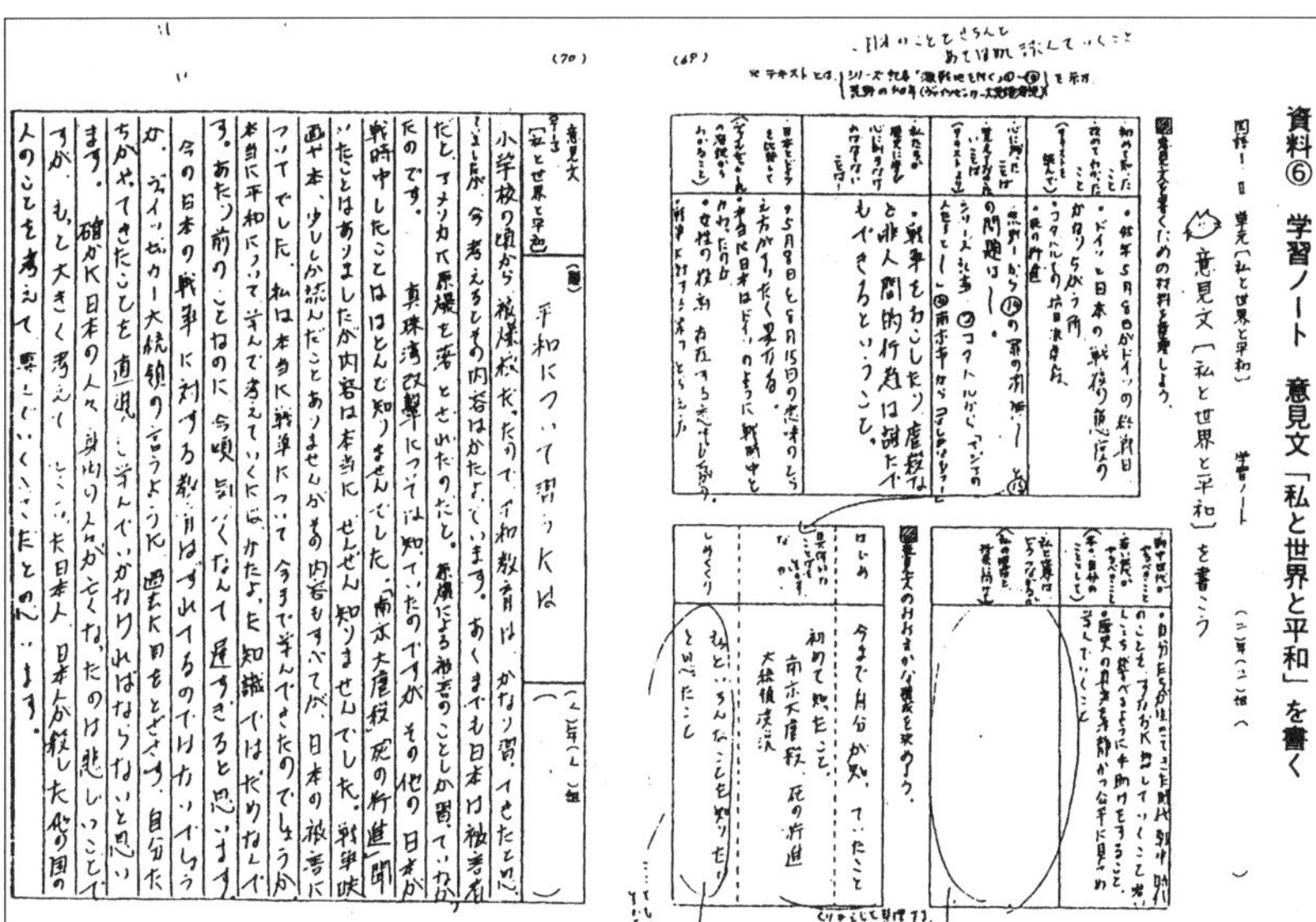

次に、生徒の書いた意見文の一例を挙げておきたい。

知る事で

（三年・一八歳、Ｉ・Ｋさん）

「知る」という事は、今までとは、ちがう視点でものが見られると思います。

平和について考える時もその事は言えます。平和を考える時、必ず「戦争」について考えなければいけません。でも私は前の大戦について、特にアジアでの出来事をほとんど知りませんでした。南京大虐殺や泰緬鉄道やその他のさまざまな事、強制連行についてです。これらの出来事は日本が今現在引きずっている問題です。ではなぜ五十年たった今でもこの事が問題になるのか、それも多くの人が真実を知らないままにです。

日本と同じように戦争を敗戦で終えたドイツはどうかというと、ヒトラーの行為はきちんと若い世代にも伝えられています。大統領も「われわれ全員が過去をひきうけなければいけない。」と言っています。ドイツも日本も五〇年前は同じような立場であったのに、過去を知り、きちんとした次の世代を作っていることで、私達とはずいぶん差ができてしまっています。アジアでの事は絶対になかった事ではないのです。その事を私達は知っていかなければなりません。知らない事は罪だと思います。伝えないことも罪です。このまま真実をかくし続けていっても、アジア世界はどうしても近くなれないと思います。真実をきちんと伝えていって、今ある問題を考えなければなりません。日本全体でもそうだけれど、私自身も知らないといけません。過去に責任を持てるようになって初めて、平和を考え、そして世界を考えないといけないと思います。私一人でも過去を知ることで、小さい事でも伝えて、それによって世界とかかわっていけると思います。

(2) 学習のまとめ―「学習ノート」の製本化―

本単元の「学習のまとめ」として、毎時間、教材に作業課題を付した「学習ノート」に従って学習を進めるとともに、定期考査の意見文を書いた資料などを綴じ込んだ「学習の記録」を整理するとともに、その最後に、各自の「学習を終えて」を書かせて製本して、提出させた。この「学習のまとめ」を製本化させることを通して、生徒一人ひとりに自らの学習を振り返らせた。生徒たちは、それぞれなりに達成感を抱いている。

①　整理してみて考えたことは、アジアとアメリカの考え方、とらえ方のちがいです。やはり、アメリカと日本を第三者の見る目は、あくまで冷静に見ているんだなあと思いました。アメリカも日本も自分達にとってまずいと思う事は「くさいものにはふたをしろ」みたいな所が見えました。とてもいやな印象をうけました。

二学期の国語は、学校を離れても考える事が多かったです。遠く離れている友人に手紙を書いた程です。ＴＶを見て戦争に関するものを前よりもしっかり見れるようになり、決して人事（ママ）ではないという意識を持てるようになったので、とてもよかったです。

（二年・女性）

②　二学期の授業では、日本の起こした様々な事を知り、おどろきもし、又、悲しくもあった。今まで、対日感情というものが、何故もたれるのかと、よく理解できない所があったが、今回の学習で、よく理解できるようになった。そして、いつまたあの日に戻るかわからないという不安も残った。

（二年・男性）

6　〔発展学習〕長期的な見通しに立った国語学習の展開

単元「私と世界と平和」は、図②に示すように、次の単元「ことばを学ぶ・ことばで生きる」や学校行事「第二回・第三回平和と人間を考える夕べ」「文化祭」「沖縄修学旅行」へとつなぐ（発展）ように、長期的な見通しに立って構想し実践した。生徒たちの学習課題（テーマ）に対する認識の深化・拡充を図るだけでなく、「意見文①→意見文②→評論文を書く」と、書く力を、また、学校行事（平和と人間を考える夕べ・文化祭）のパネルディスカッション等を通して話す・聞く力を、それぞれ段階的、系統的に習得させるように、長期的な見通しに立って構想し実践した。

私の国語教室では、常に、生徒たちの認識面と言語能力面を意識して、一つの単元だけで完結するのではなく、そこで生まれた疑問・課題に挑むために次の単元が生まれてくるというように、単元の連続性・系統性を図るよう努めている。

四、実践の成果と課題

(1) **国語科単元学習について**…能力差が大きく、出席状況も極めて不安定な定時制の生徒に対して、生徒の興味・関心や問題意識をふまえた学習課題（テーマ）を設定して、その課題の解決を目指して、様々な学習活動（言語活動）を展開する過程で、言語能力や課題解決能力・情報活用能力を育てるという、国語科単元学習法はやはり有効な指導法であると、実践体験をふまえて、実感を持って言うことができる。今後も、大村はま先生の実践に深く学びながら、高等学校においても、国語科単元学習の実践を進めていきたい。

(2) **学習課題（テーマ）について**…時宜を得た、長崎で現在（いま）〉を生きる生徒にとって身近な、かつ、次年度の沖縄修学旅行も視野に入れた学習課題（テーマ）は、少し重い課題であったが、生徒たちの学習の様子を見

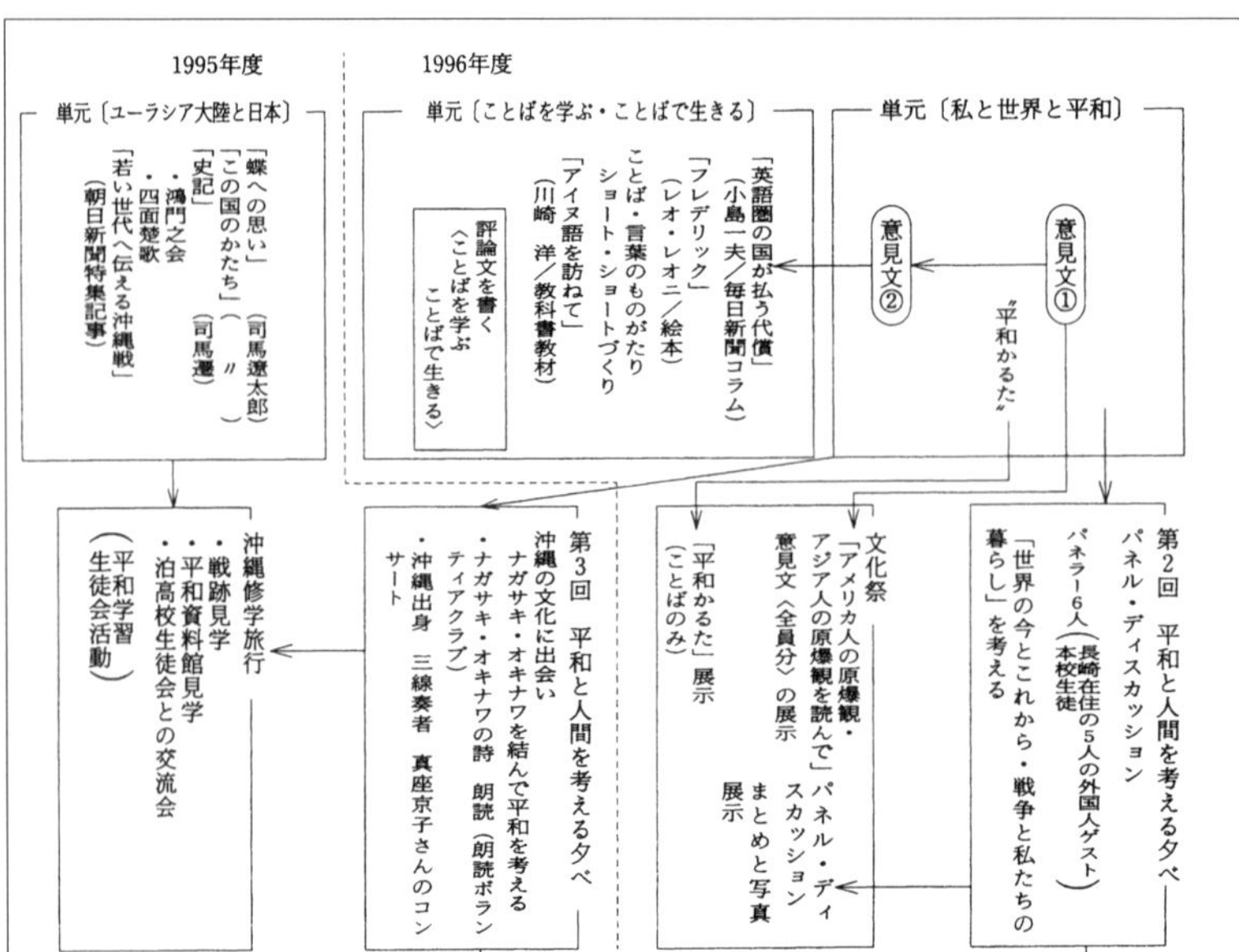

〈図②〉　単元相互・単元と行事の関連

ると、まず妥当な課題であったと思う。ただ、単元名「私と世界と平和」はあまりに大きな単元名なので、もっと焦点を絞ったものにすればよかったと今では思っている。

(3) **教材編成について**…生徒たちが将来にわたって新聞に親しむことができるようにしたいと考えて、様々な角度から様々な立場に立った新聞記事を取り上げて、その教材配列も次第に生徒の認識が拡充・深化するように編成を工夫した。その結果、生徒たちの学習課題（テーマ）に対する認識は深化・拡充するとともに、その過程で、生徒たちに読む・書く・聞く力を高めていくのにに大いに役立ったと思う。

(4) **「ことばの力」の習得と授業の進め方について**…学習課題の解決を目指して学習を展開する過程で、読む・書く・話す。聞く力が総合的に身につくように、意図的で段階的な指導を展開した。「活動はあるが力が付かない単元学習」という批判を受けないようにするためにも、今後も、国語科で身に付けるべき言語能力が着実に習得されるように努めていきたい。また、教材に作業課題を付した「学習ノート」による個別学習を中心に授業を進め、最終的に「学習の記録」の冊子作って終わる授業の進め方は、大変有効であった。今後も、生徒一人一人に応じた指導のあり方を様々に工夫していきたい。

読みの交流を中心にした『鞄』学習指導の実際（高三）
―ワールドカフェ方式を取り入れて―

広島県立広島観音高等学校　黒瀬　直美

一、実践研究のねらい

平成二六（二〇一四）年一二月に広島県教育委員会は「学びの変革～アクション・プラン～」を策定し、グローバル化する二一世紀社会を生き抜く人材の育成を目指して、従来の知識ベースの受動的な学びから、習得した知識を活用した課題解決学習への転換を打ち出した。現場では盛んに研修会が持たれ、授業のあり方を見つめ直すことが問われている。私自身は今まで自分では課題解決型の授業を展開してきたつもりであった。しかし、果たして「主体的な学び」になりえているのか、改めて見直すべき時期に来ていると考え、課題解決型の国語の授業展開とは何か、自分なりに仮説を立てて実践し、検証してみようと考えた。

今回は特に読みの多様性が問題にもなる小説教材に取り組むことにした。小説教材の学習指導でよくありがちなのは、旧態依然とした正解主義の指導（正解を求めさせる・教え込む）である。指導書に則って、「答え」を導き出すための、一問一答の授業、読解を中心とした指導に陥りやすい。そこには生徒の問題意識が存在しない。また、その反面、読者論的相対主義の指導も存在する。読みの多様性を認めるが、拡散して終わってしまい、「人それぞれに考え方はある。」という落としどころで終わってしまうことが多い。

そこで、生徒の主体性を生かしながら、本文に基づいてどのように思考させる場面を作っていくか、確かな読解を生徒の経験と結びつけ、そこから生まれてくる多様な読みをどう交流し、生徒個人の読みの確立につなげていくかを課題とし、それを解決する授業を構想し、実践してみた。

二、単元の構想

(1) 単元名　『鞄』（安部公房）『精選現代文B』（三省堂）所収

(2) 対象学校名・学年・組　広島県立広島観音高等学校　第三学年　選択K２群　二単位（男子一六名、女子二三名、計三九名）

(3) 実施時期・時間数　平成二九（二〇一七）年　一学期六月　一〇時間配当。

(4) 単元設定の理由

『鞄』は平易な文章で読みやすいが、多くの謎をはらんだ作品である。登場人物には名前が明記されておらず、日常的な場面で始まりながら、鞄にとりつかれて行動が制限されるという非日常的な話題が投げ込まれ、謎めいた展開のまま、最終的に主人公の「私」が鞄に支配されるという、意外な終わり方で結ばれている。これまで学習してきた小説とは傾向が違い、登場人物の心情を中心に読解していくものではなく、謎の多い作品となっている。その不可解さは生徒にとっても疑問点として大きく残り、問題解決の意欲を喚起しやすい特性を持っている小説である。また、「自分自身で生き方を選択していくというわずらわしさから解放された自由」は本当の自由

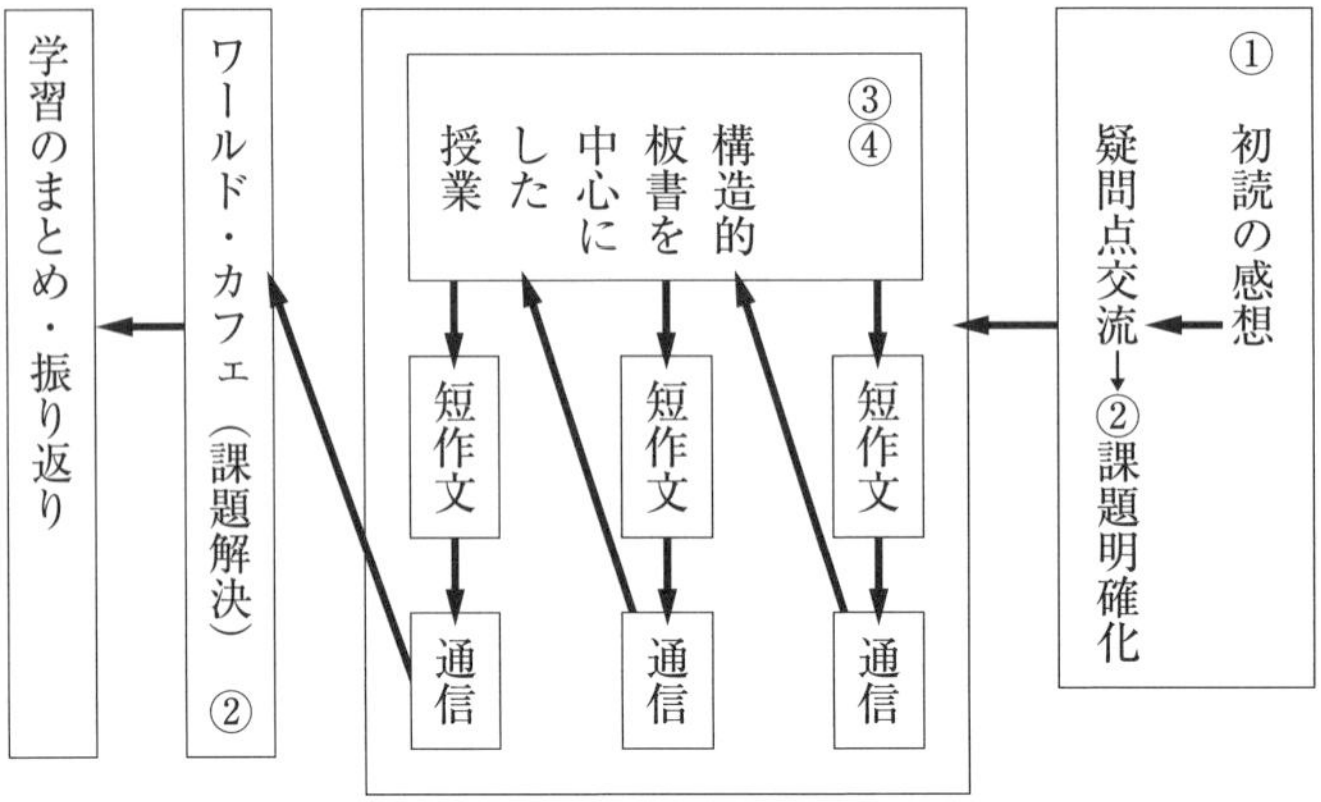

なのかという問題点を投げかけており、高校三年生という進路選択の岐路に立つ生徒にとっても、自らの生き方を問い直し、見つめ直す契機となる作品である。そこで次のような指導方法を工夫することにした。

①　生徒に疑問点を持たせ、その解決に向けて目標を持って授業に取り組むという主体性を持たせるため、初読の感想をもとに、問題点、疑問点を出し合い、交流し、生徒全体に解決すべき課題を共有させ、その解決に向けて学習していくことを確認させる。

②　学習の目標をあらかじめ提示し、課題の解決に向けて主体的に思考を積み重ねさせるため、学習のまとめとして構造図を書き、それをワールドカフェ（後述）で発表することを知らせておく。

③　本文を丁寧に読み、確かな根拠を元に本文の読解を行い、また構造的な板書によって、最終的な学習のまとめとなる構造図へのイメージを持たせるため、構造的な板書を元にした読解指導を行う。

④　授業の中で、話し合う場面、発表する場面、考える場面、書く場面を常に取り入れていく。

⑤　他者の意見を自らの考えと照らし合わせて、生徒個人の意見を確立させるため、毎回短作文を書かせ、それを『鞄通信』としてまとめ、次回の授業でフィードバックし、読みの交流を図る。

ワールドカフェ…何人かの会議での討論のやり方の一形式。各テーブルにはマスターがおり、テーマについてテーブルについた数人に説明した後、議論しあう。次にマスター以外は他のテーブルへ移動し、そこのマスターからまた説明を受け、さらに議論を深め、これを何回か繰り返した後に、各マスターがまとめの報告を全員にする方法である。参加者が少人数で自由に発言をしながら、他の人々の様々な意見にも耳を傾ける機会を増やすことができる。今回はマスターの役割を簡略化して行った。

簡略化ワールドカフェ

A、B、Cがマスターとなって説明を行う。生徒は自由にマスターのカフェに立ち寄り、説明を聞く。時間になったら、順次○の生徒がマスターになる。繰り返し行い、一人一回マスターになる。

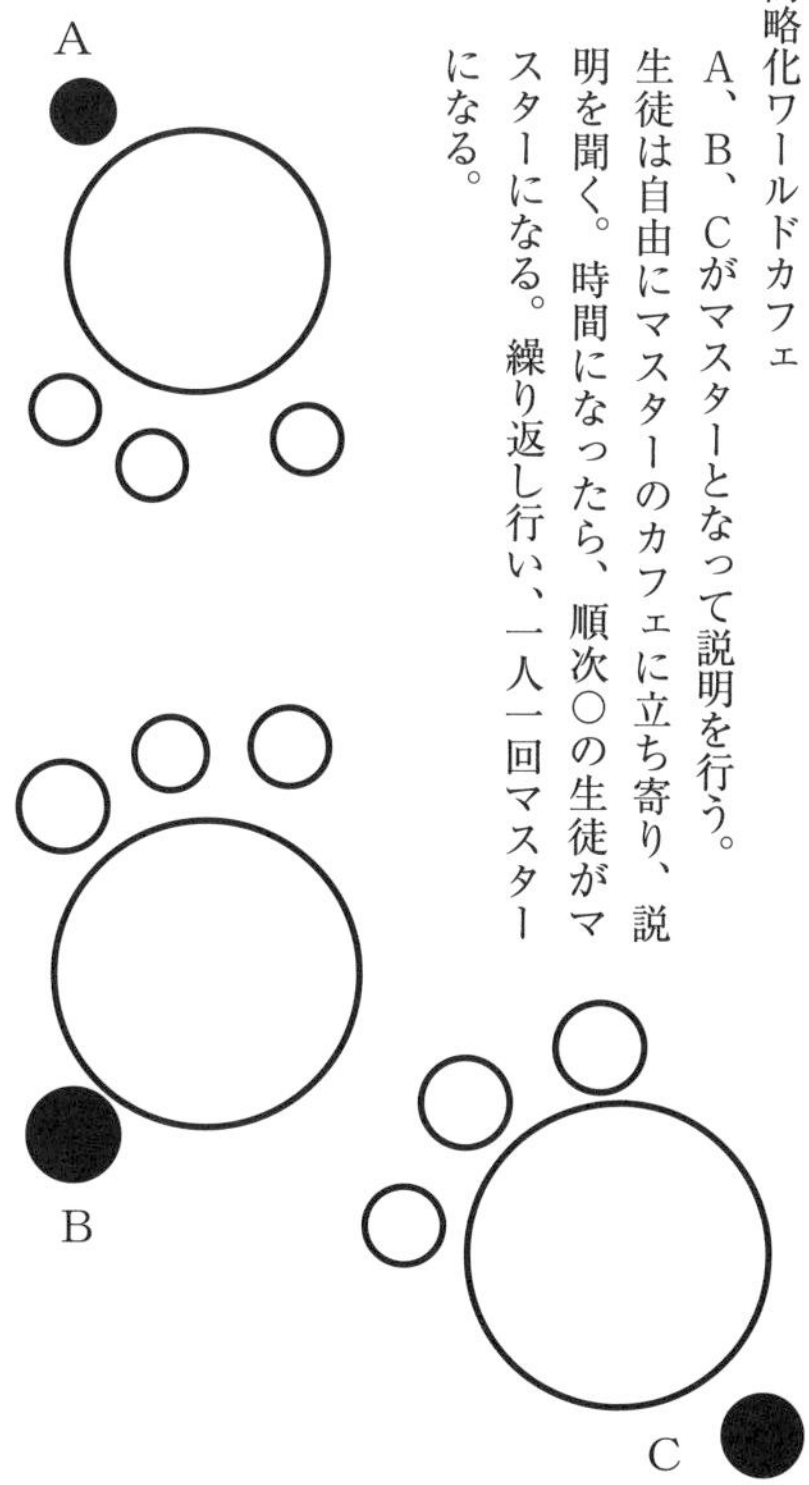

(5) 単元の指導目標

① 登場人物同士のやりとりを通して、小説の世界を想像し、登場人物の置かれた状況を読み取らせる。

② 比喩に注意し、なぜそのような表現を用いたのか、表現上の工夫から作者の意図を読み取らせる。

③ 初読の感想をもとにした課題「この小説は何が言いたいのか＝この小説のからくりとは何か」について考えさせることを通して、「自由について」の考え方を深めることができるようにする。

④ 話し合う、発表する、他者の書いた文章を読むという活動を通して、話す力、聞く力を付けさせるとともに、様々なものの見方、考え方に触れさせ、深く思考する態度を養わせる。

(6) 単元の指導計画

①　第一次　疑問点の交流と課題の明確化…二時間
ア　初読後、感想、疑問点を書かせる。
イ　代表的な感想、疑問点を通信に載せ、全体で交流したあと、課題を明確化する。
②　第二次　構造的板書を中心にした授業…五時間
ア　本文を再度読み、不自然なところや繰り返し、変化、比喩などを指摘し、なぜそういう表現になっているのか、どういう印象を受けるのか、分析シート（四七五頁参照）に記入させる。（宿題とする）
イ　一段落について、分析シートをもとに気づきを発表させ、発問を投げかけ、板書に構造化していく。その後、気付きや感想をワークシートに記入させる。
ウ　前時の気付きや感想を載せた『鞄通信』を読み、読みを交流させる。二段落について、分析シートをもとに気づきを発表させ、発問を投げかけ、板書に構造化していく。（三段落、四段落同様）
③　第三次　課題について構造化・発表・まとめ・振り返り…三時間
ア　構造化した発表用シートを作成させる。
イ　ワールドカフェ方式で発表させる。
ウ　学習のまとめを書かせる。
エ　振り返り用紙で授業の振り返りをさせる。

三、単元の展開

1　〔第一次〕疑問点の交流と課題の明確化（二時間）

全文を通読した後、感想、疑問点を書かせた。ところが生徒の書いた感想が雑然として焦点化されていなかったので、雑然とした感想のまま、通信に載せ、その「初読の感想」の感想を書かせ、通信にまとめた。

初読の感想の感想～抜粋～

① 自分も鞄の中身が気になっていたが、そこまで気にしていなかったけど、感想の中に不気味だとか細かいところについて考えている人が多いと思った。面白い表現もあり、感想でもわかりやすく面白かった。

② 赤ん坊の死体なら無理をすれば三つ位は、という表現は確かに不気味だと思った。靴が青年や「私」に催眠術をかけているかのよう、という指摘に納得した。

③ やっぱりみんなも一回読んだだけではあまりこの物語の内容が理解できていないのは同じだと思いました。青年の行動一つ一つに意味がありそうというのには共感できたし、「私」の暗示の通りに読み進めていってしまいそうだと思いました。いろいろな不思議が解決できるといいです。

④ みんなも私と同じでこの小説の設定や伝えたいことが全然理解できていないみたいで安心した。鞄の中身が何であれ、関係ないという意見に少し共感できた。この小説は何回読んでも正確な答えがないのかなあと思った。

⑤ こうして他の人の感想を読むと、やはり皆青年の言動を理解できていないのだとわかった。わからない人たちがわからない話について話し合ったとき、どのような結論に至るか楽しみだ。

⑥ 鞄は大きさの表現の仕方から、確かに不気味さが表れていたと思います。元は納得していなかった「私」が鞄を持ち、

自由になったといっているところから、催眠術といわれれば納得してしまいます。いつもの物語とは異なり、よくわからない話なので、深く読むとどうなっていくのか私も気になりました。

初読の感想のほとんどが、「何が言いたいのかわからない」「登場人物の心情に着目して読んでいきたい」「登場人物の性格や人物像を理解したい」といったもので、このままでは焦点化できないと判断し、感想の中でも、重要な点に触れている部分を抽出し、通信にまとめて読ませた。

そのため、かなり着眼点が明確になり、課題が明確化できる状態になった。これを読ませた後で、「この小説はいったい何を言いたかったのかを考えよう。」「謎の多い小説だから、この小説のからくりを解明しよう。」という課題を全体に投げかけ、最終的にその課題を解明した構造図を書き、それをワールドカフェ方式で発表すると予告した。イメージを持たせるために、別教材を構造図化したものをモデルとして見せ、ワールドカフェ方式について説明をした。依然として「鞄」についての謎は深いままであったが、最終活動目標が明らかになり、見通しをもって授業に取り組む動機付けができたようだ。

2　〔第二次〕構造的板書を中心にした授業（五時間）

(1)　分析シート

平易な表現で書かれた小説であるが、読みやすいだけに、注意して読まないと各自の読みが拡散してしまう危険性があった。思わせぶりな青年の様子、「赤ん坊の死体なら、無理をすれば三つくらいは押し込めそうな――大きすぎる鞄」という比喩に表れている鞄の「不気味さ」や、「私の額に開いた穴をとおして、どこか遠くの風景でも見ているような、年寄りじみた笑いだった。」という表現から読み取れる青年の狡猾さを的確に読みに生かしていかなければならないと考えた。そこで「分析シート」（下図参照）と名付けた、すべての文章に通し番号を振ったシートを作成し、生徒に「不自然なところや繰り返し、変化、比喩などを指摘し、なぜそういう表現になっているのか、どういう印象を受けるのか、分析シートに記入する」という宿題をやらせた。そのシートを回収し、誰がどういう指摘をしたのか、メモを取り、適宜授業で発表させ、読解を深めていくために使うことにした。

(2)　一段落の読解（構造的板書→授業後短作文→「鞄通信」に掲載→次時の授業で配布・交流）

次に場面ごとに四段落に分け、段落ごとに、発問を中心にした構造的板書による一斉授業を行った。

登場人物がなにをしているか、どういう応答が行われているか、それにはどういう意味があるか、などを発問しながら板書していった。最終的な課題が「構造図化」であるため、実際に構造図を授業で書いてみせた。段落ごとに学習後、出てきた問題点や気付きを書かせ、通信に反映して次時に配布した。

一段落では不可解で謎の多い青年に「私」が次第に引き込まれ、興味を持っていく様子を読み取った。そこで出てきた疑問点は、「果たして、青年は採用されたかったのか、採用されたくなかったのか」ということだった。生徒に書かせたところ、採用されたかった、採用されたくなかった、どっちでもよかったという三つの意見に分かれ、

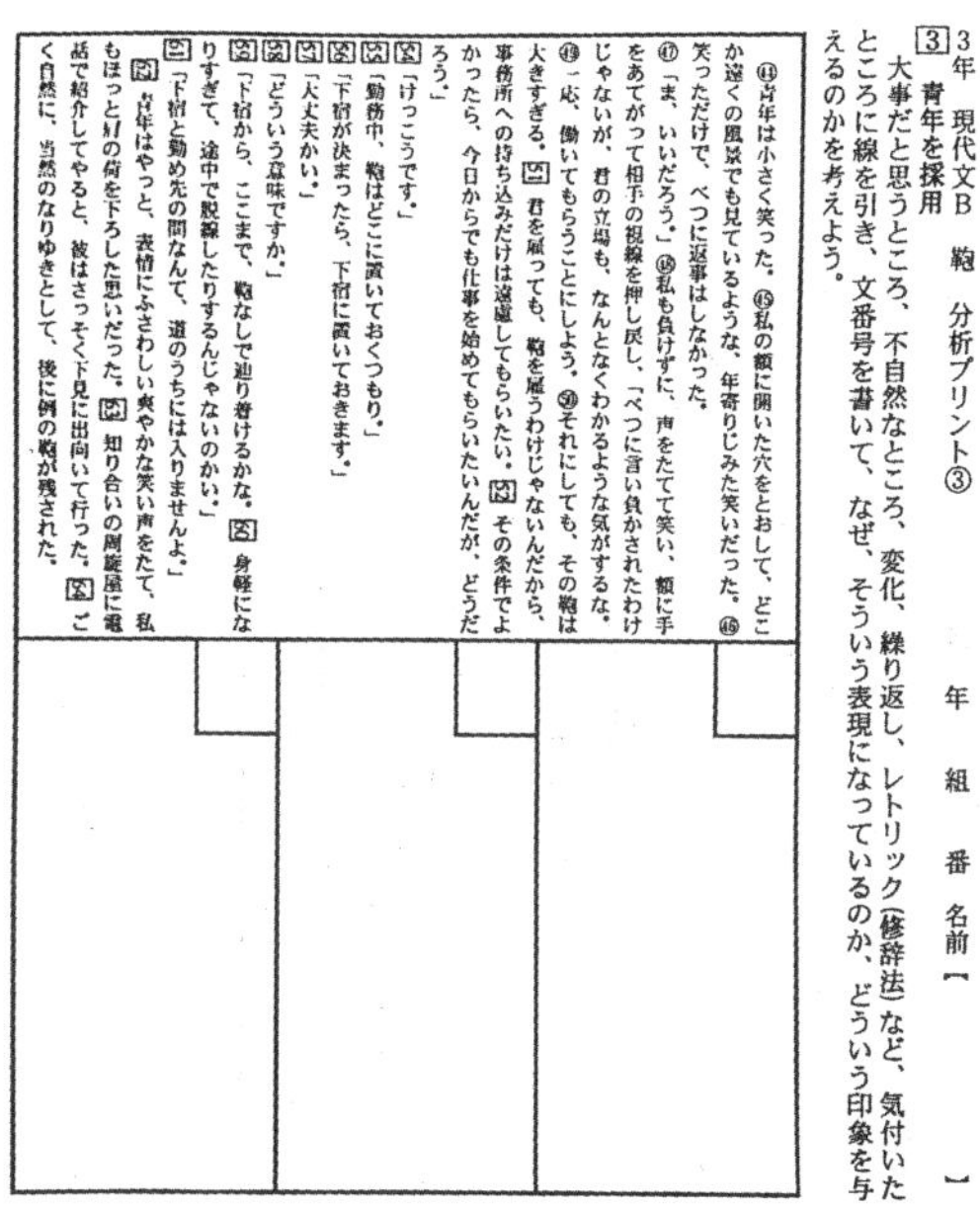

3年　現代文B　鞄　分析プリント③　　年　組　番　名前【　　　】

3　青年を採用

大事だと思うところ、不自然なところ、変化、繰り返し、レトリック（修辞法）など、気付いたところに線を引き、文番号を書いて、なぜ、そういう表現になっているのか、どういう印象を与えるのかを考えよう。

㊹青年は小さく笑った。㊺私の額に開いた穴をとおして、どこか遠くの風景でも見ているような、年寄りじみた笑いだった。㊻笑っただけで、べつに返事はしなかった。

㊼「ま、いいだろう。」㊽私も負けずに、声をたてて笑い、額に手をあてがって相手の視線を押し戻し、「べつに言い負かされたわけじゃないが、君の立場も、なんとなくわかるような気がするな。㊾一応、働いてもらうことにしよう。㊿それにしても、その鞄は大きすぎる。[illegible]君を雇っても、鞄を雇うわけじゃないんだから、事務所への持ち込みだけは遠慮してもらいたい。[illegible]その条件でよかったら、今日からでも仕事を始めてもらいたいんだが、どうだろう。」

[illegible]「けっこうです。」

[illegible]「勤務中、鞄はどこに置いておくつもり。」

[illegible]「下宿が決まったら、下宿に置いておきます。」

[illegible]「大丈夫かい。」

[illegible]「どういう意味ですか。」

[illegible]「下宿から、ここまで、鞄なしで辿り着けるかな。[illegible]身軽になりすぎて、途中で脱線したりするんじゃないのかい。」

[illegible]「下宿と勤め先の間なんて、道のうちには入りませんよ。」

[illegible]青年はやっと、表情にふさわしい爽やかな笑い声をたて、私もほっと肩の荷を下ろした思いだった。[illegible]知り合いの周旋屋に電話で紹介してやると、彼はさっそく下見に出向いて行った。[illegible]ごく自然に、当然のなりゆきとして、後に例の鞄が残された。

解決することができなかった。

(3)　二段落の読解（「鞄通信」配布→構造的板書→授業後短作文→「鞄通信」に掲載→次時の授業で配布・交流）

二段落では鞄を「赤ん坊の死体が三つぐらい入っている」と表現していることから、鞄の意味するイメージを読み取り、「私」の連続する質問を常にはぐらかす青年の様子を確認した。そして「一段落からの変化は？」と投げかけ、周囲の友人と話し合わせることによって、「私」はいつのまにか「鞄」に興味が移っていったことに気づかせることができた。さらにそのことを短作文で書かせ、何人かの意見を通信に載せ、次時で配布した。その抜粋を載せることにする。

① 最初は青年の方に関心があったけど、だんだん青年よりも鞄に興味を持つようになっている。青年の印象は「正直そう」だったが、会話での「私」の質問に正直に答えていない。

② 1段落では「私」は青年に「正直そうな」という印象を持っていたけど、鞄の質問に対して正直に答えているような感じはしなかった。逆に「私」の方

3年　現代文B　「鞄」通信2　6月7日(水)

2段落の学習を終えて…

問　2段落で「青年」あるいは「私」はどう変化したか？

①最初は青年の方に関心があったけど、だんだん青年よりも鞄に興味を持つようになっている。青年の印象は「正直そう」だったが、**会話での「私」の質問に正直に答えていない。**

②1段落では「私」は青年に「正直そうな」という印象を持っていたけど、**鞄の質問に対して正直に答えているような感じはしなかった。**逆に「私」の方は青年のことが気になっている感じだったけど、2段落では**鞄が気になって質問攻めしている感じだった。**

③「青年」は最初の印象と違ってはきはき答えている。「私」はたじろいでいたのに堂々としてきて、青年より鞄に興味が移った。

④「私」は初め「青年」のことを非常識だと思っていたが、素直に話を聞くようになり、興味を持ったため質問攻めにした。

⑤「私」は最初、青年と鞄に関係に興味があったが、どんどん鞄の「中身」に興味を向け始めた。金額、強盗などの単語を見ると、「私」は鞄の中身を何らかの価値がある物だろうと思っているように見える。

⑥青年ははぐらかしたり短い返答をするところが変わってない。「私」は明らかに変わった。最初は青年や鞄を怪しげに見ていたが、2段落目では**気になって仕方が無い**ようだった。

⑦**青年はさらになぞ**がでてきた？

⑧1段落目では後半から（「私」の）興味を持ち始めたけど、2段落目ではその**興味の度合いが強くなっている**ように感じた。

⑨「私」は最初こそ訳がわからず困惑している様子だったが、青年に質問し、はぐらかされ続けるごとに青年や鞄のことを知りたくなり、それでも青年ははぐらかすので、**預かろうと言い出した。**

⑩「私」は最初はやってきた不思議な青年に対してあきれた気持ちでいたけど、青年と会話を進めていくうちに、不思議な青年と鞄にどんどん興味を持ち始めている。それに対して青年は相変わらず**不可解で不思議な感じは変わっていない。**

「鞄」通信２号

は青年のことが気になっている感じだったけど、2段落では鞄が気になって質問攻めしている感じだった。

③　青年ははぐらかしたり短い返答をするところが変わってない。「私」は明らかに変わった。最初は青年や鞄を怪しげに見ていたが、2段落目では鞄が気になって仕方が無いようだった。

④　青年はさらになぞがでてきた?

⑤　「私」は最初はやってきた不思議な青年に対してあきれた気持ちでいたけど、青年と会話を進めていくうちに、不思議な青年と鞄にどんどん興味を持ち始めている。それに対して青年は相変わらず不可解で不思議な感じは変わっていない。

(4)　三段落の読解　（「鞄通信」配布→構造的板書→授業後短作文→「鞄通信」に掲載→次時の授業で配布・交流）

三段落では板書計画にもあるように、「私」の気持ちを見透かす「青年」の老獪さを読み取らせた。さらに読み深めるために、「A青年は『私』の何を見透かしていたのだろうか?」「B遠くの風景とはどういう風景か?」について書かせ、通信にまとめた。答えはさまざまに存在したが、自分の答えと比べたり、他人の意見同士を比べたりして、より説得力のある意見を吸収し、自分自身の考えを深めていた。それは通信の内容が次第に深まっていったことからもわかる。

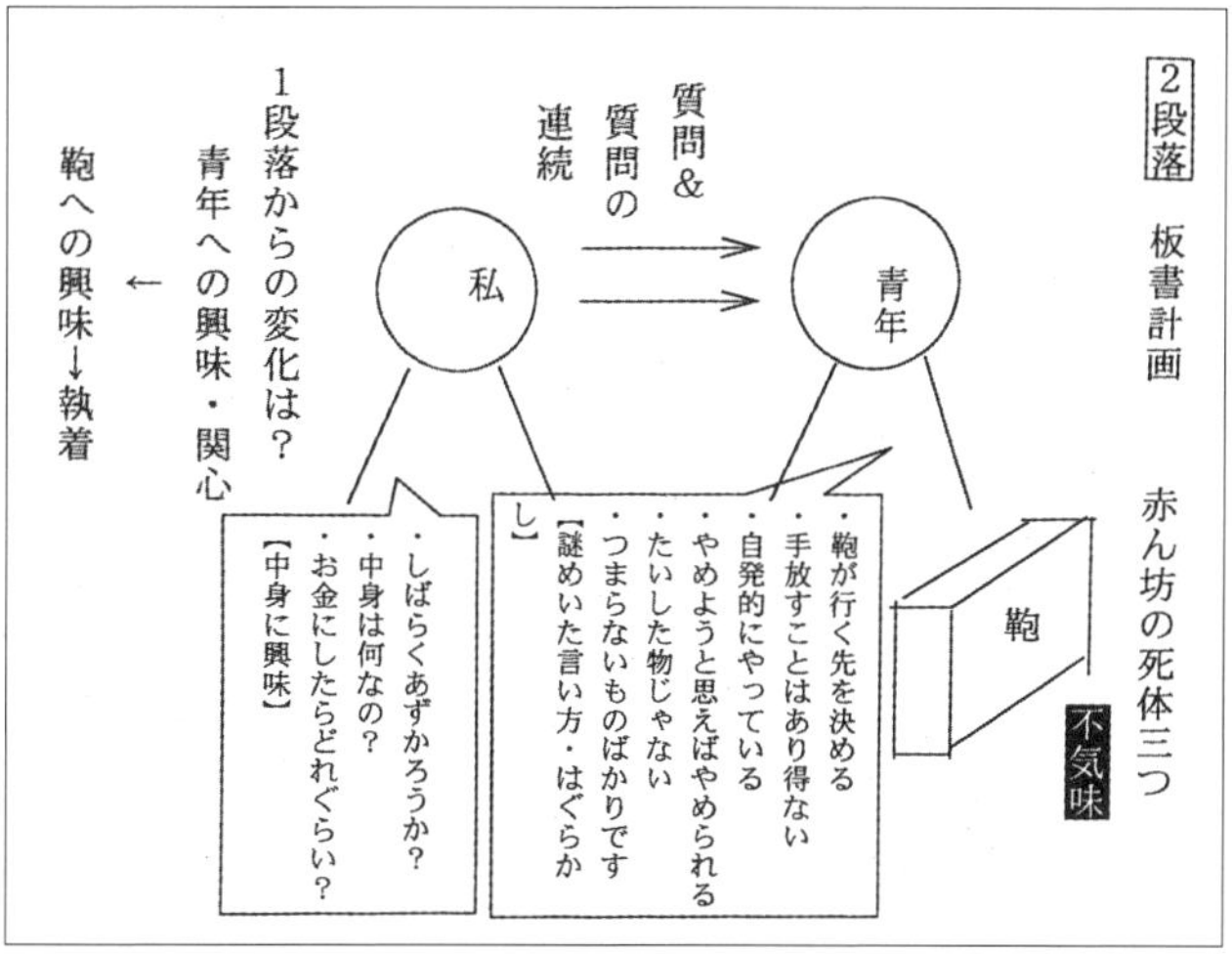

2段落
板書計画
赤ん坊の死体三つ
不気味
鞄
青年
私
質問&質問の連続
・鞄が行く先を決める
・手放すことはあり得ない
・自発的にやっている
・やめようと思えばやめられる
・たいした物じゃない
・つまらないものばかりです
【謎めいた言い方・はぐらかし】
・しばらくあずかろうか?
・中身は何なの?
・お金にしたらどれぐらい?
【中身に興味】
1段落からの変化は?
青年への興味・関心
←
鞄への興味↓執着

2段落の構造的板書

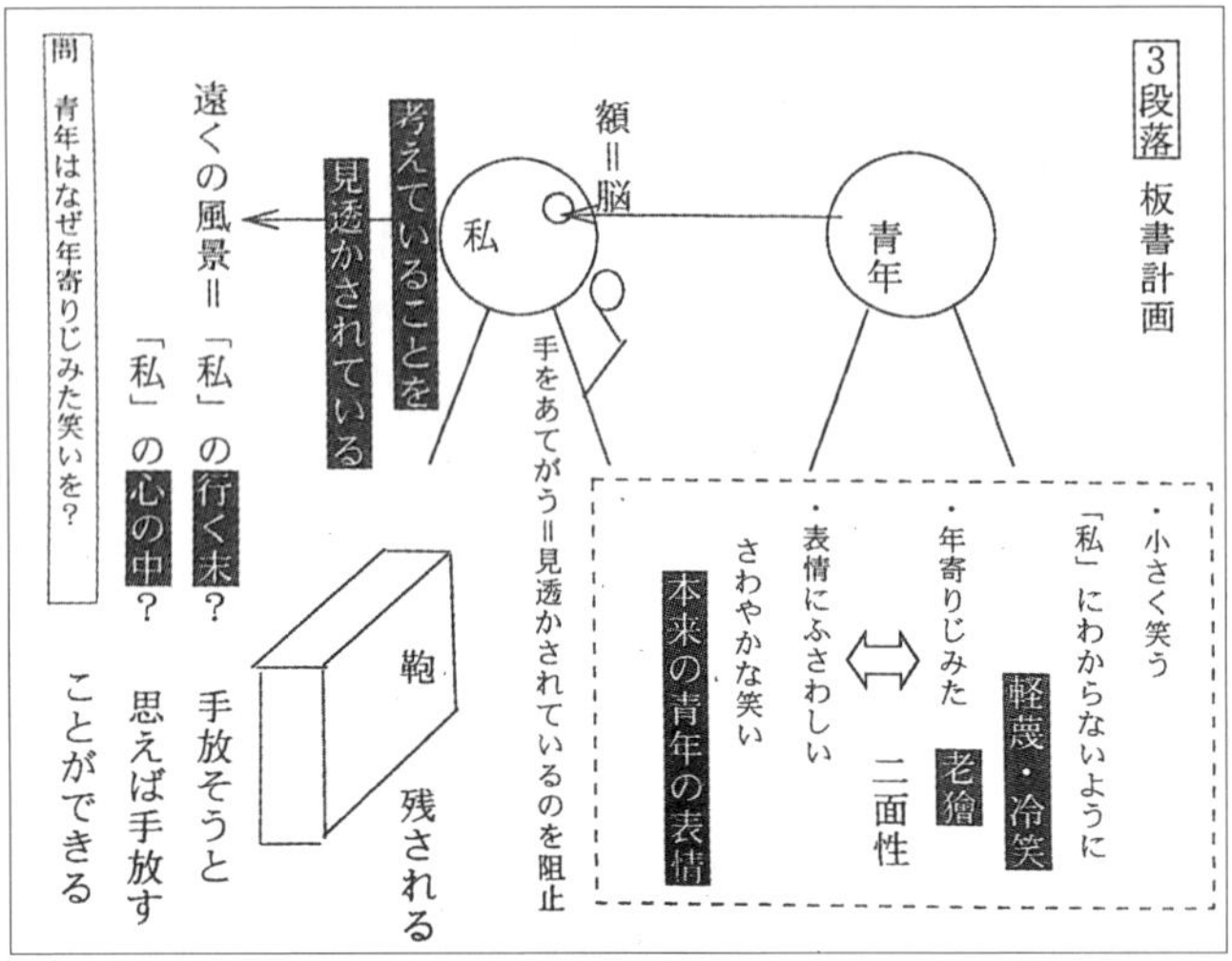

３段落の構造的板書

Ａ　①「私」の鞄に対してのいろいろな予想や考え　②「私」を採用するという考えを読んでいた。③「私」の鞄に対しての興味・執着　④鞄を持ってみたいと思っていること。⑤「私」が鞄のことだけを考えていたことを見透かしていた。⑥「私」が青年を雇うという考えを見透かした。そして「私」がまだ鞄の中身について興味を抱いていることも見透かした。⑦「私」が鞄の虜になり、執着していることをあざ笑っている。このあとに「私」が鞄を持ち出してしまうこともわかっている。

Ｂ　①「私」が考えている鞄の正体とは全く違う鞄の正体　②青年が採用される場面　③「私」が鞄を持っている風景　④今から起こること。（青年は最初から鞄を残すつもりだった。）⑤私が鞄を持ち歩いて自由を感じている風景。⑥下宿を探しに行くとき、鞄を置いていくと、鞄の「中身」に興味のある「私」は警戒心を解いて鞄を開けてしまうという風景。⑦もしかしたら、青年が鞄に出会ったときも、こんな感じだったのかも知れない。昔の自分（遠い風景）を思い出しているのでは？

(5)　**四段落の読解**（「鞄通信」配布→構造的板書→授業後短作文→「鞄通信」に掲載→次時の授業で配布・交流）

四段落では、鞄に導かれていく「私」の様子を丁寧に分析し、「嫌になるほど自由だった」の意味を考えさせた。

その後、自由に四段落の感想を書かせ、通信にまとめた。

①　自由が大変という事はものすごく共感できた。指図を受けてそれをこなすだけほど簡単なものはないと文化祭で感じた。
②　鞄を持った最初はよくバランスが取れていて良い印象だったけど、だんだんと鞄に操られるようになって、嫌になるほど自由になってしまったから、鞄＝自由＝悪魔だと思った。
③　鞄に進む道を決められ、操られ、支配されているのに、それも「自由」というなんて、矛盾していて不思議だなと思いました。最後の最後まで考えさせられる文章でした。
④　すっかり「私」は鞄に支配されていると思った。自由すぎて自由じゃないように感じた。
⑤　作者は「私」が鞄に頼り、すべて道を決めてもらっていることを人生の選択の場面と重ねあわせている感じがした。迷った時、自分の気持ちと向き合わずに何かに頼ってしまって、本当に良いのかということを自分に問われている気がした。
⑥　最初、鞄に拘束されている青年をおかしいと思っていた「私」が、最後は青年の立場になっている。しかし、選ぶことができないのに、「私」は全く不快に思っておらず、むしろ解放感を得ている。

3　〔第三次〕課題について構造化・発表・振り返り（三時間）

(1)　ワールドカフェ発表用シートの作成

当初の確認通り、「小説『鞄』のからくりとは？」というタイトルで構造図をかかせた。構造図を書かせる前に、この小説は、「普段皆さんが読む小説と違う特徴がある、それは何か？」と問い、考えさせた。登場人物に名前がないということに気がつき、その意図について、グループで話し合わせたところ、「誰でもないということは、誰にでもあるということ」という発言をする生徒が出た。その発言で、この小説は誰にでも起こりうる話として、作者が読み手自身に強い意図を持って問いかけているということをとらえることができた。それを踏まえて、構造図を書かせた。作品例を掲載する。

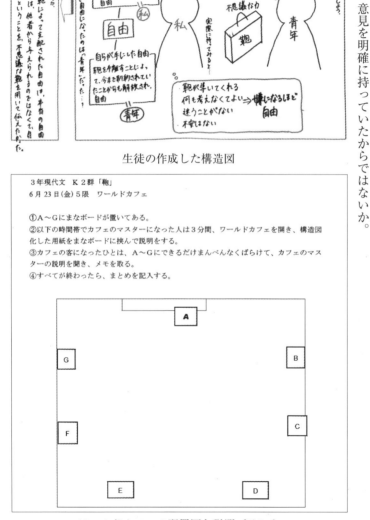

図式化することで、自分が理解したことを整理し、関連づけて、わかりやすいように図式化してアウトプットし、多くの人と共有しやすくすることを目的とした。集中して作業に取り組んでいた。それまでの学習で自分の主体的な読みが確立し、意見を明確に持っていたからではないか。

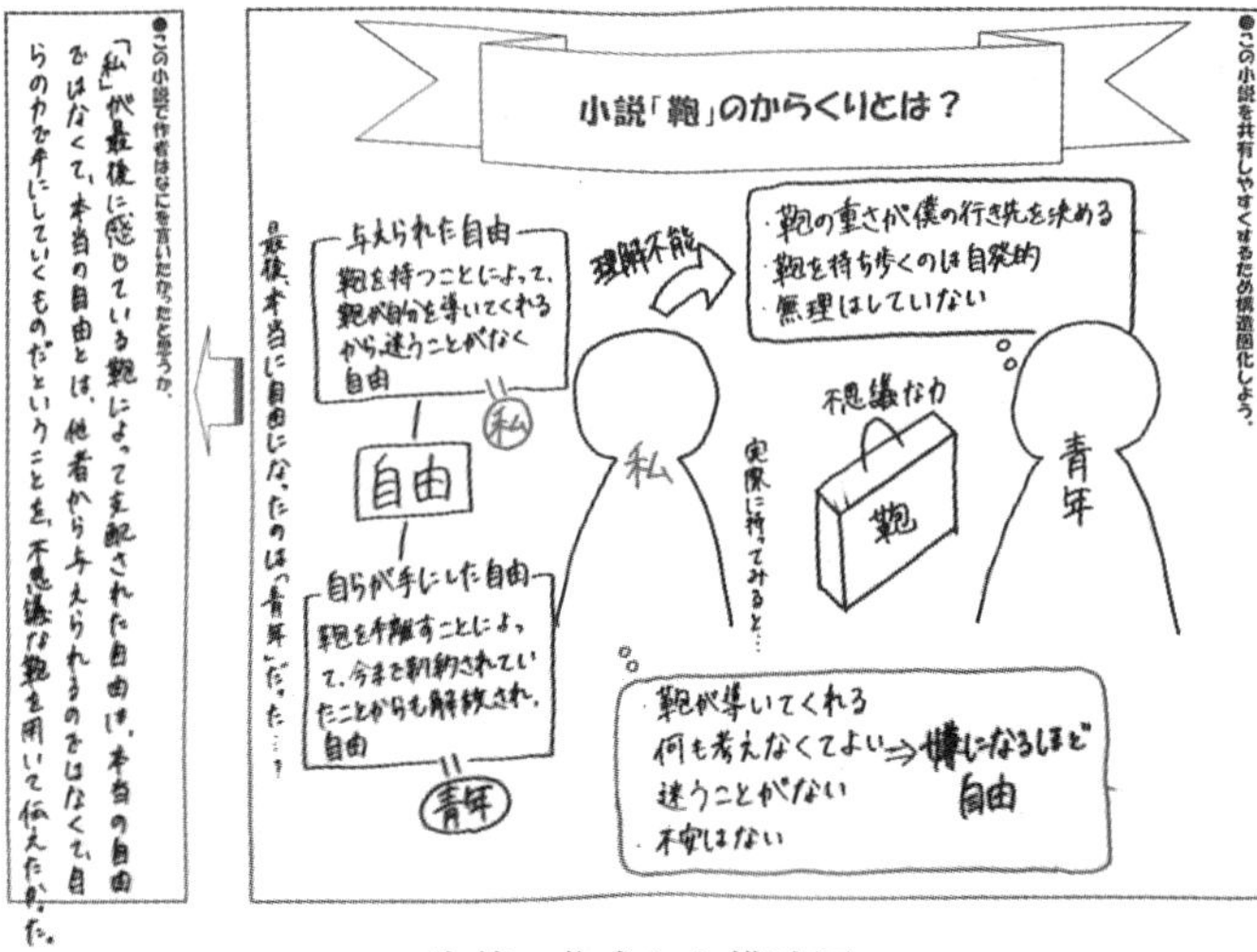

生徒の作成した構造図

３年現代文　Ｋ２群「鞄」
6月23日(金)５限　ワールドカフェ

①Ａ～Ｇにまなボードが置いてある。
②以下の時間帯でカフェのマスターになった人は３分間、ワールドカフェを開き、構造図化した用紙をまなボードに挟んで説明をする。
③カフェの客になったひとは、Ａ～Ｇにできるだけまんべんなくばらけて、カフェのマスターの説明を聞き、メモを取る。
④すべてが終わったら、まとめを記入する。

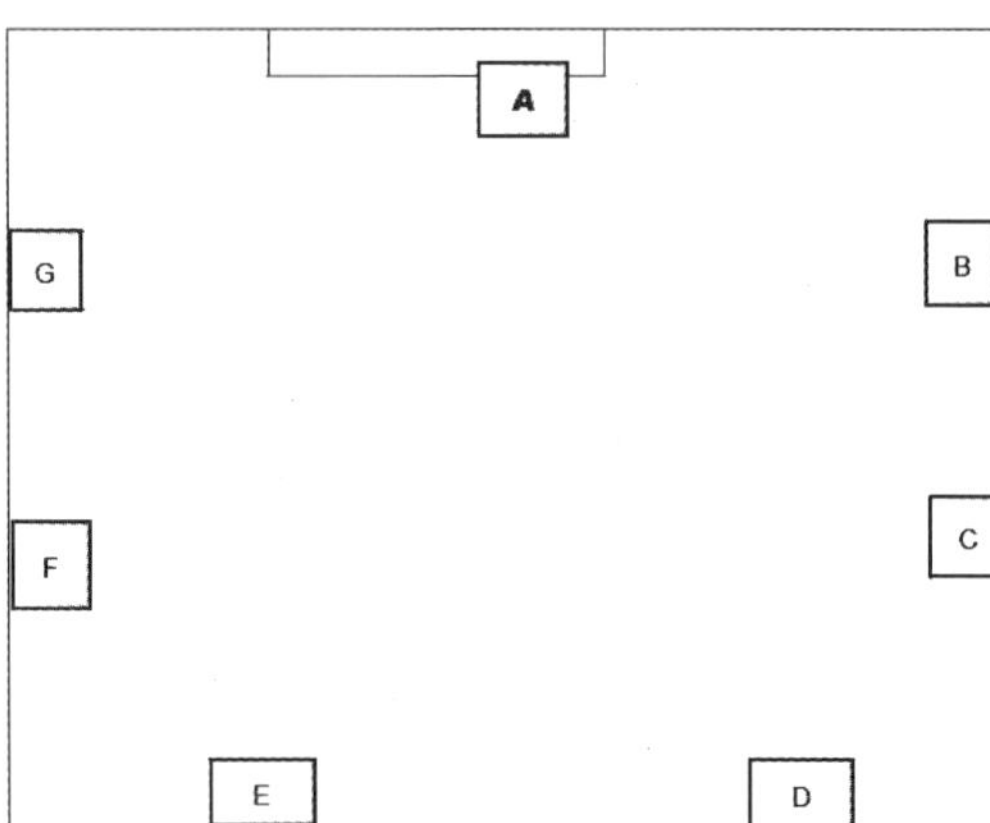

ワールドカフェの配置図と説明プリント

た。

(2) ワールドカフェ

特に事前指導なしで行った。生き生きと自分の発表に取り組み、他者と自由活発に交流している様子がうかがえた。

(3) 学習のまとめ・振り返り

この作品は何を表現しようとしたのか、書かせた。

A　道を選択するのは自分か、それとも人に決めてもらうのか

最初に読んだ時は、何が言いたいのかわからず、不思議な物語だなと思っていたけど、授業を受けていくごとに、少しずつ「そういうことなのか」と理解でき、毎回の授業が楽しかったです。私は、今、「鞄」を持っている状況だと思いました。なぜなら、学校にはルールがあり、そのルールは他人が決めていることに縛られているからです。自分の道は自分が決めることが大切だと思ったので、「鞄」は持ちたくないです。

B　ある程度制限がある方が楽しい

最初は全くわからなかったけど、最終的にはみんな「自由」という言葉にたどり着いていました。青年と「私」と「鞄」という少なく奇妙な登場人物が、自由について私たちに問いかけてくる感じで面白かったです。私は誰もが「鞄」(＝自由)を持っていると思います。でもずっと「鞄」を持ち続けると疲れるのは、自由すぎて選択が多いからです。なのでみんな「鞄」を持ったり置いたりしながら生きているんだと思います。みんなで考えることで、より考えを深めることができたし、物語の本質にもたどり着いたと思います。

C　本当に手にするべき自由とは何か

初めて「鞄」を読んだときよりも、はるかに内容について理解できたと思います。この「鞄」という話を読んで感じる事は、人それぞれ違うと思います。僕は、自由の大切さについて感じ取ることができました。「鞄」があると迷うことなく楽な方へ進んでしまいます。その先にある自由は、本当に自分にとって良い自由かと言われたら、そうではないと思います。自分の意思をしっかり持ち、自分の行動に責任を持った上で進んだその先の自由こそが、本当に必要な自由だと思います。だから「鞄」とは決して良いものでは無いけど、こういったことに気づくことができる悪魔のアイテムかもしれません。

D　自由すぎる事は良くない
ワールドカフェをして初めてそうだったのか！　と思えた。自由すぎるのは良くないということは何度も読むうちにわかった。だけど、自由が二つあって、最終的に自由になったのは「私」ではなく青年だということに気づいて、この本を初めて理解できたと言える気がした。初読の感想を読み返してみると、今とは全く違う見当はずれな解釈をしていて恥ずかしくなった。この本は一度読んだだけでは理解しにくく、何度も読むことで本当の自由の意味がわかると思った。

四、実践の成果と課題

(1)　主体性を生かしながら、本文に基づいて確かな読解を行い、個人の読みを確立できたか。

初読の感想を生かしながら、解決すべき課題を明確にし、目標を提示して主体性を持たせることはできた。発表用シートを作成しているときの生徒の集中とできあがった作品を楽しそうに発表する様子がそれを物語っている。また、構造的な板書を元にした授業を行い、本文を確実に読解するということを通して、各自の読みを確かなものにするという段階についても、何らかの印象や感想を書いた分析シートを引き出しながら、指導者が構造図化することで、不明瞭なイメージに大枠を与え、意味づけを行うことによって、生徒は自然と根拠をもって考えを深めていくことができたのではないか。毎回配布する『鞄通信』の内容は、授業を重ねるごとに本文の表現を根拠に自分の考えを表現しており、それを読んだ他の生徒たちも、その意見を説得力あるものとして、吸収していったと思われる。ワールドカフェを行った後も、より説得力のある発表を聞いて、自分の意見をバージョンアップさせていた。また単なる「チョーク&トーク」の授業で答えを教えられるのではなく、自ら答えを求め、生み出すことができた。また「あれもこれもある」という拡散した終着点で終わるのではなく、本文を根拠にしてより説得力のある答えに導かれ、その中で各自の個性ある意見が表出されたという形になった。やはり、課題意識→構造的板書による授業→意見交流→構造的板書による授業→意見交流……→課題解決というパターンが良かったのではないか。

⑵ **指導目標は達成できたか。**

当初挙げた指導目標⑴⑵⑶については、ほぼ達成したといえる。ただ、「自由について」の考え方を深めるという部分については、最後にまとめの作文を書かせて特定の生徒のものを通信に載せて終わりにしてしまったことで、課題解決というところまで行き着かなかったのではないか。教材から得られた学習を、自らの経験の中に照らし合わせていくという学習まで仕上げられなかったことが悔やまれる。

また指導目標の⑷については、通信を用いて意見交換をしたり、ワールドカフェを導入したりと、話す、聞く機会、交流する機会を設けたために、生徒の活発な活動が見られ、手応えがあった。ただ、付けたい力を想定し、その鍛錬のためにどのような指導を仕組んでいくかが大きな課題である。

⑶ **生徒の書いたものを学習材とすることについての効果**

今回、生徒の書いたものを通信に載せて最初から最後まで使用した。初読の感想を通信に載せて配布したときのかじりつくような集中力と静かさは、まさに学習者同士で刺激し合い、思考を深めていく時間そのものであった。その後も通信を配布されては、読みひたり、「通信に載せられるかもしれない」と思って、毎時間の短作文にも熱心に取り組んだ。通信の作成は生徒の書いたものをパソコンで文字化しなければならない労力が伴うが、それはスマートフォンの音声変換で短時間でできることがわかり、スマートフォンからメールでパソコンに送り、もっぱら文字化している。

いろいろな工夫を試みたが、それぞれの要素は今後の指導にも活かせる可能性を感じた実践であった。

あとがき

本書は、世羅博昭先生が、長崎、徳島、広島の地において、三〇年あまり、国語科教育の理論と実践の統合を目指して、現場の教師と月例研究会を開き、種を播き続けてこられた成果の一つです。当初は、「ひろしま水脈の会」で自分たちの実践研究をまとめて一冊の本を出そうというのが発端でした。が、より骨太なものにと世羅命名の「水脈の会」という名前を持つ長崎・徳島・広島合同で、出版しようということになり、本書が誕生する運びとなりました。

本書は、理論編と実践編の二本立てとし、実践編はすでに各種国語教育研究大会や学会及び学会誌等に発表したもので、タテの発達を考えて、幼稚園・小学校（全学年・特別支援学級）・中学校（全学年）・高等学校（全学年・ろう学校）における実践研究二七編を取り上げました。平成二（一九九〇）年の実践研究から、平成二九（二〇一七）年の実践研究まで、二八年間の論考です。教育書の新刊書といえばできるだけ新しい実践記録を載せるのが普通なのでまことに異例ですが、それが本書の特色でもあります。

長崎・徳島・広島の「水脈の会」いずれにおいても、大村はま先生の言われる「教師が教えたいことを、指示や命令をしないで、いつの間にか学ばせている授業」、世羅先生の言われる「学ぶることと教えることとが同時に成立する、目標の二重構造化を図った授業」の創造を目指して、学習者が主体的に学ぶ過程で学力が育つ国語単元学習を志向する実践研究を進めてきました。ここに載せた実践研究は、濃淡の違いはあっても、いずれも同じ実践目標を目指して取り組んだものばかりです。現在、新学習指導要領が告示されて、「主体的・対話的で深い学び」が成立する教育が求められていますが、私たち「水脈の会」が求めてきた国語教育実践も、それを実現するために役立つ実践研究であると信じています。ぜひとも、実践の場に役立てていただければと願っています。

また、本書には、小学校・中学校・高等学校にとどまらず、幼稚園と小学校の連携・接続、さらには特別支援学校・学級の実践研究が載せられており、これも他の教育書にはない特色かと思います。ここには世羅先生が長崎と徳島で立ち上げられた、国語教育実践研究会の考え方が生かされています。この実践研究会は、保・幼・小・中・高・特別支援学校及び大学の国語教育にかかわる教師が一堂に会して、「ことばの発達」に着目した国語教育のあり方を探ることを目指した研究会です。私たち教師は、自分が担当している学齢の幼児・児童・生徒しか見ないし、見えない。「タテの発達」を見通した「ことばの教育」の実現は、永遠の実践課題であると思います。また、特別支援学校や学級における教育実践は、障害を持った子どもにとって、「ことば」の獲得は生きることに直結する学びであることを認識させられるとともに、自らの「ことばの教育」に対する甘さを思い知らされます。

最後になりましたが、世羅先生の精力的、献身的なお力添えのお陰で、本書は刊行することができました。時代を「ヨコ」に繋ぎ、校種を「タテ」に繋げて紡がれた本書は、世羅博昭先生の三〇年に及ぶ教師教育の足跡でもあります。喜寿を迎えられた今もなお、常に私たちの向こう側にいる子ども達に眼差しを向けながら、私たち後進の育成に情熱を注いでおられます。心よりあつく感謝とお礼を申し上げます。

また、本書の出版に際しては、木村逸司社長初め、編集の宇津宮沙紀さんには大変お世話になりました。心よりお礼を申し上げます。

編集委員代表　西　原　利　典

執筆者一覧（執筆順）

世羅　博昭	（せら　ひろあき）	鳴門教育大学・四国大学名誉教授 元鳴門教育大学附属小学校校長
佐々木　晃	（ささき　あきら）	鳴門教育大学附属幼稚園園長
横山　武文	（よこやま　たけふみ）	鳴門教育大学附属小学校教頭
清水　愛	（しみず　あい）	鳴門教育大学附属小学校教諭：編集委員
長谷　美帆	（はせ　みほ）	徳島県吉野川市立西麻植小学校教諭
米田　直紀	（よねだ　なおき）	徳島県立総合教育センター指導主事
森　美帆	（もり　みほ）	徳島県徳島市昭和小学校教諭
森本　広江	（もりもと　ひろえ）	徳島県鳴門市立黒崎小学校教諭
藤島　小百合	（ふじしま　さゆり）	徳島県徳島市入田小学校校長
野口　幸司	（のぐち　こうじ）	徳島県吉野川市立上浦小学校校長：編集委員
岡田　美紀子	（おかだ　みきこ）	徳島県徳島市津田小学校指導教諭
十川　晶子	（そがわ　まさこ）	徳島県徳島市津田小学校教諭
久保　美智	（くぼ　みち）	徳島県徳島市津田小学校教諭
粟田　のり子	（あわた　のりこ）	徳島県徳島市津田小学校教諭
黒木　爽子	（くろき　さやこ）	徳島県徳島市津田小学校教諭
中西　美香	（なかにし　みか）	徳島県徳島市津田小学校教諭
福島　卓子	（ふくしま　つなこ）	徳島県海部郡美波町立由岐中学校教諭
西原　利典	（にしはら　かつのり）	広島大学附属中・高等学校教諭：編集委員代表
渡邊　博之	（わたなべ　ひろゆき）	広島県福山市立松永中学校教諭
岡田　志麻	（おかだ　しま）	徳島県鳴門市立鳴門第二中学校教頭
齋藤　美智代	（さいとう　みちよ）	徳島県海部郡美波町立由岐中学校教頭
瀧川　靖治	（たきがわ　せいじ）	徳島県鳴門市立坂東小学校校長
和田　雅博	（わだ　まさひろ）	大阪府豊中市立第十六中学校教諭
木村　千佳子	（きむら　ちかこ）	広島県廿日市市立大野東中学校指導教諭：編集委員
生長　まち	（おいさき　まち）	元徳島県徳島市徳島中学校教諭：編集委員
岩永　克子	（いわなが　かつこ）	長崎県私立活水高等学校非常勤講師
福伊　利江	（ふくい　りえ）	広島県広島桜が丘高等学校常勤講師
川浪　玲子	（かわなみ　れいこ）	元長崎県立五島南高等学校教諭
草野　十四朗	（くさの　としろう）	長崎県私立活水高等学校・活水女子大学非常勤講師
中村　陽子	（なかむら　ようこ）	長崎県立大村城南高等学校教諭：編集委員
西村　尚久	（にしむら　なおひさ）	広島大学附属三原中学校教諭
片桐　啓恵	（かたぎり　ひろえ）	NZ. ロトルア市 Kiwi-Racco B&B さざんか亭経営
黒瀬　直美	（くろせ　なおみ）	広島県立広島観音高等学校教諭

幼・小・中・高の発達を視野に入れた
国語単元学習の展開
—「主体的・対話的で深い学び」の実現を目指して—

令和元年５月15日発行

編　著　世　羅　博　昭

発行所　株式会社　溪水社
広島市中区小町１-４（〒730-0041）
電　話（082）246-7909／FAX（082）246-7876
e-mail：info@keisui.co.jp

ISBN978-4-86327-478-5　C3081